21世纪高等职业教育信息技术类规划教材
21 Shiji Gaodeng Zhiye Jiaoyu Xinxi Jishulei Guihua Jiaocai

计算机辅助设计——AutoCAD 2008中文版基础教程

JISUANJI FUZHU SHEJI——AutoCAD 2008 ZHONGWENBAN JICHU JIAOCHENG

姜勇 主编　李金祥 周国征 副主编

人 民 邮 电 出 版 社
北 京

图书在版编目（CIP）数据

计算机辅助设计：AutoCAD 2008中文版基础教程 / 姜勇主编. —北京：人民邮电出版社，2009.4（2018.2重印）
21世纪高等职业教育信息技术类规划教材
ISBN 978-7-115-19756-6

Ⅰ. 计… Ⅱ. 姜… Ⅲ. 计算机辅助设计—应用软件，AutoCAD 2008—高等学校：技术学校—教材 Ⅳ. TP391.72

中国版本图书馆CIP数据核字（2009）第023097号

内 容 提 要

本书结合实例介绍 AutoCAD 应用知识，重点培养学生的 AutoCAD 绘图技能，提高解决实际问题的能力。

全书共分 11 章，主要内容包括 AutoCAD 用户界面及基本操作，创建及设置图层，绘制二维基本对象，编辑图形，书写文字及标注尺寸，查询图形信息，图块及外部参照的应用，使用设计中心及工具选项板，输出图形，创建三维实体模型及 AutoCAD 证书考试练习题等。

本书可作为高等职业学校信息技术相关专业“计算机辅助设计与绘图”课程的教材，也可作为工程技术人员及计算机爱好者的自学参考书。

21 世纪高等职业教育信息技术类规划教材

计算机辅助设计——AutoCAD 2008 中文版基础教程

◆ 主　　编　姜　勇
　副 主 编　李金祥　周国征
　责任编辑　潘春燕
　执行编辑　王　威

◆ 人民邮电出版社出版发行　北京市丰台区成寿寺路 11 号
　邮编　100164　　电子邮件　315@ptpress.com.cn
　网址　http://www.ptpress.com.cn
　固安县铭成印刷有限公司印刷

◆ 开本：787×1092　1/16
　印张：15.5　　2009 年 4 月第 1 版
　字数：386 千字　　2018 年 2 月河北第 14 次印刷

ISBN 978-7-115-19756-6/TP

定价：26.00 元

读者服务热线：(010)81055256　印装质量热线：(010)81055316
反盗版热线：(010)81055315

前　言

AutoCAD 是 CAD 技术领域中一个基础性的应用软件包，由于它具有丰富的绘图功能及简便易学的优点，因而受到广大工程技术人员的普遍欢迎。目前，我国很多高等职业院校的信息技术相关专业，都将“计算机辅助设计与绘图”作为一门重要的专业课程。为了帮助高职院校的教师能够比较全面、系统地讲授这门课程，使学生能够熟练地使用 AutoCAD 来进行设计与绘图，我们编写了本书。

本书突出实用性，注重培养学生的实践能力，具有以下特色。

- 在充分考虑课程教学内容及特点的基础上组织本书内容及编排方式，书中既介绍了 AutoCAD 基础理论知识，又提供了非常丰富的绘图练习，便于教师采取“边讲边练”的教学方式。
- 以绘图实例贯穿全书，将理论知识融入大量的实例中，使学生在实际绘图过程中不知不觉地掌握理论知识，提高绘图技能。
- 本书实践内容的编写参考了人力资源和社会保障部职业技能证书考试的相关规定，与人力资源和社会保障部颁发的职业技能鉴定标准相衔接。最后一章提供了绘图员证书考试练习题，使学生的课程学习与技能证书的获得紧密相连，学习更具目的性。

为方便教师教学，本书配备了内容丰富的教学资源包，包括素材、所有案例的效果演示、PPT 电子教案、习题答案、教学大纲和 2 套模拟试题及答案。任课老师可登录人民邮电出版社教学服务与资源网（www.ptpedu.com.cn）免费下载使用。

本课程的建议教学时数为 72 学时，各章的教学课时可参考下面的课时分配表。

章节	课程内容	课时分配	
		讲授	实践训练
第 1 章	AutoCAD 用户界面及基本操作	2	2
第 2 章	设置图层、颜色、线型及线宽	2	4
第 3 章	绘制直线、圆及简单平面图形	4	4
第 4 章	绘制多边形、椭圆及简单平面图形	4	4
第 5 章	编辑图形	3	4
第 6 章	创建二维复杂图形对象	3	4
第 7 章	书写文字和标注尺寸	3	4
第 8 章	查询信息、块及外部参照	3	4
第 9 章	打印图形	2	2
第 10 章	三维建模	4	6
第 11 章	AutoCAD 证书考试练习题	2	2
课时总计		32	40

本书由姜勇任主编，李金祥、周国征任副主编，参加编写工作的还有沈精虎、黄业清、宋一兵、谭雪松、向先波、冯辉、郭英文、计晓明、董彩霞、滕玲、郝庆文等。由于编者水平有限，书中难免存在疏漏之处，敬请广大读者指正。

编者

2009 年 2 月

目　录

第1章 AutoCAD 用户界面及基本操作

本章介绍的主要内容如下。

- 调用 AutoCAD 命令的方法。
- 选择对象的常用方法。
- 快速缩放、移动图形及全部缩放图形。
- 重复命令和取消已执行的操作。
- 新建、打开及保存文件。
- AutoCAD 用户界面。

通过本章的学习，读者可以了解 AutoCAD 工作界面的组成和各组成部分的功能，并掌握一些常用的基本操作等。

1.1 学习 AutoCAD 基本操作

本节将介绍用 AutoCAD 绘制图形的基本过程，并介绍一些常用的基本操作。

1.1.1 绘制一个简单图形

【练习1-1】： 用 AutoCAD 绘图的基本过程。

1. 启动 AutoCAD 2008。选取菜单命令【文件】/【新建】，打开【选择样板】对话框，如图 1-1 所示。在该对话框中列出了用于创建新图形的样板文件，默认的样板文件是“acadiso.dwt”，单击 打开(O) 按钮开始绘制新图形。

图1-1 【选择样板】对话框

2. 程序窗口上部的下拉列表显示“二维草图与注释”选项，表明现在处于“二维草图与注释”工作空间。按下程序窗口底部的极轴、对象捕捉及对象追踪按钮。（注意，不要按下DYN按钮。）

3. 单击程序窗口右边【面板】上的按钮，AutoCAD 提示：

```
命令: _line 指定第一点:                        //单击 A 点，如图 1-2 所示
指定下一点或 [放弃(U)]: 520                    //向下移动鼠标光标，输入线段长度并按 Enter 键
指定下一点或 [放弃(U)]: 300                    //向右移动鼠标光标，输入线段长度并按 Enter 键
指定下一点或 [闭合(C)/放弃(U)]: 130//向下移动鼠标光标，输入线段长度并按 Enter 键
指定下一点或 [闭合(C)/放弃(U)]: 800//向右移动鼠标光标，输入线段长度并按 Enter 键
指定下一点或 [闭合(C)/放弃(U)]: c   //输入选项“C”，按 Enter 键结束命令
```

结果如图 1-2 所示。

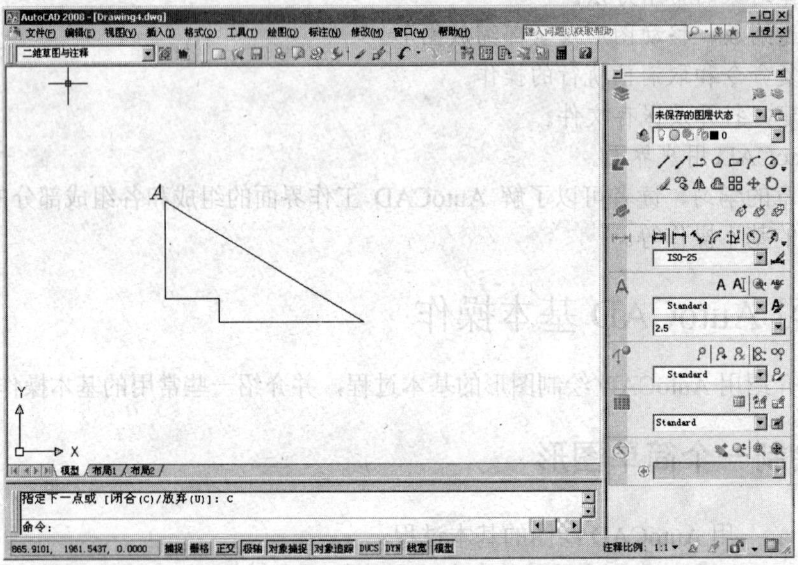

图1-2　画折线

4. 按 Enter 键重复画线命令，画线段 *BC*，结果如图 1-3 所示。

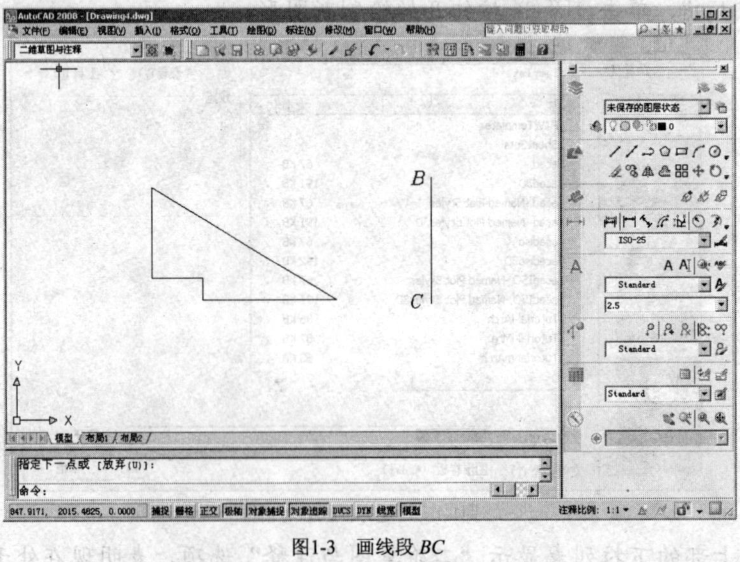

图1-3　画线段 *BC*

5. 单击程序窗口上部的按钮，线段 *BC* 消失，再单击该按钮，连续折线也消失。单击按钮，连续折线又显示出来，继续单击该按钮，线段 *BC* 也显示出来。
6. 输入画圆命令全称 CIRCLE 或简称 C，AutoCAD 提示：

命令：CIRCLE　　　　　　　　　　　　//输入命令，按 Enter 键确认

指定圆的圆心或 [三点(3P)/两点(2P)/相切、相切、半径(T)]:

　　　　　　　　　　　　　　　　　　//单击 *D* 点，指定圆心，如图 1-4 所示

指定圆的半径或 [直径(D)]: 150　　　　//输入圆半径，按 Enter 键确认

结果如图 1-4 所示。

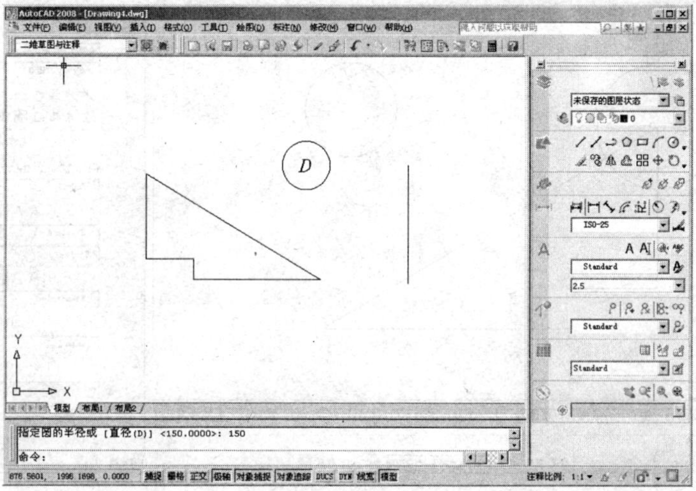

图1-4　画圆

7. 单击程序窗口右边【面板】上的按钮，AutoCAD 提示：

命令：_circle 指定圆的圆心或 [三点(3P)/两点(2P)/相切、相切、半径(T)]:

　　//将鼠标光标移动到端点 *E* 处，系统自动捕捉该点，单击鼠标左键确认，如图 1-5 所示

指定圆的半径或 [直径(D)] <100.0000>: 200　　　　//输入圆半径，按 Enter 键

结果如图 1-5 所示。

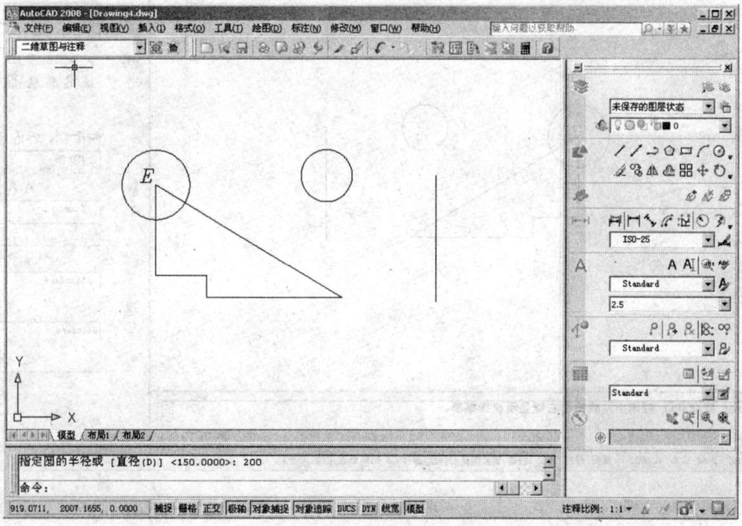

图1-5　画圆

8. 打开程序窗口上部的下拉列表，选择“AutoCAD 经典”选项，进入“AutoCAD 经典”工作空间，观察程序界面的变化。再选择“二维草图与注释”选项，又返回“二维草图与注释”工作空间。
9. 单击程序窗口右边【面板】上的按钮，鼠标光标变成手的形状。按住鼠标左键向右拖动鼠标光标，直至图形不可见为止，按 Esc 键或 Enter 键退出。
10. 单击程序窗口右边【面板】上的按钮，图形又全部显示在窗口中，如图 1-6 所示。

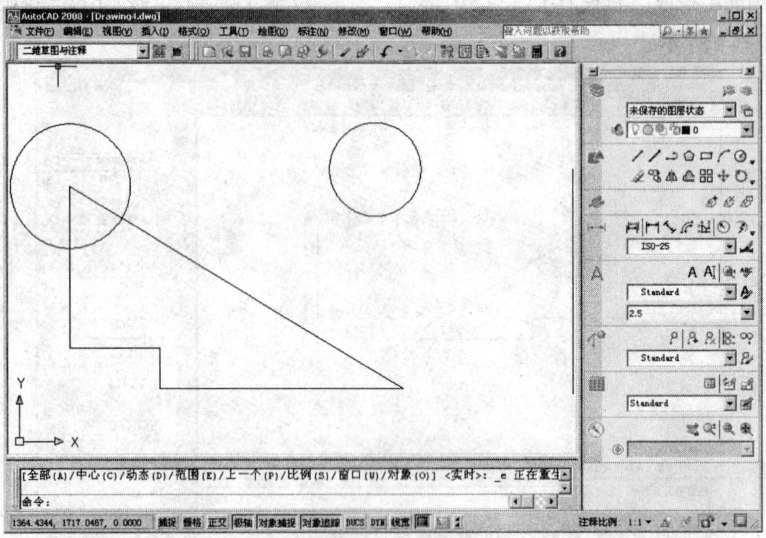

图1-6　全部显示图形

11. 单击程序窗口右边【面板】上的按钮，鼠标光标变成放大镜形状，此时按住鼠标左键向下拖动鼠标光标，图形缩小，如图 1-7 所示，按 Esc 键或 Enter 键退出。

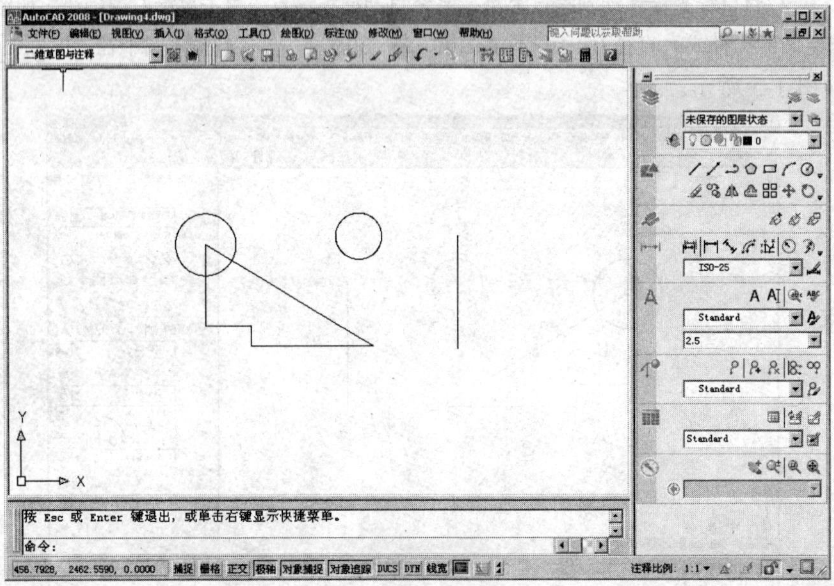

图1-7　缩小图形

12. 单击程序窗口右边【面板】上的按钮（删除对象），AutoCAD 提示：

```
命令: _erase
选择对象:                              //单击 F 点，如图 1-8 左图所示
指定对角点: 找到 4 个                   //向右下方移动鼠标光标，出现一个实线矩形窗口
            //在 G 点处单击一点，矩形窗口内的对象被选中，被选对象变为虚线
选择对象:                              //按 Enter 键删除对象
命令:ERASE                             //按 Enter 键重复命令
选择对象:                              //单击 H 点
指定对角点: 找到 2 个                   //向左下方移动鼠标光标，出现一个虚线矩形窗口
            //在 I 点处单击一点，矩形窗口内及与该窗口相交的所有对象都被选中
选择对象:                              //按 Enter 键删除圆和直线
```

结果如图 1-8 右图所示。

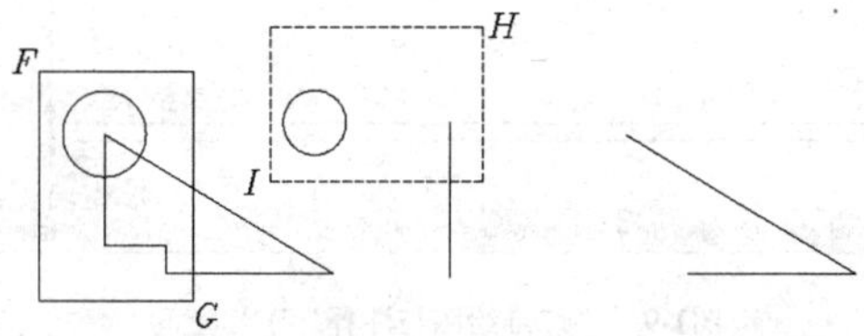

图1-8 删除对象

1.1.2 工作空间

工作空间是 AutoCAD 用户界面中包含的工具栏、面板及选项板等元素的组合。当用户绘制二维或三维图形时，就切换到相应的工作空间，此时，AutoCAD 仅显示出与绘图任务密切相关的工具栏及面板等，而隐藏一些不必要的界面元素。

AutoCAD 提供的默认的工作空间有以下 3 个。

- 二维草图与注释
- 三维建模
- AutoCAD 经典

用户可以修改已定义的工作空间，也可根据绘图需要创建新的工作空间。

【练习1-2】： 修改及创建工作空间。

1. 利用默认的样板文件“acadiso.dwt”创建新图形。
2. 打开【工作空间】工具栏中的下拉列表，选择“二维草图与注释”选项，进入“二维草图与注释”工作空间，如图 1-9 所示。该空间包含【工作空间】工具栏、【标准注释】工具栏及二维绘图【面板】。【面板】中包含了二维绘图常用的命令按钮，选择菜单命令【工具】/【选项板】/【面板】就打开或关闭该面板。
3. 将鼠标光标放在任一工具栏上，单击鼠标右键，弹出快捷菜单，选择“绘图”及“修改”选项，打开【绘图】及【修改】工具栏。
4. 打开【工作空间】工具栏中的下拉列表，选择“将当前工作空间另存为”选项，弹出【保存工作空间】对话框，如图 1-10 所示。该对话框“名称”下拉列表中列出了已有的工作空间，选择其中之一或是直接在列表中输入新的工作空间名称，单击 保存 完成。

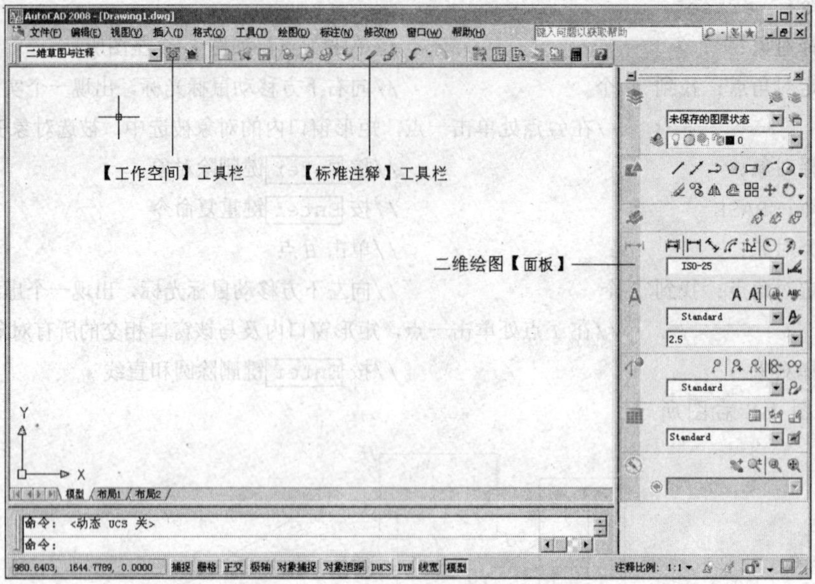

图1-9　“二维绘图与注释”工作空间

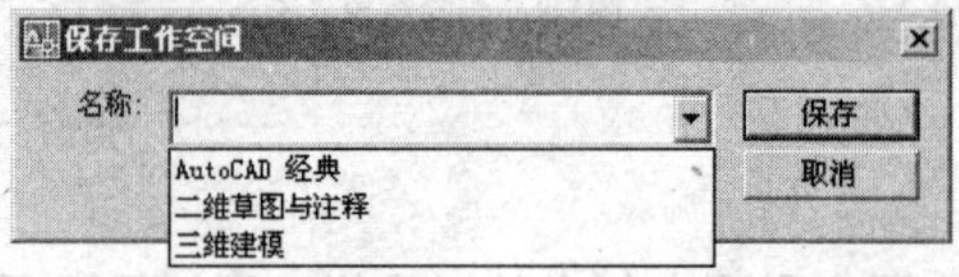

图1-10　【保存工作空间】对话框

1.1.3　打开及布置工具栏

启动 AutoCAD 并进入“二维草图与注释”工作空间后，主窗口中仅显示出【工作空间】及【标准注释】工具栏，这两个工具栏位于绘图区域的上方。如果用户想将工具栏移动到窗口的其他位置，则可移动鼠标光标到工具栏边缘或是工具栏头部的双线条上，若工具栏已显示出蓝色的标题栏，就将鼠标光标移至标题栏上，然后按下鼠标左键，此时工具栏边缘将出现一个灰色矩形框，继续按住鼠标左键并移动鼠标光标，工具栏就随鼠标光标移动。此外，用户也可以改变工具栏的形状。将鼠标光标放置在工具栏的上边缘或下边缘，此时鼠标光标变成双向箭头，按住鼠标左键，拖动鼠标光标，工具栏形状就会发生变化。图 1-11 所示为移动并改变形状后的【绘图】工具栏。

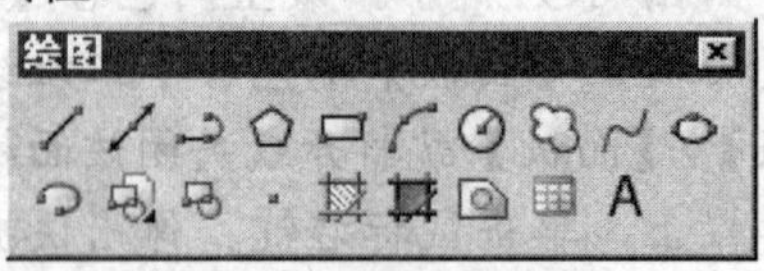

图1-11　移动并改变形状

要点提示 除了可移动工具栏和改变其形状外，用户还可根据需要用如下方法打开或关闭工具栏。

移动鼠标光标到任一工具栏上，单击鼠标右键，弹出快捷菜单，图 1-12 显示了弹出的部分快捷菜单，在此菜单上列出了工具栏的名称。若名称前带有“√”标记，则表示该工具栏已打开。单击菜单上某一选项，就打开或关闭相应的工具栏。

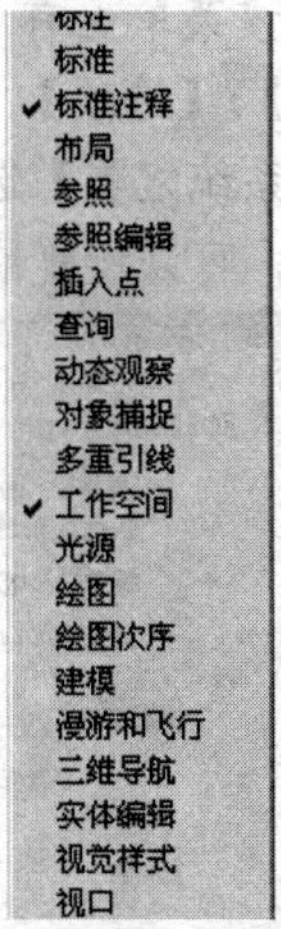

图1-12　工具栏快捷菜单

1.1.4　调用命令

启动 AutoCAD 命令的方法一般有两种：一种是在命令行中输入命令全称或简称，另一种是用鼠标选择一个菜单命令或单击工具栏中的命令按钮。

一、　使用键盘发出命令

在命令行中输入命令全称或简称就可以使系统执行相应的命令。

下面是一个典型的命令执行过程。

```
命令: circle                                //输入命令全称 CIRCLE 或简称 C，按 Enter 键
指定圆的圆心或 [三点(3P)/两点(2P)/相切、相切、半径(T)]:   90,100
                                               //输入圆心的 x、y 坐标，按 Enter 键
指定圆的半径或 [直径(D)] <50.7720>: 70        //输入圆半径，按 Enter 键
```

(1)　方括弧"[ ]"中以"/"隔开的内容表示各个选项。若要选择某个选项，则需输入圆括号中的字母，可以是大写形式，也可以是小写形式。例如，想通过三点画圆，就输入"3P"。

(2)　尖括号"<>"中的内容是当前默认值。

AutoCAD 的命令执行过程是交互式的。当用户输入命令后，需按 Enter 键确认，系统才执行该命令。而执行过程中，系统有时要等待用户输入必要的绘图参数，如输入命令选项、点的坐标或其他几何数据等，输入完成后，也要按 Enter 键，系统才能继续执行下一步操作。

要点提示　当使用某一命令时按 F1 键，系统将显示该命令的帮助信息。

二、　利用鼠标发出命令

通过鼠标选择一个菜单命令或单击工具栏上的命令按钮，系统就可以执行相应的命令。利用 AutoCAD 绘图时，多数情况下用户是通过鼠标发出命令的，鼠标各按键定义如下。

- 左键：拾取键，用于单击工具栏按钮及选取菜单选项以发出命令，也可在绘图过程中指定点和选择图形对象等。

- 右键：一般作为回车键，命令执行完成后，常单击右键来结束命令。在有些情况下，单击右键将弹出快捷菜单，该菜单上有【确认】选项。鼠标右键的功能是可以设定的，选取菜单命令【工具】/【选项】，打开【选项】对话框，如图 1-13 所示。用户可以在此对话框【用户系统配置】选项卡的【Windows 标准操作】区域中自定义鼠标右键的功能。例如，可以设置鼠标右键仅仅相当于回车键。

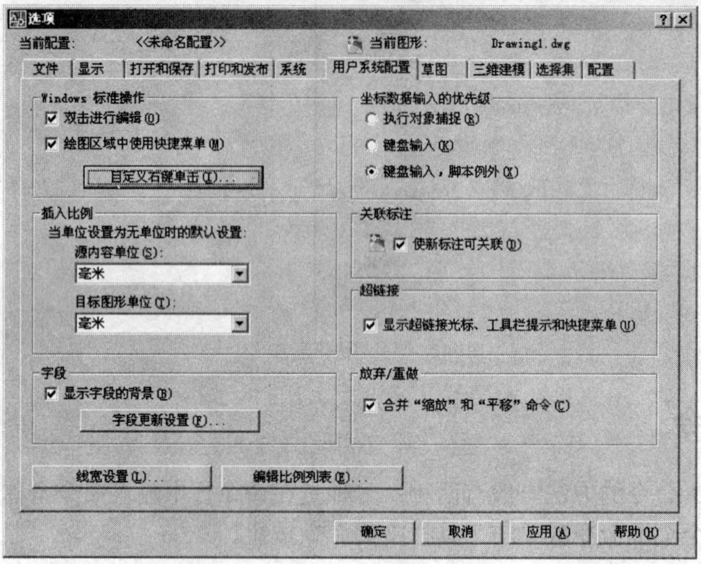

图1-13　【选项】对话框

- 滚轮：转动滚轮，将放大或缩小图形，默认情况下，缩放增量为 10%。按住滚轮并拖动鼠标，则平移图形。

1.1.5　选择对象的常用方法

用户在使用编辑命令时，选择的多个对象将构成一个选择集。系统提供了多种构造选择集的方法。默认情况下，用户可以逐个地拾取对象或是利用矩形、交叉窗口一次选取多个对象。

一、　用矩形窗口选择对象

当系统提示选择要编辑的对象时，用户在图形元素的左上角或左下角单击一点，然后向右拖动鼠标，AutoCAD 显示一个实线矩形窗口，让此窗口完全包含要编辑的图形实体，再单击一点，则矩形窗口中所有对象（不包括与矩形边相交的对象）被选中，被选中的对象将以虚线形式表示出来。

下面通过 ERASE 命令来演示这种选择方法。

【练习1-3】：　用矩形窗口选择对象。

打开“1-3.dwg”文件，如图 1-14 左图所示，用 ERASE 命令将左图修改为右图。

命令：_erase
选择对象：　　　　　　　　//在 A 点处单击一点，如图 1-14 左图所示
指定对角点：找到 6 个　　　//在 B 点处单击一点
选择对象：　　　　　　　　//按 Enter 键结束

结果如图 1-14 右图所示。

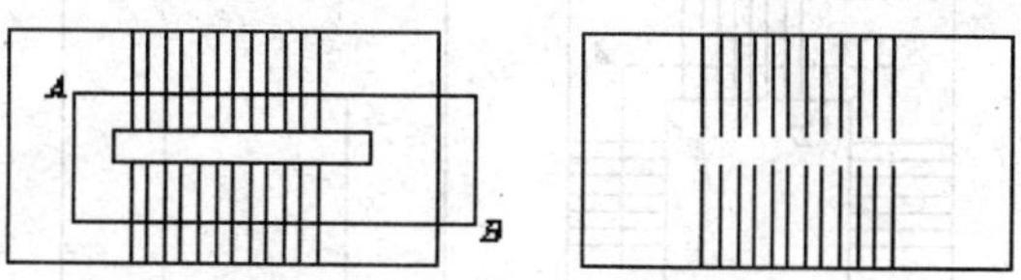

图1-14　用矩形窗口选择对象

> **要点提示** 当 HIGHLIGHT 系统变量处于打开状态时（等于 1），系统才能以高亮度形式显示被选择的对象，此时对象的线型看起来像虚线。

二、 用交叉窗口选择对象

当 AutoCAD 提示"选择对象"时，在要编辑的图形元素右上角或右下角单击一点，然后向左拖动鼠标光标，此时出现一个虚线矩形框，使该矩形框包含被编辑对象的一部分，而让其余部分与矩形框边相交，再单击一点，则框内的对象和与框边相交的对象全部被选中。

下面通过 ERASE 命令来演示这种选择方法。

【练习1-4】：用交叉窗口选择对象。

打开"1-4.dwg"文件，如图 1-15 左图所示，用 ERASE 命令将左图修改为右图。

```
命令：_erase
选择对象：                          //在 C 点处单击一点，如图 1-15 左图所示
指定对角点：找到 31 个              //在 D 点处单击一点
选择对象：                          //按 Enter 键结束
```

结果如图 1-15 右图所示。

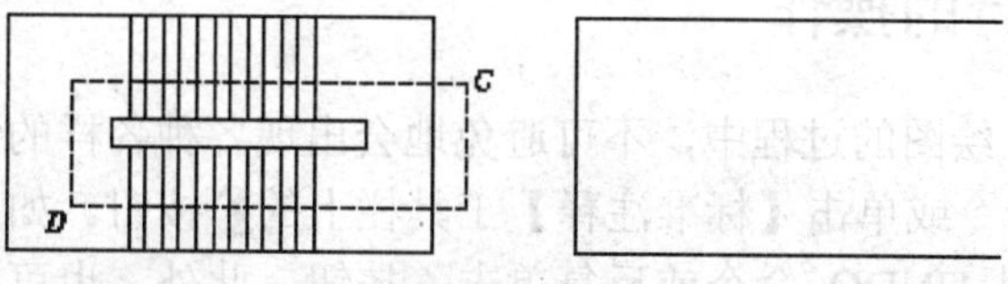

图1-15　用交叉窗口选择对象

三、 给选择集添加或去除对象

编辑过程中，用户构造选择集常常不能一次完成，需向选择集中添加或删除对象。在添加对象时，可直接选取，也可以利用矩形窗口、交叉窗口选择要加入的图形元素。若要删除对象，可先按住 Shift 键，再从选择集中选择要清除的图形元素。

下面通过 ERASE 命令来演示修改选择集的方法。

【练习1-5】：　修改选择集。

打开"1-5.dwg"文件，如图 1-16 左图所示，用 ERASE 命令将左图修改为右图。

```
命令：_erase                          //在 A 点处单击一点，如图 1-16 左图所示
选择对象：指定对角点：找到 25 个      //在 B 点处单击一点
选择对象：找到 1 个，删除 1 个  //按住 Shift 键，选取线段 C，该线段从选择集中去除
选择对象：找到 1 个，删除 1 个  //按住 Shift 键，选取线段 D，该线段从选择集中去除
选择对象：找到 1 个，删除 1 个  //按住 Shift 键，选取线段 E，该线段从选择集中去除
选择对象：                      //按 Enter 键结束
```

结果如图 1-16 右图所示。

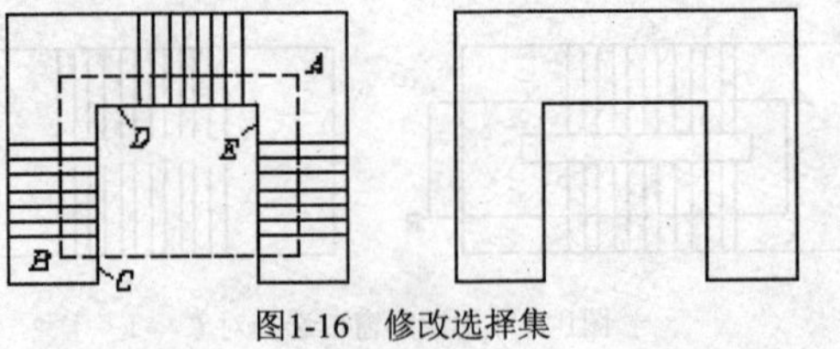

图1-16　修改选择集

1.1.6　删除对象

ERASE 命令用来删除图形对象，该命令没有任何选项。要删除一个对象，用户可以用鼠标先选择该对象，然后单击【修改】工具栏上的按钮或键入命令 ERASE（简称 E）进行删除，也可先发出删除命令，再选择要删除的对象。

1.1.7　撤销和重复命令

发出某个命令后，用户可随时按 Esc 键终止该命令。此时，系统又返回到命令行。

用户经常遇到的一个情况是，在图形区域内偶然选择了图形对象，该对象上出现了一些高亮的小框，这些小框被称为关键点，可用于编辑对象（在第 5 章中将详细介绍），要取消这些关键点，按 Esc 键即可。

在绘图过程中，用户会经常重复使用某个命令，重复刚使用过的命令的方法是直接按 Enter 键。

1.1.8　取消已执行的操作

在使用 AutoCAD 绘图的过程中，不可避免地会出现各种各样的错误，用户要修正这些错误可使用 UNDO 命令或单击【标准注释】工具栏上的按钮。如果想要取消前面执行的多个操作，可反复使用 UNDO 命令或反复单击按钮。此外，也可打开【标准注释】工具栏上的【放弃】下拉列表（单击按钮右边的按钮），然后选择要放弃的几个操作。

当取消一个或多个操作后，若用户又想恢复原来的效果，可使用 MREDO 命令或单击【标准注释】工具栏上的按钮。此外，也可打开【标准注释】工具栏上的【重做】下拉列表（单击按钮右边的按钮），然后选择要恢复的几个操作。

1.1.9　快速缩放及移动图形

AutoCAD 的图形缩放及移动功能是很完备的，使用起来也很方便。绘图时，经常通过【标准】工具栏或二维绘图【面板】上的、按钮来完成这两项功能。

一、　通过按钮缩放图形

单击按钮，AutoCAD 进入实时缩放状态，鼠标光标变成放大镜形状，此时按住鼠标左键向上拖动鼠标光标，可以放大视图，向下拖动鼠标光标，可以缩小视图。要退出实时缩放状态，可按 Esc 键、Enter 键，或单击鼠标右键打开快捷菜单，然后选择【退出】选项。

二、　通过按钮平移图形

单击按钮，AutoCAD 进入实时平移状态，鼠标光标变成手的形状，此时按住鼠标左键并拖动鼠标光标，就可以平移视图。要退出实时平移状态，可按 Esc 键、Enter 键，或单击鼠标右键打开快捷菜单，然后选择【退出】选项。

1.1.10 利用矩形窗口放大视图及返回上一次的显示

在绘图过程中，用户经常要将图形的局部区域放大，以方便绘图。绘制完成后，也可能要返回上一次的显示，以观察图形的整体效果。利用【标准】工具栏或二维绘图【面板】上的 、 按钮（【面板】上为 按钮）就可实现这两项功能。

(1) 通过 按钮放大局部区域

单击 按钮，AutoCAD 提示"指定第一个角点:"，拾取 *A* 点，再根据 AutoCAD 的提示拾取 *B* 点，如图 1-17 左图所示。矩形框 *AB* 是设定的放大区域，其中心是新的显示中心，系统将尽可能地将该矩形内的图形放大以充满整个程序窗口，图 1-17 右图显示了放大后的效果。

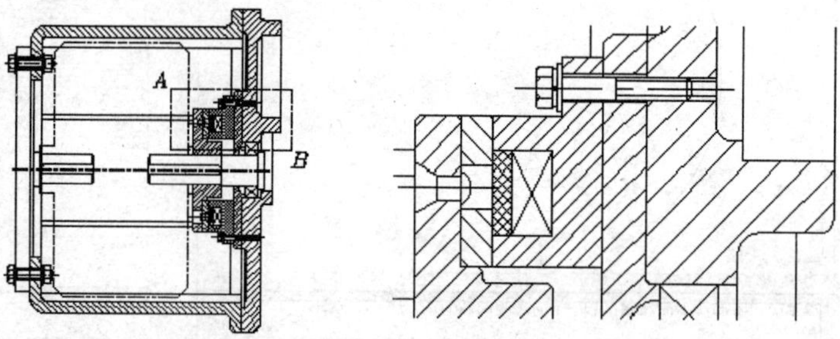

图1-17 窗口缩放

(2) 通过 按钮返回上一次的显示

单击 按钮，AutoCAD 将显示上一次的视图。若用户连续单击此按钮，则系统将恢复前几次显示过的图形（最多 10 次）。绘图时，常利用此项功能返回到原来的某个视图。

1.1.11 将图形全部显示在窗口中

在绘图过程中，用户有时需将图形全部显示在程序窗口中。要实现这个目标，可选取菜单命令【视图】/【缩放】/【范围】，或单击【标准】工具栏上的 按钮（该按钮嵌套在 按钮中）。

要点提示 工具栏中的按钮有些是单一型的，有些是嵌套型的。嵌套型按钮右下角带有小黑三角形，按下此类按钮将弹出一些新按钮。

1.1.12 设定绘图区域的大小

AutoCAD 的绘图空间是无限大的，但用户可以设定在程序窗口中显示出的绘图区域的大小。绘图时，事先对绘图区域的大小进行设定将有助于用户了解图形分布的范围。当然，用户也可在绘图过程中随时缩放（使用 按钮）图形以控制其在屏幕上显示的效果。

设定绘图区域大小有以下两种方法。

(1) 将一个圆充满整个程序窗口显示出来，依据圆的尺寸就能轻易地估计出当前绘图区域的大小。

【练习1-6】：　设定绘图区域的大小。

1.　单击程序窗口右边【面板】上的按钮，AutoCAD 提示：

命令：_circle 指定圆的圆心或 [三点(3P)/两点(2P)/相切、相切、半径(T)]:
//在屏幕的适当位置单击一点

指定圆的半径或 [直径(D)]: 50　　//输入圆半径

2.　选取菜单命令【视图】/【缩放】/【范围】，或单击【标准】工具栏上的按钮，直径为 100 的圆充满整个绘图窗口显示出来，如图 1-18 所示。

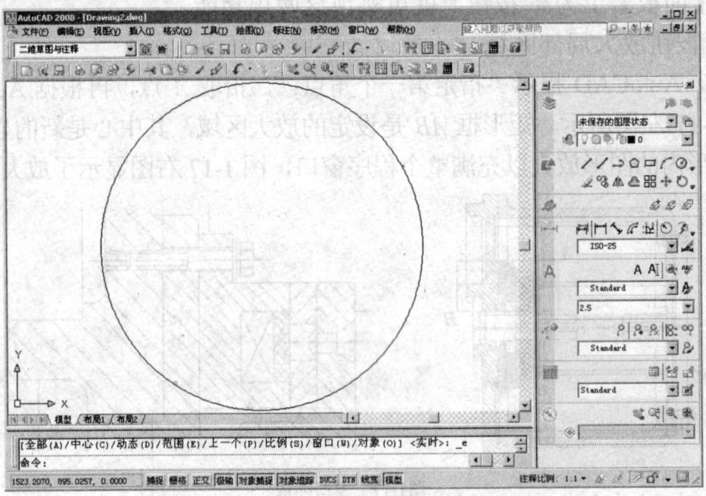

图1-18　设定绘图区域的大小

(2) 用 LIMITS 命令设定绘图区域的大小。该命令可以改变栅格的长宽尺寸及位置。所谓栅格是点在矩形区域中按行、列形式分布形成的图案，如图 1-19 所示。当栅格在程序窗口中显示出来后，用户就可根据栅格分布的范围估算出当前绘图区域的大小。

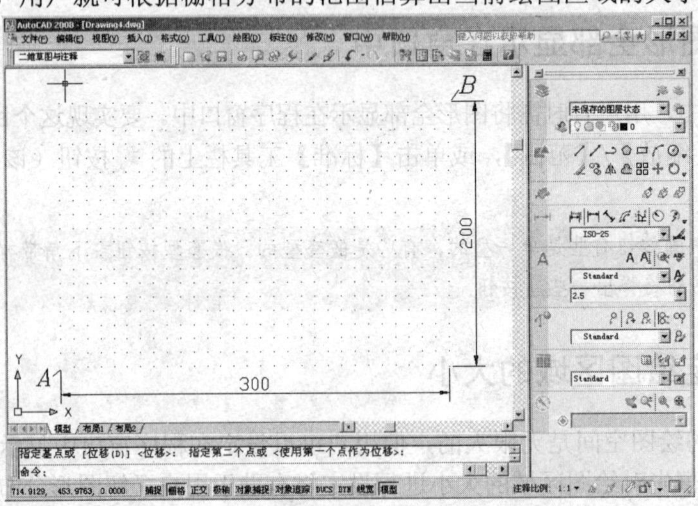

图1-19　设定绘图区域的大小

【练习1-7】：　用 LIMITS 命令设定绘图区域的大小。

1.　选取菜单命令【格式】/【图形界限】，AutoCAD 提示：

命令：'_limits

指定左下角点或 [开(ON)/关(OFF)] <0.0000,0.0000>:

　　　　　　//单击 A 点，如图 1-19 所示

　　指定右上角点 <420.0000,297.0000>: @300,200

　　　　　　//输入 B 点相对于 A 点的坐标，按 Enter 键（在 3.1.2 小节中将介绍相对坐标）

2. 选取菜单命令【视图】/【缩放】/【范围】，或单击【标准】工具栏上的按钮，则当前绘图窗口长宽尺寸近似为 300 × 200。
3. 将鼠标光标移动到程序窗口下方的栅格按钮上，单击鼠标右键，选择【设置】选项打开【草图设置】对话框，取消【显示超出界线的栅格】选项。
4. 关闭【草图设置】对话框，单击栅格按钮，打开栅格显示，该栅格的长宽尺寸为 300 × 200，如图 1-19 所示。

1.2 图形文件管理

图形文件管理一般包括创建新图形文件、打开已有图形文件、保存文件及浏览、搜索图形文件等，以下分别进行介绍。

1.2.1 建立新图形文件

在 AutoCAD 中新建图形文件时，一般是通过样板文件创建新文件，这样新文件就具有与样板文件相同的绘图设置。

命令启动方法

- 菜单命令:【文件】/【新建】。
- 工具栏:【标准注释】工具栏上的按钮。
- 命令: NEW。

通过启动新建图形命令，打开【选择样板】对话框，如图 1-20 所示。在此对话框中，用户可以选择样板文件或基于公制、英制测量系统创建新图形。

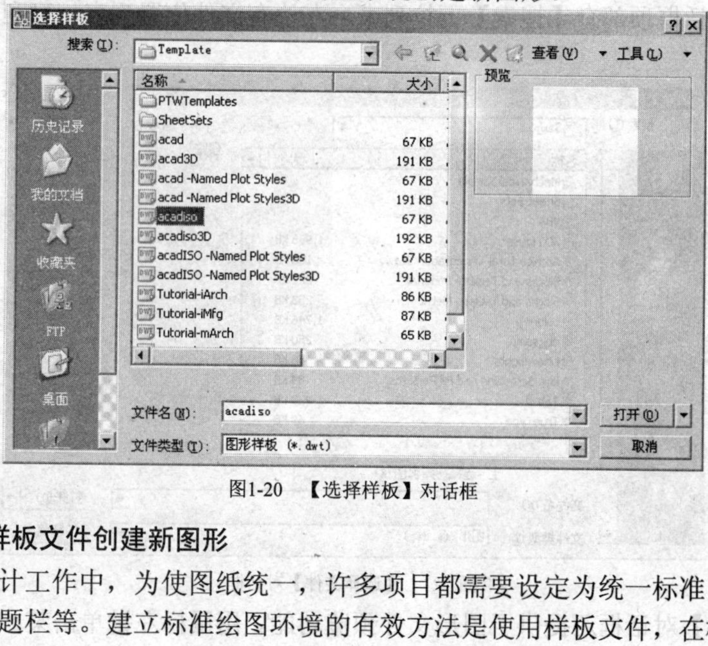

图1-20 【选择样板】对话框

一、 使用样板文件创建新图形

在具体的设计工作中，为使图纸统一，许多项目都需要设定为统一标准，如字体、标注样式、图层和标题栏等。建立标准绘图环境的有效方法是使用样板文件，在样板文件中已经保存了各种标准设置。这样，每当创建新图形时，就以样板文件为原型文件，将它的设置复制到当前图样中，使新图具有与样板图相同的绘图环境。

AutoCAD 中有许多标准的样板文件，它们都保存在 AutoCAD 安装目录的“Template”文件夹中，扩展名为“.dwt”；用户也可根据需要建立自己的标准样板文件。

二、　使用默认设置创建新图形

在【选择样板】对话框的 打开(O) 按钮旁边有一个带箭头的按钮。单击此按钮，弹出下拉列表，该列表部分选项如下。

- 【无样板打开—英制】：基于英制测量系统创建新图形。系统使用内部默认值控制文字、标注、默认线型和填充图案文件等。
- 【无样板打开—公制】：基于公制测量系统创建新图形。系统使用内部默认值控制文字、标注、默认线型和填充图案文件等。

1.2.2　打开图形文件

AutoCAD 能直接打开的图形文件类型包括“.dwg”、“.dxf”及“.dwt”等，可一次打开一个或多个图形文件。

命令启动方法

- 菜单命令：【文件】/【打开】。
- 工具栏：【标准】工具栏上的按钮。
- 命令：OPEN。

启动打开图形命令，弹出【选择文件】对话框，如图 1-21 所示，该对话框与微软公司 Office 系列软件中相应对话框的样式及操作方式是类似的。用户可直接在对话框中选择要打开的一个或多个文件（按住 Ctrl 键或 Shift 键选择多个文件），或是在【文件名】文本框中输入要打开文件的名称（可以包含路径）。此外，还可在文件名称列表框中通过双击文件名打开文件，该对话框顶部有【搜索】下拉列表，左边有文件位置列表，可利用它们确定要打开文件的位置。

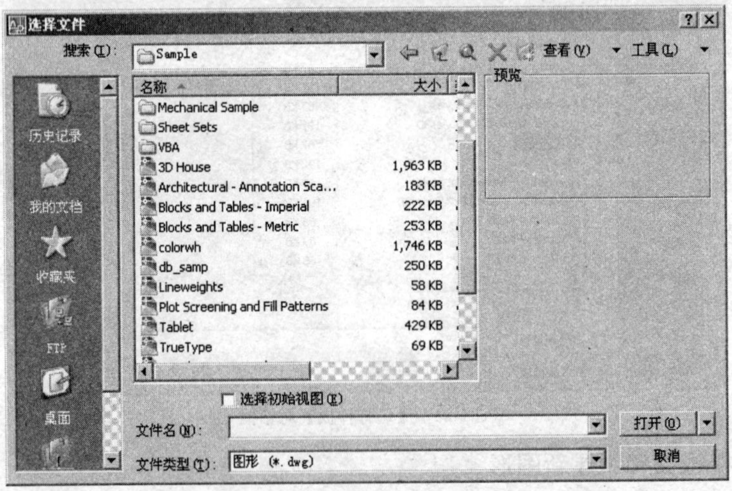

图1-21　【选择文件】对话框

【选择文件】对话框还提供了图形文件预览功能。用鼠标左键单击某一图形文件名称，则系统在【预览】区域中显示该文件的小型图片，这样用户在打开图形文件前就可查看文件内容。

如果需要根据名称、位置或修改日期等条件来查找文件，可通过【选择文件】对话框【工具】下拉列表中的【查找】命令实现。此时，在系统打开的【查找】对话框中，用户可利用某种特定的过滤器在子目录、驱动器、服务器或局域网中搜索所需要的文件。

1.2.3 保存图形文件

将图形文件存入磁盘时，一般采取两种方式：一种是以当前文件名保存图形，另一种是指定新文件名存储图形。

一、 当前文件名快速保存

命令启动方法

- 菜单命令:【文件】/【保存】。
- 工具栏:【标准】工具栏上的按钮。
- 命令: QSAVE。

发出快速保存命令后，系统将当前图形文件以原文件名直接存入磁盘，而不会给用户任何提示。若当前图形文件名是默认名且是第一次存储文件，则系统弹出【图形另存为】对话框，如图 1-22 所示，在此对话框中用户可指定文件存储位置、文件类型及输入新文件名等。

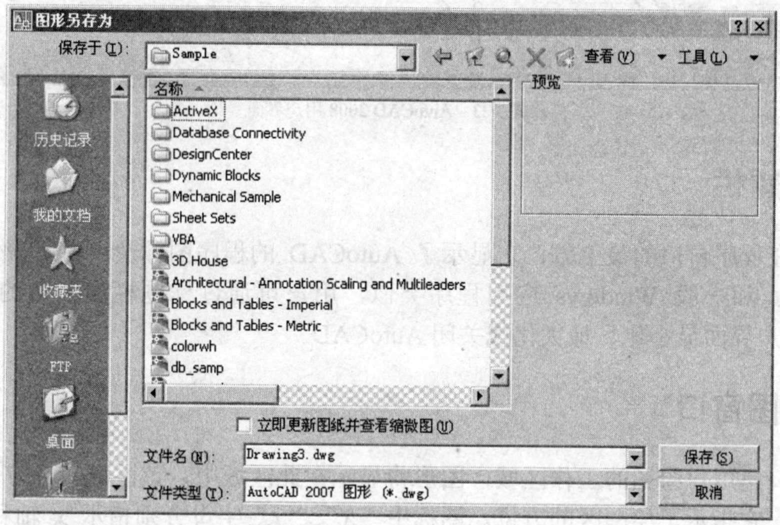

图1-22 【图形另存为】对话框

二、 换名存盘

命令启动方法

- 菜单命令:【文件】/【另存为】。
- 命令: SAVEAS。

启动换名保存命令，系统弹出【图形另存为】对话框，如图 1-22 所示。用户在该对话框的【文件名】文本框中输入新文件名，并可在【保存于】及【文件类型】下拉列表中分别设定文件的存储路径和类型。

1.3 AutoCAD 用户界面详解

启动 AutoCAD 2008 后，其用户界面如图 1-23 所示，它主要由标题栏、绘图窗口、菜单栏、工具栏、面板、命令提示窗口、滚动条和状态栏等部分组成，下面分别介绍各部分的功能。

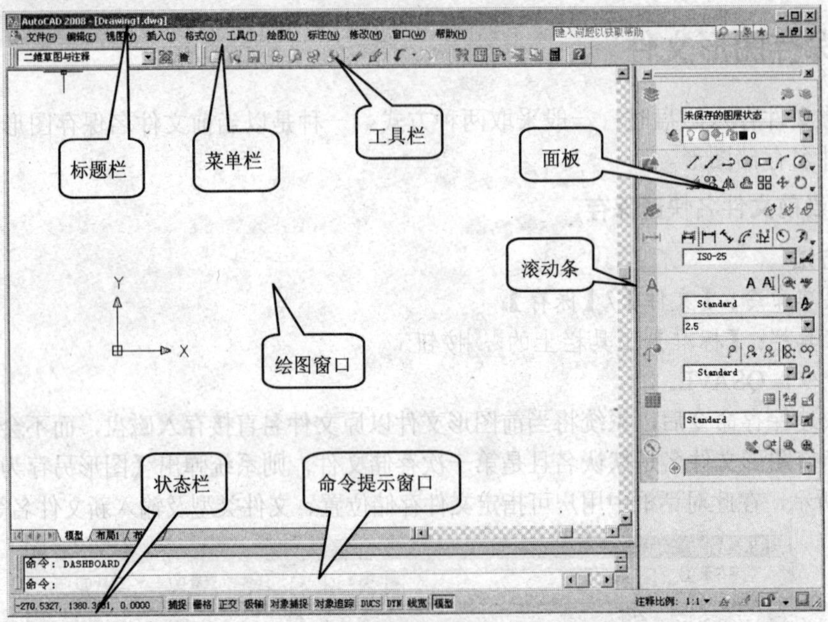

图1-23　AutoCAD 2008 用户界面

1.3.1 标题栏

标题栏在程序窗口的最上方，它显示了 AutoCAD 的程序图标及当前所操作的图形文件名称及路径。和一般 Windows 应用程序类似，用户可通过标题栏最右边的 3 个按钮使 AutoCAD 用户界面最小化、最大化或关闭 AutoCAD。

1.3.2 绘图窗口

绘图窗口是用户绘图的工作区域，图形将显示在此区域中，该区域左下方有一个表示坐标系的图标，它指示了绘图区的方位。图标中“*X*”、“*Y*”字母分别指示 *x* 轴和 *y* 轴的正方向。默认情况下，AutoCAD 使用世界坐标系，如果有必要，用户也可通过 UCS 命令建立自己的坐标系。

当移动鼠标时，绘图区域中的十字形鼠标光标会跟随移动，与此同时在绘图区底部的状态栏中将显示鼠标光标点的坐标读数。请注意观察坐标读数的变化，此时的显示方式是“*x,y,z*”形式，如果想让坐标读数不变动或以极坐标形式（距离<角度>）显示，可通过单击坐标显示区来实现。注意，坐标的极坐标显示形式只有在 AutoCAD 提示“拾取一个点”时才能得到。

绘图窗口包含了两种绘图环境，一种称为模型空间，另一种称为图纸空间。在此窗口底部有 3 个选项卡 模型 / 布局1 / 布局2，默认情况下【模型】选项卡是按下的，表明当前绘图环境是模型空间，用户在这里一般按实际尺寸绘制二维或三维图形。当单击【布局 1】或【布局 2】选项卡时，就切换至图纸空间。用户可以将图纸空间想象成一张图纸（系统提供的模拟图纸），可在这张图纸上将模型空间的图样按不同缩放比例布置在图纸上，有关这方面的内容将在后续章节中介绍。

要点提示 绘图窗口的坐标系图标在图纸空间和模型空间中有不同的形状，请读者自己试一试。

1.3.3 菜单栏

单击菜单栏中的主菜单，系统弹出对应的下拉菜单。下拉菜单包含了 AutoCAD 的核心命令和功能，通过鼠标选择菜单中的某个选项，系统就执行相应的命令，菜单选项有以下 3 种形式。

(1) 菜单选项后面带有三角形标记。选择这种菜单项后，将弹出新菜单，用户可做进一步选择。

(2) 菜单选项后面带有省略号标记“...”。选择这种菜单项后，系统将打开一个对话框，通过此对话框用户可做进一步操作。

(3) 单独的菜单选项。

另一种形式的菜单是快捷菜单，单击鼠标右键，在鼠标光标的位置上将出现快捷菜单。快捷菜单提供的命令选项与鼠标光标的位置及系统的当前状态有关。例如，分别将鼠标光标放在绘图区域或工具栏上再单击鼠标右键，打开的快捷菜单是不一样的。此外，如果系统正在执行某一命令或者用户事先选取了任意实体对象，也将显示不同的快捷菜单。

在以下区域中单击鼠标右键可显示快捷菜单。

- 绘图区域
- 模型空间或图纸空间选项卡
- 状态栏
- 工具栏
- 一些对话框

1.3.4 工具栏

工具栏提供了访问 AutoCAD 命令的快捷方式，它包含了许多命令按钮，用户只需单击某个按钮，AutoCAD 就会执行相应命令，图 1-24 显示了【绘图】工具栏。

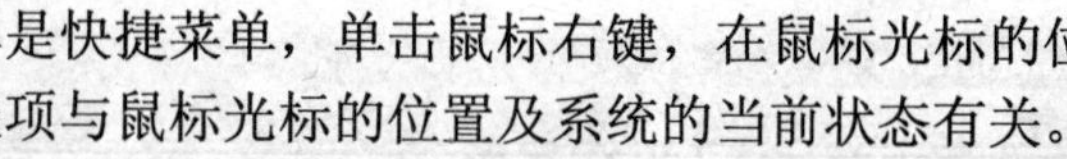

图1-24 【绘图】工具栏

工具栏中的按钮有些是单一型的，有些是嵌套型的。嵌套型按钮的右下角带有小黑三角形，按下此类按钮，将弹出一些新按钮。例如，在【绘图】工具栏中的按钮就是嵌套型的。

AutoCAD 2008 提供了 37 个工具栏，在“二维草图与注释”工作空间中，系统仅显示【工作空间】及【标准注释】工具栏。用户根据需要可以打开或关闭某个工具栏，还可以移动工具栏，将它们放置在适当的位置。除了 AutoCAD 本身提供的工具栏外，用户也可以定制自己的工具栏。例如，可将经常使用的命令按钮放置在一起形成新工具栏。

1.3.5 面板

【面板】是一种特殊形式的选项板，它由工具按钮及一些功能控件组成，单击【工具】/【选项板】/【面板】就打开或关闭它。面板的内容与当前的绘图任务相关，当在“二维草图与注释”及“三维建模”空间中时，面板包含的内容是不一样的。

1.3.6 命令提示窗口

命令提示窗口位于 AutoCAD 程序窗口的底部，用户从键盘上输入的命令、系统的提示及相关信息都反映在此窗口中，该窗口是用户与系统进行命令交互的窗口。默认情况下，命令提示窗口仅显示两行，但用户也可根据需要改变它的行数。将鼠标光标放在命令提示窗口的上边缘使其变成双面箭头，按住鼠标左键向上拖动鼠标光标就可以增加命令窗口显示的行数。

用户应特别注意命令提示窗口中显示的文字，因为它是系统与用户的对话内容，这些信息记录了系统与用户的交流过程。如果要详细了解这些信息，可以通过窗口右边的滚动条来阅读，或是按 F2 键打开命令提示窗口，如图 1-25 所示。在此窗口中将显示更多的命令历史，再次按 F2 键又可关闭此窗口。

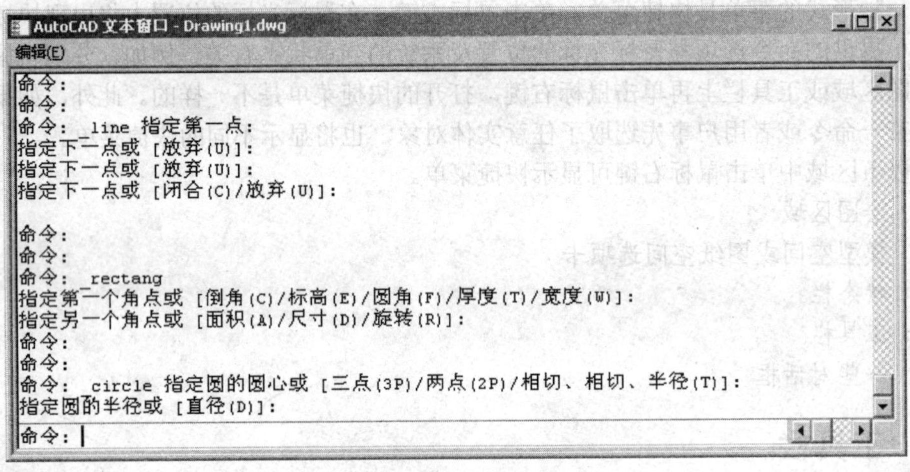

图1-25　命令提示窗口

1.3.7 滚动条

AutoCAD 是一个多文档设计环境，用户可以同时打开多个绘图窗口，其中每个窗口的右边和底边都有滚动条。拖动滚动条上的滑块或单击两端的箭头都可以使绘图窗口中的图形沿水平或垂直方向滚动显示。

1.3.8 状态栏

绘图过程中的许多信息都将在状态栏中显示出来。例如，十字形鼠标光标的坐标值，一些提示文字等。另外，状态栏中还含有 10 个控制按钮，各按钮的功能如下。

(1) 捕捉：单击此按钮就能控制是否使用捕捉功能。当打开这种模式时，鼠标光标只能沿 *x* 轴或 *y* 轴移动，每次位移的距离可在【草图设置】对话框中设定。用鼠标右键单击捕捉按钮，出现快捷菜单，选择【设置】命令，打开【草图设置】对话框，如图 1-26 所示，在【捕捉和栅格】选项卡的【捕捉】区域中即可设置鼠标光标位移的距离。

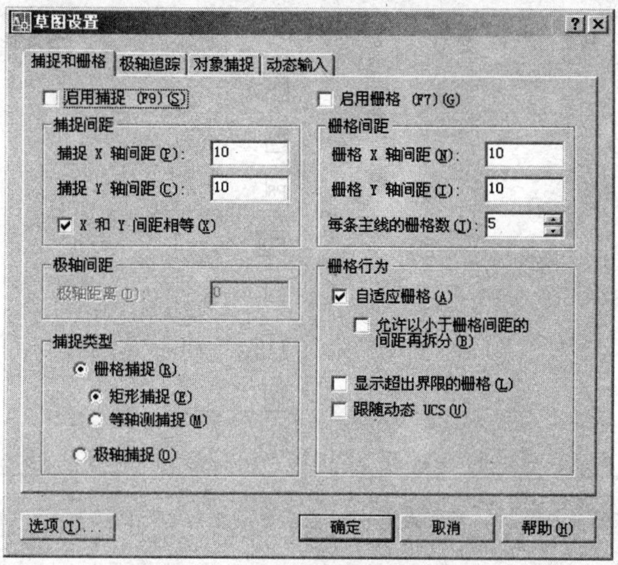

图1-26 【草图设置】对话框

(2) 栅格：通过此按钮可打开或关闭栅格显示。当显示栅格时，屏幕上的某个矩形区域内将出现一系列排列规则的小点，这些点的作用类似于手工绘图时的方格纸，将有助于绘图定位。小点所在区域的大小由 LIMITS 命令设定，其沿 *x* 轴、*y* 轴的间距在【草图设置】对话框【捕捉和栅格】选项卡的【栅格间距】区域中设置，如图 1-26 所示。

(3) 正交：利用它控制是否以正交方式绘图。如果打开此模式，用户就只能绘制出水平或竖直直线。

(4) 极轴：打开或关闭极坐标捕捉模式，详细内容见第 3 章。

(5) 对象捕捉：打开或关闭自动捕捉实体模式。如果打开此模式，则在绘图过程中系统将自动捕捉圆心、端点及中点等几何点。用户可在【草图设置】对话框的【对象捕捉】选项卡中设定自动捕捉方式。

(6) 对象追踪：控制是否使用自动追踪功能，详细内容见第 3 章。

(7) DUCS：打开或关闭动态 UCS 功能。当打开此项功能后，在命令执行过程中，每当鼠标光标移动到实体表面时，UCS 的 *xy* 平面会自动与实体面对齐。

(8) DYN：打开或关闭动态输入和动态提示。当打开动态输入及动态提示并启动命令后，在鼠标光标附近就显示出命令提示信息、点的坐标值、线段的长度及角度等。此时，可直接在命令提示信息中选择命令选项或是输入坐标值、长度及角度等参数。

(9) 线宽：控制是否在图形中显示线条的宽度。

(10) 模型：当处于模型空间时，单击此按钮就可切换到图纸空间，按钮也变为图纸，再次单击它，就进入浮动模型视口。浮动模型视口是指在图纸空间的模拟图纸上创建的可移动视口，通过该视口就可观察到模型空间的图形，并能进行绘图及编辑操作。用户可以改变浮动模型视口的大小，还可将其复制到图纸的其他地方。进入图纸空间后，系统将自动创建一个浮动模型视口，若要激活它，单击 图纸 按钮即可。

一些控制按钮的打开或关闭可通过相应的快捷键来实现，控制按钮及其相应的快捷键如表 1-1 所示。

表 1-1　　控制按钮及相应的快捷键

按钮	快捷键
捕捉	F9
栅格	F7
正交	F8
极轴	F10
对象捕捉	F3
对象追踪	F11
DUCS	F6
DYN	F12

要点提示　正交 和 极轴 按钮是互斥的，若打开其中一个按钮，另一个则自动关闭。

1.4 AutoCAD 多文档设计环境

AutoCAD 是一个多文档设计环境，在此环境下，用户可同时打开多个图形文件。图 1-27 所示是打开 4 个图形文件时的程序界面（窗口层叠）。

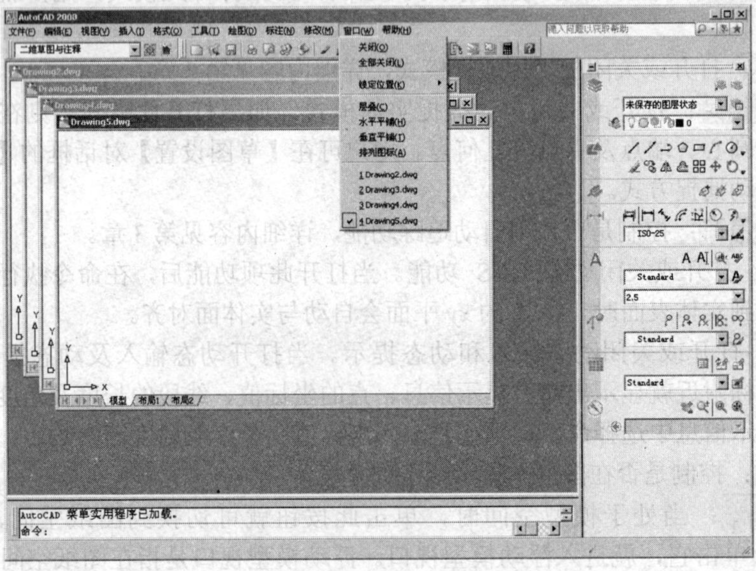

图1-27　多文档设计环境

虽然 AutoCAD 可同时打开多个图形文件，但当前激活的文件只有一个。用户只需在某个文件窗口内单击一点就可激活该文件。此外，用户也可通过如图 1-27 所示的【窗口】菜单在各文件间切换。该菜单列出了所有已打开的图形文件，文件名前带符号“√”的文件是当前文件。若用户想激活其他文件，只需选择相应的文件名即可。

利用【窗口】菜单还可控制多个图形文件的显示方式。例如，可将它们以层叠、水平或竖直等排列形式布置在主窗口中。

要点提示 连续按 Ctrl+F6 快捷键，系统就会依次在所有图形文件间切换。

处于多文档设计环境时，用户可以在不同图形间执行无中断、多任务操作，从而使工作变得更加灵活方便。例如，设计者正在图形 *a* 中进行操作，当需要进入另一图形 *b* 中绘图时，无论系统当前是否正在执行命令，都可以激活另一个窗口进行绘制或编辑，在完成操作并返回图形文件 *a* 后，系统将继续执行以前的操作命令。

多文档设计环境具有 Windows 的剪切、复制及粘贴等功能，因而可以快捷地在各个图形文件间复制、移动对象。此外，用户也可直接选择图形实体，然后按住鼠标左键将它拖放到其他图形中去使用。如果考虑到复制的对象需要在其他图形中准确定位，还可在复制对象的同时指定基准点，这样在执行粘贴操作时就可根据基准点将图形复制到正确的位置。

1.5 综合练习——布置用户界面及设定绘图区域大小

【练习1-8】： 布置用户界面，练习 AutoCAD 基本操作。

1. 启动 AutoCAD，进入“二维草图与注释”工作空间，打开【绘图】及【修改】工具栏并调整工具栏的位置，关闭二维绘图【面板】，新的用户界面如图 1-28 所示。

图1-28 新的用户界面

2. 利用 AutoCAD 提供的样板文件“Acad.dwt”创建新文件。
3. 打开程序窗口上部【工作空间】工具栏中的下拉列表，选择“AutoCAD 经典”选项，进入“AutoCAD 经典”工作空间。
4. 设定绘图区域的大小为 1 500×1 200。打开栅格显示，单击【标准】工具栏上的按钮使栅格充满整个图形窗口显示出来。
5. 利用【标准】工具栏上的按钮缩小栅格。
6. 单击【绘图】工具栏上的按钮，AutoCAD 提示：

```
命令: _circle 指定圆的圆心或 [三点(3P)/两点(2P)/相切、相切、半径(T)]:
                                                   //在屏幕上单击一点
指定圆的半径或 [直径(D)] <30.0000>: 1               //输入圆半径
命令:                                              //按Enter键重复上一个命令
CIRCLE 指定圆的圆心或 [三点(3P)/两点(2P)/相切、相切、半径(T)]:
                                                   //在屏幕上单击一点
指定圆的半径或 [直径(D)] <1.0000>: 5                //输入圆半径
命令:                                              //按Enter键重复上一个命令
CIRCLE 指定圆的圆心或 [三点(3P)/两点(2P)/相切、相切、半径(T)]: *取消*
                                                   //按Esc键取消命令
```

7. 单击【标准】工具栏上的按钮使圆充满整个绘图窗口。
8. 利用【标准】工具栏上的、按钮移动和缩放图形。
9. 以文件名“User-1.dwg”保存图形。

【练习1-9】： 布置用户界面，练习 AutoCAD 基本操作。

1. 打开文件“1-9.dwg”。
2. 单击鼠标右键，选择“缩放”选项，进入缩放状态，再次单击鼠标右键，选择“窗口缩放”选项。按住鼠标左键在图形左上角拖出一个矩形框，松开鼠标左键放大图形。
3. 继续单击鼠标右键，选择“窗口缩放”选项，再次放大图形左上角。
4. 单击鼠标右键，选择“缩放为原窗口”选项，图形显示返回到最初的情况。
5. 不要退出缩放状态，启动画圆命令，然后单击鼠标右键，选择“缩放”选项，再次单击鼠标右键，选择“窗口缩放”选项，按住鼠标左键在图形右上角拖出一个矩形框，松开鼠标左键左键放大图形。
6. 单击鼠标右键，选择“退出”选项，退出缩放状态，返回画圆命令，绘制半径为 1 500 的圆。
7. 单击鼠标右键，选择“缩放”选项，再次单击鼠标右键，选择“范围缩放”选项，让整个图形充满图形窗口显示。

习题

一、思考题

1. AutoCAD 用户界面主要由哪几部分组成？
2. 绘图窗口包含哪几种绘图环境？如何在它们之间切换？
3. 可利用哪些方法启动 AutoCAD 命令？

4. 怎样快速执行上一个命令？
5. 如何取消正在执行的命令？
6. 如果用户想了解命令执行的详细过程，应该怎么办？
7. 请讲述状态栏中 10 个控制按钮的主要功能，其中一些按钮可通过哪些快捷键来打开或关闭？
8. 利用【标准注释】工具栏上的哪些按钮来快速缩放和移动图形？
9. 如何打开、关闭及移动工具栏？
10. 如何打开、关闭面板？

二、操作题

1. 启动 AutoCAD 2008，将用户界面重新布置，如图 1-29 所示。

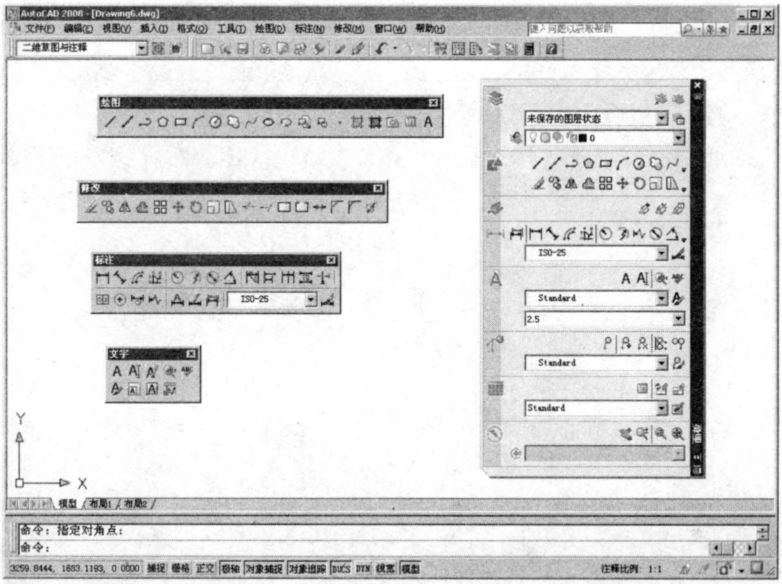

图1-29 重新布置用户界面

2. 以下的练习内容包括创建及存储图形文件、熟悉 AutoCAD 命令执行过程和快速查看图形等。

(1) 利用 AutoCAD 提供的样板文件“Acad.dwt”创建新文件。

(2) 用 LIMITS 命令设定绘图区域的大小为 10 000×8 000。

(3) 设定栅格沿 *x* 轴、*y* 轴的间距为 200。

(4) 单击状态栏上的栅格按钮，再单击【标准】工具栏上的按钮，使栅格充满整个图形窗口显示出来。

(5) 单击【绘图】工具栏上的按钮，AutoCAD 提示：

```
命令: _circle 指定圆的圆心或 [三点(3P)/两点(2P)/相切、相切、半径(T)]:
                                                //在屏幕上单击一点
指定圆的半径或 [直径(D)] <30.0000>: 50          //输入圆半径
命令:                                           //按 Enter 键重复上一个命令
CIRCLE 指定圆的圆心或 [三点(3P)/两点(2P)/相切、相切、半径(T)]:
                                                //在屏幕上单击一点
```

```
指定圆的半径或 [直径(D)] <50.0000>: 100            //输入圆半径
命令:                                              //按Enter键重复上一个命令
CIRCLE 指定圆的圆心或 [三点(3P)/两点(2P)/相切、相切、半径(T)]: *取消*
                                                   //按Esc键取消命令
```

(6) 单击【标准】工具栏上的按钮使圆充满整个绘图窗口。

(7) 利用【标准注释】工具栏上的、按钮移动和缩放图形。

(8) 以文件名"User-2.dwg"保存图形。

第2章 设置图层、颜色、线型及线宽

本章介绍的主要内容如下。

- 创建图层，设置图层颜色、线型及线宽等属性。
- 改变对象所在的图层、颜色、线型及线宽等。
- 控制非连续线的外观。

通过本章的学习，读者可以掌握创建图层、控制图层状态及修改非连续线外观的方法。

2.1 创建图层及设置颜色、线型和线宽

用户可以将 AutoCAD 图层想象成透明胶片，把各种类型的图形元素画在这些胶片上，而 AutoCAD 将这些胶片叠加在一起显示出来，如图 2-1 所示。在图层 *A* 上绘制了挡板，图层 *B* 上画了支架，图层 *C* 上绘有螺钉，最终显示结果是各层内容叠加后的效果。

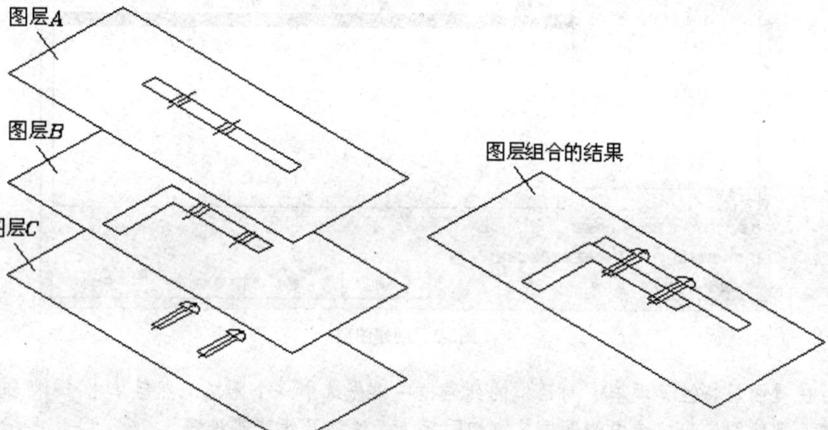

图2-1 图层

用 AutoCAD 绘图时，图形元素处于某个图层上，默认情况下，当前层是 0 层，若没有切换至其他图层，则所画图形在 0 层上。每个图层都有与其相关联的颜色、线型及线宽等属性信息，用户可以对这些信息进行设定或修改。当在某一层上绘图时，生成的图形元素颜色、线型、线宽就与当前层的设置完全相同（默认情况）。对象的颜色将有助于辨别图样中的相似实体，而线型、线宽等特性可轻易地表示出不同类型的图形元素。

图层是用户管理图样的强有力工具。在绘图时，用户应考虑将图样划分为哪些图层以及按什么样的标准进行划分。如果图层划分得较合理且采用了良好的命名，则会使图形信息更清晰、更有序，这样就会给以后的修改、观察及打印图样带来很大便利。例如，对于机械图，可根据图形元素的性质划分图层，一般创建下列图层。

- 轮廓线层
- 中心线层
- 虚线层
- 剖面线层
- 尺寸标注层
- 文字说明层

【练习2-1】：　创建及设置图层。

1. 单击【图层】工具栏上的按钮，打开【图层特性管理器】对话框，在此对话框中单击按钮，列表框显示出名称为“图层 1”的图层，直接输入“轮廓线层”，按 Enter 键结束。
2. 再次按 Enter 键，又创建新图层。这里总共创建 6 个图层，结果如图 2-2 所示。图层“0”前有绿色标记“√”，表示该图层是当前层。
3. 选中“指示正在使用的图层”选项，图层名称前图标的颜色变为白色，表明这些图层上没有任何图形对象。

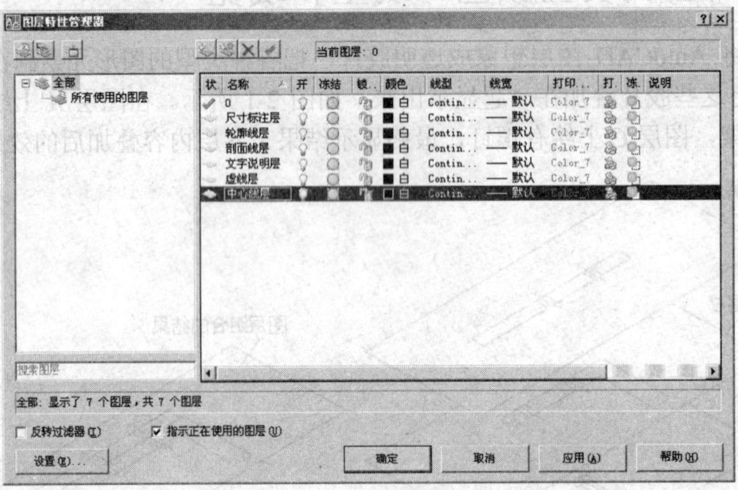

图2-2　创建图层

要点提示　若在【图层特性管理器】对话框的列表框中事先选中一个图层，然后单击按钮或按 Enter 键，则新图层与被选中的图层具有相同颜色、线型及线宽等设置。

4. 指定图层颜色。选中“中心线层”，单击与所选图层关联的图标■白色，打开【选择颜色】对话框，选择红色，如图 2-3 所示，再设置其他图层的颜色。
   轮廓线层——白色
   虚线层——黄色
   剖面线层——绿色
   尺寸标注层——绿色
   文字说明层——绿色
5. 给图层分配线型。默认情况下，图层线型是“Continuous”。选中“中心线层”，单击与所选图层关联的“Continuous”，打开【选择线型】对话框，如图 2-4 所示，通过此对话框用户可以选择一种线型或从线型库文件中加载更多线型。

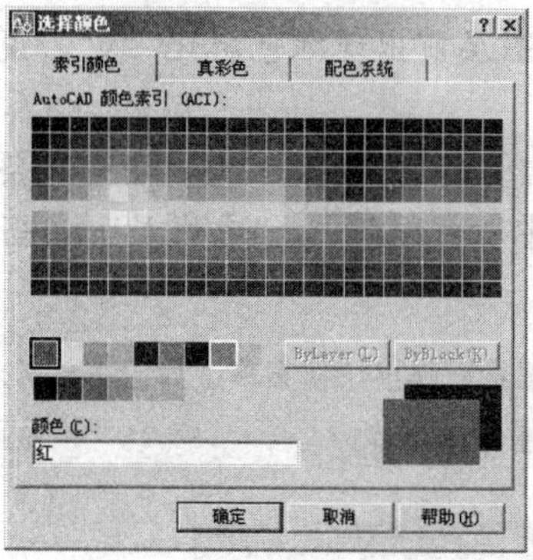

图2-3 【选择颜色】对话框

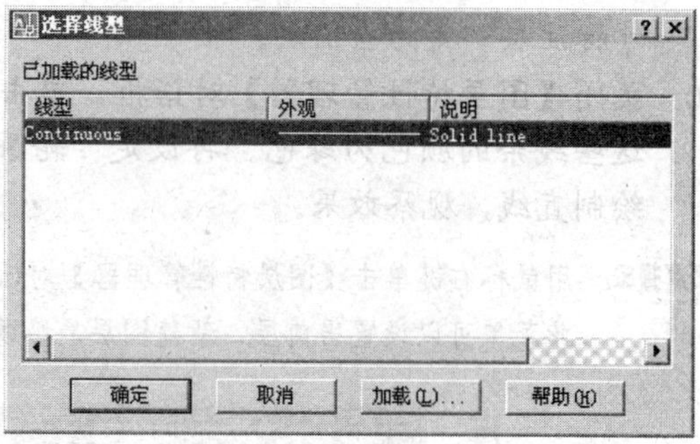

图2-4 【选择线型】对话框

6. 单击 加载(L)... 按钮，打开【加载或重载线型】对话框，如图 2-5 所示。选择线型“CENTER”及“DASHED”，再单击 确定 按钮，这些线型就被加载到系统中。当前线型库文件是“acadiso.lin”，单击 文件(F)... 按钮，可选择其他的线型库文件。

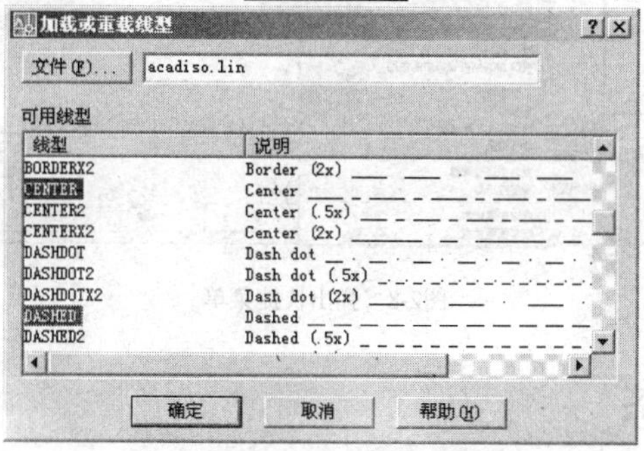

图2-5 【加载或重载线型】对话框

7. 返回【选择线型】对话框，选择“CENTER”，单击 确定 按钮，该线型就分配给“中心线层”。使用相同的方法将“DASHED”线型分配给“虚线层”。
8. 设定线宽。选中“轮廓线层”，单击与所选图层关联的图标 —— 默认，打开【线宽】对话框，指定线宽为 0.50 毫米，如图 2-6 所示。

要点提示 如果要使图形对象的线宽在模型空间中显示得更宽或更窄一些，可以调整线宽比例。在状态栏的线宽按钮上单击鼠标右键，弹出快捷菜单，选择【设置】命令，打开【线宽设置】对话框，如图 2-7 所示，在【调整显示比例】区域中移动滑块来改变显示比例值。

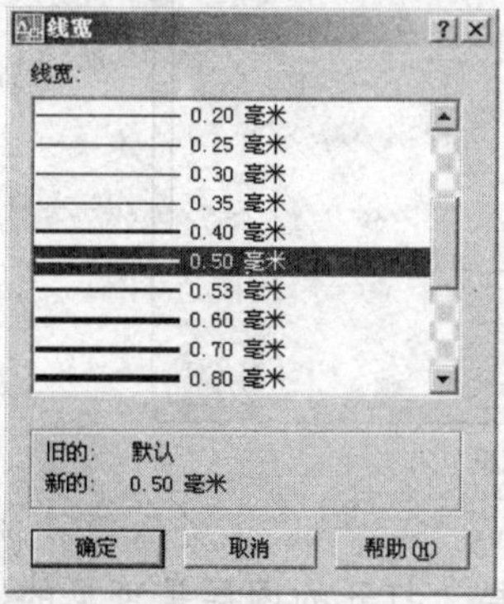

图2-6 【线宽】对话框

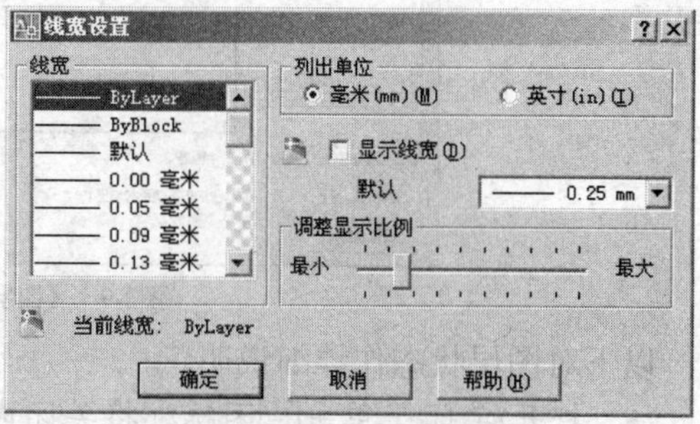

图2-7 【线宽设置】对话框

9. 指定当前层。选中“尺寸标注层”，单击按钮，图层前出现绿色标记“√”，说明“尺寸标注层”变为当前层。
10. 关闭【图层特性管理器】对话框，单击绘图工具栏上的按钮，绘制任意几条直线，这些线条的颜色为绿色。再设定“轮廓线层”、“中心线层”或“虚线层”为当前层，绘制直线，观察效果。

要点提示　用鼠标右键单击【图层特性管理器】对话框中的某一图层，弹出快捷菜单，如图 2-8 所示，利用此菜单可以设置当前层、新建图层、修改图层名称及删除图层等。

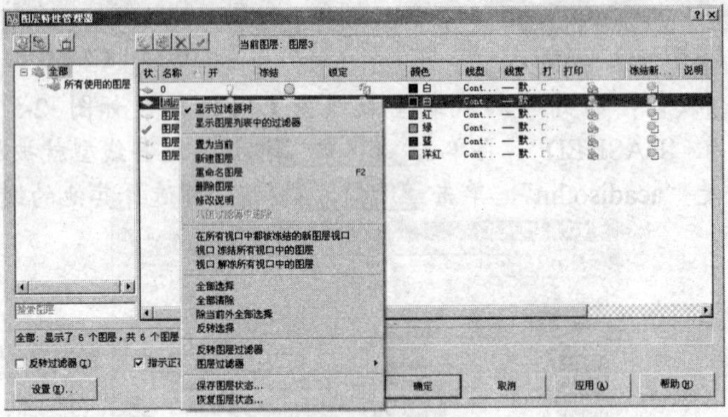

图2-8　弹出快捷菜单

2.2 控制图层状态

如果工程图样包含大量信息且有很多图层，则用户可通过控制图层状态使编辑、绘制和观察等工作变得更方便一些。图层状态主要包括打开与关闭、冻结与解冻、锁定与解锁和打印与不打印等，系统用不同形式的图标表示这些状态，如图 2-9 所示。用户可通过【图层特性管理器】对话框对图层状态进行控制，单击【图层】工具栏上的按钮就可打开此对话框。

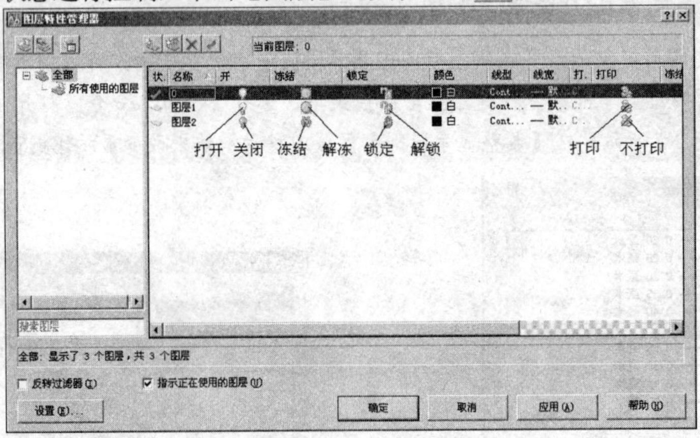

图2-9　【图层特性管理器】对话框

以下对图层状态作详细说明。

- 打开/关闭：单击图标，将关闭或打开某一图层。打开的图层是可见的，而关闭的图层则不可见，也不能被打印。当图形重新生成时，被关闭的层将一起被生成。

- 解冻/冻结：单击图标，将冻结或解冻某一图层。解冻的图层是可见的，冻结的图层为不可见，也不能被打印。当重新生成图形时，系统不再重新生成该层上的对象，因而冻结一些图层后，可以加快 ZOOM、PAN 等命令和许多其他操作的运行速度。

> 要点提示 解冻一个图层将引起整个图形重新生成，而打开一个图层则不会导致这种现象（只是重画这个图层上的对象）。因此如果需要频繁地改变图层的可见性，应关闭或打开该图层而不应冻结或解冻。

- 解锁/锁定：单击图标，将锁定或解锁图层。被锁定的图层是可见的，但图层上的对象不能被编辑。用户可以将锁定的图层设置为当前层，并能向它添加图形对象。
- 打印/不打印：单击图标，就可设定图层是否打印。指定某层不打印后，该图层上的对象仍会显示出来。图层的不打印设置只对图样中可见图层（图层是打开的并且是解冻的）有效。若图层设为可打印但该层是冻结的或关闭的，此时 AutoCAD 不会打印该层。

除了利用【图层特性管理器】对话框控制图层状态外，还可通过【图层】工具栏上的【图层控制】下拉列表控制图层状态，这方面内容详见 2.3 节。

2.3 有效地使用图层

在绘制复杂图形时，用户常常从一个图层切换至另一个图层，频繁地改变图层状态或是将某些对象修改到其他层上，如果这些操作不熟练，将会降低设计效率。控制图层的一种方法是单击【图层】工具栏上的按钮，打开【图层特性管理器】对话框，通过此对话框完成上述任务。除此之外，还有另一种更简捷的方法——使用【图层】工具栏中的【图层控制】下拉列表，如图 2-10 所示，该下拉列表包含当前图形中所有图层，并显示各层的状态图标，此列表主要包含以下 3 项功能。

- 切换当前图层。
- 设置图层状态。
- 修改已有对象所在的图层。

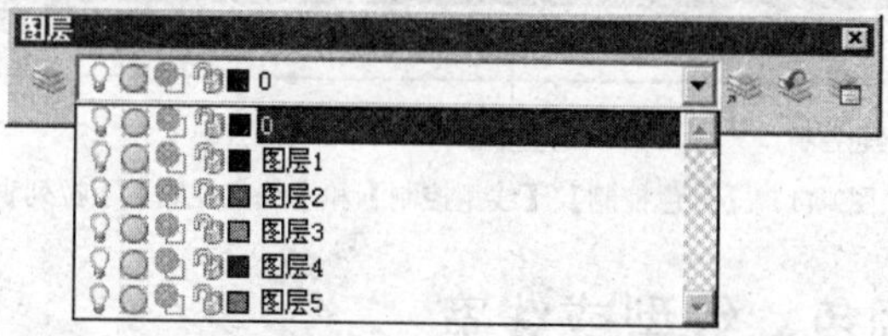

图2-10 【图层控制】下拉列表

【图层控制】列表框有 3 种显示模式。

- 如果用户没有选择任何图形对象，则该列表框显示当前图层。
- 若选择了一个或多个对象，而这些对象又同属一个图层时，该列表框显示该层。
- 若选择了多个对象，而这些对象不属于同一层时，该列表框是空白的。

2.3.1 切换当前图层

如果用户要在某个图层上绘图，那么必须先使该层成为当前层。通过【图层控制】下拉列表，用户可以快速地切换当前层，方法如下。

1. 单击【图层控制】下拉列表右边的箭头打开列表。
2. 选择欲设置成当前层的图层名称。操作完成后，下拉列表自动关闭，被选图层成为当前层。

要点提示 此种方法只能在当前没有对象被选择的情况下使用。

2.3.2 修改图层状态

【图层控制】下拉列表中也显示了图层状态图标，单击图标就可以切换图层状态。在修改图层状态时，该下拉列表将保持打开，用户能一次在列表中修改多个图层的状态。修改完成后，单击列表框顶部将列表关闭。

2.3.3 将对象修改到其他图层上

如果用户想把某个图层上的对象修改到其他图层上，可先选择该对象，然后在【图层控制】下拉列表中选取要放置的图层名称。操作结束后，列表框自动关闭，被选择的图形对象转移到新的图层上。

2.4 改变对象的颜色、线型及线宽

用户通过【特性】工具栏可以方便地设置对象的颜色、线型及线宽等信息。默认情况下，该工具栏的【颜色控制】、【线型控制】和【线宽控制】等 3 个列表框中显示“ByLayer”，如图 2-11 所示。“ByLayer”的意思是所绘对象的颜色、线型及线宽等属性与当前层所设定的完全相同。本节将介绍临时设置即将创建的图形对象，以及如何修改已有对象的这些特性的方法。

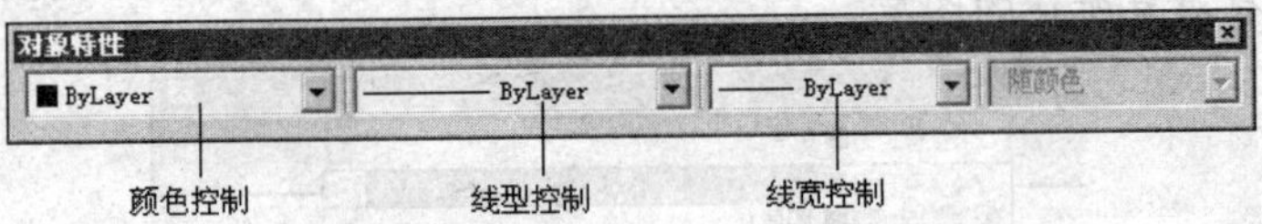

图2-11　【颜色控制】、【线型控制】和【线宽控制】下拉列表

2.4.1 设置当前颜色、线型或线宽

默认情况下，在某一图层上创建的图形对象都将使用图层所设置的颜色。若想改变当前颜色可通过【特性】工具栏的【颜色控制】下拉列表进行设置，具体步骤如下。

1. 打开【特性】工具栏上的【颜色控制】下拉列表，从列表中选择一种颜色。
2. 当选取【选择颜色】选项时，系统打开【选择颜色】对话框，如图 2-12 所示，在此对话框中用户可做更多选择。

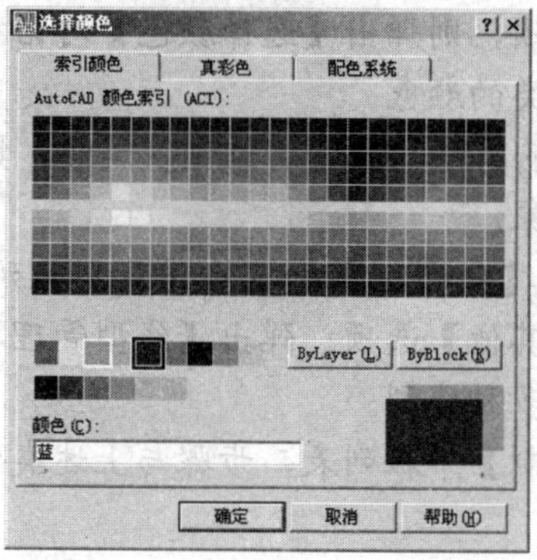

图2-12 【选择颜色】对话框

默认情况下，绘制的对象采用当前图层所设置的线型、线宽。若要使用其他种类线型、线宽，则必须改变当前线型、线宽的设置，具体步骤如下。

1. 打开【特性】工具栏上的【线型控制】下拉列表，从列表中选择一种线型。
2. 若选择【其他】选项，则弹出【线型管理器】对话框，如图 2-13 所示，用户在此对话框中选择所需线型或加载更多种类线型。

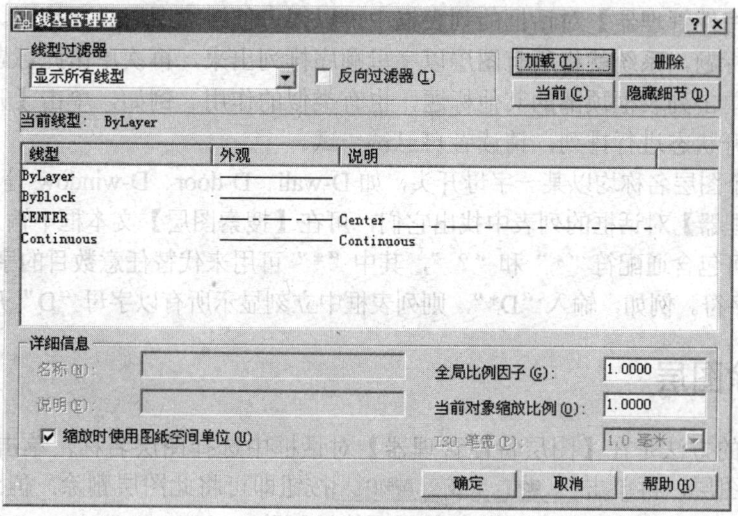

图2-13 【线型管理器】对话框

3. 在【线宽控制】下拉列表中可以方便地改变当前线宽设置，步骤与上述过程类似，这里不再重复。

要点提示 可以利用【线型管理器】对话框中的 删除 按钮删除未被使用的线型。

2.4.2 修改对象颜色、线型或线宽

用户可通过【特性】工具栏上的【颜色控制】下拉列表改变已有对象的颜色，具体步骤如下。

1. 选择要改变颜色的图形对象。
2. 在【特性】工具栏上打开【颜色控制】下拉列表，然后从列表中选择所需颜色。

3. 如果选择【选择颜色】选项，则弹出【选择颜色】对话框，如图 2-12 所示，通过此对话框用户可以选择更多种类的颜色。

修改已有对象线型、线宽的方法与改变对象颜色类似，具体步骤如下。

1. 选择要改变线型的图形对象。
2. 在【特性】工具栏上打开【线型控制】下拉列表，从列表中选择所需线型。若列表不包含所需线型，就选择【其他】选项，弹出【线型管理器】对话框，如图 2-13 所示，利用此对话框加载一种或多种线型。
3. 修改线宽是利用【线宽控制】下拉列表，步骤与上述类似，这里不再重复。

2.5　管理图层

管理图层主要包括排序图层、显示所需的一组图层、删除不再使用的图层及重新命名图层等，以下分别进行介绍。

2.5.1　排序图层及按名称搜索图层

在【图层特性管理器】对话框的列表框中可以很方便地对图层进行排序。单击列表框顶部的【名称】标题，系统就将所有图层以字母顺序排列出来，再次单击此标题，排列顺序就会颠倒过来。单击列表框顶部的其他标题，也有类似的作用。例如，单击【开】标题，则图层按关闭、打开状态进行排列，请读者自己试一试。

假设有几个图层名称均以某一字母开头，如 D-wall、D-door、D-window 等，若想很快地从【图层特性管理器】对话框的列表中找出它们，可在【搜索图层】文本框中输入要寻找的图层名称，名称中可包含通配符“*”和“？”，其中“*”可用来代替任意数目的字符，“？”用来代替任意一个字符。例如，输入“D*”，则列表框中立刻显示所有以字母“D”开头的图层。

2.5.2　删除图层

删除图层的方法是在【图层特性管理器】对话框中选择图层名称，单击 × 按钮，系统标记要删除的图层，再单击 确定 或 应用(A) 按钮即可将此图层删除；但当前层、0 层、定义点层（Defpoints）及包含图形对象的层不能被删除。

2.5.3　重新命名图层

良好的图层命名将有助于用户对图样进行管理。要重新命名一个图层，可打开【图层特性管理器】对话框，先选中要修改的图层名称，该名称周围出现一个白色矩形框，在矩形框内单击一点，图层名称就高亮显示。此时就可输入新的图层名称，输入完成后，按 Enter 键结束。

2.6　修改非连续线型外观

非连续线型是由短横线、空格等构成的重复图案，图案中短线长度、空格大小是由线型比例来控制的。用户绘图时常会遇到这样一种情况：本来想画虚线或点划线，但最终绘制出的线型看上去却和连续线一样，出现这种现象的原因是线型比例设置得太大或太小。

2.6.1 改变全局线型比例因子

LTSCALE 是控制线型的全局比例因子，它将影响图样中所有非连续线型的外观，其值增加时，将使非连续线中短横线及空格加长，反之，会使它们缩短。当用户修改全局比例因子后，系统将重新生成图形，并使所有非连续线型发生变化。图 2-14 显示了使用不同比例因子时点划线的外观。

图2-14　全局线型比例因子对非连续线外观的影响

改变全局比例因子的具体步骤如下。

1. 打开【特性】工具栏上的【线型控制】下拉列表，如图 2-15 所示。

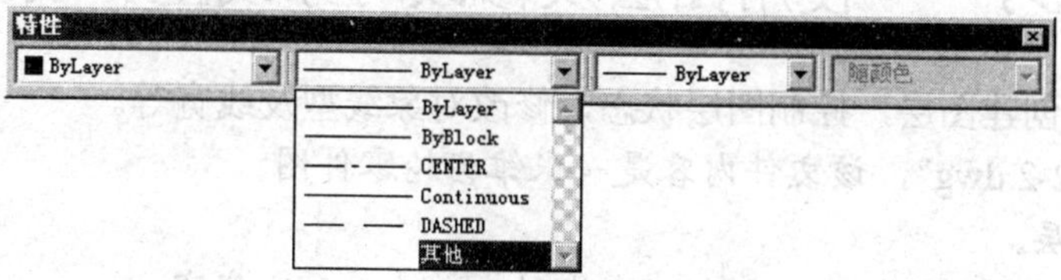

图2-15　【线型控制】下拉列表

2. 在【线型控制】下拉列表中选择【其他】选项，打开【线型管理器】对话框，在此对话框中单击显示细节(D)按钮，则该对话框底部显示【详细信息】区域，如图 2-16 所示。

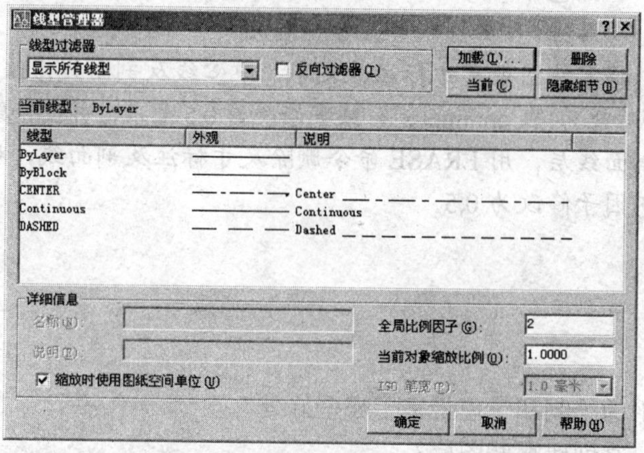

图2-16　【线型管理器】对话框

3. 在【详细信息】区域的【全局比例因子】文本框中输入新的比例值。

2.6.2 改变当前对象的线型比例因子

用户有时需要为不同对象设置不同的线型比例，为达到这个目的就需单独控制对象的比例因子。当前对象线型比例是由系统变量 CELTSCALE 来设定的，调整该值后所有新绘制的非连续线均会受到它的影响。

默认情况下 CELTSCALE=1，该因子与 LTSCALE 同时作用在线型对象上。例如，将 CELTSCALE 设置为 4，LTSCALE 设置为 0.5，则系统在最终显示线型时采用的缩放比例将为 2，即最终显示比例=CELTSCALE×LTSCALE。图 2-17 所示的是 CELTSCALE 分别为 1、1.5 时点划线的外观。

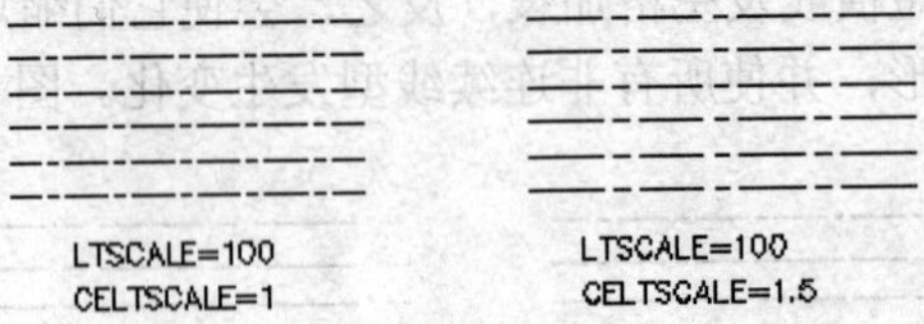

图2-17　设置当前对象的线型比例因子

设置当前线型比例因子的方法与设置全局比例因子类似，具体步骤请参见 2.6.1 小节。该比例因子也是在【线型管理器】对话框中设定，如图 2-16 所示，用户在此对话框的【当前对象缩放比例】文本框中输入新比例值。

2.7　综合练习——使用图层及修改对象线型、线宽等

【练习2-2】： 创建图层，控制图层状态，修改对象线型及线宽等。

1. 打开文件“2-2.dwg”，该文件内容是一张锥齿轮零件图。
2. 创建以下图层。

名称	颜色	线型	线宽
尺寸线	白色	Continuous	默认
剖面线	青色	Continuous	默认
中心线	红色	Center	默认
文字	洋红	Continuous	默认

3. 关闭轮廓线层，将零件图中尺寸标注、文字、中心线及剖面线修改到相应图层上。
4. 将轮廓线的线型修改为“Continuous”，线宽修改为 0.5 毫米，并使轮廓线层成为当前层。
5. 锁定尺寸线及剖面线层，用 ERASE 命令删除尺寸标注及剖面线，观察其效果。
6. 将全局线型比例因子修改为 0.5。

习题

一、思考题

1. “图层”给图形的绘制和管理带来了哪些好处？
2. 绘制机械图时，常创建哪些图层？
3. 与图层相关联的主要属性项目有哪些？
4. 试说明以下图层的状态。

5. 如果想知道图形对象在哪个图层上，应该如何操作？
6. 怎样快速地在图层间进行切换？

7. 如何将某一图形对象修改到其他图层上？
8. 怎样快速修改对象的颜色、线型和线宽等属性？
9. 要使图形对象的线宽显示得更宽或更窄一些，应该如何调整？
10. 试说明系统变量 LTSCALE 及 CELTSCALE 的作用。

二、操作题

下面这个练习的内容包括创建图层，将图形对象修改到其他图层上，改变对象的颜色和控制图层状态。

1. 打开教学资源包中文件“2-3.dwg”。
2. 创建以下图层。

名称	颜色	线型	线宽
轮廓线	绿色	Continuous	0.5
尺寸线	黄色	Continuous	默认
中心线	红色	Center	默认

3. 将图形的外轮廓线、对称轴线及尺寸标注分别修改到“轮廓线”、“中心线”及“尺寸线”层上。
4. 把尺寸标注及对称轴线修改为蓝色。
5. 关闭或冻结“尺寸线”层。

第3章 绘制直线、圆及简单平面图形

本章介绍的主要内容如下。

- 输入线段端点的坐标画线。
- 打开正交模式画水平和竖直线段。
- 使用对象捕捉、极轴追踪及捕捉追踪功能画线。
- 画平行线和垂线。
- 调整线条长度和延伸线条。
- 修剪多余线条。
- 画圆、圆弧连接及圆的切线等。
- 倒圆角和倒斜角。

通过本章的学习，读者可以掌握 LINE、CIRCLE、OFFSET、LENGTHEN、TRIM、XLINE、FILLET 及 CHAMFER 等命令的用法，并且能够灵活运用这些命令绘制简单图形。

3.1 画直线构成的平面图形（一）

本节介绍如何输入点的坐标画线和怎样捕捉几何对象上的特殊点等。

3.1.1 画直线

LINE 命令可在二维或三维空间中创建直线。发出命令后，用户通过鼠标指定线的端点或利用键盘输入端点坐标，AutoCAD 就将这些点连接成直线。LINE 命令可生成单条直线，也可生成连续折线。不过，由该命令生成的连续折线并非单独一个对象，折线中每条直线都是独立的对象，用户可以对每条直线进行编辑操作。

命令启动方法

- 下拉菜单:【绘图】/【直线】。
- 工具栏:【绘图】工具栏 ╱ 按钮。
- 命令：LINE 或简写 L。

【练习3-1】： 练习 LINE 命令。

```
命令： _line 指定第一点:                    //单击 A 点，如图 3-1 所示
指定下一点或 [放弃(U)]:                     //单击 B 点
指定下一点或 [放弃(U)]:                     //单击 C 点
指定下一点或 [闭合(C)/放弃(U)]:             //单击 D 点
指定下一点或 [闭合(C)/放弃(U)]: U           //放弃 D 点
指定下一点或 [闭合(C)/放弃(U)]:             //单击 E 点
```

指定下一点或 [闭合(C)/放弃(U)]: C　　　　　　　　　　//使线框闭合

结果如图 3-1 所示。

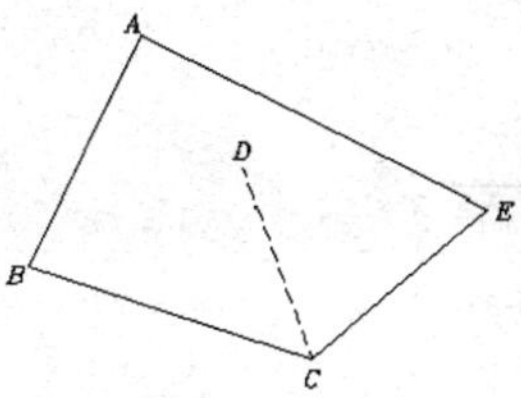

图3-1　画直线

命令选项

- 指定第一点：在此提示下，用户需指定直线的起始点，若此时按 Enter 键，AutoCAD 将以上一次所画线段或圆弧的终点作为新直线的起点。
- 指定下一点：在此提示下，输入直线的端点，按 Enter 键后，AutoCAD 继续提示"指定下一点"，用户可输入下一个端点。若在"指定下一点"提示下按 Enter 键，则命令结束。
- 放弃(U)：在"指定下一点"提示下，输入字母 U，将删除上一条直线，多次输入 U，则会删除多条直线段。该选项可以及时纠正绘图过程中的错误。
- 闭合(C)：在"指定下一点"提示下，输入字母 C，AutoCAD 将使连续折线自动封闭。

3.1.2 输入点的坐标画线

启动画线命令后，AutoCAD 提示用户指定直线的端点。指定端点的一种方法是输入点的坐标值。常用的点的坐标表示方式有 4 种：绝对直角坐标、绝对极坐标、相对直角坐标及相对极坐标。绝对坐标值是相对于原点的坐标值，而相对坐标值则是相对于另一个几何点的坐标值。下面分别说明如何输入点的绝对坐标和相对坐标。

一、　输入点的绝对直角坐标和绝对极坐标

绝对直角坐标的输入格式为："*X,Y*"。*X* 表示点的 *X* 坐标值，*Y* 表示点的 *Y* 坐标值。两坐标值之间用"," 分隔开。例如，(−50,20)、(40,60) 分别表示图 3-2 中的 *A*、*B* 两点。

绝对极坐标的输入格式为：*R*<α。*R* 表示点到原点的距离，α表示极轴方向与 *x* 轴正向间的夹角。若从 *x* 轴正向逆时针旋转到极轴方向，则α角为正，否则α角为负。例如：(60<120)、(45<−30) 分别表示图 3-2 中的 *C*、*D* 两点。

二、　输入点的相对直角坐标和相对极坐标

当知道某点与其他点的相对位置关系时，用户可使用相对坐标。相对坐标与绝对坐标相比，仅仅是在坐标值前增加了一个符号@。

相对直角坐标的输入形式为：@*X,Y*

相对极坐标的输入形式为：@R<α

【练习3-2】：　已知 *A* 点的绝对坐标及图形尺寸，如图 3-3 所示，现用 LINE 命令绘制此图形。

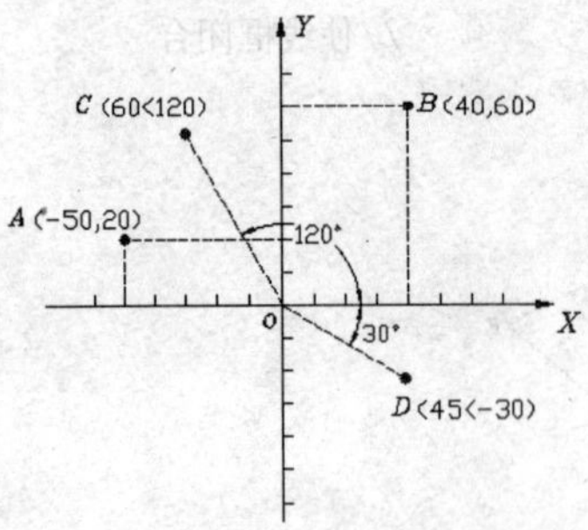

图3-2　点的绝对直角坐标和绝对极坐标

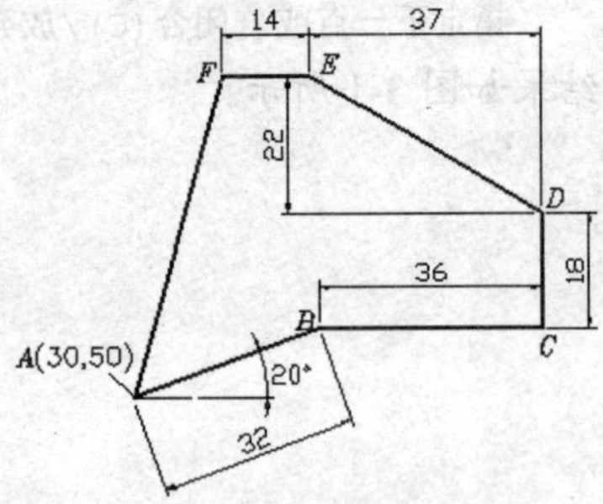

图3-3　输入点的坐标画线

```
命令: _line 指定第一点: 30,50                     //输入A点的绝对直角坐标, 如图3-3所示
指定下一点或 [放弃(U)]: @32<20                    //输入B点的相对极坐标
指定下一点或 [放弃(U)]: @36,0                     //输入C点的相对直角坐标
指定下一点或 [闭合(C)/放弃(U)]: @0,18             //输入D点的相对直角坐标
指定下一点或 [闭合(C)/放弃(U)]: @-37,22//输入E点的相对直角坐标
指定下一点或 [闭合(C)/放弃(U)]: @-14,0            //输入F点的相对直角坐标
指定下一点或 [闭合(C)/放弃(U)]: 30,50             //输入A点的绝对直角坐标
指定下一点或 [闭合(C)/放弃(U)]:                   //按Enter键结束
```

3.1.3　使用对象捕捉精确画线

绘图过程中，用户常常需要在一些特殊几何点间连线，例如过圆心、直线的中点或端点画线等。在这种情况下，若不借助辅助工具，用户是很难直接拾取到这些点的。当然，用户可以在命令行中输入点的坐标值来精确地定位点，但有些点的坐标值是很难计算出来的。为帮助用户快速、准确地拾取特殊几何点，AutoCAD 提供了一系列不同方式的对象捕捉工具，这些工具包含在图 3-4 所示的【对象捕捉】工具栏里。

图3-4　【对象捕捉】工具栏

对象捕捉功能仅在 AutoCAD 命令运行过程中才有效。启动命令后，当 AutoCAD 提示输入点时，用户可用对象捕捉功能指定一个点。若是直接在命令行发出对象捕捉命令，系统将提示错误。

一、　常用对象捕捉方式的功能

(1) ：捕捉直线、圆弧等几何对象的端点，捕捉代号 END。启动端点捕捉后，将鼠标光标移动到目标点的附近，AutoCAD 就自动捕捉该点，再单击鼠标左键确认。

(2) ：捕捉直线、圆弧等几何对象的中点，捕捉代号 MID。启动中点捕捉后，使鼠标光标的拾取框与直线、圆弧等几何对象相交，AutoCAD 就自动捕捉这些对象的中点，再单击鼠标左键确认。

(3) 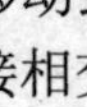：捕捉几何对象间真实的或延伸的交点，捕捉代号 INT。启动交点捕捉后，将鼠标光标移动到目标点的附近，AutoCAD 就自动捕捉该点，单击鼠标左键确认。若两个对象没有直接相交，可先将鼠标光标的拾取框放在其中一个对象上，单击鼠标左键，然后把拾取

框移到另一对象上，再单击鼠标左键，AutoCAD 就自动捕捉到交点。

(4) ：在二维空间中与功能相同，该捕捉方式还可在三维空间中捕捉两个对象的视图交点（在投影视图中显示相交，但实际上并不一定相交），捕捉代号 APP。

(5) ：捕捉延伸点，捕捉代号 EXT。用户把鼠标光标从几何对象端点开始移动，此时系统沿该对象显示出捕捉辅助线和捕捉点的相对极坐标，如图 3-5 所示。输入捕捉距离后，AutoCAD 定位一个新点。

(6) ：正交偏移捕捉，该捕捉方式可以使用户相对于一个已知点定位另一点，捕捉代号 FRO。下面的例子说明偏移捕捉的用法。在已绘制出的矩形中从 *B* 点开始画线，*B* 点与 *A* 点的关系如图 3-6 所示。

```
命令: _line 指定第一点: _from 基点: _int 于
                                        //先单击按钮，再单击按钮
                                        //单击按钮，移动鼠标光标到A点处，单击鼠标左键
<偏移>: @10,8                           //输入B点对于A点的相对坐标
指定下一点或 [放弃(U)]:                  //拾取下一个端点
指定下一点或 [放弃(U)]:                  //按Enter键结束
```

(7) ：捕捉圆、圆弧及椭圆等的中心，捕捉代号 CEN。启动中心点捕捉后，使鼠标光标的拾取框与圆弧、椭圆等几何对象相交，AutoCAD 就自动捕捉这些对象的中心点，再单击鼠标左键确认。

(8) ：捕捉圆、圆弧及椭圆的 0°、90°、180°或 270°处的象限点，捕捉代号 QUA。启动象限点捕捉后，使鼠标光标的拾取框与圆弧、椭圆等几何对象相交，AutoCAD 就显示出与拾取框最近的象限点，再单击鼠标左键确认。

(9) ：在绘制相切的几何关系时，该捕捉方式使用户可以捕捉切点，捕捉代号 TAN。启动切点捕捉后，使鼠标光标的拾取框与圆弧、椭圆等几何对象相交，AutoCAD 就显示出相切点，再单击鼠标左键确认。

(10) ：在绘制垂直的几何关系时，该捕捉方式使用户可以捕捉垂足，捕捉代号 PER。启动垂足捕捉后，使鼠标光标的拾取框与直线、圆弧等几何对象相交，AutoCAD 就自动捕捉垂足点，再单击鼠标左键确认。

(11) ：平行捕捉，可用于绘制平行线，捕捉代号 PAR。如图 3-7 所示，用 LINE 命令绘制直线 *AB* 的平行线 *CD*。发出 LINE 命令后，首先指定直线的起点 C，然后单击按钮。移动鼠标光标到 *AB* 直线上，随后该直线上出现小的平行线符号，表示 *AB* 直线已被选定。再移动鼠标光标到即将创建平行线的位置，此时 AutoCAD 显示出平行线，输入该线的长度或单击一点，就绘制出平行线。

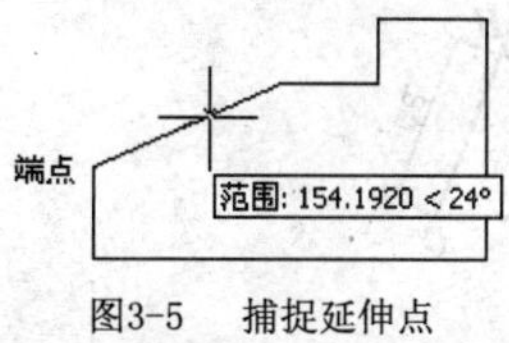

图3-5　捕捉延伸点

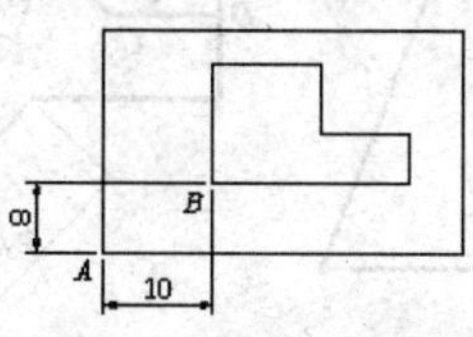

图3-6　正交偏移捕捉

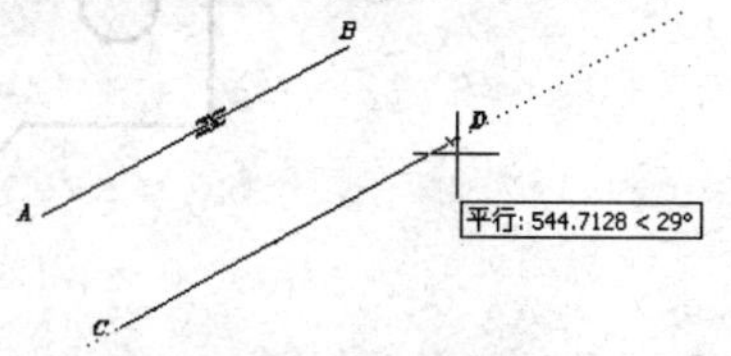

图3-7　平行捕捉

(12) ：捕捉 POINT 命令创建的点对象，捕捉代号 NOD。操作方法与端点捕捉类似。

(13) ：捕捉距离鼠标光标中心最近的几何对象上的点，捕捉代号 NEA。操作方法与端点捕捉类似。

二、 调用对象捕捉功能的方法

(1) 绘图过程中，当 AutoCAD 提示输入一个点时，用户可单击捕捉按钮或输入捕捉命令简称来启动对象捕捉，然后将鼠标光标移动到要捕捉的特征点附近，AutoCAD 就自动捕捉该点。

(2) 启动对象捕捉的另一种方法是利用快捷菜单。发出 AutoCAD 命令后，按下 Shift 键并单击鼠标右键，系统弹出快捷菜单，如图 3-8 所示，通过此菜单用户可选择捕捉何种类型的点。

(3) 前面所述的捕捉方式仅对当前操作有效，命令结束后，捕捉模式自动关闭，这种捕捉方式称为覆盖捕捉方式。除此之外，用户可以采用自动捕捉方式来定位点，当打开这种方式时，AutoCAD 将根据事先设定的捕捉类型自动寻找几何对象上相应的点。

【练习3-3】： 设置自动捕捉方式。

1. 用鼠标右键单击状态栏上的对象捕捉按钮，弹出快捷菜单，选择【设置】选项，打开【草图设置】对话框，在此对话框的【对象捕捉】选项卡中设置捕捉点的类型，如图 3-9 所示。
2. 单击确定按钮，关闭对话框，然后用鼠标左键单击对象捕捉按钮，打开自动捕捉方式。

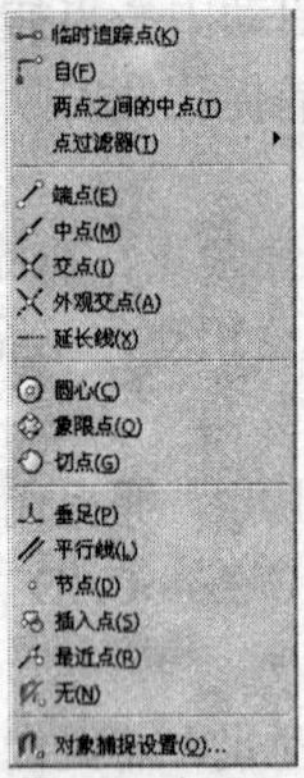

图3-8　设置对象捕捉

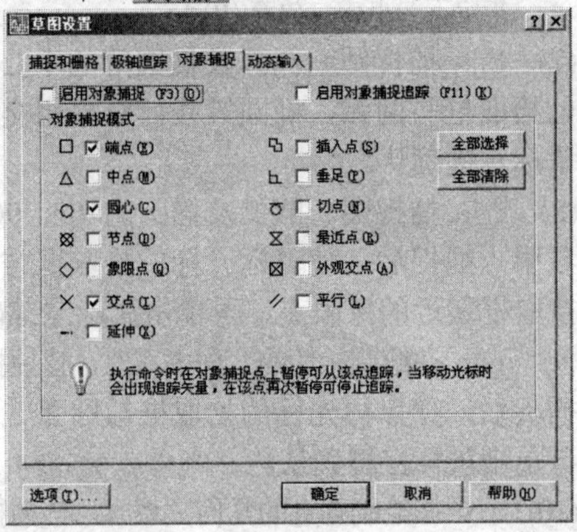

图3-9　【草图设置】对话框

【练习3-4】： 打开文件“3-4.dwg”，如图 3-10 左图所示，使用 LINE 命令将左图修改为右图。本题是练习运用对象捕捉的功能。

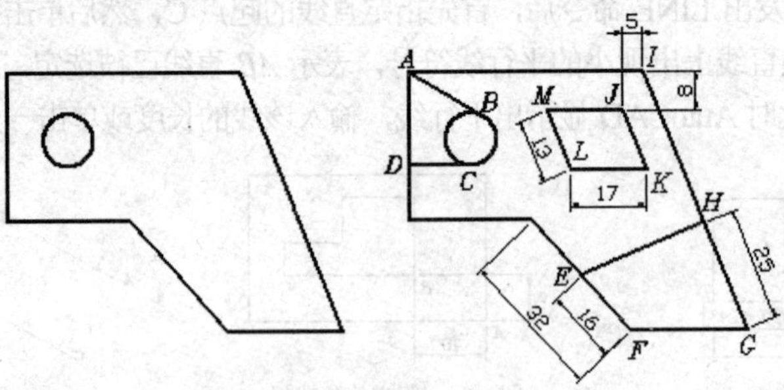

图3-10　利用对象捕捉精确画线

命令：_line 指定第一点：int 于　　　//输入交点代号“INT”并按 Enter 键

//将鼠标光标移动到 A 点处，单击鼠标左键，如图 3-10 所示

指定下一点或 [放弃(U)]：tan 到　　　//输入切点代号“TAN”并按 Enter 键

```
                //将鼠标光标移动到 B 点附近，单击鼠标左键
指定下一点或 [放弃(U)]:              //按 Enter 键结束
命令:                                //重复命令
LINE 指定第一点: qua 于               //输入象限点代号“QUA”并按 Enter 键
            //将鼠标光标移动到 C 点附近，单击鼠标左键
指定下一点或 [放弃(U)]: per 到        //输入垂足代号“PER”并按 Enter 键
            //使鼠标光标与直线 AD 相交，AutoCAD 显示垂足 D，单击鼠标左键
指定下一点或 [放弃(U)]:              //按 Enter 键结束
命令:                                //重复命令
LINE 指定第一点: mid 于               //输入中点代号“MID”并按 Enter 键
            //使鼠标光标与直线 EF 相交，AutoCAD 显示中点 E，单击鼠标左键
指定下一点或 [放弃(U)]: ext 于        //输入延伸点代号“EXT”并按 Enter 键
25          //将鼠标光标移动到 G 点附近，AutoCAD 自动沿直线进行追踪
            //输入 H 点与 G 点的距离
指定下一点或 [放弃(U)]:              //按 Enter 键结束
命令:                                //重复命令
LINE 指定第一点: from 基点:           //输入正交偏移捕捉代号“FROM”并按 Enter 键
end 于                               //输入端点代号“END”并按 Enter 键
                                     //将鼠标光标移动到 I 点处，单击鼠标左键
<偏移>: @-5,-8                       //输入 J 点相对于 I 点的坐标
指定下一点或 [放弃(U)]: par 到        //输入平行偏移捕捉代号“PAR” 并按 Enter 键
13                    //将鼠标光标从直线 HG 处移动到 JK 处，再输入 JK 直线的长度
指定下一点或 [放弃(U)]: par 到        //输入平行偏移捕捉代号“PAR” 并按 Enter 键
17                    //将鼠标光标从直线 AI 处移动到 KL 处，再输入 KL 直线的长度
指定下一点或或 [闭合(C)/放弃(U)]: par 到
//输入平行偏移捕捉代号“PAR” 并按 Enter 键
13                    //将鼠标光标从直线 JK 处移动到 LM 处，再输入 LM 直线的长度
指定下一点或 [闭合(C)/放弃(U)]: c   //使线框闭合
```

3.1.4 上机练习

【练习3-5】： 输入点的相对坐标画线及利用对象捕捉精确画线，如图 3-11 所示。

1. 设定绘图区域大小为 120×120，单击【标准】工具栏按钮使绘图区域充满整个图形窗口显示出来。
2. 打开对象捕捉功能，设定捕捉方式为端点、交点及延伸点等。
3. 画直线 *AB*、*BC*、*CD* 等，如图 3-12 所示。

```
命令: _line 指定第一点:                       //单击 A 点，如图 3-12 所示
指定下一点或 [放弃(U)]: @28,0                 //输入 B 点的相对坐标
指定下一点或 [放弃(U)]: @20<20                //输入 C 点的相对坐标
```

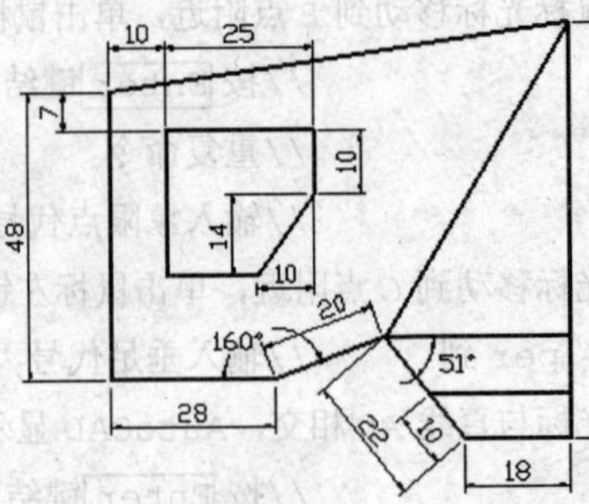

图3-11　使用相对坐标及对象捕捉画线

指定下一点或 [闭合(C)/放弃(U)]: @22<-51　　//输入 D 点的相对坐标
指定下一点或 [闭合(C)/放弃(U)]: @18,0　　//输入 E 点的相对坐标
指定下一点或 [闭合(C)/放弃(U)]: @0,70　　//输入 F 点的相对坐标
指定下一点或 [闭合(C)/放弃(U)]:　　//按 Enter 键结束
命令:　　//重复命令
LINE 指定第一点:　　//捕捉端点 A
指定下一点或 [放弃(U)]: @0,48　　//输入 G 点的相对坐标
指定下一点或 [放弃(U)]:　　//捕捉端点 F
指定下一点或 [闭合(C)/放弃(U)]:　　//按 Enter 键结束

结果如图 3-12 所示。

4. 画直线 CF、CJ、HI，如图 3-13 所示。

命令: _line 指定第一点:　　//捕捉交点 C，如图 3-13 所示
指定下一点或 [放弃(U)]:　　//捕捉交点 F
指定下一点或 [放弃(U)]:　　//按 Enter 键结束
命令:　　//重复命令
LINE 指定第一点:　　//捕捉交点 C
指定下一点或 [放弃(U)]: per 到　　//捕捉垂足 J
指定下一点或 [放弃(U)]:　　//按 Enter 键结束
命令:　　//重复命令
LINE 指定第一点: 10　　//捕捉延伸点 H
指定下一点或 [放弃(U)]: per 到　　//捕捉垂足 I
指定下一点或 [放弃(U)]:　　//按 Enter 键结束

结果如图 3-13 所示。

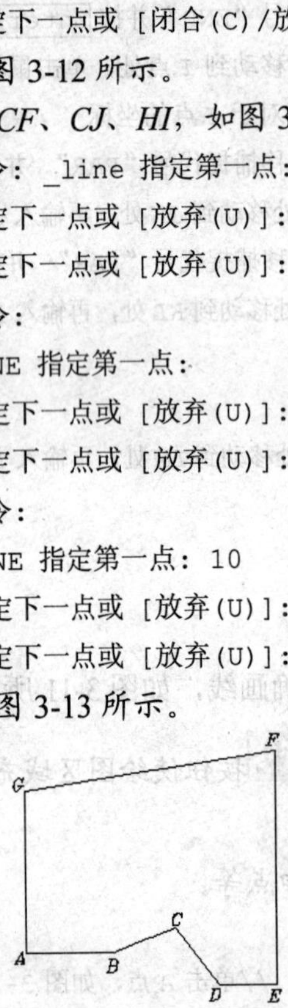

图3-12　画直线 AB、BC 等

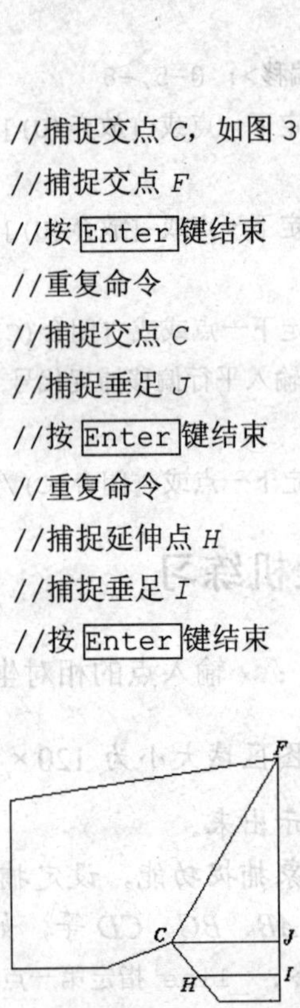

图3-13　画直线 CF、CJ 等

5. 画闭合线框 K，如图 3-14 所示。

```
命令: _line 指定第一点: from                          //输入正交偏移捕捉代号“FROM”
基点:                                                 //捕捉端点 A
<偏移>: @10,-7                                        //输入 B 点的相对坐标
指定下一点或 [放弃(U)]: @25,0                          //输入 C 点的相对坐标
指定下一点或 [放弃(U)]: @0,-10                         //输入 D 点的相对坐标
指定下一点或 [闭合(C)/放弃(U)]: @-10,-14               //输入 E 点的相对坐标
指定下一点或 [闭合(C)/放弃(U)]: @-15,0                 //输入 F 点的相对坐标
指定下一点或 [闭合(C)/放弃(U)]: c                      //使线框闭合
```

结果如图 3-14 所示。

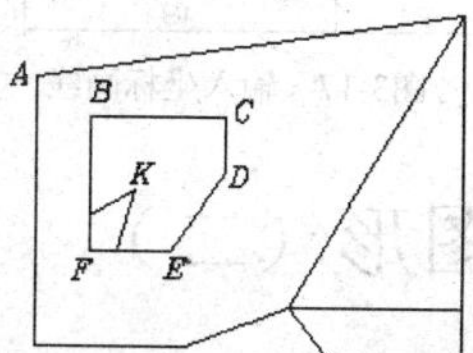

图3-14　画闭合线框

【练习3-6】：　已知图形左下角点的绝对坐标，输入点的绝对坐标及相对坐标画线，如图 3-15 所示。

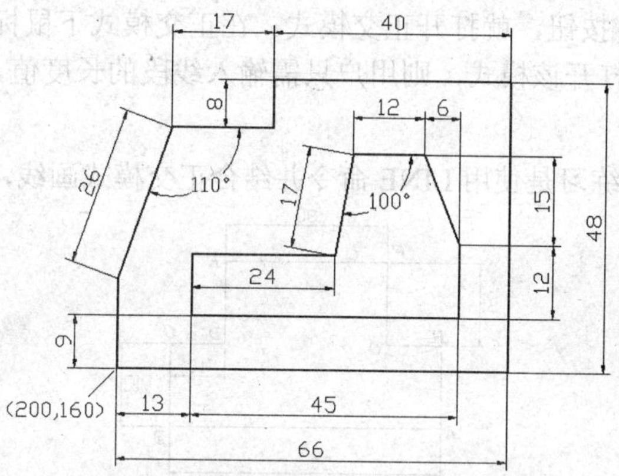

图3-15　输入绝对坐标及相对坐标画线

【练习3-7】：　输入点的相对坐标画线及利用对象捕捉精确画线，如图 3-16 所示。

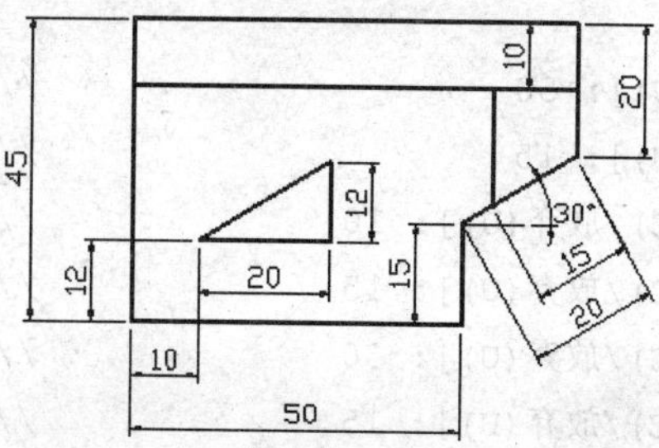

图3-16　使用相对坐标及对象捕捉画线

【练习3-8】：　输入点的相对坐标画线，如图 3-17 所示。

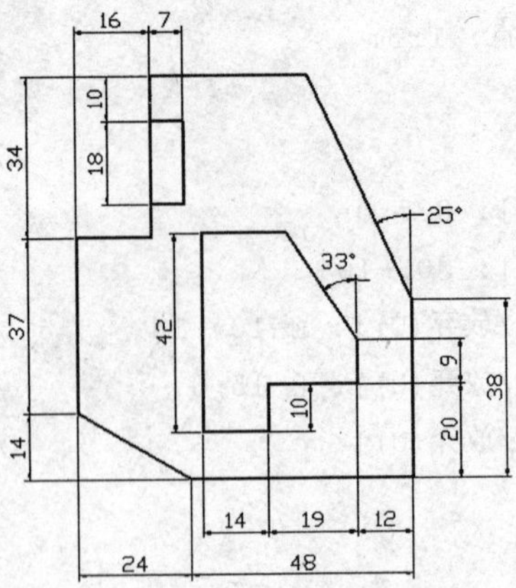

图3-17　输入坐标画线

3.2 画直线构成的平面图形（二）

AutoCAD 的辅助画线工具包括正交、极轴追踪及对象捕捉追踪等。利用这些工具，用户可以高效地绘制直线。

3.2.1 利用正交模式辅助画线

单击状态栏上的正交按钮，就打开正交模式。在正交模式下鼠标光标只能沿水平或竖直方向移动。画线时，若打开该模式，则用户只需输入线段的长度值，AutoCAD 就会自动画出水平或竖直直线。

【练习3-9】： 下面的练习是使用 LINE 命令并结合正交模式画线，如图 3-18 所示。

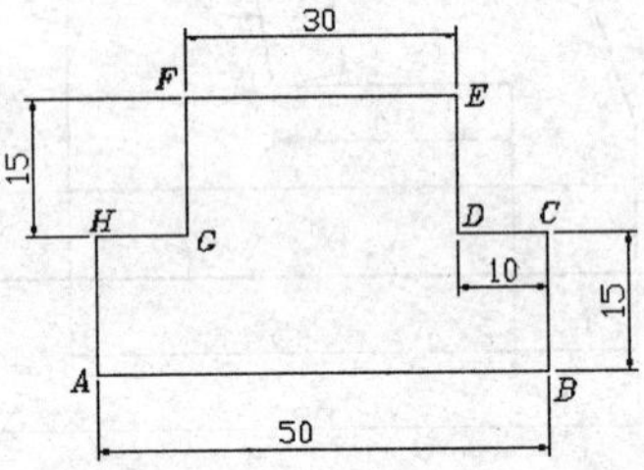

图3-18　打开正交模式画线

命令：_line 指定第一点：<正交 开>　　//拾取点 A 并打开正交模式，鼠标向右移动一定距离

```
指定下一点或 [放弃(U)]: 50                      //输入线段 AB 的长度
指定下一点或 [放弃(U)]: 15                      //输入线段 BC 的长度
指定下一点或 [闭合(C)/放弃(U)]: 10              //输入线段 CD 的长度
指定下一点或 [闭合(C)/放弃(U)]: 15              //输入线段 DE 的长度
指定下一点或 [闭合(C)/放弃(U)]: 30              //输入线段 EF 的长度
指定下一点或 [闭合(C)/放弃(U)]: 15              //输入线段 FG 的长度
指定下一点或 [闭合(C)/放弃(U)]: 10              //输入线段 GH 的长度
指定下一点或 [闭合(C)/放弃(U)]: C               //使连续线闭合
```

3.2.2 使用极轴追踪画线

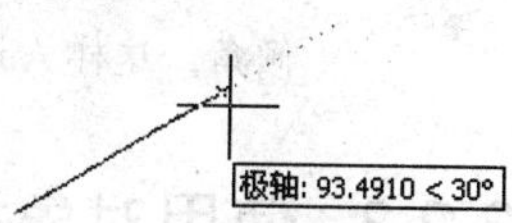

图3-19 极轴追踪

打开极轴追踪功能后，用户就可使鼠标光标按设定的极轴方向移动，AutoCAD 将在该方向上显示一条追踪辅助线和鼠标光标点的极坐标值，如图 3-19 所示。

【练习3-10】：练习使用极轴追踪功能。

1. 用鼠标右键单击状态栏上的极轴按钮，在弹出快捷菜单中选择【设置】选项，打开【草图设置】对话框，如图 3-20 所示。

   【极轴追踪】选项卡中与极轴追踪有关的选项功能如下所示。

   - 【增量角】：在此下拉列表中可选择极轴角变化的增量值，也可以输入新的增量值。
   - 【附加角】：除了根据极轴增量角进行追踪外，用户还能通过该选项添加其他的追踪角度。
   - 【绝对】：以当前坐标系的 *x* 轴作为计算极轴角的基准线。
   - 【相对上一段】：以最后创建的对象为基准线计算极轴角度。

2. 在【极轴追踪】选项卡的【增量角】下拉列表中设定极轴角增量为 30°。此后若用户打开极轴追踪画线，则鼠标光标将自动沿 0°、30°、60°、90°、120°等方向进行追踪，再输入线段长度值，AutoCAD 就在该方向上画出直线，单击 确定 按钮关闭【草图设置】对话框。

3. 单击极轴按钮，打开极轴追踪。键入 LINE 命令，AutoCAD 提示：

```
命令: _line 指定第一点:                      //拾取点 A，如图 3-21 所示
指定下一点或 [放弃(U)]: 30                   //沿 0°方向追踪，并输入 AB 线段长度
指定下一点或 [放弃(U)]: 10                   //沿 120°方向追踪，并输入 BC 线段长度
指定下一点或 [闭合(C)/放弃(U)]: 15           //沿 30°方向追踪，并输入 CD 线段长度
指定下一点或 [闭合(C)/放弃(U)]: 10           //沿 300°方向追踪，并输入 DE 线段长度
指定下一点或 [闭合(C)/放弃(U)]: 20           //沿 90°方向追踪，并输入 EF 线段长度
指定下一点或 [闭合(C)/放弃(U)]: 43           //沿 180°方向追踪，并输入 FG 线段长度
指定下一点或 [闭合(C)/放弃(U)]: C            //使连续折线闭合
```

结果如图 3-21 所示。

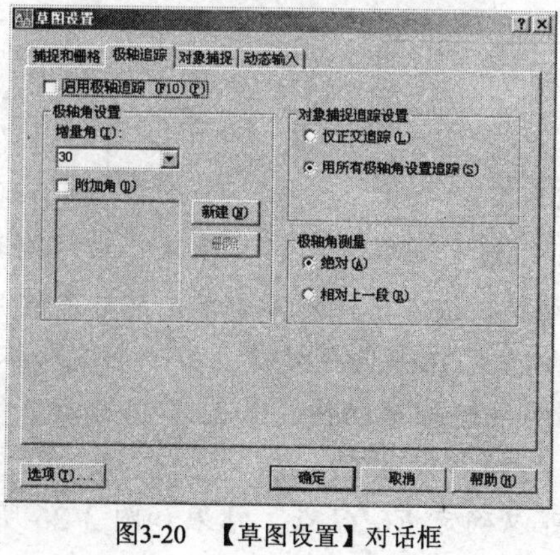

图3-20 【草图设置】对话框

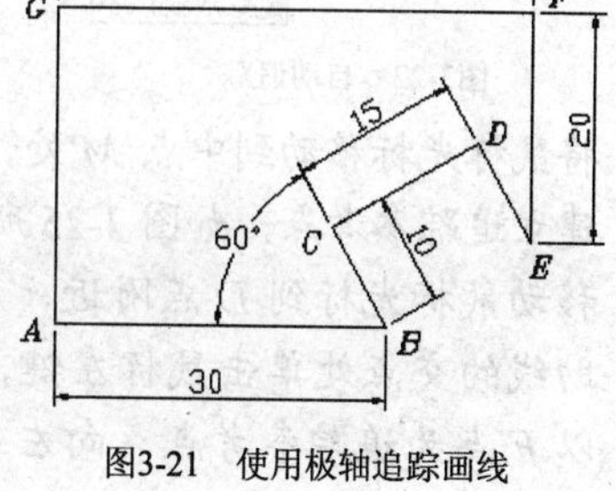

图3-21 使用极轴追踪画线

> 要点提示　如果直线的倾斜角度不在极轴追踪的范围内，可使用角度覆盖方式画线。方法是：当 AutoCAD 提示"指定下一点或[闭合（C）/放弃（U）]:"时，按照"<角度"形式输入直线的倾角，这样 AutoCAD 将暂时沿设置的角度画线。

3.2.3 使用对象捕捉追踪画线

使用对象捕捉追踪功能时，用户必须打开对象捕捉模式。AutoCAD 首先捕捉一个几何点作为追踪参考点，然后按水平、竖直方向或设定的极轴方向进行追踪，如图 3-22 所示。建立追踪参考点时，用户不能单击鼠标左键，否则，AutoCAD 就直接捕捉参考点了。

从追踪参考点开始的追踪方向可通过【极轴追踪】选项卡中的两个选项进行设定，这两个选项是【仅正交追踪】和【用所有极轴角设置追踪】，如图 3-20 所示，它们的功能如下。

- 【仅正交追踪】：当自动追踪打开时，仅在追踪参考点处显示水平或竖直的追踪路径。
- 【用所有极轴角设置追踪】：如果打开自动追踪功能，则当指定点时，AutoCAD 将在追踪参考点处沿任何极轴角方向显示追踪路径。

【练习3-11】：练习使用对象捕捉追踪功能。

1. 打开文件"3-11.dwg"，如图 3-23 所示。
2. 在【草图设置】对话框中设置对象捕捉方式为交点、中点，设定仅沿水平及竖直方向进行追踪。
3. 单击状态栏上的对象捕捉、对象追踪按钮，打开对象捕捉和捕捉追踪功能。
4. 输入 LINE 命令。
5. 将鼠标光标放置在 *A* 点附近，AutoCAD 自动捕捉 *A* 点（注意不要单击鼠标左键），并在此建立追踪参考点，同时显示出追踪辅助线，如图 3-23 所示。

> 要点提示　AutoCAD 把追踪参考点用符号"×"标记出来，当用户再次移动鼠标光标到这个符号的位置时，符号"×"将消失。

6. 向上移动鼠标光标，鼠标光标将沿竖直辅助线运动，输入距离值 10 并按 Enter 键，则 AutoCAD 追踪到 *B* 点，该点是线段的起始点。
7. 再次在 *A* 点建立追踪参考点，并向右追踪，然后输入距离值 15，按 Enter 键，此时 AutoCAD 追踪到 *C* 点，如图 3-24 所示。

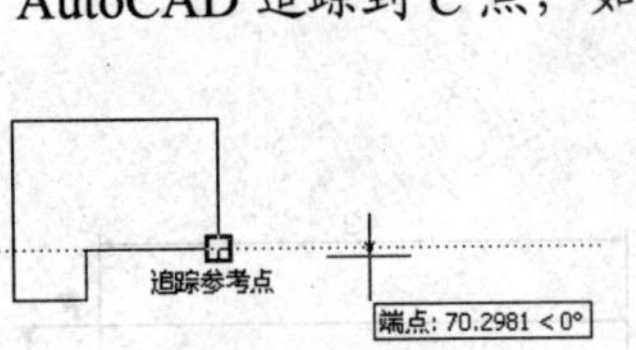

图3-22　自动追踪

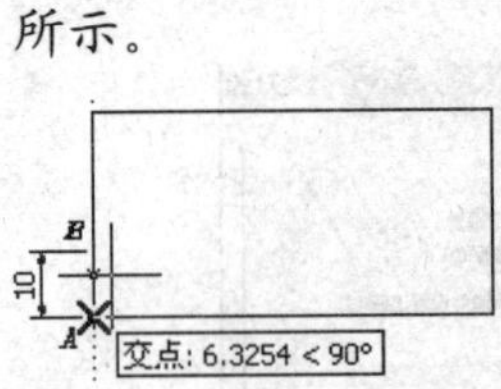

图3-23　沿竖直辅助线追踪

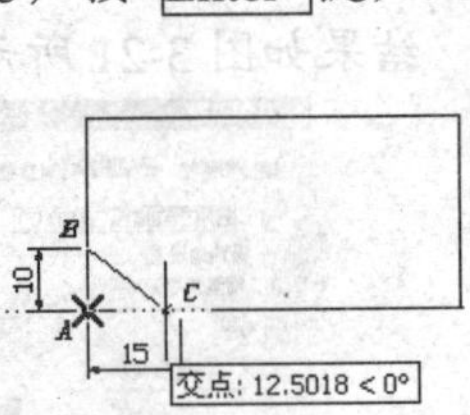

图3-24　沿水平辅助线追踪

8. 将鼠标光标移动到中点 *M* 处，AutoCAD 自动捕捉该点（注意不要单击鼠标左键），并在此建立追踪参考点，如图 3-25 所示。使用同样的方法在中点 *N* 处建立另一个追踪参考点。
9. 移动鼠标光标到 *D* 点附近，AutoCAD 显示两条追踪辅助线，如图 3-26 所示。在两条辅助线的交点处单击鼠标左键，则 AutoCAD 绘制出线段 *CD*。
10. 以 *F* 点为追踪参考点，向左或向上追踪就可以确定 *E*、*G* 点，结果如图 3-26 所示。

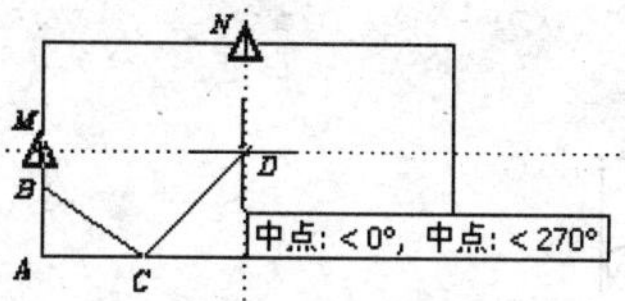

图3-25　利用两条追踪辅助线定位点

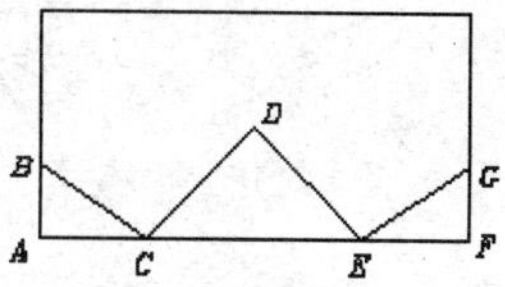

图3-26　确定 E、G 点

上述例子中 AutoCAD 仅沿水平或竖直方向追踪。用户若想使 AutoCAD 沿设定的极轴角方向追踪，可在【草图设置】对话框的【对象捕捉追踪设置】区域中选择【用所有极轴角设置追踪】。

以上我们通过例子说明了极轴追踪和对象捕捉追踪功能的用法。在实际绘图过程中，常将这两项功能结合起来使用，这样既能方便地沿极轴方向画线，又能轻易地沿极轴方向定位点。

【练习3-12】：使用 LINE 命令并结合极轴追踪和捕捉追踪功能，将图 3-27 中的左图修改为右图。

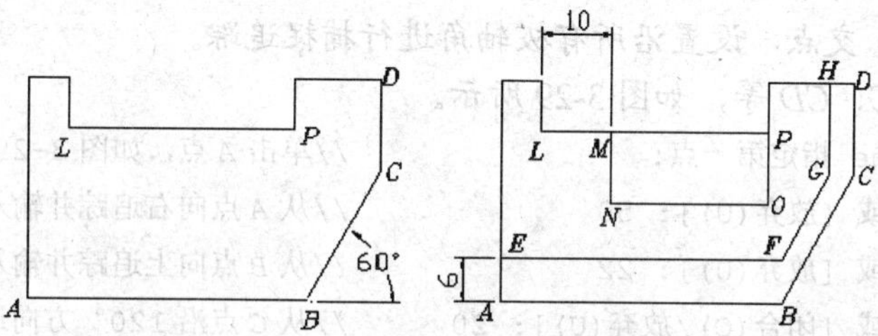

图3-27　结合极轴追踪、自动追踪功能绘制图形

1. 打开文件“3-12.dwg”。
2. 打开极轴追踪、对象捕捉及捕捉追踪功能。设置极轴追踪角度增量为 30°，设定对象捕捉方式为端点、交点，设置沿所有极轴角进行捕捉追踪。
3. 键入 LINE 命令，AutoCAD 提示：

命令:_line 指定第一点:6 //以 A 点为追踪参考点向上追踪，输入追踪距离并按 Enter 键
指定下一点或[放弃(U)]:　　//从 E 点向右追踪，在 B 点建立追踪参考点以确定 F 点
指定下一点或[放弃(U)]:　　//从 F 点沿 60° 方向追踪，在 C 点建立参考点以确定 G 点
指定下一点或[闭合(C)/放弃(U)]:　　//从 G 点向上追踪并捕捉交点 H
指定下一点或[闭合(C)/放弃(U)]:　　//按 Enter 键结束
命令:　　//按 Enter 键重复命令
LINE 指定第一点:10　　//从基点 L 向右追踪，输入追踪距离并按 Enter 键
指定下一点或[放弃(U)]:10　　//从 M 点向下追踪，输入追踪距离并按 Enter 键
指定下一点或[放弃(U)]:　　//从 N 点向右追踪，在 P 点建立追踪参考点以确定 O 点
指定下一点或[闭合(C)/放弃(U)]:　　//从 O 点向上追踪并捕捉交点 P
指定下一点或[闭合(C)/放弃(U)]:　　//按 Enter 键结束

结果如图 3-27 右图所示。

3.2.4 上机练习

【练习3-13】：打开极轴追踪、对象捕捉及捕捉追踪功能画线，如图 3-28 所示。

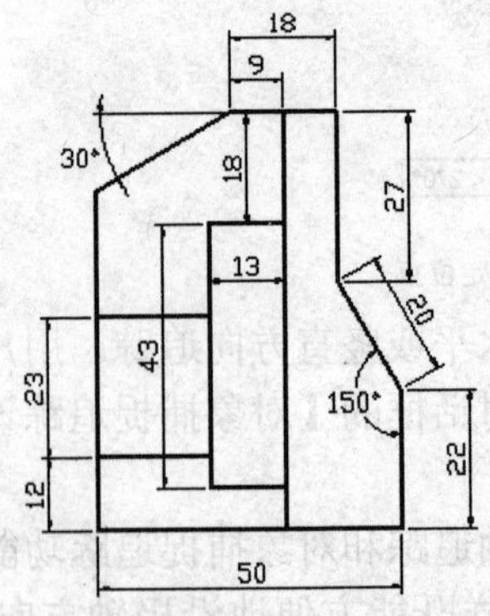

图3-28　利用对象捕捉及追踪功能画线

1. 设定绘图区域大小为 120×120。单击【标准】工具栏上的按钮使绘图区域充满整个图形窗口显示出来。
2. 打开极轴追踪、对象捕捉及捕捉追踪功能。设置极轴追踪角度增量为 30°，设定对象捕捉方式为端点、交点，设置沿所有极轴角进行捕捉追踪。
3. 画直线 *AB*、*BC*、*CD* 等，如图 3-29 所示。

```
命令：_line 指定第一点：                          //单击 A 点，如图 3-29 所示
指定下一点或 [放弃(U)]：50                        //从 A 点向右追踪并输入追踪距离
指定下一点或 [放弃(U)]：22                        //从 B 点向上追踪并输入追踪距离
指定下一点或 [闭合(C)/放弃(U)]：20                //从 C 点沿 120° 方向追踪并输入追踪距离
指定下一点或 [闭合(C)/放弃(U)]：27                //从 D 点向上追踪并输入追踪距离
指定下一点或 [闭合(C)/放弃(U)]：18                //从 E 点向左追踪并输入追踪距离
                                      //从 A 点向上移动鼠标光标，系统显示竖直追踪线
                                      //当鼠标光标移动到某一位置时，系统显示 210° 方向追踪线
指定下一点或 [闭合(C)/放弃(U)]：                  //在两条追踪线的交点处单击一点 G
指定下一点或 [闭合(C)/放弃(U)]：                  //捕捉 A 点
指定下一点或 [闭合(C)/放弃(U)]：                  //按 Enter 键结束
```

结果如图 3-29 所示。

4. 画直线 *HI*、*JK*、*KL* 等，如图 3-30 所示。

```
命令：_line 指定第一点：9                         //从 F 点向右追踪并输入追踪距离
指定下一点或 [放弃(U)]：                          //从 H 点向下追踪并捕捉交点 I
指定下一点或 [放弃(U)]：                          //按 Enter 键结束
命令：                                            //重复命令
LINE 指定第一点：18                               //从 H 点向下追踪并输入追踪距离
指定下一点或 [放弃(U)]：13                        //从 J 点向左追踪并输入追踪距离
指定下一点或 [放弃(U)]：43                        //从 K 点向下追踪并输入追踪距离
指定下一点或 [闭合(C)/放弃(U)]：                  //从 L 点向右追踪并捕捉交点 M
指定下一点或 [闭合(C)/放弃(U)]：                  //按 Enter 键结束
```

结果如图 3-30 所示。

5. 画直线 *NO*、*PQ*，如图 3-31 所示。

```
命令：_line 指定第一点：12                        //从 A 点向上追踪并输入追踪距离
```

```
指定下一点或 [放弃(U)]:              //从 N 点向右追踪并捕捉交点 O
指定下一点或 [放弃(Up)]:             //按 Enter 键结束
命令:                                //重复命令
LINE 指定第一点: 23                  //从 N 点向上追踪并输入追踪距离
指定下一点或 [放弃(U)]:              //从 P 点向右追踪并捕捉交点 Q
指定下一点或 [放弃(U)]:              //按 Enter 键结束
```

结果如图 3-31 所示。

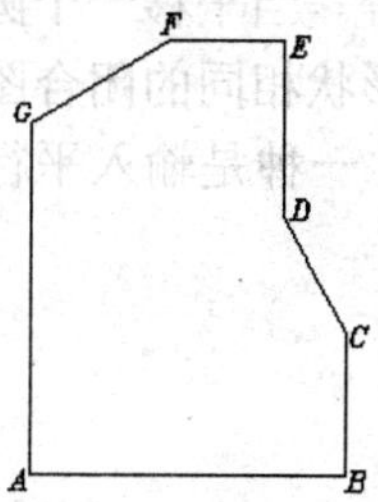

图3-29 画闭合线框

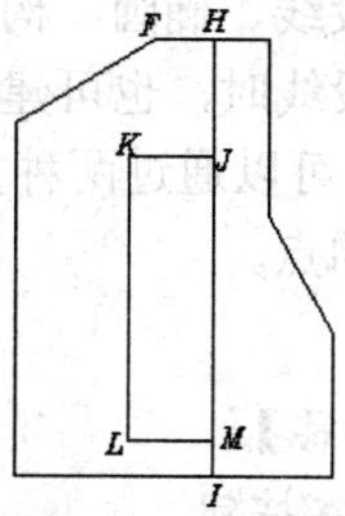

图3-30 画直线 *HI*、*JK*、*KL* 等

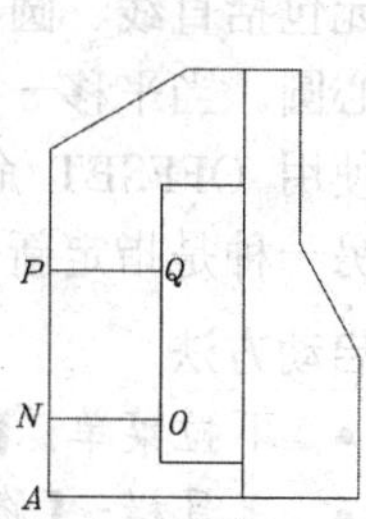

图3-31 画直线 *NO*、*PQ*

【练习3-14】：打开极轴追踪、对象捕捉及捕捉追踪画线，如图 3-32 所示。

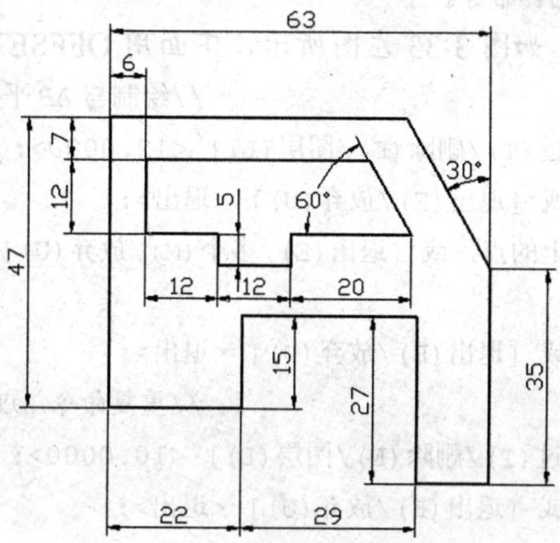

图3-32 利用对象捕捉及追踪功能画线

【练习3-15】：打开极轴追踪、对象捕捉及捕捉追踪画线，如图 3-33 所示。

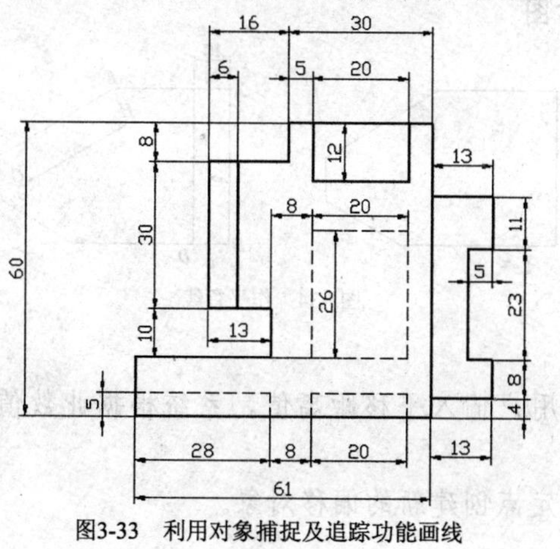

图3-33 利用对象捕捉及追踪功能画线

3.3 画直线构成的平面图形（三）

以下主要介绍平行线、垂线及任意角度斜线等的画法。

3.3.1 画平行线

OFFSET 命令可通过指定对象平移的距离，创建一个与原对象类似的新对象。它可操作的图元包括直线、圆、圆弧、多段线、椭圆、构造线及样条曲线等。当平移一个圆时，可创建同心圆。当平移一条闭合的多段线时，也可建立一个与原对象形状相同的闭合图形。

使用 OFFSET 命令时，用户可以通过两种方式创建新线段：一种是输入平行线间的距离，另一种是指定新平行线通过的点。

命令启动方法

- 下拉菜单：【修改】/【偏移】。
- 工具栏：【修改】工具栏按钮。
- 命令：OFFSET 或简写 O。

【练习3-16】：练习 OFFSET 命令。

打开文件"3-16.dwg"，如图 3-33 左图所示，下面用 OFFSET 命令将左图修改为右图。

```
命令：_offset                                         //绘制与 AB 平行的线段 CD，如图 3-34 所示
指定偏移距离或 [通过(T)/删除(E)/图层(L)] <12.0000>：  //输入平行线间的距离
选择要偏移的对象，或 [退出(E)/放弃(U)] <退出>：       //选择线段 AB
指定要偏移的那一侧上的点，或 [退出(E)/多个(M)/放弃(U)] <退出>：
                                                      //在直线 AB 的右边单击一点
选择要偏移的对象，或 [退出(E)/放弃(U)] <退出>：       //按 Enter 键结束
命令：OFFSET                                          //重复命令，过 K 点画线段 EF 的平行线 GH
指定偏移距离或 [通过(T)/删除(E)/图层(L)] <10.0000>： t  //选取"通过(T)"选项
选择要偏移的对象，或 [退出(E)/放弃(U)] <退出>：         //选择线段 EF
指定通过点或 [退出(E)/多个(M)/放弃(U)] <退出>：         //捕捉平行线通过的点 K
选择要偏移的对象，或 [退出(E)/放弃(U)] <退出>：         //按 Enter 键结束
```

结果如图 3-34 中的右图。

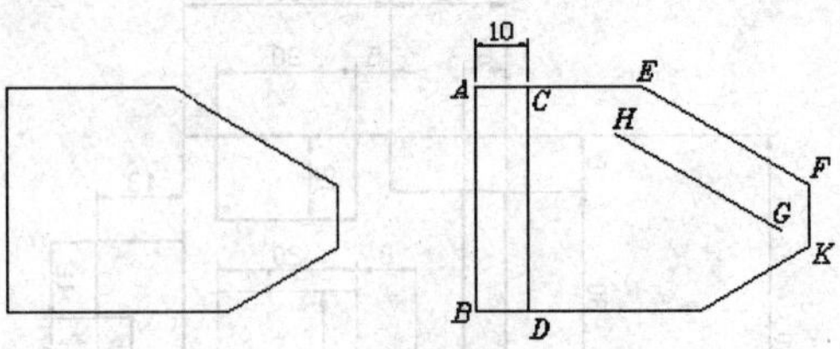

图3-34 作平行线

命令选项

- 指定偏移距离：用户输入平移距离值，系统根据此数值偏移原始对象产生新对象。
- 通过(T)：通过指定点创建新的偏移对象。

- 删除(E)：偏移源对象后将其删除。
- 图层(L)：指定将偏移后的新对象放置在当前图层上或源对象所在的图层上。
- 多个(M)：在要偏移的一侧单击多次，就创建多个等距对象。

3.3.2 利用垂足捕捉“PER”画垂线

若是过线段外的一点 *A* 做已知线段 *BC* 的垂线 *AD*，则用户可使用 LINE 命令并结合垂足捕捉“PER”绘制该条垂线，如图 3-35 所示。

【练习3-17】：利用垂足捕捉“PER”画垂线。

```
命令: _line 指定第一点:              //拾取 A 点，如图 3-35 所示
指定下一点或 [放弃(U)]: per 到          //利用“PER”捕捉垂足 D
指定下一点或 [放弃(U)]:                 //按 Enter 键结束
```

结果如图 3-35 所示。

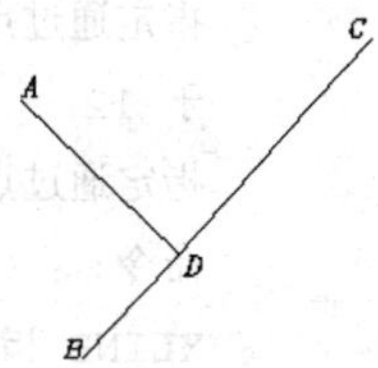

图3-35 画垂线

3.3.3 利用角度覆盖方式画垂线和倾斜直线

如果要沿某一方向画任意长度直线，用户可在 AutoCAD 提示输入点时，输入一个小于号“<”和角度值。该角度表明了画线的方向，AutoCAD 将把鼠标光标锁定在此方向上。当用户移动鼠标光标时直线的长度就会发生变化，获取适当长度后，单击鼠标左键结束，这种画线方式称为角度覆盖。

【练习3-18】：画垂线和倾斜直线。

打开文件“3-18.dwg”，如图 3-36 所示，利用角度覆盖方式画垂线 *BC* 和倾斜直线 *DE*。

```
命令: _line 指定第一点: ext                 //使用延伸捕捉代码“EXT”
于 20                                      //输入 B 点与 A 点的距离
指定下一点或 [放弃(U)]: <120                //指定直线 BC 的方向
指定下一点或 [放弃(U)]:                     //在 C 点处单击一点
指定下一点或 [放弃(U)]:      //按 Enter 键结束
命令:                        //重复命令
LINE 指定第一点: ext         //使用延伸捕捉“EXT”
于 50                        //输入 D 点与 A 点的距离
指定下一点或 [放弃(U)]: <130     //指定直线 DE 的方向
指定下一点或 [放弃(U)]:          //在 E 点处单击一点
指定下一点或 [放弃(U)]:          //按 Enter 键结束
```

结果如图 3-36 所示。

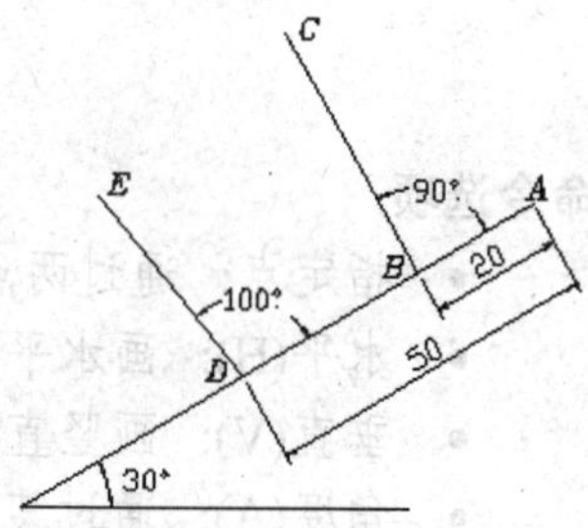

图3-36 画垂线及斜线

3.3.4 用 XLINE 命令画水平、竖直及倾斜直线

XLINE 命令可以画无限长的构造线，用户可用它直接画出水平方向、竖直方向、倾斜方向及平行关系等的直线，绘图过程中采用此命令画定位线或绘图辅助线是很方便的。

命令启动方法

- 下拉菜单:【绘图】/【构造线】。
- 工具栏:【绘图】工具栏 按钮。
- 命令: XLINE 或简写 XL。

【练习3-19】: 练习 XLINE 命令。

打开文件 "3-19.dwg", 如图 3-37 左图所示, 下面用 XLINE 命令将左图修改为右图。

```
命令: _xline 指定点或 [水平(H)/垂直(V)/角度(A)/二等分(B)/偏移(O)]: v
                                        //使用"垂直(V)"选项
指定通过点: ext                         //使用延伸捕捉
于 12                                   //输入 B 点与 A 点的距离, 如图 3-37 所示
指定通过点:                             //按 Enter 键结束
命令:                                   //重复命令
XLINE 指定点或 [水平(H)/垂直(V)/角度(A)/二等分(B)/偏移(O)]: a
                                        //使用"角度(A)"选项
输入构造线的角度 (0) 或 [参照(R)]: r    //使用"参照(R)"选项
选择直线对象:                           //选择直线 AC
输入构造线的角度 <0>: -50               //输入角度值
指定通过点: ext                         //使用延伸捕捉
于 10                                   //输入 D 点与 C 点的距离
指定通过点:                             //按 Enter 键结束
```

结果如图 3-37 右图所示。

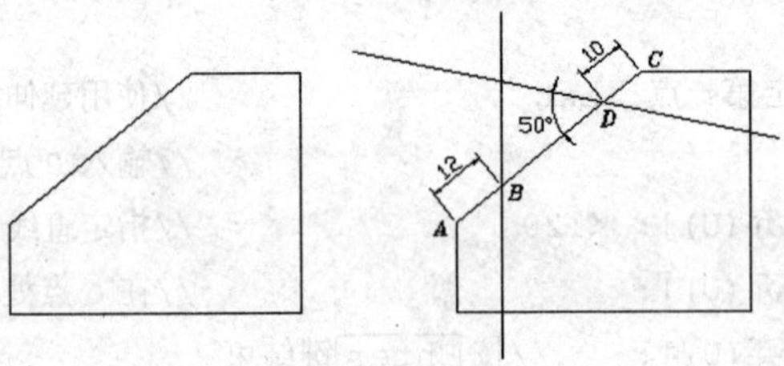

图3-37　画构造线

命令选项

- 指定点: 通过两点绘制直线。
- 水平(H): 画水平方向直线。
- 垂直(V): 画竖直方向直线。
- 角度(A): 通过某点画一个与已知直线成一定角度的直线。
- 二等分(B): 绘制一条平分已知角度的直线。
- 偏移(O): 可输入一个平移距离绘制平行线, 或指定线段通过的点来创建新平行线。

3.3.5　调整线段的长度

LENGTHEN 命令可以改变直线、圆弧、椭圆弧及样条曲线等的长度。使用此命令时,

经常采用的是“动态”选项，即直观地拖动对象来改变其长度。

命令启动方法

- 下拉菜单:【修改】/【拉长】。
- 命令：LENGTHEN 或简写 LEN。

【练习3-20】：练习 LENGTHEN 命令。

打开文件“3-20.dwg”，如图 3-38 左图所示，下面用 LENGTHEN 命令将左图修改为右图。

```
命令：_lengthen
选择对象或 [增量(DE)/百分数(P)/全部(T)/动态(DY)]: dy
                                        //使用“动态(DY)”选项
选择要修改的对象或 [放弃(U)]:             //选择线段 A 的上端，如图 3-38 左图所示
指定新端点:                              //调整线段端点到适当位置
选择要修改的对象或 [放弃(U)]:             //选择线段 B 的右端
指定新端点:                              //调整线段端点到适当位置
选择要修改的对象或 [放弃(U)]:             //按 Enter 键结束
```

结果如图 3-38 右图所示。

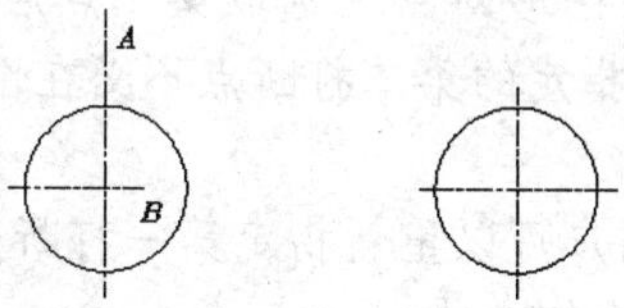

图3-38　改变对象长度

命令选项

- 增量(DE)：以指定的增量值改变直线或圆弧的长度。对于圆弧，还可通过设定角度增量改变其长度。
- 百分数(P)：以对象总长度的百分比形式改变对象长度。
- 全部(T)：通过指定直线或圆弧的新长度来改变对象总长。
- 动态(DY)：拖动鼠标就可以动态地改变对象长度。

3.3.6 打断线条

BREAK 命令可以删除对象的一部分，常用于打断直线、圆、圆弧及椭圆等，此命令既可以在一个点打断对象，也可以在指定的两点打断对象。

命令启动方法

- 菜单命令：【修改】/【打断】。
- 工具栏：【修改】工具栏上的按钮。
- 命令：BREAK 或简写 BR。

【练习3-21】：练习 BREAK 命令。

打开文件“3-21.dwg”，如图 3-39 左图所示，用 BREAK 命令将左图修改为右图。

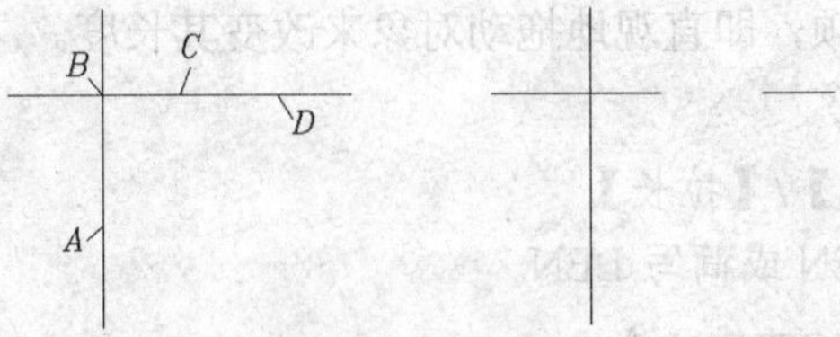

图3-39 打断线段

```
命令: _break 选择对象:
              //在 C 点处选择对象，如图 3-39 左图所示，AutoCAD 将该点作为第一打断点
指定第二个打断点或 [第一点(F)]: //在 D 点处选择对象，选择点也可不在线段上
命令:                               //重复命令
BREAK 选择对象:                     //选择线段 A
指定第二个打断点或 [第一点(F)]: f   //使用“第一点(F)”选项
指定第一个打断点: int 于            //捕捉交点 B
指定第二个打断点: @   //第二打断点与第一打断点重合，线段 A 将在 B 点处断开
```

结果如图 3-39 右图所示。

命令选项

- 指定第二个打断点：在图形对象上选取第二点后，系统将第一打断点与第二打断点间的部分删除。指定的第二打断点不必在图形对象上，只要在打断位置附近单击一点即可。
- 第一点(F)：该选项使用户可以重新指定第一打断点。

BREAK 命令还有以下一些操作方式。

- 如果要删除线段或圆弧的一端，可在选择被打断的对象后，将第二打断点指定在要删除部分那端的外面。
- 当提示输入第二打断点时，输入“@”，则系统将第一断点和第二断点视为同一点，这样就将一个对象拆分为二而没有删除其中的任何一部分。

3.3.7 延伸线段

利用 EXTEND 命令可以将直线、曲线等对象延伸到一个边界对象，使其与边界对象相交。有时边界对象可能是隐含边界，这时对象延伸后并不与边界直接相交，而是与边界的隐含部分（延长线）相交。

命令启动方法

- 菜单命令：【修改】/【延伸】。
- 工具栏：【修改】工具栏上的 --/ 按钮。
- 命令：EXTEND 或简写 EX。

【练习3-22】：练习 EXTEND 命令。

打开文件“3-22.dwg”，如图 3-40 左图所示。用 EXTEND 命令将左图修改为右图。

```
命令: _extend
选择对象或 <全部选择>:  找到 1 个      //选择边界线段 C，如图3-40 左图所示
选择对象:                              //按 Enter 键
```

选择要延伸的对象，或按住 Shift 键选择要修剪的对象，或[栏选(F)/窗交(C)/投影(P)/边(E)/放弃(U)]:　　　　　　　　//选择要延伸的线段 A

选择要延伸的对象，或按住 Shift 键选择要修剪的对象，或[栏选(F)/窗交(C)/投影(P)/边(E)/放弃(U)]: e　　　　　　　　//利用“边(E)”选项将线段 B 延伸到隐含边界

输入隐含边延伸模式 [延伸(E)/不延伸(N)] <不延伸>: e　　//指定“延伸(E)”选项

选择要延伸的对象，或按住 Shift 键选择要修剪的对象，或[栏选(F)/窗交(C)/投影(P)/边(E)/放弃(U)]:　　　　　　　　//选择线段 B

选择要延伸的对象，或按住 Shift 键选择要修剪的对象，或

[栏选(F)/窗交(C)/投影(P)/边(E)/放弃(U)]:　　　　　　//按 Enter 键结束

结果如图 3-40 右图所示。

图3-40　延伸线段

要点提示 在延伸操作中，一个对象可同时被用做边界边和延伸对象。

命令选项

- 按住 Shift 键选择要修剪的对象：将选择的对象修剪到边界而不是将其延伸。
- 栏选(F)：用户绘制连续折线，与折线相交的对象被延伸。
- 窗交(C)：利用交叉窗口选择对象。
- 投影(P)：该选项使用户可以指定延伸操作的空间。对于二维绘图来说，延伸操作是在当前用户坐标平面（*xy* 平面）内进行的。在三维空间绘图时，用户可通过该选项将两个交叉对象投影到 *xy* 平面或当前视图平面内执行延伸操作。
- 边(E)：该选项控制是否把对象延伸到隐含边界。当边界边太短且延伸对象后不能与其直接相交时（图 3-40 所示的边界边 C），就打开该选项，此时假想将边界边延长，然后使延伸边伸长到与边界相交的位置。
- 放弃(U)：取消上一次的操作。

3.3.8　修剪线条

在绘图过程中，常有许多线条交织在一起，用户若想将线条的某一部分修剪掉，可使用 TRIM 命令。启动该命令后，AutoCAD 提示用户指定一个或几个对象作为剪切边（可以想象为剪刀），然后用户就可以选择被剪掉的部分。剪切边可以是直线、圆弧及样条曲线等对象，剪切边本身也可作为被修剪的对象。

命令启动方法

- 菜单命令:【修改】/【修剪】。
- 工具栏:【修改】工具栏上的按钮。
- 命令: TRIM 或简写 TR。

【练习3-23】: 练习 TRIM 命令。

打开文件 "3-23.dwg"，如图 3-41 左图所示，下面用 TRIM 命令将左图修改为右图。

```
命令: _trim
选择对象或 <全部选择>:  找到 1 个          //选择剪切边 AB，如图 3-40 左图所示
选择对象: 找到 1 个，总计 2 个            //选择剪切边 CD
选择对象:                                 //按 Enter 键确认
选择要修剪的对象，或按住 Shift 键选择要延伸的对象，或
[栏选(F)/窗交(C)/投影(P)/边(E)/删除(R)/放弃(U)]:      //选择被修剪的对象
选择要修剪的对象，或按住 Shift 键选择要延伸的对象，或
[栏选(F)/窗交(C)/投影(P)/边(E)/删除(R)/放弃(U)]:      //选择其他被修剪的对象
选择要修剪的对象，或按住 Shift 键选择要延伸的对象，或
[栏选(F)/窗交(C)/投影(P)/边(E)/删除(R)/放弃(U)]:      //选择其他被修剪的对象
选择要修剪的对象，或按住 Shift 键选择要延伸的对象，或
[栏选(F)/窗交(C)/投影(P)/边(E)/删除(R)/放弃(U)]:      //按 Enter 键结束
```

结果如图 3-41 右图所示。

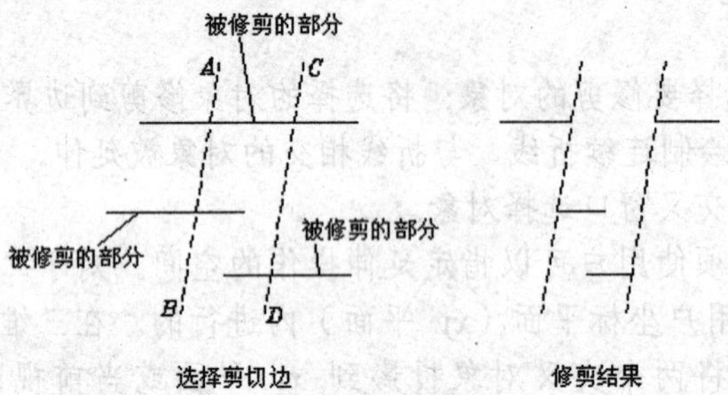

图3-41　修剪线段

要点提示 当修剪图形中某一区域的线条时，可直接把这个部分的所有图元都选中，这样图元之间就能进行相互修剪。用户接下来的任务仅仅是仔细地选择被剪切的对象。

命令选项

- 按住 Shift 键选择要延伸的对象: 将选定的对象延伸至剪切边。
- 栏选(F): 用户绘制连续折线，与折线相交的对象被修剪。
- 窗交(C): 利用交叉窗口选择对象。
- 投影(P): 该选项可以使用户指定执行修剪的空间。例如，三维空间中两条线段呈交叉关系，用户可利用该选项假想将其投影到某一平面上执行修剪操作。
- 边(E): 选择此选项，AutoCAD 提示:

  输入隐含边延伸模式 [延伸(E)/不延伸(N)] <不延伸>:

  延伸(E): 如果剪切边太短，没有与被修剪对象相交，系统假想将剪切边延

长，然后执行修剪操作，如图 3-42 所示。

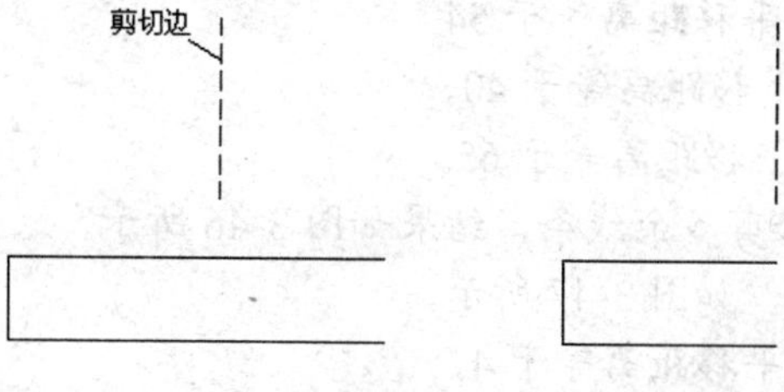

图3-42 使用“延伸（E）”选项完成修剪操作

不延伸（N）：只有当剪切边与被剪切对象实际相交才进行修剪。

- 删除（R）：不退出 TRIM 命令就能删除选定的对象。
- 放弃（U）：若修剪有误，可输入字母“U”撤销修剪。

3.3.9 上机练习

【练习3-24】：用 LINE、OFFSET、EXTEND 及 TRIM 等命令绘图，如图 3-43 所示。

1. 设定绘图区域大小为 120×120，单击【标准】工具栏中的按钮使绘图区域充满整个图形窗口显示出来。
2. 打开极轴追踪、对象捕捉及捕捉追踪功能。设置极轴追踪角度增量为 90°，设定对象捕捉方式为端点、交点，设置仅沿正交方向进行捕捉追踪。
3. 画两条正交线段 *AB*、*CD*，如图 3-44 所示，*AB* 的长度为 70 左右，*CD* 的长度为 80 左右。

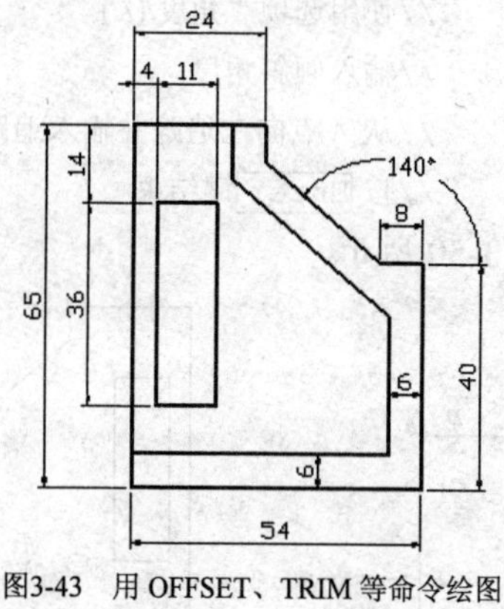

图3-43 用 OFFSET、TRIM 等命令绘图

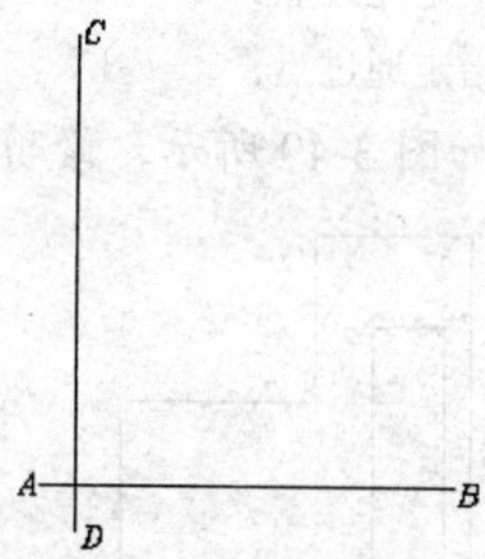

图3-44 画线段 *AB*、*CD*

4. 画平行线 *G*、*H*、*I*、*J*，如图 3-45 所示。

```
命令: _offset
指定偏移距离或 [通过(T)] <12.0000>: 24          //输入平移的距离
选择要偏移的对象或 <退出>:                      //选择线段 F
指定要偏移的那一侧上的点:                       //在线段 F 的右边单击一点
选择要偏移的对象或 <退出>:                      //按 Enter 键结束
```

要点提示 为简化命令提示序列，本书已将 OFFSET 命令的一些选项及部分提示信息删除，在以后的操作内容中也将采用这种方式进行讲解。

继续绘制以下平行线：
向右平移直线 *F* 至 *H*，平移距离等于 54。
向上平移直线 *E* 至 *I*，平移距离等于 40。
向上平移直线 *E* 至 *J*，平移距离等于 65。
结果如图 3-45 所示。修剪多余线条，结果如图 3-46 所示。

5. 画平行线 *L*、*M*、*O*、*P*，如图 3-47 所示。
向右平移直线 *K* 至 *L*，平移距离等于 4。
向右平移直线 *L* 至 *M*，平移距离等于 11。
向下平移直线 *N* 至 *O*，平移距离等于 14。
向下平移直线 *O* 至 *P*，平移距离等于 36。
结果如图 3-47 所示。修剪多余线条，结果如图 3-48 所示。

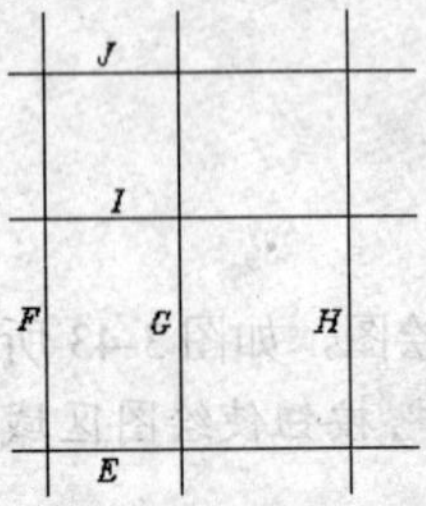

图3-45　画平行线 *G*、*H*、*I*、*J*

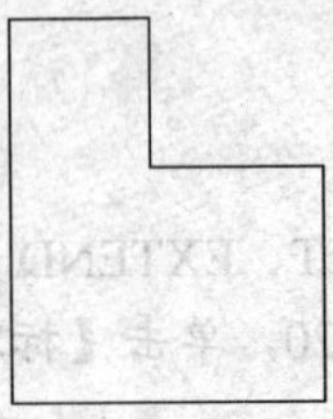
图3-46　修剪结果

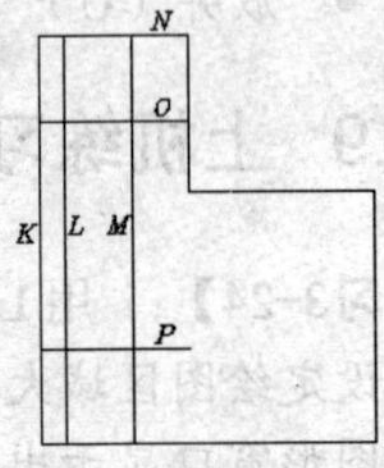

图3-47　画平行线 *L*、*M*、*O*、*P*

6. 画斜线 *BC*，如图 3-49 所示。

```
命令: _xline 指定点或 [水平(H)/垂直(V)/角度(A)/二等分(B)/偏移(O)]: A
                                             //使用选项"角度(A)"
输入构造线角度 (0) 或 [参照(R)]:  140          //输入倾斜角度
指定通过点: 8                                 //从 A 点向左追踪并输入追踪距离
指定通过点:                                   //按 Enter 键结束
```

结果如图 3-49 所示。修剪多余线条，结果如图 3-50 所示。

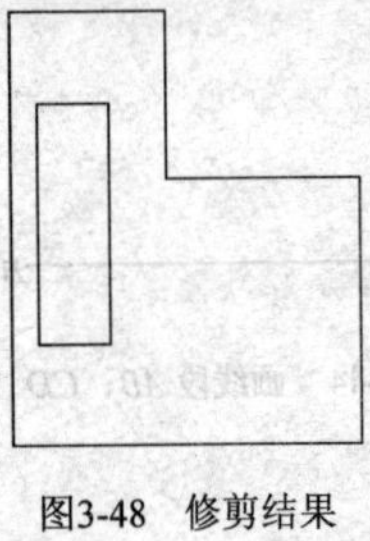
图3-48　修剪结果

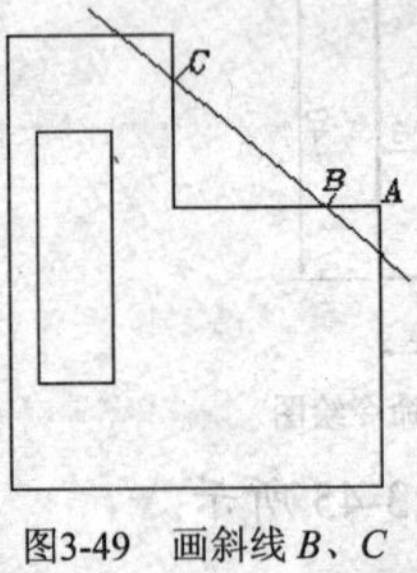

图3-49　画斜线 *B*、*C*

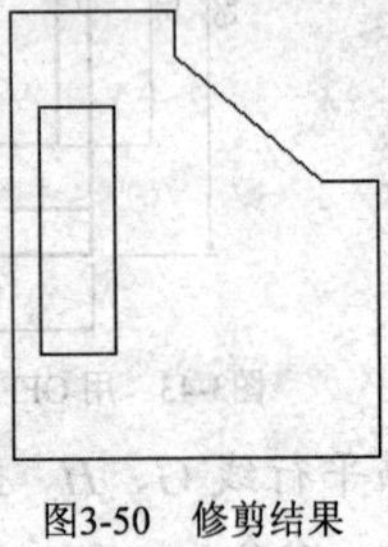
图3-50　修剪结果

7. 画平行线 *H*、*I*、*J*、*K*，如图 3-51 所示。
向上平移直线 *D* 至 *H*，平移距离等于 6。
向左平移直线 *E* 至 *I*，平移距离等于 6。
向下平移直线 *F* 至 *J*，平移距离等于 6。
向左平移直线 *G* 至 *K*，平移距离等于 6。
结果如图 3-51 所示。

8. 延伸线条 *J*、*K*，结果如图 3-52 所示。

```
命令: _extend
选择对象: 指定对角点: 找到 2 个              //选择线段 K、J，如图 3-51 所示
选择对象: 找到 1 个，总计 3 个               //选择线段 I
选择对象:                                    //按 Enter 键
选择要延伸的对象[放弃(U)]:                   //向下延伸线段 K
选择要延伸的对象[放弃(U)]:                   //向左上方延伸线段 J
选择要延伸的对象[放弃(U)]:                   //向右下方延伸线段 J
选择要延伸的对象[放弃(U)]:                   //按 Enter 键结束
```

结果如图 3-52 所示。修剪多余线条，结果如图 3-53 所示。

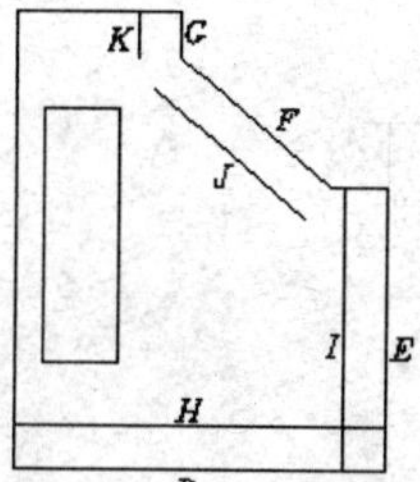

图3-51 画平行线 H、I、J、K

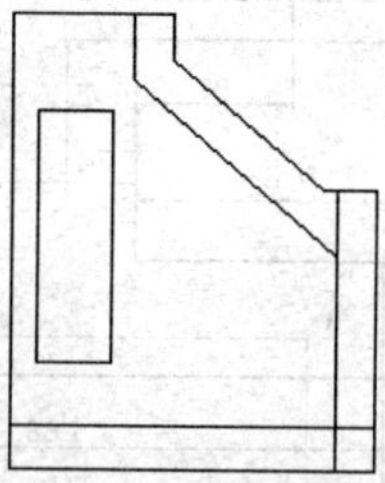

图3-52 延伸直线

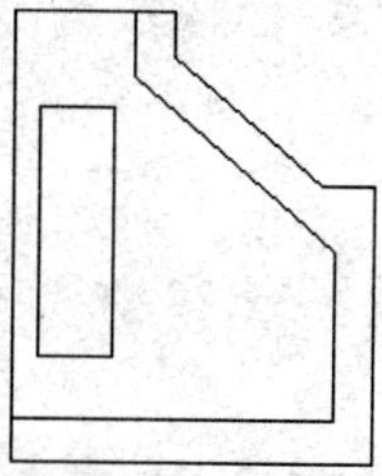

图3-53 修剪结果

【练习3-25】：用 LINE、OFFSET、EXTEND 及 TRIM 等命令绘图，如图 3-54 所示。

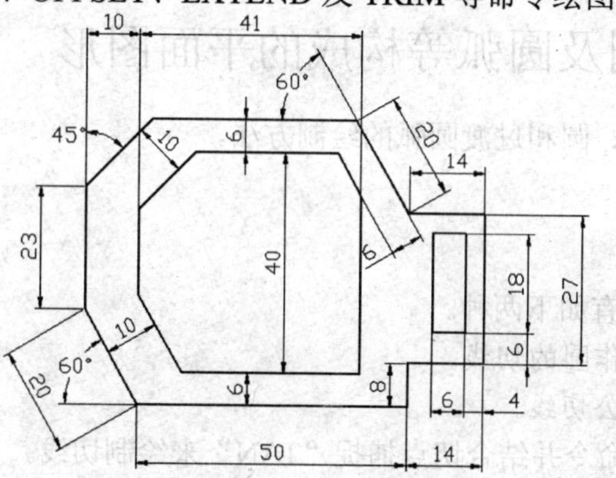

图3-54 用 OFFSET、TRIM 等命令绘图

【练习3-26】：用 LINE、OFFSET、EXTEND 及 TRIM 等命令绘图，如图 3-55 所示。

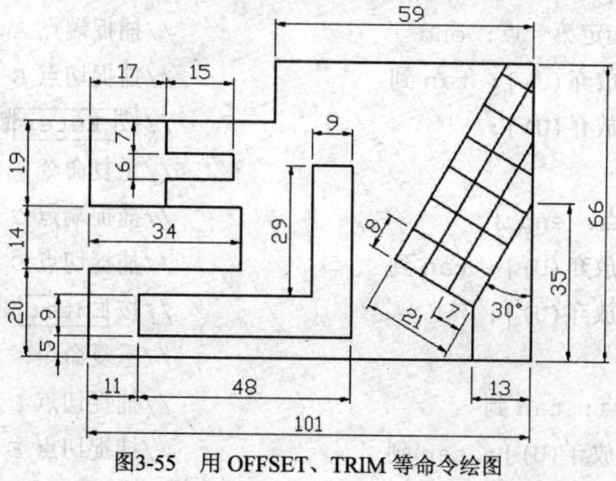

图3-55 用 OFFSET、TRIM 等命令绘图

【练习3-27】：创建以下图层并利用 LINE、OFFSET 及 TRIM 等命令绘制平面图形，如图 3-56 所示。

名称	颜色	线型	线宽
轮廓线层	白色	Continuous	0.5
虚线层	黄色	Dashed	默认
中心线层	红色	Center	默认

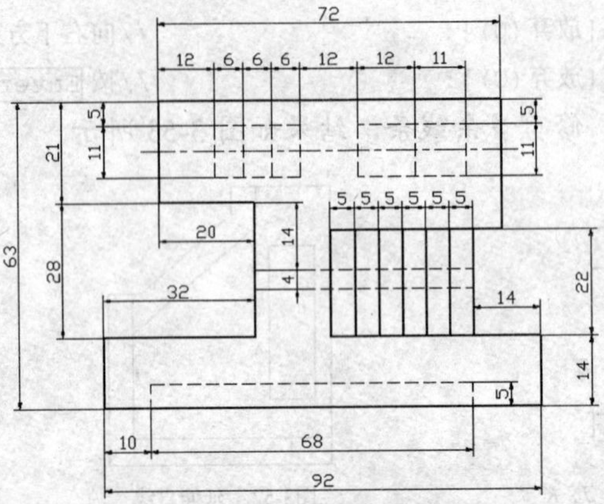

图3-56　用 OFFSET、TRIM 等命令绘图

3.4 画直线、圆及圆弧等构成的平面图形

下面主要介绍切线、圆和过渡圆弧的绘制方法。

3.4.1 画切线

画切线的情况一般有如下两种。

- 过圆外的一点作圆的切线。
- 绘制两个圆的公切线。

用户可利用 LINE 命令并结合切点捕捉“TAN”来绘制切线。

【练习3-28】：画圆的切线。

打开文件“3-28.dwg”，如图 3-57 左图所示，用 LINE 命令将左图修改为右图。

```
命令: _line 指定第一点: end 于                //捕捉端点 A，如图 3-57 所示
指定下一点或 [放弃(U)]: tan 到               //捕捉切点 B
指定下一点或 [放弃(U)]:                      //按 Enter 键结束
命令:                                        //重复命令
LINE 指定第一点: end 于                      //捕捉端点 C
指定下一点或 [放弃(U)]: tan 到               //捕捉切点 D
指定下一点或 [放弃(U)]:                      //按 Enter 键结束
命令:                                        //重复命令
LINE 指定第一点: tan 到                      //捕捉切点 E
指定下一点或 [放弃(U)]: tan 到               //捕捉切点 F
```

```
指定下一点或 [放弃(U)]:               //按 Enter 键结束
命令:                                 //重复命令
LINE 指定第一点: tan 到               //捕捉切点 G
指定下一点或 [放弃(U)]: tan 到        //捕捉切点 H
指定下一点或 [放弃(U)]:               //按 Enter 键结束
```

结果如图 3-57 右图所示。

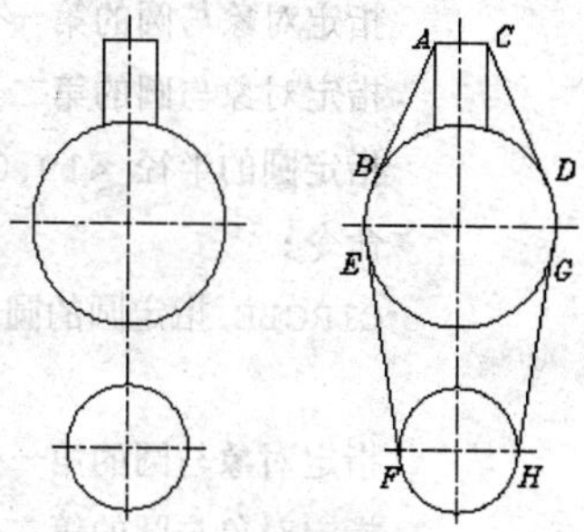

图3-57 画切线

3.4.2 画圆及圆弧连接

用 CIRCLE 命令绘制圆，默认的画圆方法是指定圆心和半径。此外，还可通过两点或三点来画圆。CIRCLE 命令也可用来绘制过渡圆弧，方法是先画出与已有对象相切的圆，然后用 TRIM 命令修剪多余线条即可。

命令启动方法

- 菜单命令:【绘图】/【圆】。
- 工具栏:【绘图】工具栏上的⊙按钮。
- 命令: CIRCLE 或简写 C。

【练习3-29】: 练习 CIRCLE 命令。

打开文件"3-29.dwg"，如图 3-58 左图所示，用 CIRCLE 命令将左图修改为右图。

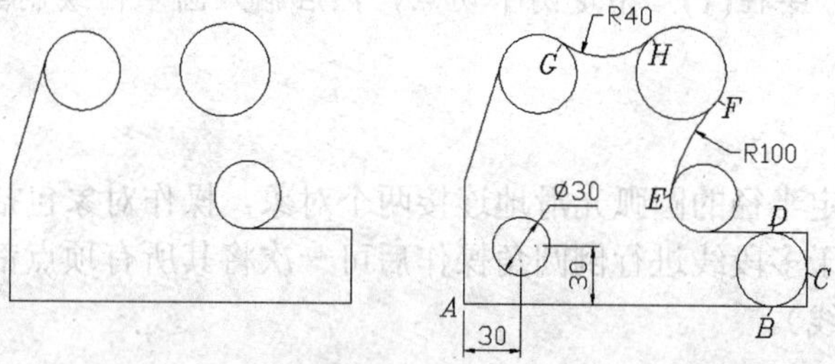

图3-58 画圆及圆弧连接

```
命令: _circle 指定圆的圆心或 [三点(3P)/两点(2P)/相切、相切、半径(T)]: from
                                          //使用正交偏移捕捉
基点: int 于                              //捕捉 A 点，如图 3-58 右图所示
<偏移>: @30,30                            //输入相对坐标
指定圆的半径或 [直径(D)] <19.0019>: 15     //输入圆半径
命令:                                     //重复命令
CIRCLE 指定圆的圆心或 [三点(3P)/两点(2P)/相切、相切、半径(T)]: 3p
                                          //使用"三点(3P)"选项
指定圆上的第一个点: tan 到                //捕捉切点 B
指定圆上的第二个点: tan 到                //捕捉切点 C
指定圆上的第三个点: tan 到                //捕捉切点 D
命令:                                     //重复命令
CIRCLE 指定圆的圆心或 [三点(3P)/两点(2P)/相切、相切、半径(T)]: t
                                          //使用"相切、相切、半径(T)"选项
```

```
指定对象与圆的第一个切点:                    //捕捉切点 E
指定对象与圆的第二个切点:                    //捕捉切点 F
指定圆的半径 <19.0019>: 100                  //输入圆半径
命令:                                        //重复命令
CIRCLE 指定圆的圆心或 [三点(3P)/两点(2P)/相切、相切、半径(T)]: t
                                             //使用"相切、相切、半径(T)"选项
指定对象与圆的第一个切点:                    //捕捉切点 G
指定对象与圆的第二个切点:                    //捕捉切点 H
指定圆的半径 <100.0000>: 40                  //输入圆半径
```

修剪多余线条，结果如图 3-58 右图所示。

要点提示 当绘制与两圆相切的圆弧时，在圆的不同位置拾取切点，将画出内切或外切不同的圆弧。

命令选项

- 指定圆的圆心：默认选项。输入圆心坐标或拾取圆心后，系统提示输入圆半径或直径值。
- 三点(3P)：输入 3 个点绘制圆。
- 两点(2P)：指定直径的两个端点绘制圆。
- 相切、相切、半径(T)：指定两个切点，然后输入圆半径绘制圆。

3.4.3 倒圆角

倒圆角是利用指定半径的圆弧光滑地连接两个对象，操作对象包括直线、多段线、样条线、圆及圆弧等。对于多段线进行倒圆角操作后可一次将其所有顶点都光滑地过渡（在第 7 章中将详细介绍多段线）。

命令启动方法

- 菜单命令：【修改】/【圆角】。
- 工具栏：【修改】工具栏上的 按钮。
- 命令：FILLET 或简写 F。

【练习3-30】：练习 FILLET 命令。

打开文件"3-30.dwg"，如图 3-59 左图所示，下面用 FILLET 命令将左图修改为右图。

```
命令: _fillet
选择第一个对象或 [放弃(U)/多段线(P)/半径(R)/修剪(T)/多个(M)]: r
                                //设置圆角半径
指定圆角半径 <3.0000>: 5        //输入圆角半径值
选择第一个对象或 [放弃(U)/多段线(P)/半径(R)/修剪(T)/多个(M)]:
                                //选择要倒圆角的第一个对象，如图 3-57 左图所示
选择第二个对象，或按住 Shift 键选择要应用角点的对象:
                                //选择要倒圆角的第二个对象
```

结果如图 3-59 右图所示。

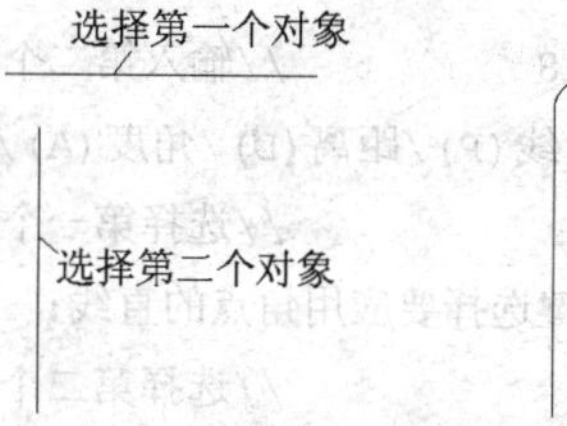

图3-59 倒圆角

命令选项

- 放弃(U)：取消倒圆角操作。
- 多段线(P)：选择多段线后，系统对多段线的每个顶点进行倒圆角操作，如图 3-60 左图所示。
- 半径(R)：设定圆角半径。若圆角半径为 0，则系统将使被修剪的两个对象交于一点。
- 修剪(T)：指定倒圆角操作后是否修剪对象，图 3-60 右图所示为不修剪对象。
- 多个(M)：可一次创建多个圆角。系统将重复提示“选择第一个对象”和“选择第二个对象”，直到用户按 Enter 键结束命令。
- 按住 Shift 键选择要应用角点的对象：若按住 Shift 键选择第二个圆角对象，则以 0 值替代当前的圆角半径。

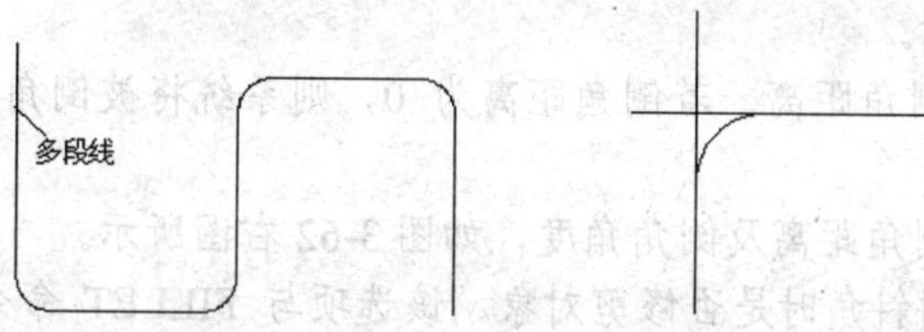

图3-60 倒圆角的两种情况

3.4.4 倒斜角

倒斜角使用一条斜线连接两个对象，倒角时既可以输入每条边的倒角距离，也可以指定某条边上倒角的长度及与此边的夹角。

命令启动方法

- 菜单命令：【修改】/【倒角】。
- 工具栏：【修改】工具栏上的按钮。
- 命令：CHAMFER 或简写 CHA。

【练习3-31】：练习 CHAMFER 命令。

打开文件“3-31.dwg”，如图 3-61 左图所示，下面用 CHAMFER 命令将左图修改为右图。

```
命令: _chamfer
选择第一条直线[放弃(U)/多段线(P)/距离(D)/角度(A)/修剪(T)/方式(E)/多个(M)]: d
                                            //设置倒角距离
指定第一个倒角距离 <3.0000>: 5              //输入第一个边的倒角距离
```

```
指定第二个倒角距离 <5.0000>: 8              //输入第二个边的倒角距离
选择第一条直线或 [放弃(U)/多段线(P)/距离(D)/角度(A)/修剪(T)/方式(E)/多个(M)]:
                                            //选择第一个倒角边，如图 3-61 左图所示
选择第二条直线，或按住 Shift 键选择要应用角点的直线:
                                            //选择第二个倒角边
```

结果如图 3-61 右图所示。

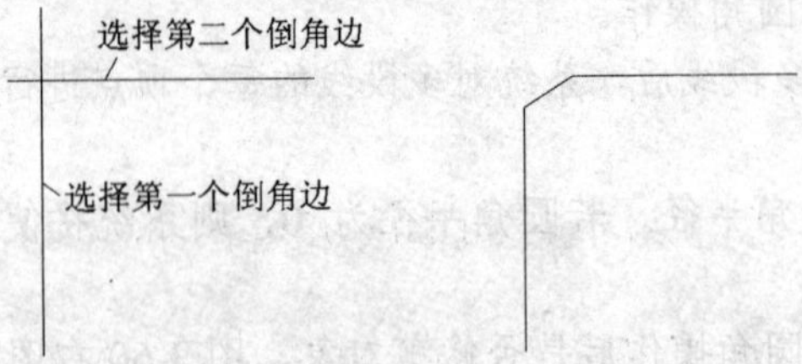

图3-61　倒斜角

命令选项

- 放弃(U)：取消倒斜角操作。
- 多段线(P)：选择多段线后，系统将对多段线的每个顶点执行倒斜角操作，如图 3-60 左图所示。
- 距离(D)：设定倒角距离。若倒角距离为 0，则系统将被倒角的两个对象交于一点。
- 角度(A)：指定倒角距离及倒角角度，如图 3-62 右图所示。
- 修剪(T)：设置倒斜角时是否修剪对象。该选项与 FILLET 命令的“修剪(T)”选项相同。
- 方式(E)：设置使用两个倒角距离还是一个距离一个角度来创建倒角。
- 多个(M)：可一次创建多个倒角。系统将重复提示“选择第一条直线”和“选择第二条直线”，直到用户按 Enter 键结束命令。
- 按住 Shift 键选择要应用角点的直线：若按住 Shift 键选择第二个倒角对象，则以 0 值替代当前的倒角距离。

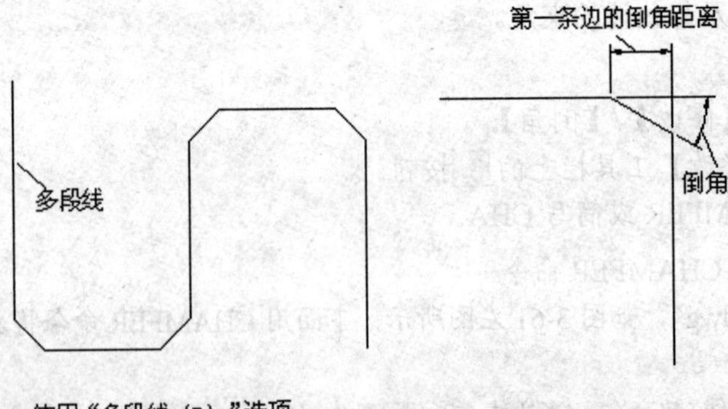

图3-62　倒斜角的几种情况

3.4.5 上机练习

【练习3-32】：用 LINE、CIRCLE、OFFSET 及 TRIM 等命令绘制图形，如图 3-63 所示。

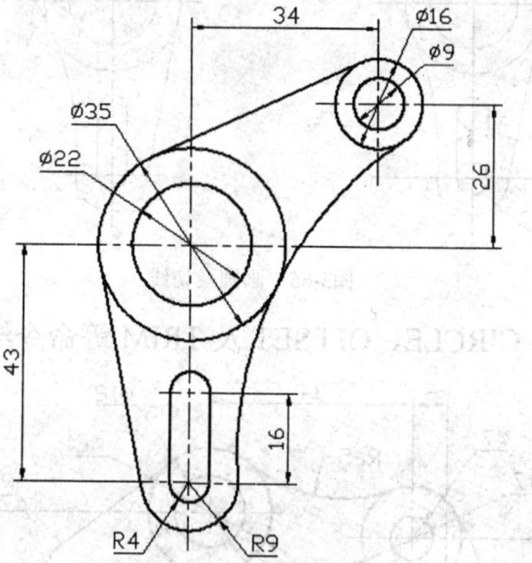

图3-63 画圆及圆弧连接

1. 设定绘图区域大小为 120×120，单击【标准】工具栏中的按钮使绘图区域充满整个图形窗口显示出来。
2. 设置全局线型比例因子为 0.2，并创建以下图层。

名称	颜色	线型	线宽
轮廓线层	绿色	Continuous	0.5
中心线层	红色	Center	默认

3. 打开极轴追踪、对象捕捉及捕捉追踪功能。设置极轴追踪角度增量为 90°，设定对象捕捉方式为端点、交点，设置仅沿正交方向进行捕捉追踪。
4. 切换到轮廓线层。画圆的定位线 *A*、*B*，其长度约为 50，如图 3-64 左图所示，再用 OFFSET、LENGTHEN 命令形成定位线 *C*、*D*、*E*，如图 3-64 右图所示。
5. 画圆及切线，如图 3-65 左图所示。修剪多余线条，结果如图 3-65 右图所示。

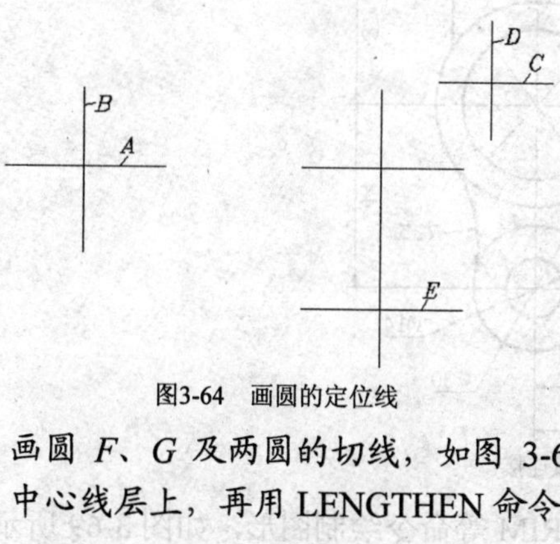

图3-64 画圆的定位线

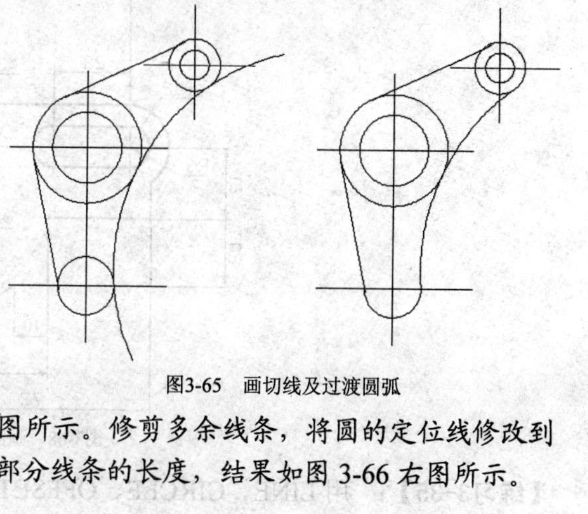

图3-65 画切线及过渡圆弧

6. 画圆 *F*、*G* 及两圆的切线，如图 3-66 左图所示。修剪多余线条，将圆的定位线修改到中心线层上，再用 LENGTHEN 命令调整部分线条的长度，结果如图 3-66 右图所示。

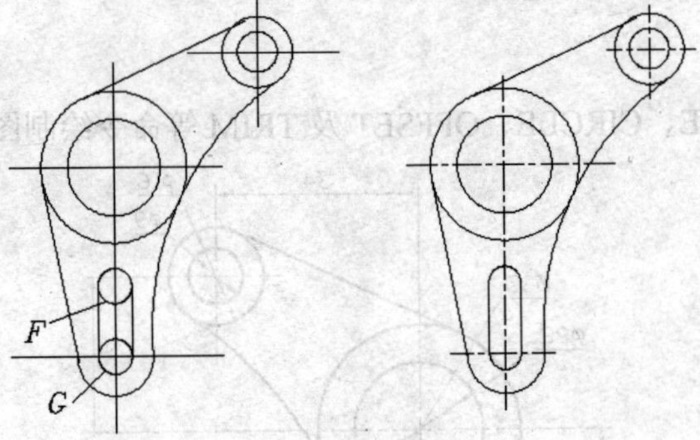

图3-66　画圆及切线

【练习3-33】：用 LINE、CIRCLE、OFFSET 及 TRIM 等命令绘制图形，如图 3-67 所示。

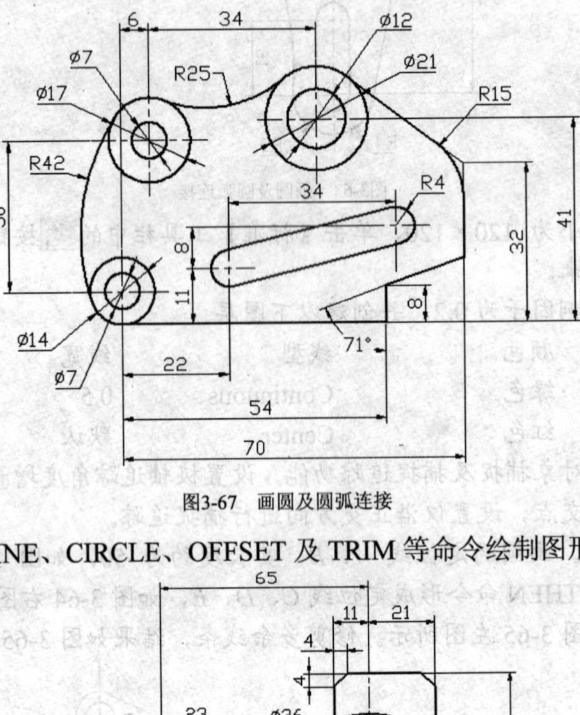

图3-67　画圆及圆弧连接

【练习3-34】：用 LINE、CIRCLE、OFFSET 及 TRIM 等命令绘制图形，如图 3-68 所示。

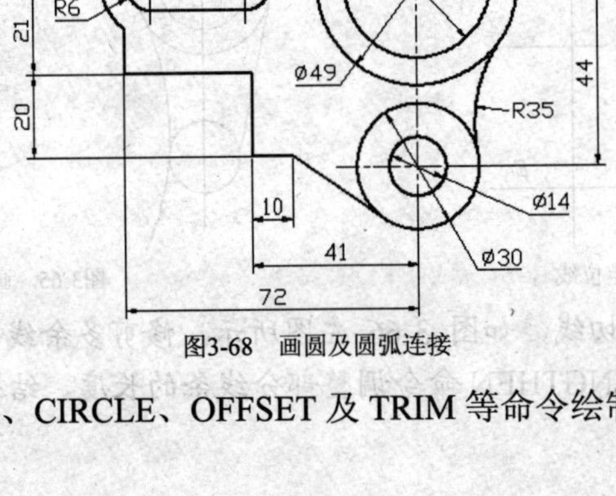

图3-68　画圆及圆弧连接

【练习3-35】：用 LINE、CIRCLE、OFFSET 及 TRIM 等命令绘制图形，如图 3-69 所示。

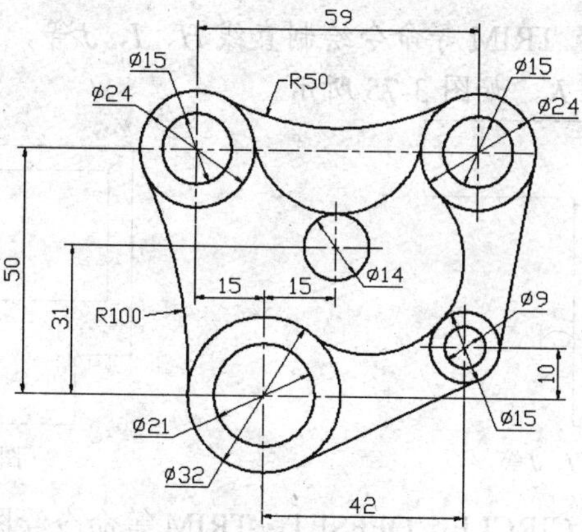

图3-69　画圆及圆弧连接

3.5 综合练习——画直线构成的图形

【练习3-36】：用 LINE、OFFSET、TRIM 等命令绘图，如图 3-70 所示。

1. 设定绘图区域大小为 120 × 120，单击【标准】工具栏中的按钮使绘图区域充满整个图形窗口显示出来。
2. 打开极轴追踪、对象捕捉及捕捉追踪功能。设置极轴追踪角度增量为 90°，设定对象捕捉方式为端点、交点，设置仅沿正交方向进行捕捉追踪。
3. 画水平和竖直的绘图基准线 *A*、*B*，如图 3-71 所示，直线 *A* 的长度为 120 左右，直线 *B* 的长度为 90 左右。

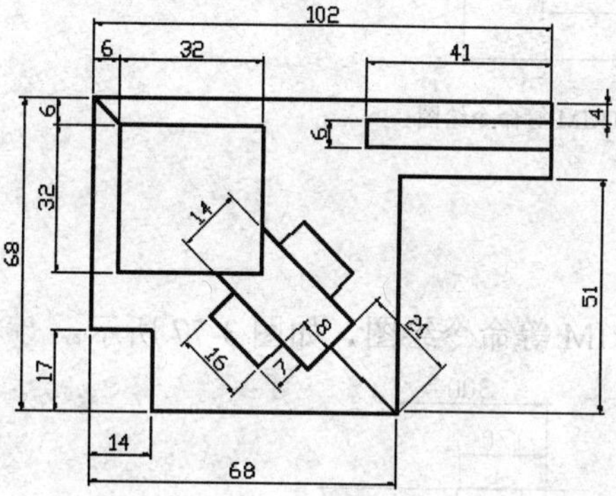

图3-70　用 OFFSET、TRIM 等命令绘图

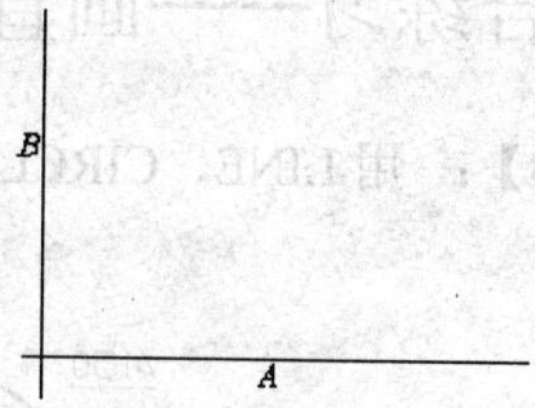

图3-71　画绘图基准线

4. 使用 OFFSET 及 TRIM 等命令绘制线框 *C*，如图 3-72 所示。
5. 连线 *EF*，再用 OFFSET 及 TRIM 等命令画线框 *G*，如图 3-73 所示。

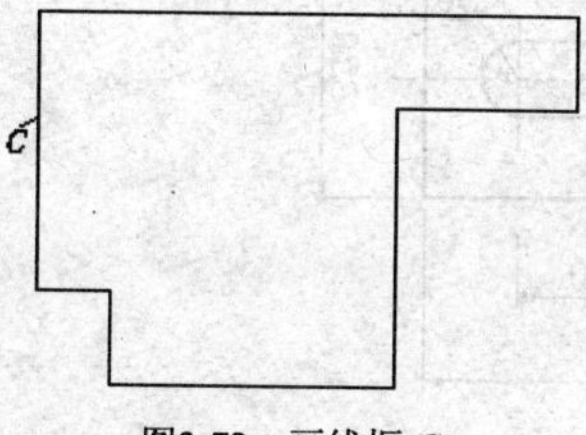

图3-72　画线框 *C*

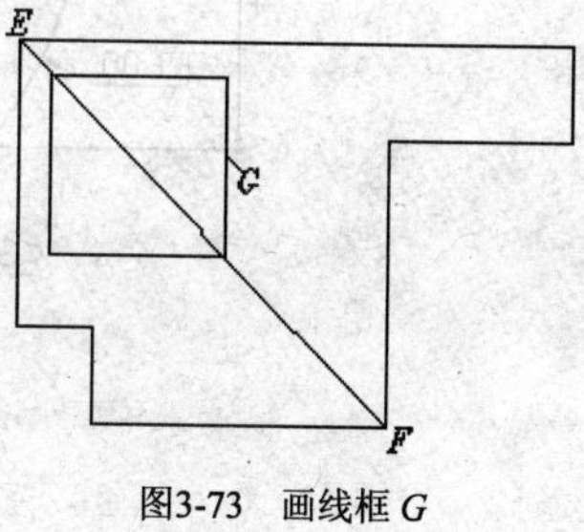

图3-73　画线框 *G*

6. 用 XLINE、OFFSET 及 TRIM 等命令绘制直线 *H*、*I*、*J* 等，如图 3-74 所示。
7. 用 LINE 命令绘制线框 *K*，如图 3-75 所示。

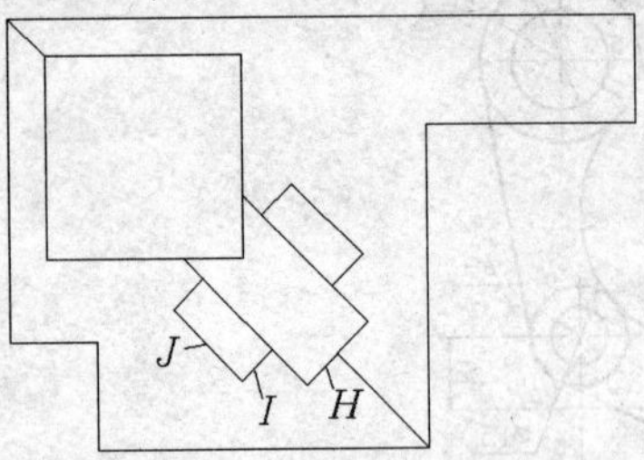

图3-74　画直线 *H*、*I*、*J* 等

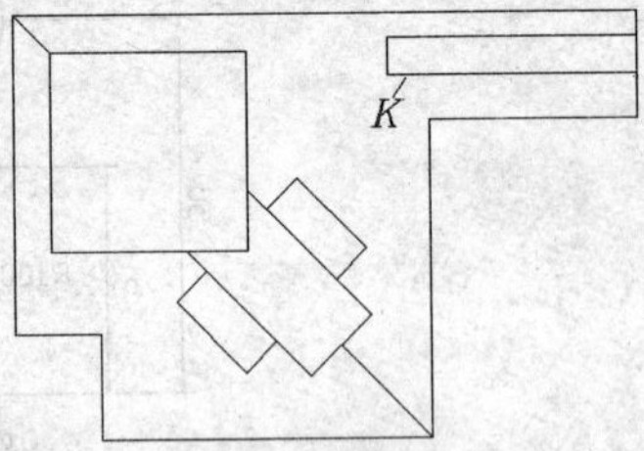

图3-75　画线框 *K*

【练习3-37】：用 LINE、CIRCLE、OFFSET、TRIM 等命令绘图，如图 3-76 所示。

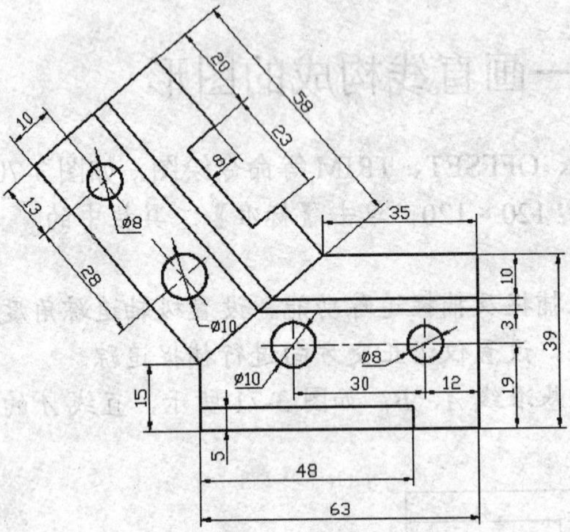

图3-76　用 LINE、OFFSET、TRIM 等命令绘图

3.6 综合练习——画直线和圆弧

【练习3-38】：用 LINE、CIRCLE、OFFSET、TRIM 等命令绘图，如图 3-77 所示。

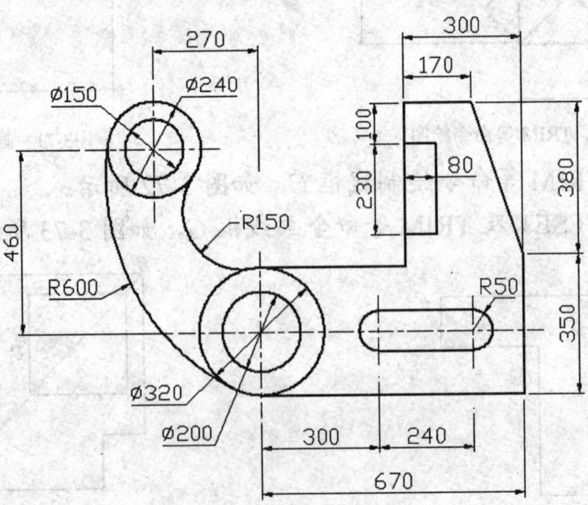

图3-77　画直线及圆弧连接

1. 设定绘图区域大小为 1 500 × 1 500，设置线型全局比例因子为 2。
2. 创建以下图层。

名称	颜色	线型	线宽
轮廓线层	白色	Continuous	0.5
中心线层	红色	Center	默认

3. 打开极轴追踪、对象捕捉及捕捉追踪功能。设置极轴追踪角度增量为 90°，设定对象捕捉方式为端点、圆心、交点，设置仅沿正交方向进行捕捉追踪。
4. 切换到中心线层，用 LINE 命令画圆的定位线 *A*、*B*，直线 *A* 的长度为 1 000 左右，直线 *B* 的长度为 450 左右；再以 *A*、*B* 线为基准线，用 OFFSET 和 LENGTHEN 命令形成其他定位线，如图 3-78 所示。
5. 切换到轮廓线层，画圆、圆弧连接及切线，如图 3-79 所示。
6. 用 LINE 命令绘制直线 *C*、*D*、*E* 等，再修剪多余线条，结果如图 3-80 所示。

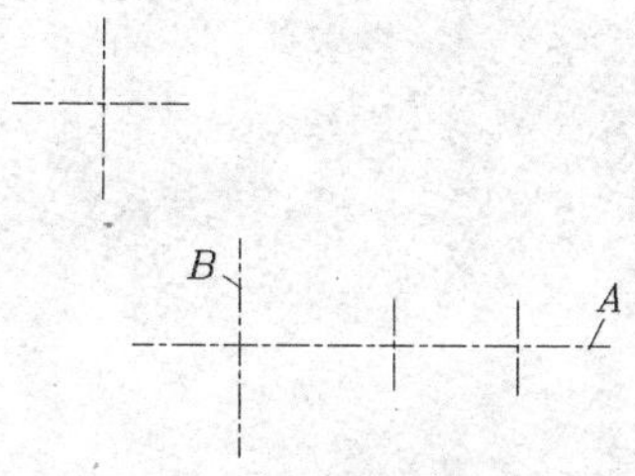

图3-78 绘制定位线

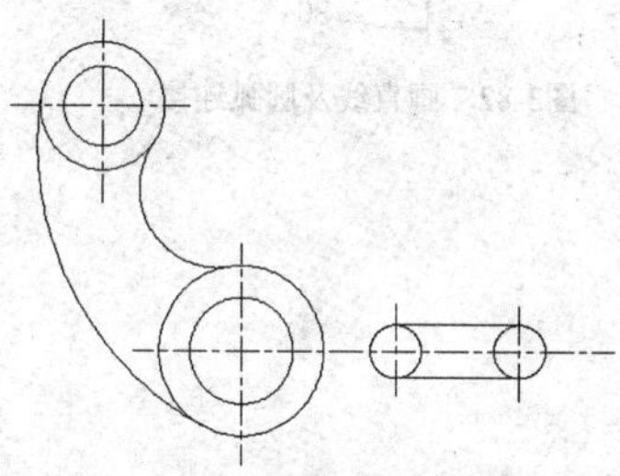
图3-79 画圆、圆弧连接等

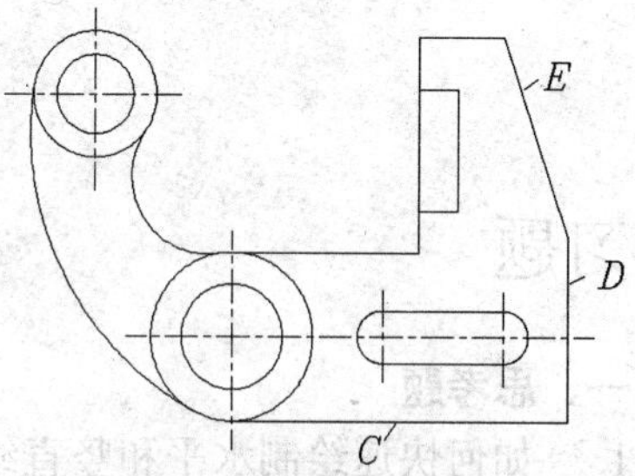

图3-80 绘制直线 *C*、*D* 等

要点提示 也可以只在轮廓线层上绘图，然后将圆的定位线修改到中心线层上。

【练习3-39】：用 LINE、CIRCLE、OFFSET、TRIM 等命令绘图，如图 3-81 所示。

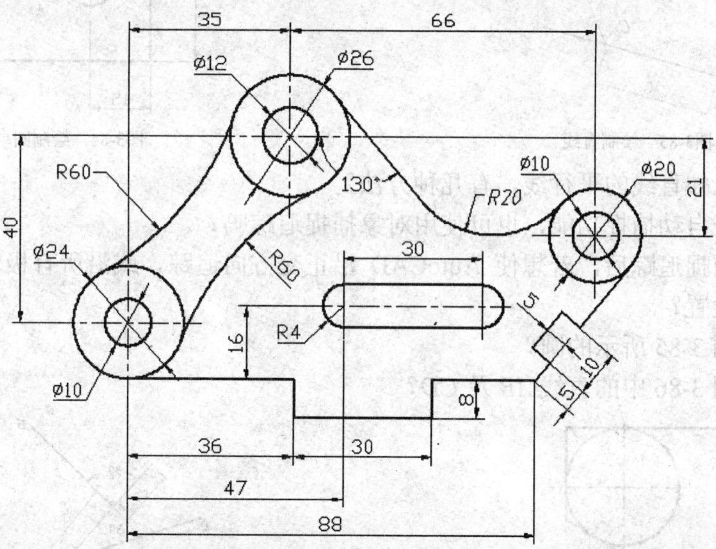

图3-81 画直线及圆弧连接

【练习3-40】：用 LINE、CIRCLE、OFFSET、TRIM 等命令绘图，如图 3-82 所示。

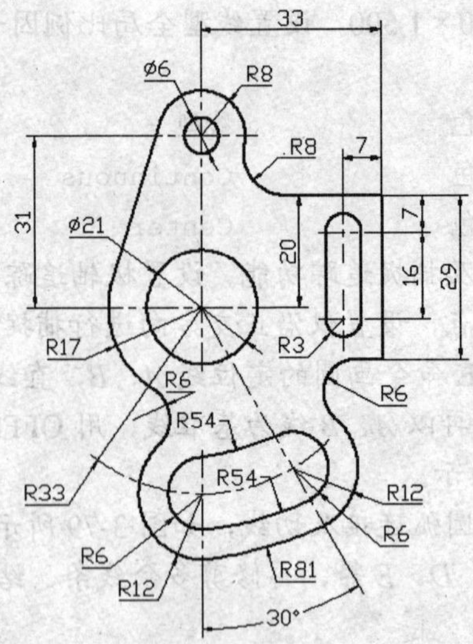

图3-82　画直线及圆弧连接

习题

一、思考题

1. 如何快速绘制水平和竖直线？
2. 过直线 *B* 上的 *C* 点绘制直线 *A*，如图 3-83 所示，应该使用何种捕捉方式？
3. 如果要直接绘制出圆 *A*，如图 3-84 所示，应该使用何种捕捉方式？

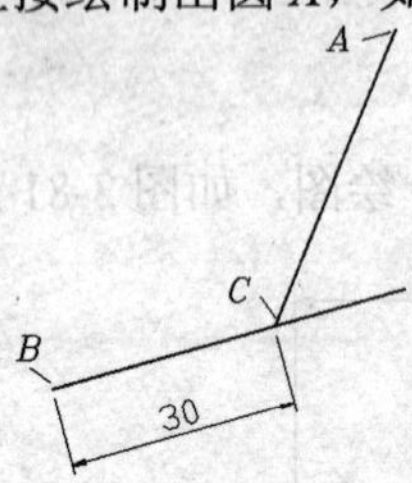

图3-83　绘制直线

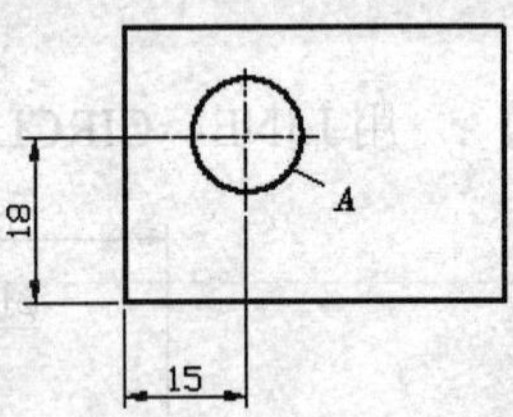

图3-84　绘制圆

4. 过一点画已知直线的平行线，有几种方法？
5. 若没有打开自动捕捉功能，也可使用对象捕捉追踪吗？
6. 打开对象捕捉追踪后，若想使 AutoCAD 沿正交方向追踪，或沿所有极轴角方向追踪，应该怎样设置？
7. 如何绘制图 3-85 所示的圆？
8. 如何绘制图 3-86 中的直线 *AB* 及 *CD*？

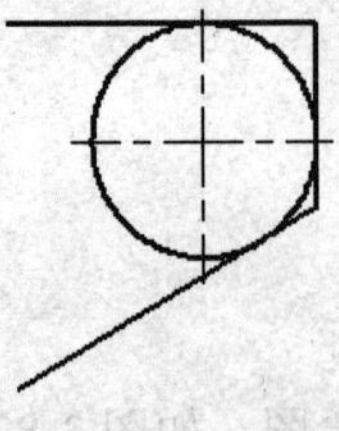

图3-85　绘制与直线相切的圆

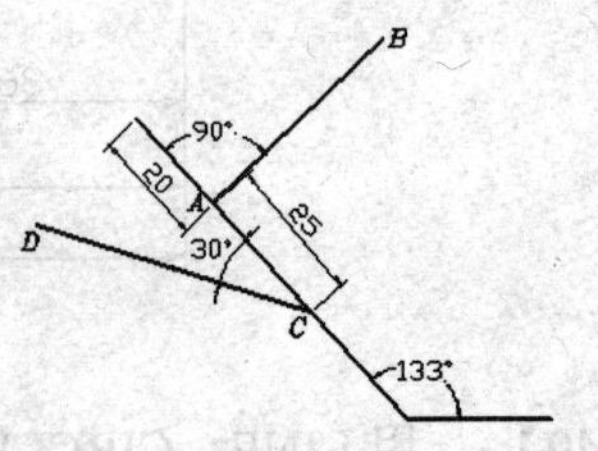

图3-86　画直线

二、操作题

1. 利用点的绝对或相对直角坐标绘制图 3-87 所示的图形。
2. 输入点的相对坐标画线，如图 3-88 所示。

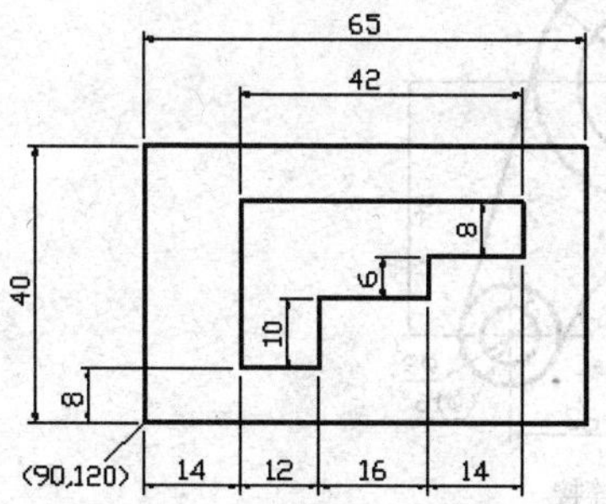

图3-87 输入点的绝对或相对直角坐标画线

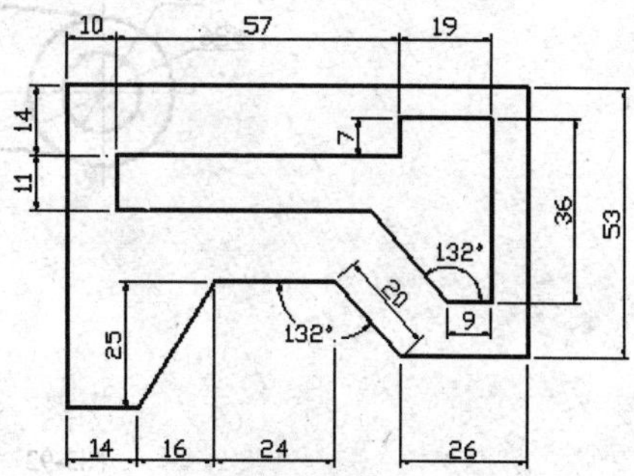

图3-88 输入相对坐标画线

3. 打开极轴追踪、对象捕捉及捕捉追踪功能画线，如图 3-89 所示。
4. 用 OFFSET、TRIM 等命令绘制图 3-90 所示的图形。

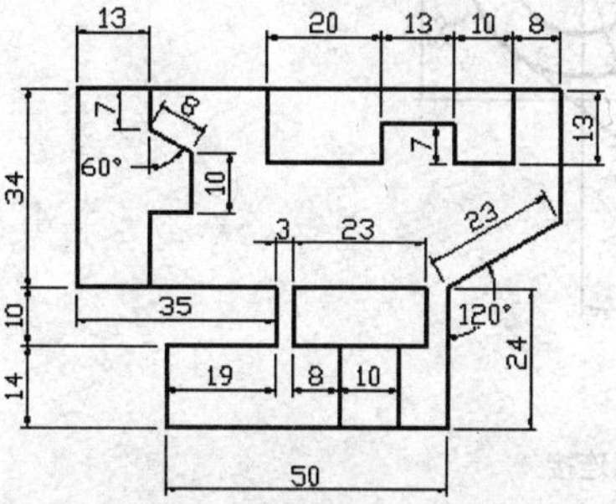

图3-89 利用对象捕捉及追踪功能画线

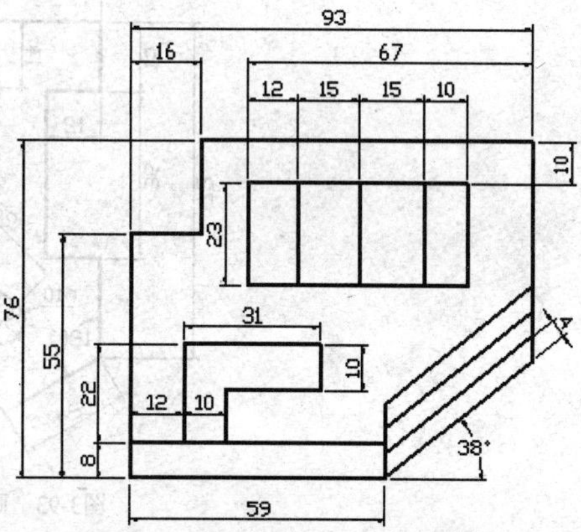

图3-90 用 OFFSET、TRIM 等命令画图

5. 用 OFFSET、TRIM 等命令绘制图 3-91 所示的图形。

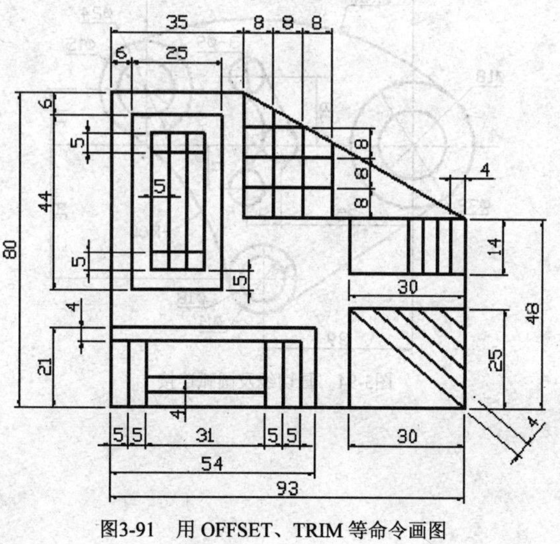

图3-91 用 OFFSET、TRIM 等命令画图

6.　绘制图 3-92 所示的图形。

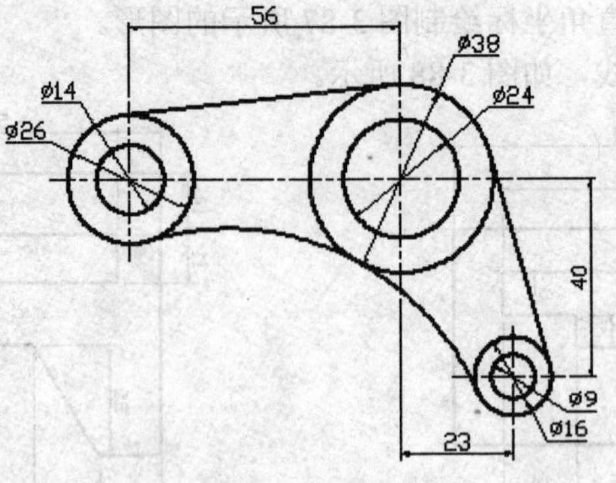

图3-92　画圆、切线及圆弧连接

7.　绘制图 3-93 所示的图形。

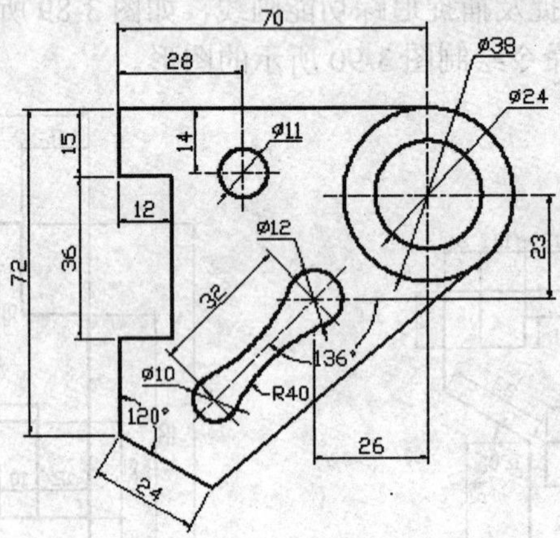

图3-93　画圆、切线及圆弧连接

8.　绘制图 3-94 所示的图形。

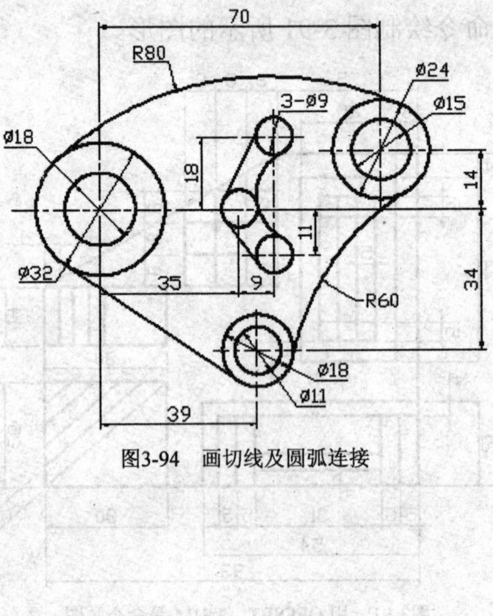

图3-94　画切线及圆弧连接

第4章　画多边形、椭圆及简单平面图形

本章介绍的主要内容如下。

- 创建对象的矩形和环形阵列。
- 画具有对称关系的图形。
- 画矩形、正多边形及椭圆等。
- 绘制剖面图案。
- 控制剖面线的角度和疏密。
- 编辑剖面图案。
- 画工程图中的波浪线。

通过本章的学习，读者可以掌握绘制椭圆、正多边形、矩形及填充剖面图案等的方法，并学会如何创建具有均布及对称几何特征的图形对象。

4.1　绘制具有均布和对称几何特征的图形

在工程图中，几何对象对称分布或是均匀分布的情况是很常见的，本节将介绍这两种图形的绘制方法。

4.1.1　矩形阵列对象

矩形阵列是指将对象按行、列方式进行排列。操作时，用户一般应设定阵列的行数、列数、行间距及列间距等，如果要沿倾斜方向生成矩形阵列，还应输入阵列的倾斜角度。

命令启动方法

- 菜单命令:【修改】/【阵列】。
- 工具栏:【修改】工具栏上的按钮。
- 命令: ARRAY 或简写 AR。

【练习4-1】：创建矩形阵列。打开文件“4-1.dwg”，如图 4-1 左图所示，下面用 ARRAY 命令将左图修改为右图。

1. 启动 ARRAY 命令，AutoCAD 弹出【阵列】对话框，在该对话框中选中【矩形阵列】单选按钮，如图 4-2 所示。
2. 单击按钮，AutoCAD 提示：“选择对象”，选择要阵列的图形对象 A，如图 4-1 左图所示。
3. 分别在【行】、【列】文本框中输入阵列的行数 2 和列数 3，如图 4-2 所示。【行】的方向与坐标系的 X 轴平行，【列】的方向与 Y 轴平行。
4. 分别在【行偏移】、【列偏移】文本框中输入行间距 - 18 和列间距 20，如图 4-2 所示。

行、列间距的数值可为正或负。若是正值，则 AutoCAD 沿 X 轴、Y 轴的正方向形成阵列，否则，沿反方向形成阵列。

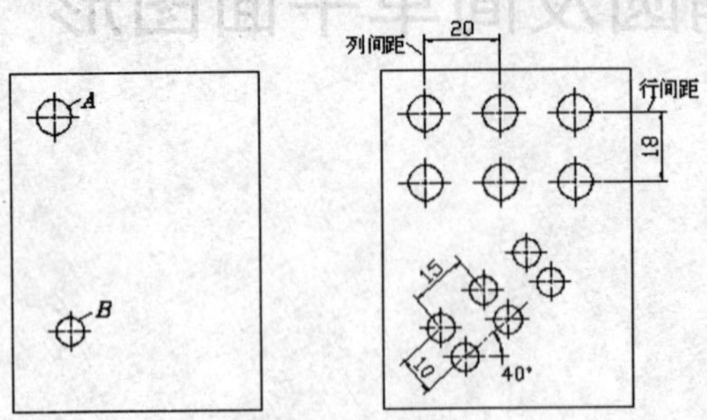

图4-1　矩形阵列

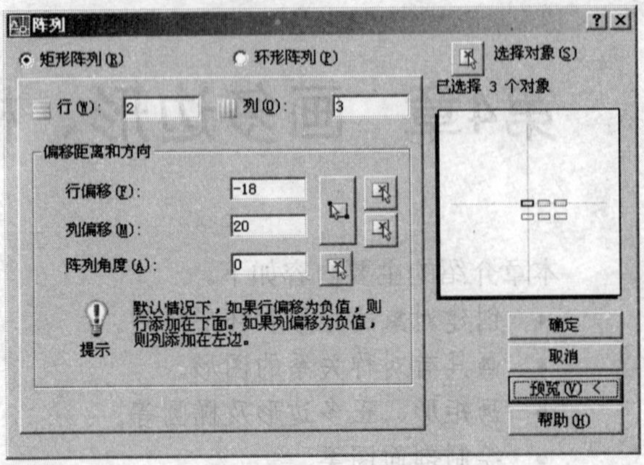

图4-2　【阵列】对话框

5. 在【阵列角度】中输入阵列方向与 X 轴的夹角 0，如图 4-2 所示。该角度逆时针为正，顺时针为负。
6. 单击 预览(V) < 按钮，用户可预览阵列效果。
7. 单击 确定 按钮，结果如图 4-1 右图所示。
8. 再沿倾斜方向创建对象 B 的矩形阵列，结果如图 4-1 右图所示。阵列参数为：行数 2、列数 3、行间距 − 10、列间距 15、阵列角度 40°。

4.1.2 环形阵列对象

环行阵列是指把对象绕阵列中心等角度均匀分布。决定环行阵列的主要参数有：阵列中心、阵列总角度及阵列数目等。此外，用户也可通过输入阵列总数和每个对象间的夹角生成环行阵列。

命令启动方法

- 菜单命令：【修改】/【阵列】。
- 工具栏：【修改】工具栏上的按钮。
- 命令：ARRAY 或简写 AR。

【练习4-2】： 创建环形阵列。打开文件“4-2.dwg”，如图 4-3 左图所示。下面用 ARRAY 命令将左图修改为右图。

1. 启动 ARRAY 命令，AutoCAD 弹出【阵列】对话框，在该对话框中点选【环形阵列】按钮，如图 4-4 所示。
2. 单击选项，AutoCAD 提示：“选择对象”，选择要阵列的图形对象 A，如图 4-3 所示。
3. 在【中心点】区域中单击按钮，AutoCAD 切换到绘图窗口，然后在屏幕上指定阵列中心。此外，用户也可直接在【X:】、【Y:】框中输入中心点的坐标值。
4. 在【方法】下拉列表中提供了 3 种创建环形阵列的方法，选择其中一种，AutoCAD 列出需设定的参数。默认情况下，“项目总数和填充角度”是当前选项，此时需输入的参数有【项目总数】和【填充角度】。
5. 在【项目总数】框中输入环形阵列的数目，在【填充角度】框中输入阵列分布的总角度值，如图 4-4 所示。若阵列角度为正，则 AutoCAD 沿逆时针方向创建阵列，否则，将按顺时针方向创建阵列。

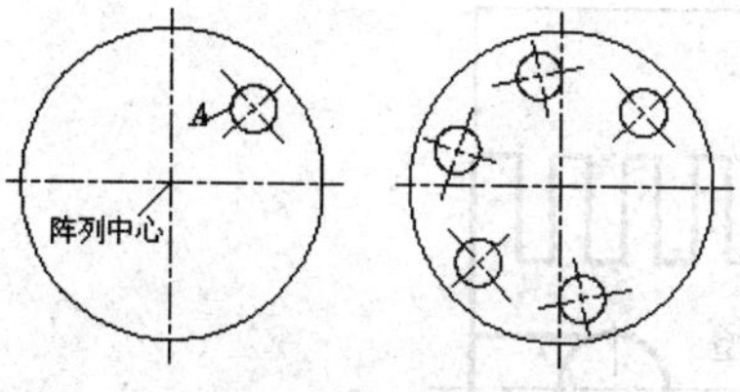

图4-3 环行阵列

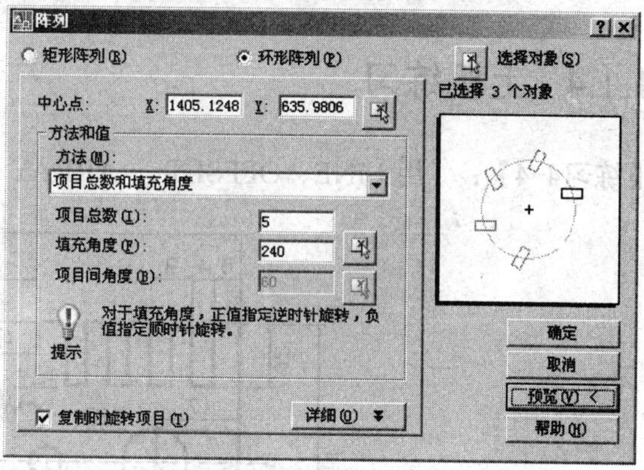

图4-4 【阵列】对话框

6. 单击 预览(V) < 按钮，预览阵列效果。
7. 单击 确定 按钮，结果如图 4-3 右图所示。

4.1.3 镜像对象

对于对称图形，用户只需绘制出图形的一半，另一半可由 MIRROR 命令镜像出来。操作时，用户要先选择要镜像的对象，然后再指定镜像线位置即可。

命令启动方法

- 菜单命令：【修改】/【镜像】。
- 工具栏：【修改】工具栏上的 ⚠ 按钮。
- 命令：MIRROR 或简写 MI。

【练习4-3】： 练习 MIRROR 命令。

打开文件“4-3.dwg”，如图 4-5 左图所示，下面用 MIRROR 命令将左图修改为右图。

```
命令: _mirror
选择对象: 指定对角点: 找到 13 个                    //选择镜像对象，如图 4-5 所示
选择对象:                                           //按 Enter 键
指定镜像线的第一点:                                 //拾取镜像线上的第一点
指定镜像线的第二点:                                 //拾取镜像线上的第二点
要删除源对象吗? [是(Y)/否(N)] <N>:                  //按 Enter 键，镜像时不删除原对象
```

结果如图 4-5 所示，该图中还显示了镜像时删除原对象的结果。

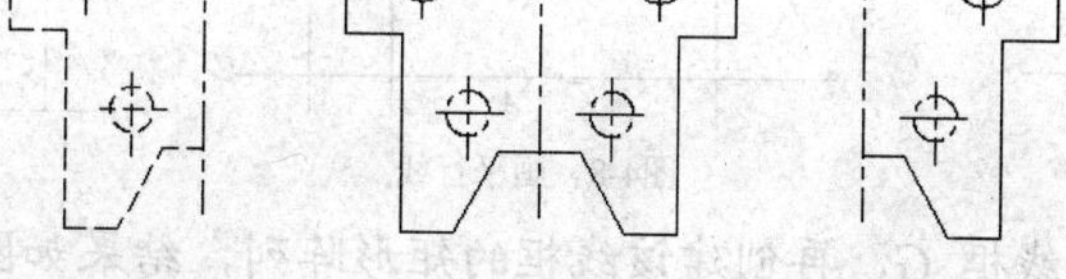

图4-5 镜像

要点提示 当对文字进行镜像操作时结果会使它们被倒置，要避免这一点，需将 MIRRTEXT 系统变量设置为“0”。

4.1.4 上机练习

【练习4-4】： 用 LINE、OFFSET 、ARRAY 及 MIRROR 等命令绘制图 4-6 所示的图形。

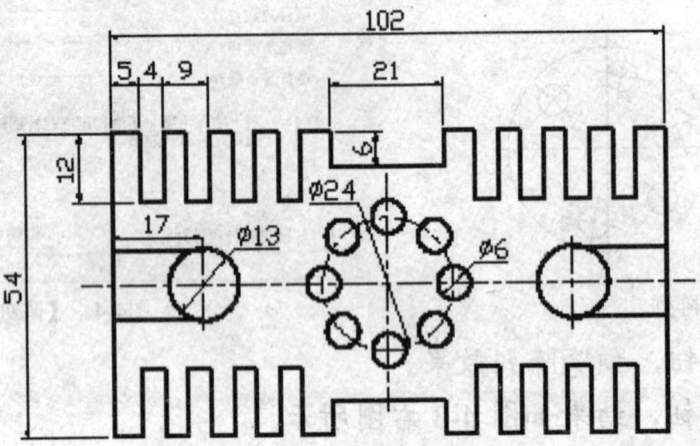

图4-6 创建矩形和环形阵列

1. 设定绘图区域大小为 100 × 100，设置线型全局比例因子为 0.2。
2. 创建以下图层。

名称	颜色	线型	线宽
轮廓线层	白色	Continuous	0.5
中心线层	红色	Center	默认

3. 打开极轴追踪、对象捕捉及捕捉追踪功能。设置极轴追踪角度增量为 90°，设定对象捕捉方式为端点、圆心、交点，设置仅沿正交方向进行捕捉追踪。
4. 切换到轮廓线层，用 LINE 命令画水平线段 *A* 和竖直线段 *B*，如图 4-7 所示。线段 *A* 的长度约为 80，线段 *B* 的长度约为 60。
5. 用 OFFSET 命令画平行线 *C*、*D*、*E*、*F*，如图 4-8 所示。
   向上平移线段 *A* 至 *C*，平移距离为 27。
   向下平移线段 *C* 至 *D*，平移距离为 6。
   向左平移线段 *B* 至 *E*，平移距离为 51。
   向左平移线段 *B* 至 *F*，平移距离为 10.5。
   结果如图 4-8 所示。修剪多余线条，结果如图 4-9 所示。

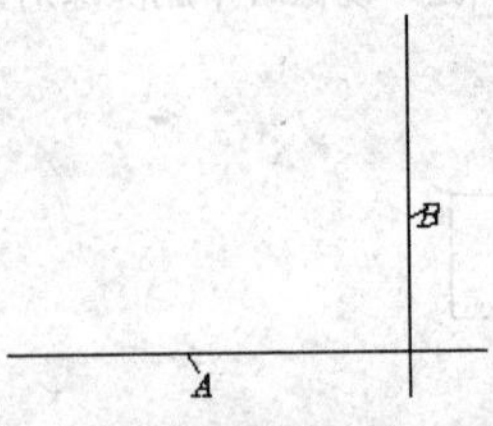

图4-7 画线段 *A*、*B*

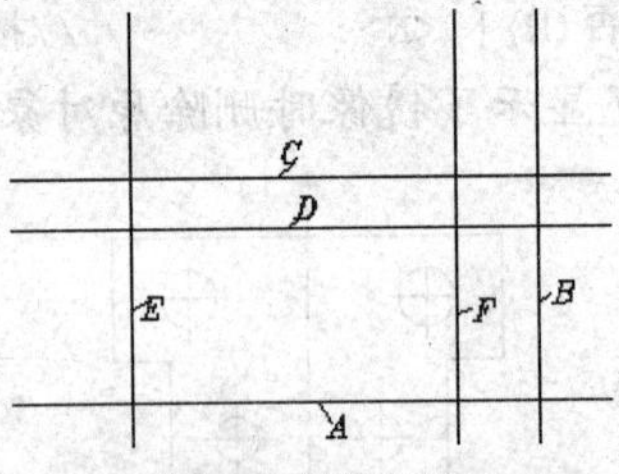

图4-8 画平行线

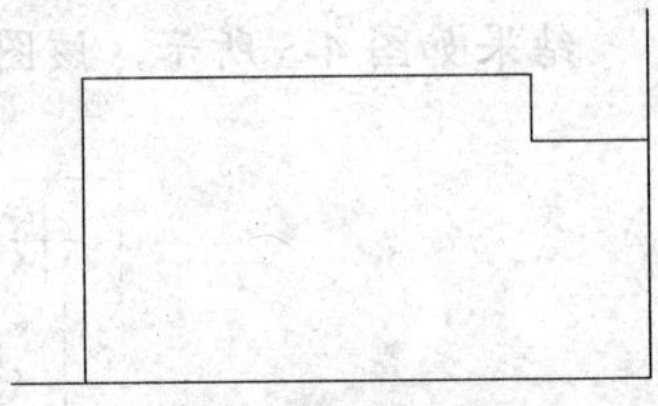

图4-9 修剪结果

6. 用 LINE 命令绘制线框 *G*，再创建该线框的矩形阵列，结果如图 4-10 左图所示。阵列参数为：行数 1、列数 4、列间距 9。修剪多余线条，结果如图 4-10 右图所示。

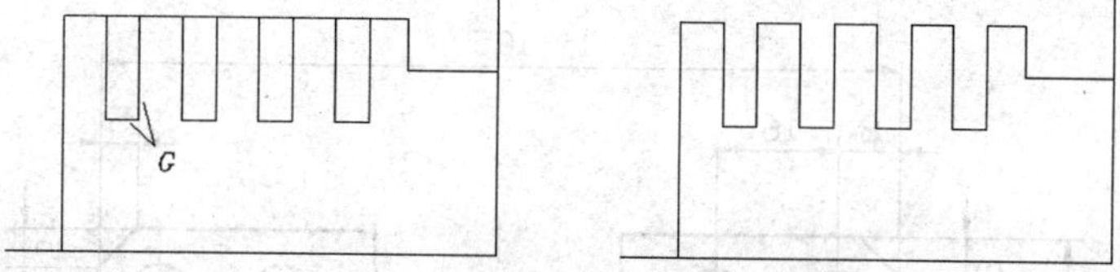

图4-10 画线框 *G* 及创建矩形阵列

7. 沿竖直方向镜像对象 *H*，然后绘制圆及圆的切线，结果如图 4-11 左图所示。将左半图形沿水平方向镜像，结果如图 4-11 右图所示。

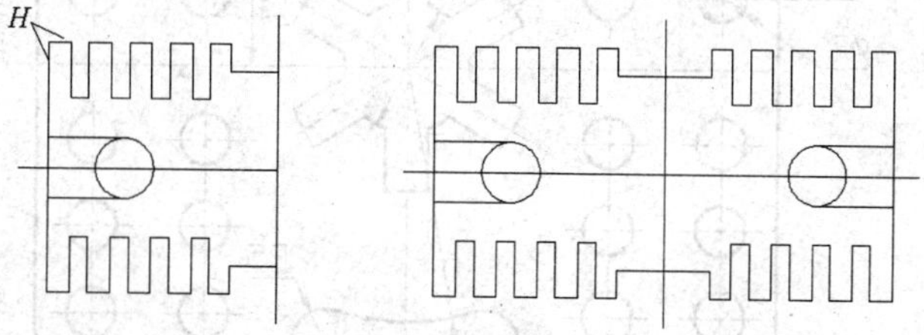

图4-11 镜像图形及画圆等

8. 绘制圆 *I*，创建此圆的环形阵列，再将图形的对称线修改到中心线层上，结果如图 4-12 所示。

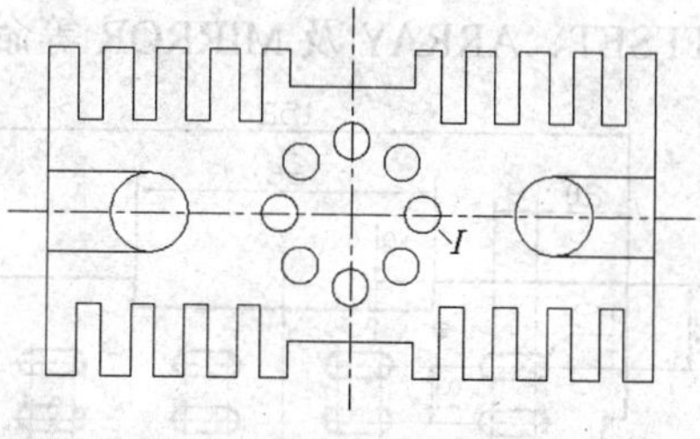

图4-12 画圆及创建环形阵列

【练习4-5】： 用 LINE、OFFSET 及 ARRAY 等命令绘制图 4-13 所示的图形。

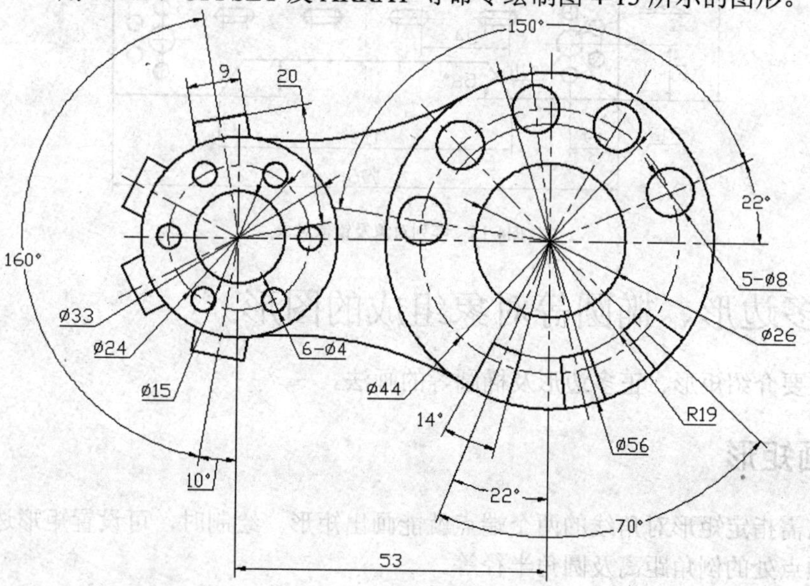

图4-13 创建环形阵列

【练习4-6】：　用 LINE、OFFSET、ARRAY 及 MIRROR 等命令绘制图 4-14 所示的图形。

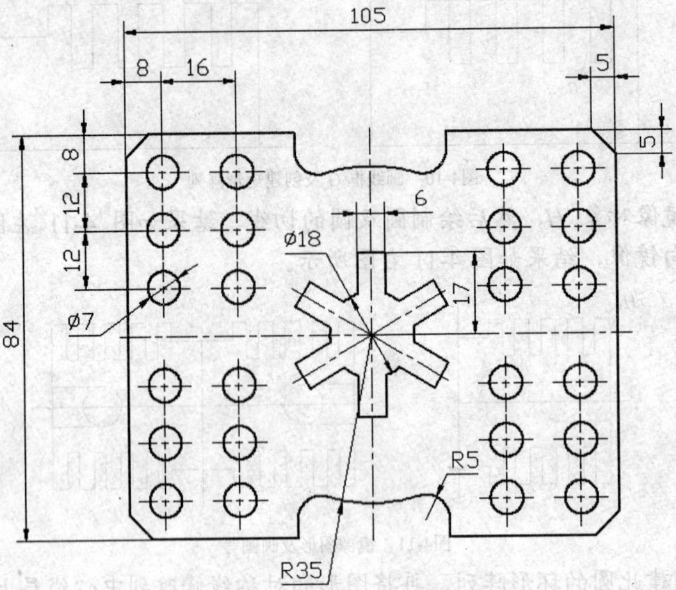

图4-14　阵列对象及镜像对象

【练习4-7】：　用 LINE、OFFSET、ARRAY 及 MIRROR 等命令绘制图 4-15 所示的图形。

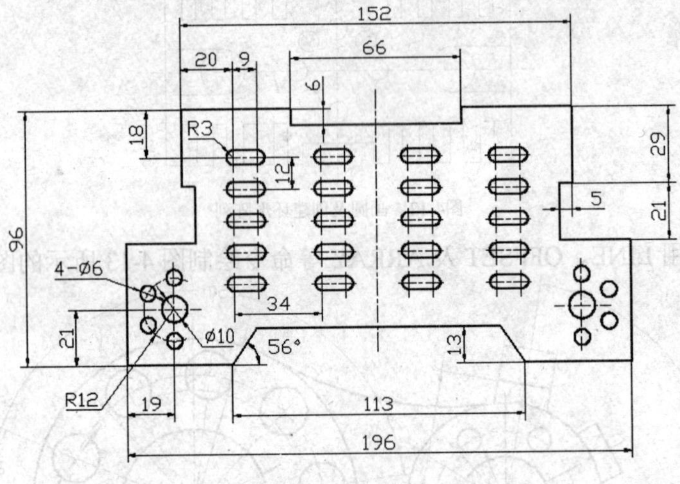

图4-15　阵列对象及镜像对象

4.2　画多边形、椭圆等对象组成的图形

本节主要介绍矩形、正多边形及椭圆等的画法。

4.2.1　画矩形

用户只需指定矩形对角线的两个端点就能画出矩形。绘制时，可设置矩形边线的宽度，还能指定顶点处的倒角距离及圆角半径等。

命令启动方法

- 菜单命令:【绘图】/【矩形】。
- 工具栏:【绘图】工具栏上的□按钮。
- 命令: RECTANG 或简写 REC。

【练习4-8】: 练习 RECTANG 命令。

1. 打开文件"4-8.dwg",如图 4-16 左图所示,下面用 RECTANG 和 OFFSET 命令将左图修改为右图。

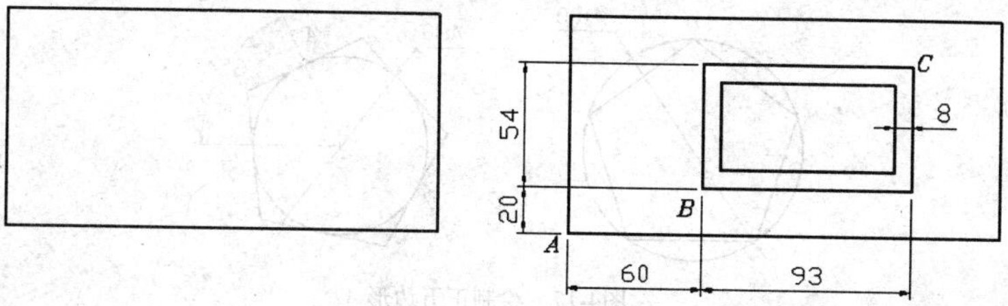

图4-16 绘制矩形

```
命令: _rectang
指定第一个角点或 [倒角(C)/标高(E)/圆角(F)/厚度(T)/宽度(W)]: from
                                                    //使用正交偏移捕捉
基点: int 于                                         //捕捉 A 点
<偏移>: @60,20                                       //输入 B 点的相对坐标
指定另一个角点或 [面积(A)/尺寸(D)/旋转(R)]: @93,54    //输入 C 点的相对坐标
```

2. 用 OFFSET 命令将矩形向内偏移,偏移距离为 8,结果如图 4-16 右图所示。

命令选项

- 指定第一个角点: 在此提示下,用户指定矩形的一个角点。拖动鼠标时,屏幕上显示出一个矩形。
- 指定另一个角点: 在此提示下,用户指定矩形的另一角点。
- 倒角(C): 指定矩形各顶点倒斜角的大小。
- 标高(E): 确定矩形所在的平面高度。默认情况下,矩形是在 *xy* 平面内(*z* 坐标值为 0)。
- 圆角(F): 指定矩形各顶点倒圆角半径。
- 厚度(T): 设置矩形的厚度,在三维绘图时常使用该选项。
- 宽度(W): 该选项使用户可以设置矩形边的宽度。
- 面积(A): 先输入矩形面积,再输入矩形长度或宽度值创建矩形。
- 尺寸(D): 输入矩形的长、宽尺寸创建矩形。
- 旋转(R): 设定矩形的旋转角度。

4.2.2 画正多边形

正多边形有以下两种画法。

(1) 指定多边形边数及多边形中心。

(2) 指定多边形边数及某一边的两个端点。

命令启动方法

- 菜单命令:【绘图】/【正多边形】。
- 工具栏:【绘图】工具栏上的按钮。
- 命令: POLYGON 或简写 POL。

【练习4-9】: 练习 POLYGON 命令。

打开文件“4-9.dwg”，该文件包含一个大圆和一个小圆，下面用 POLYGON 命令绘制圆的内接正五边形和外切正五边形，如图 4-17 所示。

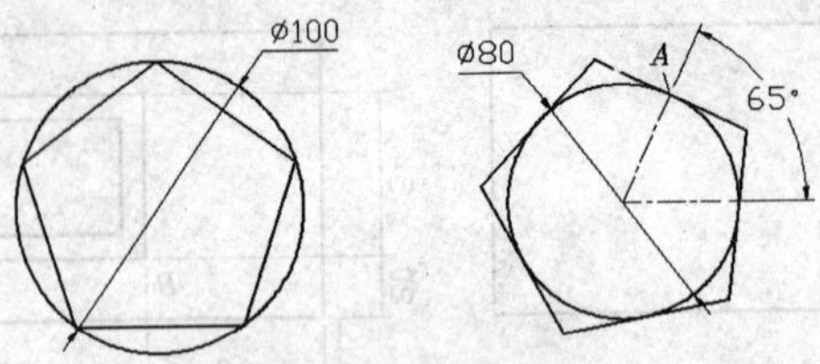

图4-17　绘制正五边形

```
命令: _polygon 输入边的数目 <4>: 5                      //输入多边形的边数
指定正多边形的中心点或 [边(E)]: cen 于                  //捕捉大圆的圆心，如图 4-17 左图所示
输入选项 [内接于圆(I)/外切于圆(C)] <I>: I             //采用内接于圆的方式画多边形
指定圆的半径: 50                                       //输入半径值
命令:                                                  //重复命令
POLYGON 输入边的数目 <5>:                               //按 Enter 键接受默认值
指定正多边形的中心点或 [边(E)]: cen 于                  //捕捉小圆的圆心，如图 4-17 右图所示
输入选项 [内接于圆(I)/外切于圆(C)] <I>: c             //采用外切于圆的方式画多边形
指定圆的半径: @40<65                                   //输入 A 点的相对坐标
```

结果如图 4-17 所示。

命令选项

- 指定正多边形的中心点: 用户输入多边形边数后，再拾取多边形中心点。
- 内接于圆(I): 根据外接圆生成正多边形。
- 外切于圆(C): 根据内切圆生成正多边形。
- 边(E): 输入多边形边数后，再指定某条边的两个端点即可绘出多边形。

4.2.3 画椭圆

椭圆包含椭圆中心、长轴及短轴等几何特征。画椭圆的默认方法是指定椭圆第一根轴线的两个端点及另一轴长度的一半。另外，用户也可通过指定椭圆中心、第一轴的端点及另一轴线的半轴长度来创建椭圆。

命令启动方法

- 菜单命令:【绘图】/【椭圆】。
- 工具栏:【绘图】工具栏上的按钮。
- 命令: ELLIPSE 或简写 EL。

【练习4-10】: 练习 ELLIPSE 命令。

打开文件“4-10.dwg”，如图 4-18 左图所示，下面用 ELLIPSE 命令将左图修改为右图。

```
命令: _ellipse
指定椭圆的轴端点或 [圆弧(A)/中心点(C)]: 13        //从 A 点向右追踪并输入追踪距离
指定轴的另一个端点: 45                            //继续向右追踪并输入追踪距离
指定另一条半轴长度或 [旋转(R)]: 8                  //输入另一轴的半轴长度
命令:ELLIPSE                                      //重复命令
指定椭圆的轴端点或 [圆弧(A)/中心点(C)]: c         //使用“中心点(C)”选项
指定椭圆的中心点:                                 //捕捉 B 点
指定轴的端点: @15<-30                             //输入 C 点的相对坐标
指定另一条半轴长度或 [旋转(R)]: 5                  //输入另一轴的半轴长度
```

结果如图 4-18 所示。

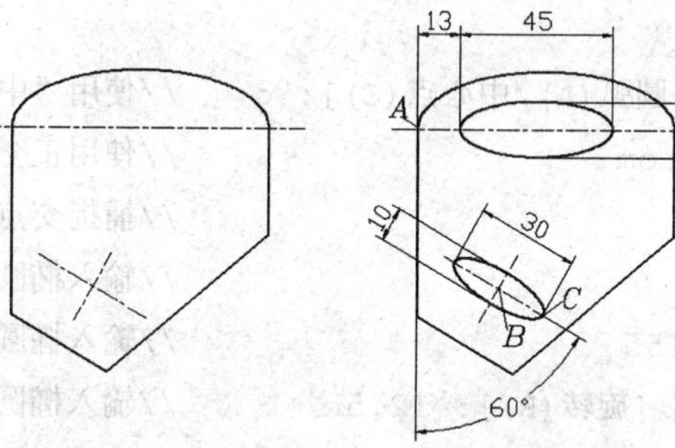

图4-18 绘制椭圆

命令选项

- 圆弧(A)：该选项使用户可以绘制一段椭圆弧。过程是先画一个完整的椭圆，随后系统提示用户指定椭圆弧的起始角及终止角。
- 中心点(C)：通过椭圆中心点、长轴及短轴来绘制椭圆。
- 旋转(R)：按旋转方式绘制椭圆，即将圆绕直径转动一定角度后，再投影到平面上形成椭圆。

4.2.4 上机练习

【练习4-11】：用 RECTANG、OFFSET、ELLIPSE 及 POLYGON 等命令绘制图 4-19 所示的图形。

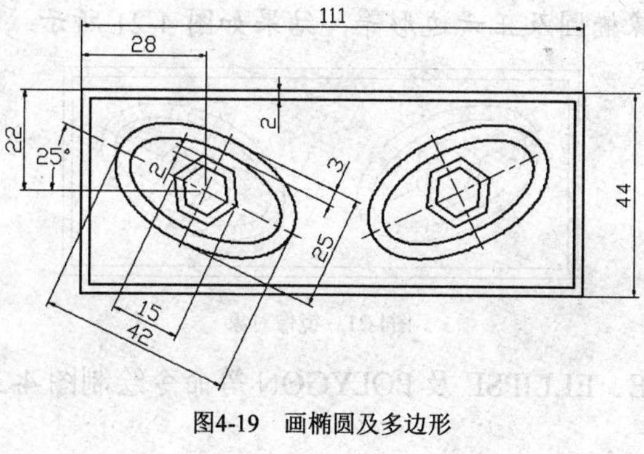

图4-19 画椭圆及多边形

1. 设定绘图区域大小为 100 × 100，设置线型全局比例因子为 0.2。
2. 创建以下图层。

名称	颜色	线型	线宽
轮廓线层	白色	Continuous	0.5
中心线层	红色	Center	默认

3. 绘制矩形、椭圆及正六边形，如图 4-20 所示。椭圆及正六边形的中心可利用正交偏移捕捉确定。

```
命令: _rectang
指定第一个角点或 [倒角(C)/标高(E)/圆角(F)/厚度(T)/宽度(W)]:
                                //单击一点 A，如图 4-20 所示
指定另一个角点或 [面积(A)/尺寸(D)/旋转(R)]: @111,-44
                                //输入矩形对角点的相对坐标，并按 Enter 键结束命令
命令: _ellipse
指定椭圆的轴端点或 [圆弧(A)/中心点(C)]: c     //使用“中心点(C)”选项
指定椭圆的中心点: from                        //使用正交偏移捕捉
基点: int 于                                  //捕捉交点 A
<偏移>: @28,-22                               //输入椭圆中心点的相对坐标
指定轴的端点: @21<155                         //输入椭圆轴端点 B 的相对坐标
指定另一条半轴长度或 [旋转(R)]: 12.5          //输入椭圆另一轴长度的一半
命令: _polygon 输入边的数目 <4>: 6            //输入多边形的边数
指定正多边形的中心点或 [边(E)]: cen 于        //捕捉椭圆的中心点
输入选项 [内接于圆(I)/外切于圆(C)] <I>:       //按 Enter 键
指定圆的半径: @7.5<155                        //输入 C 点的相对坐标
```

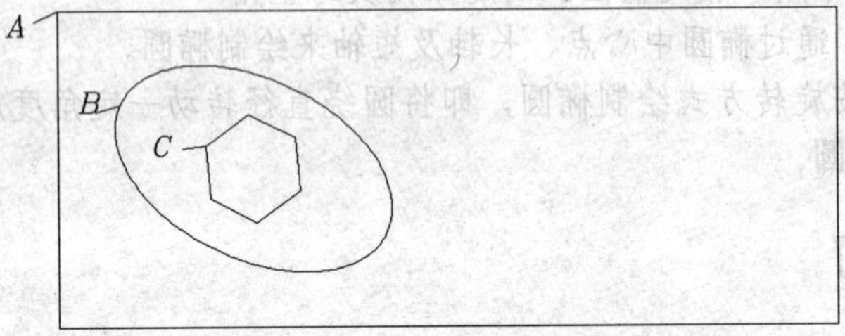

图4-20　画矩形、椭圆及正六边形

4. 用 OFFSET 命令将矩形、椭圆及正六边形向内偏移，再用 XLINE、BREAK 等命令绘制定位线，然后镜像椭圆及正六边形等，结果如图 4-21 所示。

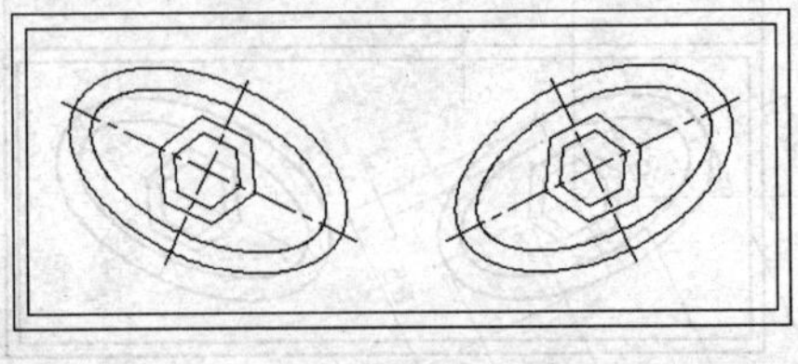

图4-21　镜像对象

【练习4-12】：用 LINE、ELLIPSE 及 POLYGON 等命令绘制图 4-22 所示的图形。

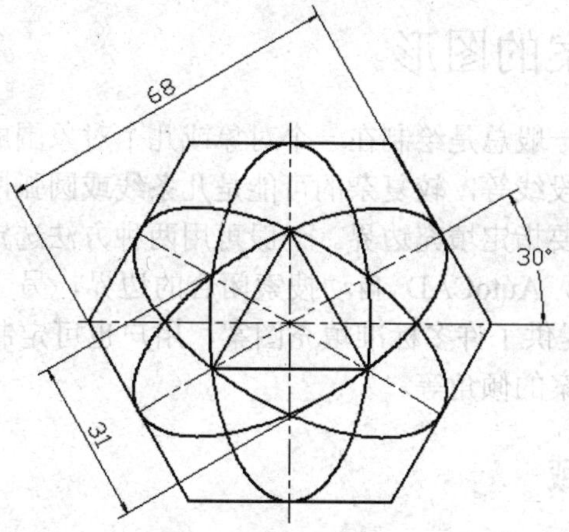

图4-22　画椭圆及正多边形

【练习4-13】：用 LINE、RECTANG、ELLIPSE 及 POLYGON 等命令绘制图 4-23 所示的图形。

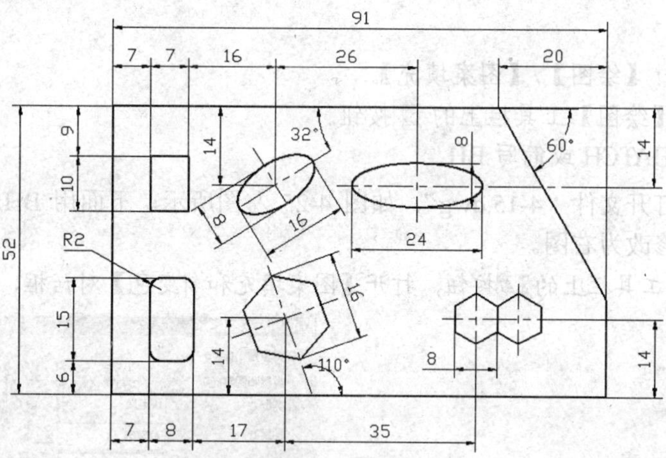

图4-23　画矩形、椭圆及多边形

【练习4-14】：用 LINE、RECTANG、POLYGON 及 ARRAY 等命令绘制图 4-24 所示的图形。

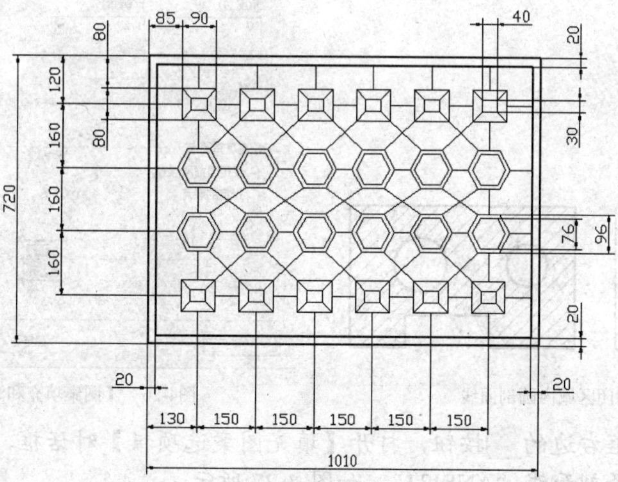

图4-24　画矩形及多边形等

4.3 画有剖面图案的图形

在工程图中，剖面线一般总是绘制在一个对象或几个对象围成的封闭区域中，最简单的如一个圆或一条闭合的多段线等，较复杂的可能是几条线或圆弧围成的形状多变的区域。在绘制剖面线时，用户首先要指定填充边界。一般可用两种方法选定画剖面线的边界，一种是在闭合的区域中指定一点，AutoCAD 自动搜索闭合的边界，另一种是通过选择对象来定义边界。AutoCAD 为用户提供了许多标准填充图案，用户也可定制自己的图案，此外，还能控制剖面图案的疏密和图案的倾角等。

4.3.1 填充封闭区域

BHATCH 命令生成填充图案。启动该命令后，AutoCAD 打开【图案填充和渐变色】对话框，用户在此对话框中指定填充图案类型，再设定填充比例、角度及填充区域等，就可以创建图案填充。

命令启动方法

- 菜单命令:【绘图】/【图案填充】。
- 工具栏:【绘图】工具栏上的按钮。
- 命令: BHATCH 或简写 BH。

【练习4-15】: 打开文件“4-15.dwg”，如图 4-25 左图所示。下面用 BHATCH 命令将左图修改为右图。

1. 单击【绘图】工具栏上的按钮，打开【图案填充和渐变色】对话框，如图 4-26 所示。

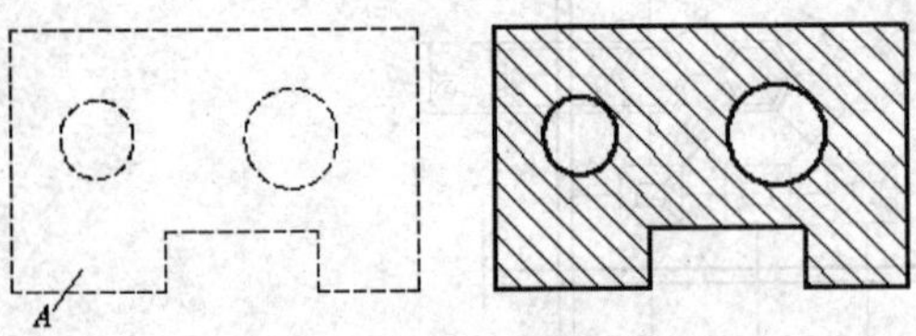

图4-25　在封闭区域内画剖面线

图4-26　【图案填充和渐变色】对话框

2. 单击【图案】框右边的按钮，打开【填充图案选项板】对话框，再单击【ANSI】选项卡，然后选择剖面线“ANSI31”，如图 4-27 所示。

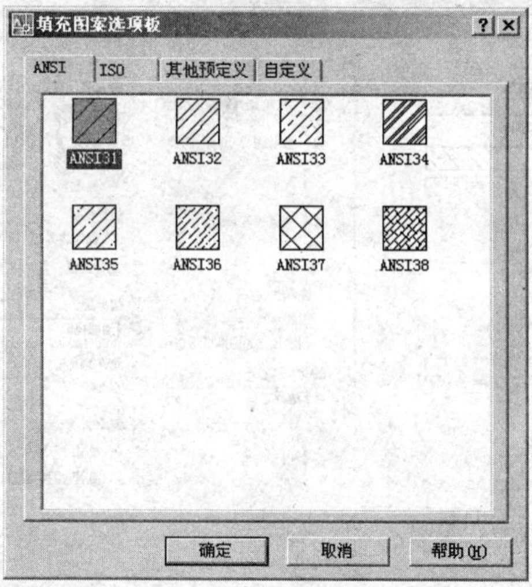

图4-27 【填充图案选项板】对话框

3. 在【图案填充和渐变色】对话框中，单击按钮（拾取点），在想要填充的区域中选定一点 *A*，此时可以观察到 AutoCAD 自动寻找一个闭合的边界，如图 4-25 左图所示。
4. 按 Enter 键，返回【图案填充和渐变色】对话框。
5. 在【角度】和【比例】框中分别输入数值 90 和 1.2。
6. 单击 预览(W) 按钮，观察填充的预览图，如果满意，按 Enter 键，完成剖面图案的绘制，结果如图 4-25 右图所示。若不满意，按 Esc 键，返回【图案填充和渐变色】对话框，重新设定有关参数。

【图案填充和渐变色】对话框中常用选项的功能如下。

- 【图案】：通过其下拉列表或右边的...按钮选择所需的填充图案。
- 【拾取点】：单击按钮，然后在填充区域中拾取一点。AutoCAD 自动分析边界集，并从中确定包围该点的闭合边界。
- 【选择对象】：单击按钮，然后选择一些对象作为填充边界，此时无需对象构成闭合的边界。
- 【删除边界】：填充边界中常常包含一些闭合区域，这些区域称为孤岛，若希望在孤岛中也填充图案，则单击按钮，选择要删除的孤岛。
- 【关联】：图案与填充边界相关联，当修改边界时，图案将自动更新以适应新边界。

4.3.2 填充复杂图形的方法

在图形不复杂的情况下，常通过在填充区域内指定一点的方法来定义边界。但若图形很复杂，这种方法就会浪费许多时间，因为 AutoCAD 要在当前视口中搜寻所有可见的对象。为避免这种情况，用户可在【图案填充和渐变色】对话框中定义要搜索的边界集，这样就能很快地生成填充区域边界。

1. 单击【图案填充和渐变色】对话框右下角的按钮，完全展开对话框，如图 4-28 所示。

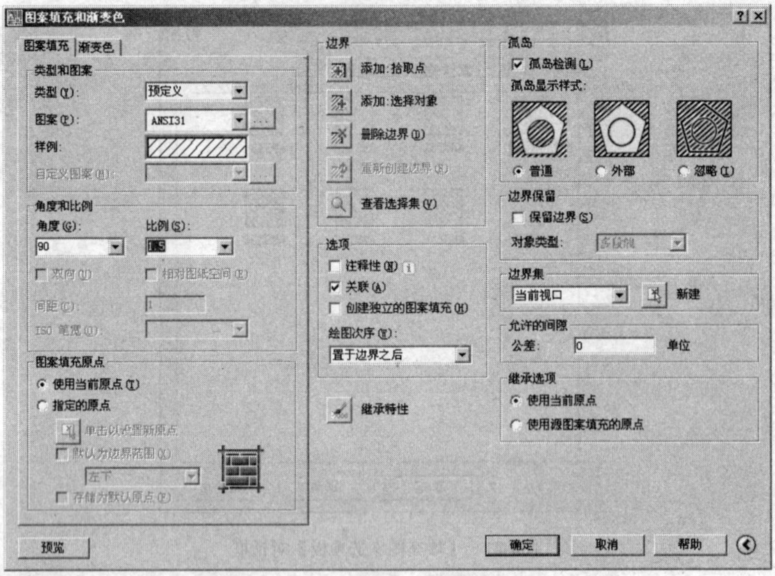

图4-28　【图案填充和渐变色】展示对话框

2. 在【边界集】区域中单击按钮（新建），则 AutoCAD 提示：

选择对象：　　　　　　　　　　　　//用交叉窗口、矩形窗口等方法选择实体

3. 返回【图案填充和渐变色】对话框，单击按钮（拾取点），在填充区域内拾取一点，此时系统仅分析选定的实体来创建填充区域边界。

4.3.3 剖面图案的比例

在 AutoCAD 中，剖面图案的默认缩放比例是 1.0，但用户可在【图案填充和渐变色】对话框的【比例】下拉列表中设定其他比例值。绘制图案时，若没有指定特殊比例值，则 AutoCAD 按默认值创建图案，当输入一个不同于默认值的图案比例时，可以增加或减小剖面图案的间距，如图 4-29 所示。

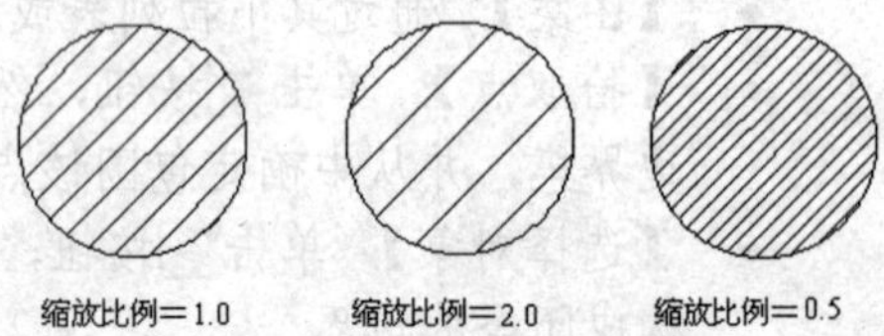

图4-29　不同比例剖面线的形状

要点提示　如果使用了过大的填充比例，可能观察不到剖面图案，这是因为图案间距太大而不能在区域中插入任何一个图案。

4.3.4 剖面图案的角度

在填充图形的过程中，除图案间距可以控制外，图案的倾斜角度也可以控制。在【图案填充和渐变色】对话框的【角度】下拉列表中，图案的角度是 0°，而此时图案（ANSI31）与 X 轴夹角却是 45°。因此，在【角度】下拉列表中显示的角度值并不是图案与 X 轴的倾斜角度，而是图案的旋转角度。

以“ANSI31”图案为例，当分别输入角度值 45°、90° 和 15° 时，图案将逆时针转动到新的位置，它们与 X 轴的夹角分别是 90°、135° 和 60°，如图 4-30 所示。

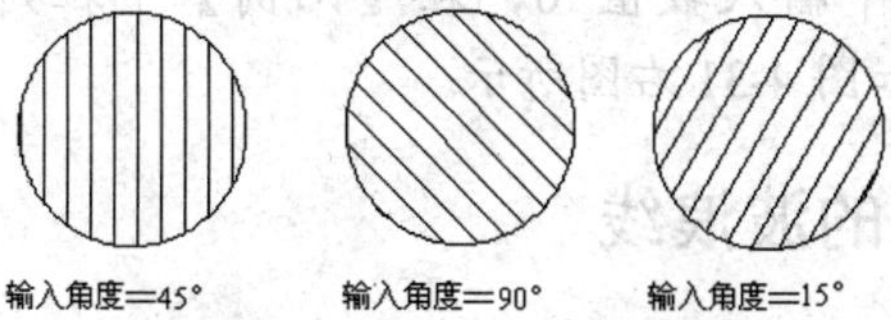

图4-30　输入不同角度时的剖面线

4.3.5　编辑图案填充

HATCHEDIT 命令用于修改填充图案的外观和类型，如改变图案的角度、比例或用其他样式的图案填充图形等。

命令启动方法

- 菜单命令:【修改】/【对象】/【图案填充】。
- 工具栏:【修改Ⅱ】工具栏上的按钮。
- 命令：HATCHEDIT 或简写 HE。

【练习4-16】：练习 HATCHEDIT 命令。

1. 打开文件 "4-16.dwg"，如图 4-31 左图所示。

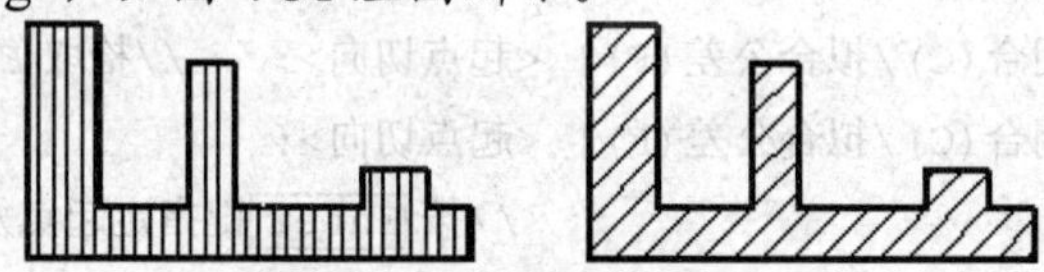

图4-31　修改图案角度和比例

2. 启动 HATCHEDIT 命令，系统提示 "选择图案填充对象:"，选择图案填充后，弹出【图案填充编辑】对话框，如图 4-32 所示。该对话框与【图案填充和渐变色】对话框内容相似（参见 4.3.1 小节），通过此对话框，用户就能修改剖面图案、比例及角度等。

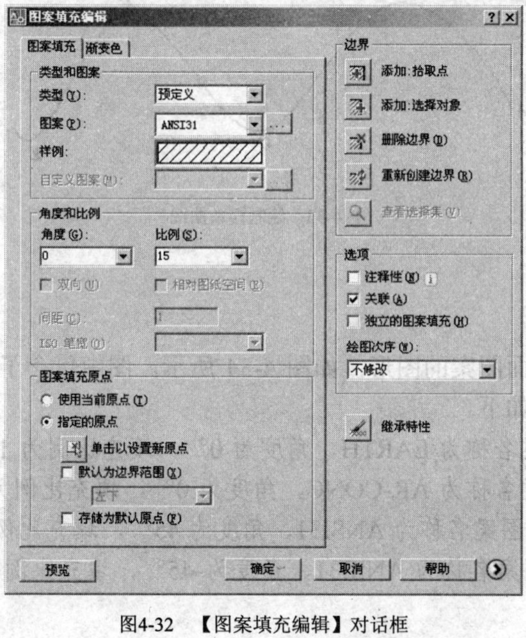

图4-32　【图案填充编辑】对话框

3. 在【角度】下拉列表中输入数值 0，在【比例】下拉列表中输入数值 15，单击 确定 按钮，结果如图 4-31 右图所示。

4.3.6 绘制工程图中的波浪线

利用 SPLINE 命令绘制光滑曲线，该线是样条线，系统通过拟合给定的一系列数据点形成这条曲线。在绘制工程图时，用户可利用 SPLINE 命令形成波浪线。

命令启动方法

- 菜单命令:【绘图】/【样条曲线】。
- 工具栏:【绘图】工具栏上的~按钮。
- 命令: SPLINE 或简写 SPL。

【练习4-17】： 练习 SPLINE 命令。

```
命令: _spline
指定第一个点或 [对象(O)]:                              //拾取 A 点，如图 4-33 所示
指定下一点:                                            //拾取 B 点
指定下一点或 [闭合(C)/拟合公差(F)] <起点切向>:          //拾取 C 点
指定下一点或 [闭合(C)/拟合公差(F)] <起点切向>:          //拾取 D 点
指定下一点或 [闭合(C)/拟合公差(F)] <起点切向>:          //拾取 E 点
指定下一点或 [闭合(C)/拟合公差(F)] <起点切向>:
                                         //按 Enter 键指定起点及终点切线方向
指定起点切向:                            //在 F 点处单击鼠标左键指定起点切线方向
指定端点切向:                            //在 G 点处单击鼠标左键指定终点切线方向
```

结果如图 4-33 所示。

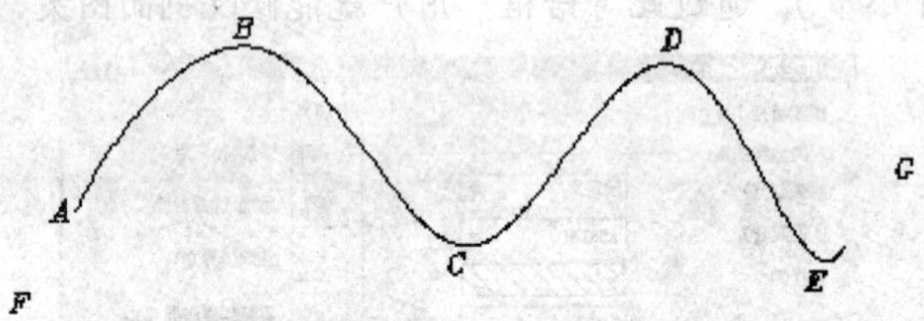

图4-33 绘制样条曲线

4.3.7 上机练习

【练习4-18】： 画有剖面图案的图形，如图 4-34 所示。图中包含了 4 种形式的图案，各图案参数如下。

- *A* 区域中的图案名称为 EARTH，角度为 0°，填充比例为 1。
- *B* 区域中的图案名称为 AR-CONC，角度为 0°，填充比例为 0.05。
- 6 个小椭圆内的图案名称为 ANSI31，角度为 45°，填充比例为 0.5。
- 6 个小圆内的图案名称为 ANSI31，角度为-45°，填充比例为 0.5。

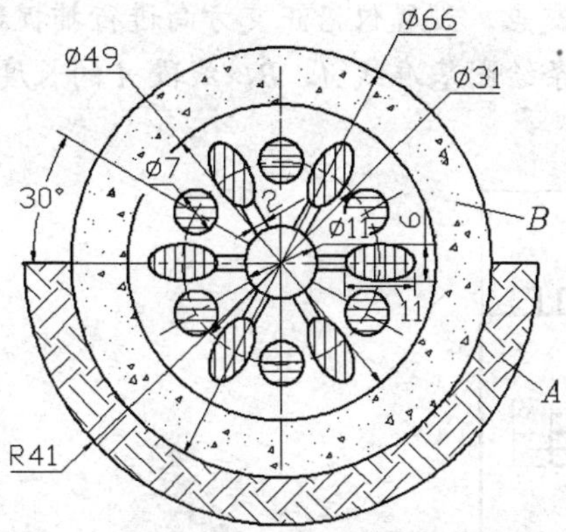

图4-34 画有剖面图案的图形

【练习4-19】：用 LINE、SPLINE 及 BHATCH 等命令绘制图形，如图 4-35 所示。图中包含了 5 种形式的图案，各图案参数如下。

- 区域 *A* 中有两种图案，分别为【ANSI31】和【AR-CONC】，角度都为 0°，填充比例分别为 16 和 1。
- 区域 *B* 中的图案为【AR-SAND】，角度为 0°，填充比例为 0.5。
- 区域 *C* 中的图案为【AR-CONC】，角度为 0°，填充比例为 1。
- 区域 *D* 中的图案为【GRAVEL】，角度为 0°，填充比例为 8。
- 其余图案为【EARTH】，角度为 45°，填充比例为 12。

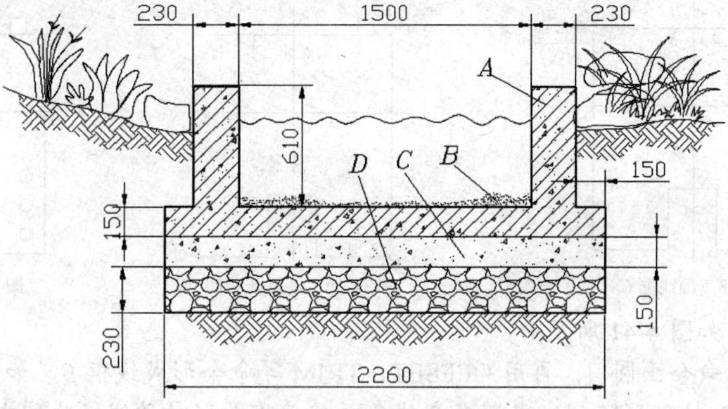

图4-35 画有剖面图案的图形

4.4 综合练习——画具有均布特征的图形

【练习4-20】：用 LINE、CIRCLE、ARRAY 及 MIRROR 等命令绘制图 4-36 所示的图形。

1. 设定绘图区域大小为 150 × 150，设置线型全局比例因子为 0.2。
2. 创建以下图层。

名称	颜色	线型	线宽
轮廓线层	白色	Continuous	0.5
中心线层	红色	Center	默认

3. 打开极轴追踪、对象捕捉及捕捉追踪功能。设置极轴追踪角度增量为 90°，设定对象捕

捉方式为端点、圆心、交点，设置仅沿正交方向进行捕捉追踪。

4. 切换到轮廓线层，画两条绘图基准线 A、B，线段 A 的长度约为 80，线段 B 的长度约为 100，如图 4-37 所示。

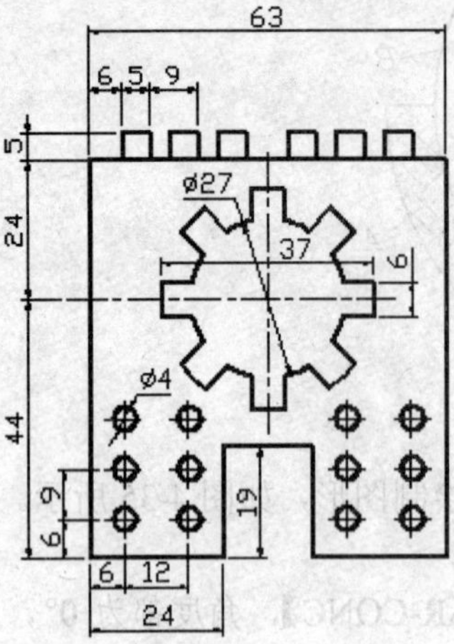

图4-36　画具有均布特征的图形

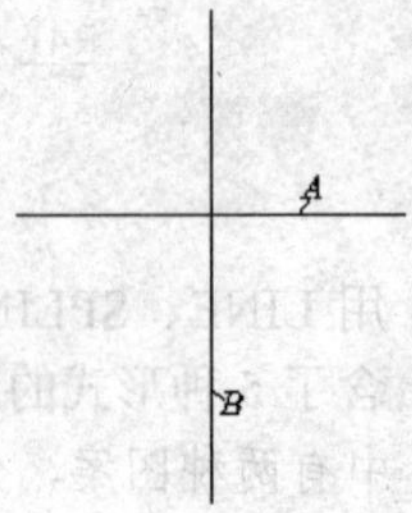

图4-37　画直线 A、B

5. 用 OFFSET、TRIM 等命令形成线框 C，如图 4-38 所示。
6. 用 LINE 命令画线框 D，用 CIRCLE 命令画圆 E，如图 4-39 所示。圆 E 的圆心用正交偏移捕捉确定。
7. 创建线框 D 和圆 E 的矩形阵列，结果如图 4-40 所示。

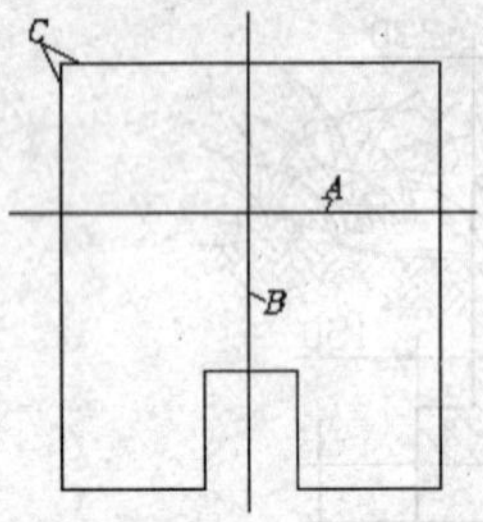

图4-38　画线框 C

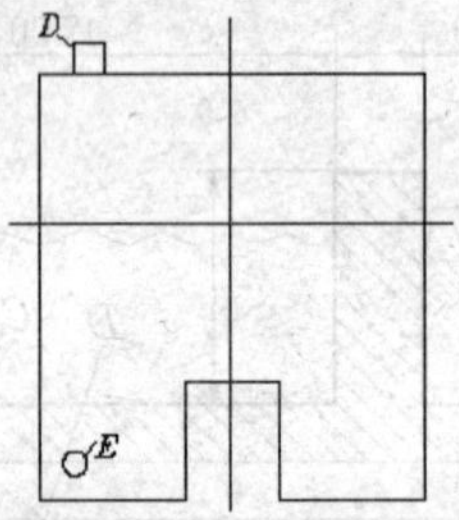

图4-39　画直线和圆

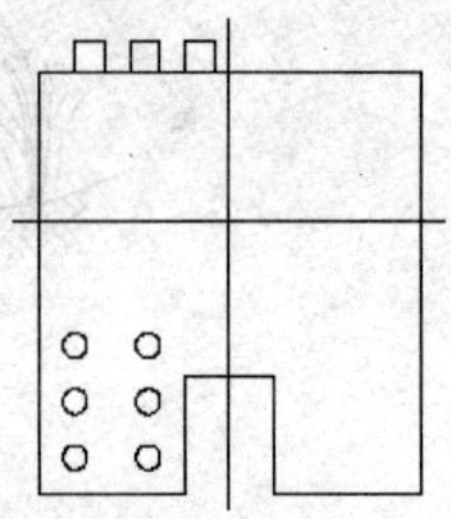

图4-40　矩形阵列

8. 镜像对象，如图 4-41 所示。
9. 用 CIRCLE 命令画圆 A，再用 OFFSET、TRIM 等命令形成线框 B，如图 4-42 所示。
10. 创建线框 B 的环形阵列，修剪多余线条，然后将图形对称线修改到中心线层上，结果如图 4-43 所示。

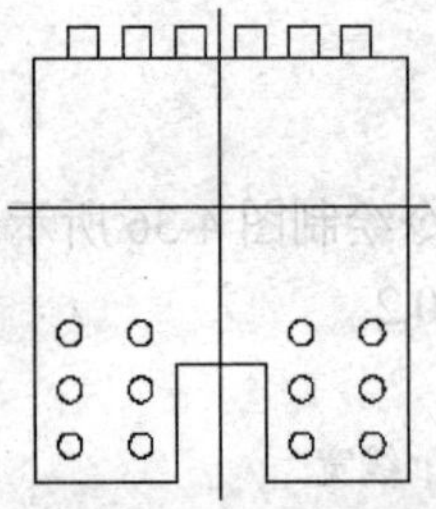

图4-41　镜像对象

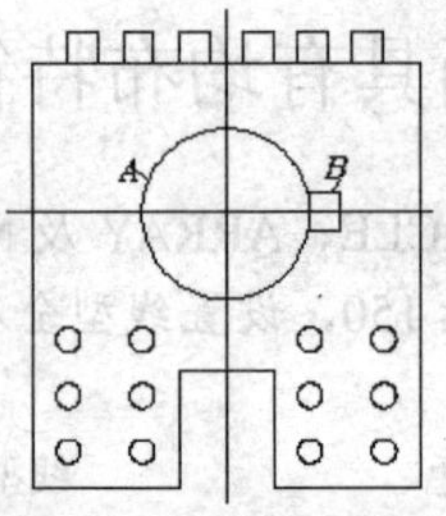

图4-42　画圆和直线

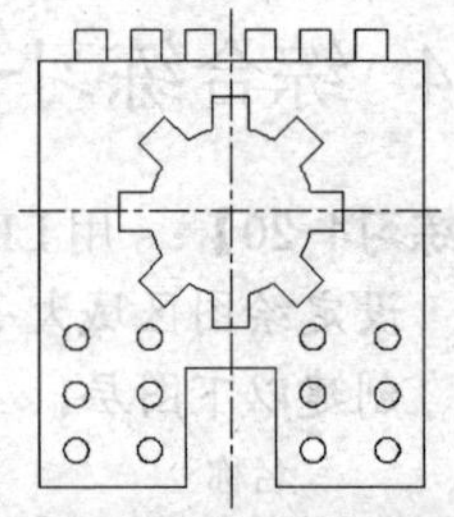

图4-43　阵列并修剪多余线条

【练习4-21】：用 LINE、CIRCLE、ARRAY 及 MIRROR 等命令绘制图 4-44 所示的图形。

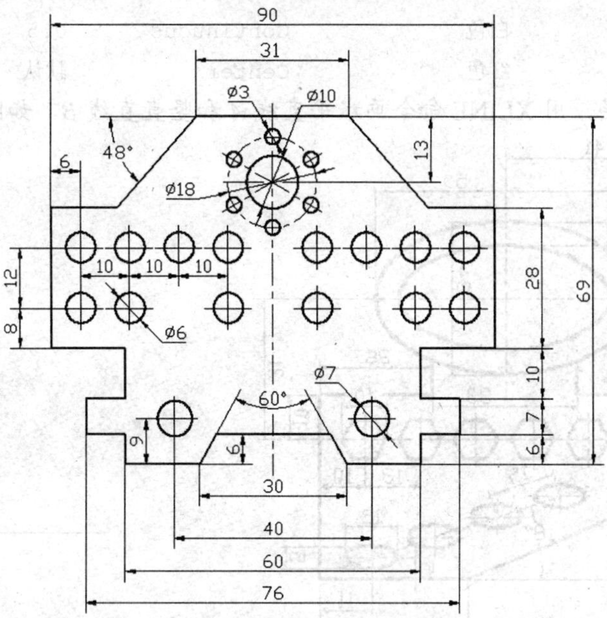

图4-44 阵列对象及镜像对象

【练习4-22】：用 LINE、CIRCLE、ARRAY 及 MIRROR 等命令绘制图 4-45 所示的图形。

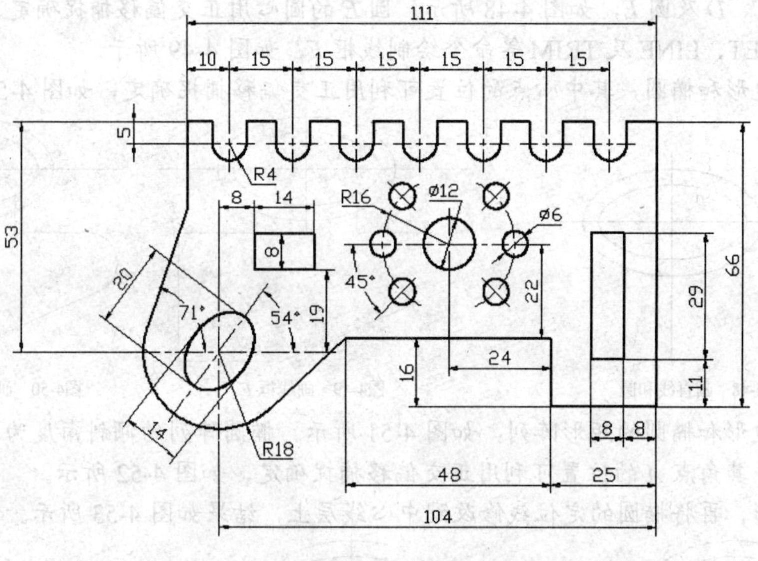

图4-45 画具有均布特征的图形

4.5 综合练习——画由多边形、椭圆等对象组成的图形

【练习4-23】：用 LINE、POLYGON、ELLIPSE 及 ARRAY 等命令绘制图 4-46 所示的图形。

1. 设定绘图区域大小为 150×150，设置线型全局比例因子为 0.2。
2. 创建以下图层。

名称	颜色	线型	线宽

轮廓线层	白色	Continuous	0.5
中心线层	红色	Center	默认

3. 切换到轮廓线层，用 XLINE 命令画水平直线 A 和竖直直线 B，如图 4-47 所示。

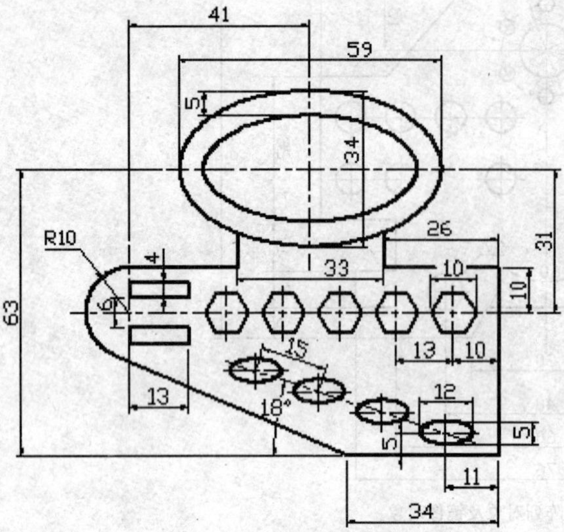

图4-46　画由多边形、椭圆等对象组成的图形

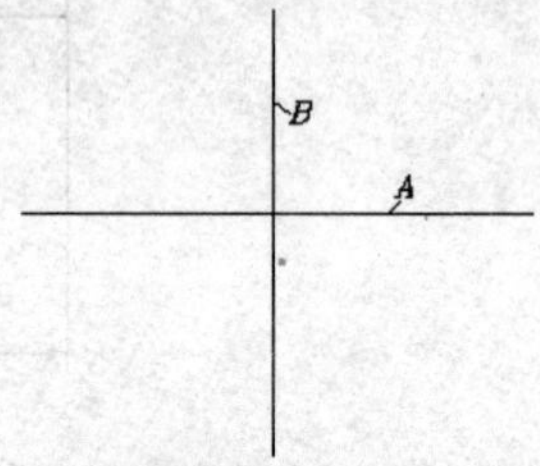

图4-47　画水平直线及竖直直线

4. 画椭圆 C、D 及圆 E，如图 4-48 所示。圆 E 的圆心用正交偏移捕捉确定。
5. 用 OFFSET、LINE 及 TRIM 等命令绘制线框 F，如图 4-49 所示。
6. 画正六边形和椭圆，其中心点的位置可利用正交偏移捕捉确定，如图 4-50 所示。

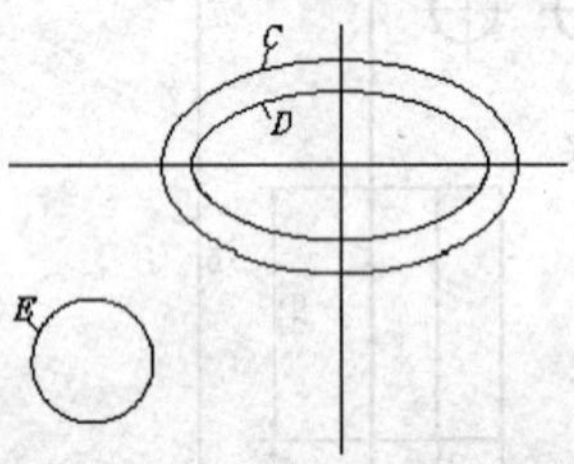

图4-48　画直线和圆

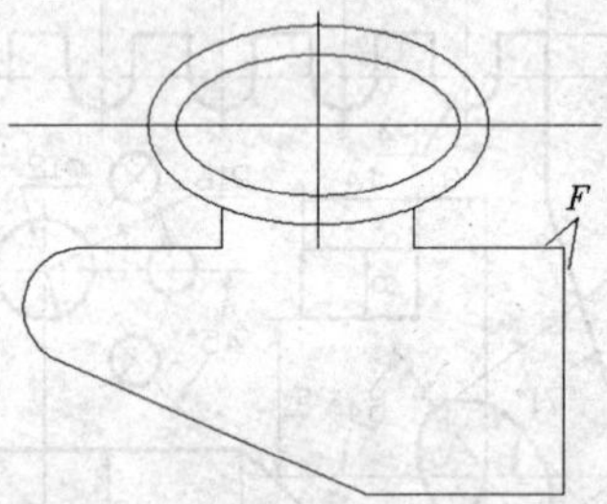

图4-49　画线框 F

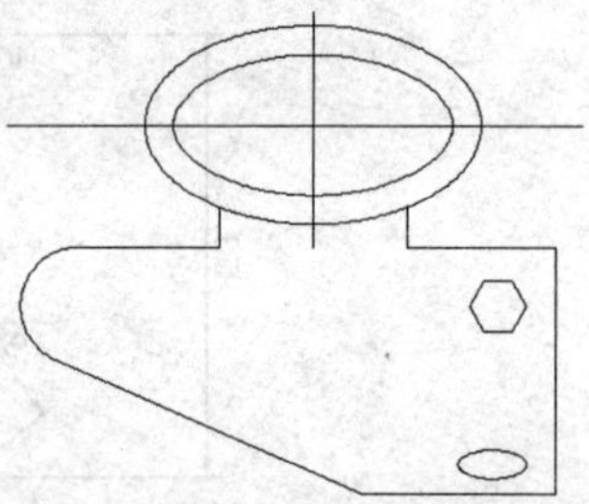

图4-50　画正六边形及椭圆

7. 创建六边形和椭圆的矩形阵列，如图 4-51 所示。椭圆阵列的倾斜角度为 162°。
8. 画矩形，其角点 A 的位置可利用正交偏移捕捉确定，如图 4-52 所示。
9. 镜像矩形，再将椭圆的定位线修改到中心线层上，结果如图 4-53 所示。

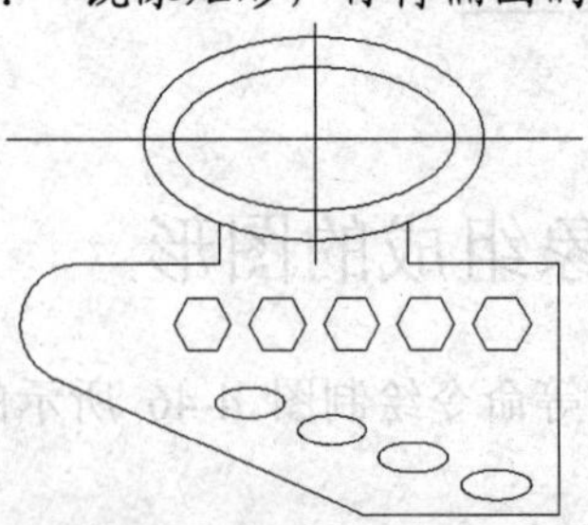

图4-51　创建矩形阵列

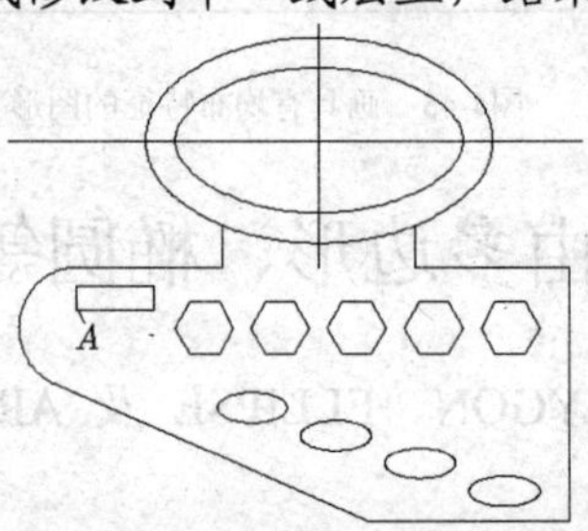

图4-52　画矩形

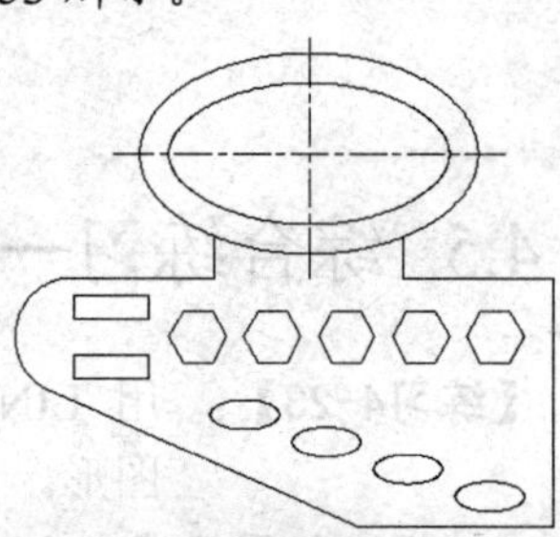

图4-53　镜像

【练习4-24】：用 LINE、CIRCLE、POLYGON 及 ARRAY 等命令绘制图 4-54 所示的图形。

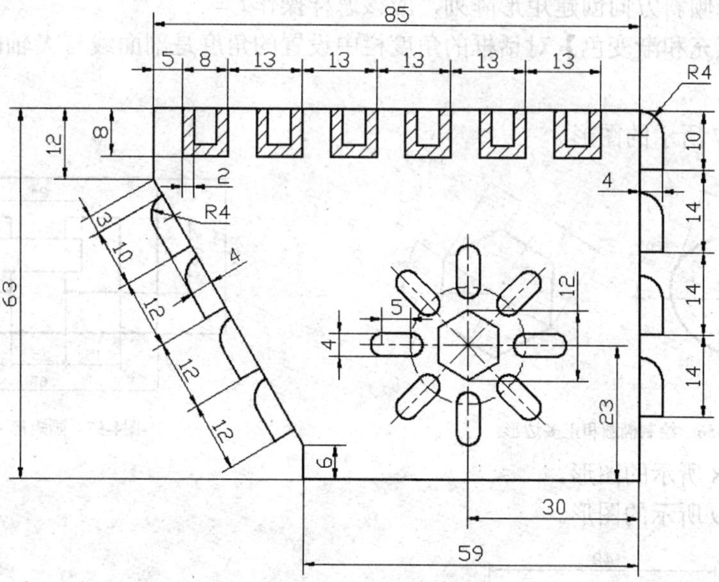

图4-54 画多边形及阵列对象

【练习4-25】：用 LINE、CIRCLE、POLYGON 及 ARRAY 等命令绘制图 4-55 所示的图形。

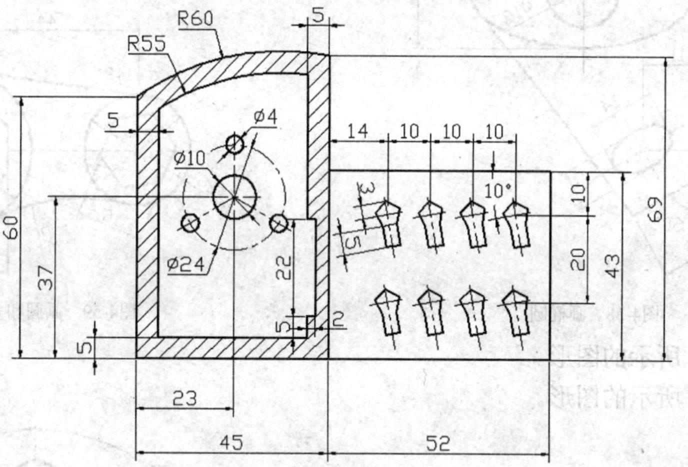

图4-55 画多边形及阵列对象

习题

一、思考题

1. 用 RECTANG、POLYGON 命令绘制的矩形和正多边形，其各边是单独的对象吗？请试一试。
2. 画正多边形的方法有几种？
3. 画椭圆的方法有几种？
4. 如何绘制图 4-56 中的椭圆和正多边形？
5. 创建环形和矩形阵列时，阵列角度、行及列间距可以是负值吗？

6. 若想沿某一倾斜方向创建矩形阵列，应该怎样操作？
7. 在【图案填充和渐变色】对话框的角度栏中设置的角度是剖面线与 X 轴的夹角吗？

二、操作题

1. 绘制图 4-57 所示的图形。

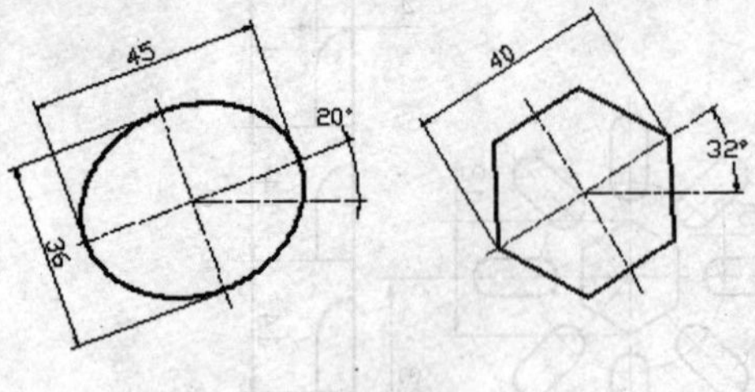

图4-56　绘制椭圆和正多边形

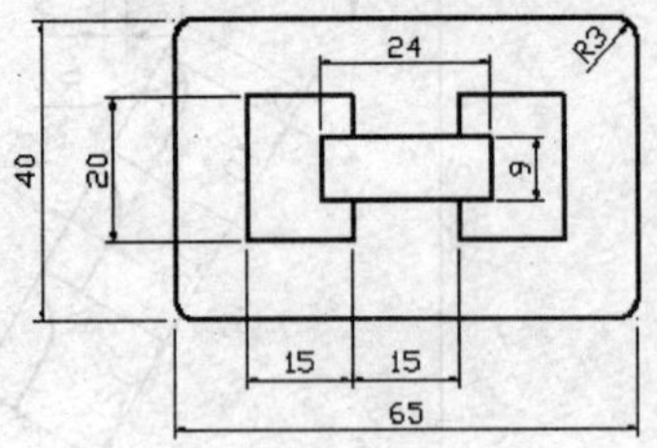

图4-57　画矩形

2. 绘制图 4-58 所示的图形。
3. 绘制图 4-59 所示的图形。

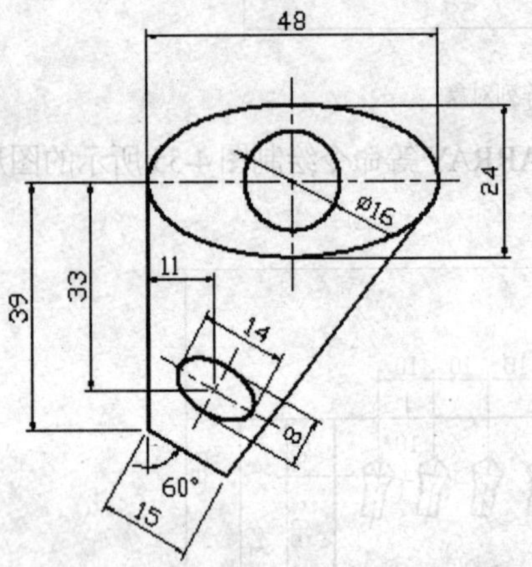

图4-58　画椭圆

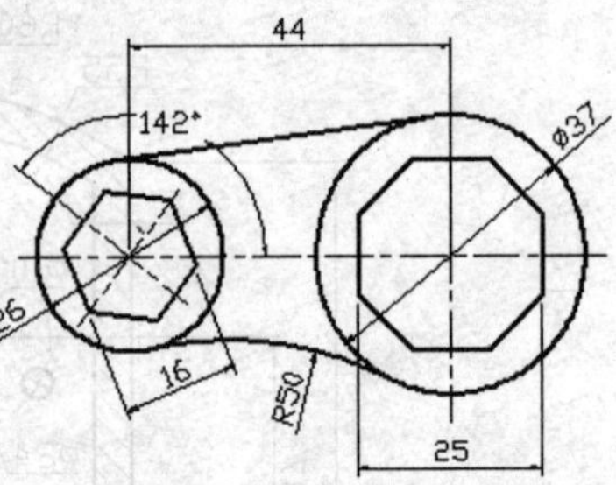

图4-59　画圆和多边形

4. 绘制图 4-60 所示的图形。
5. 绘制图 4-61 所示的图形。

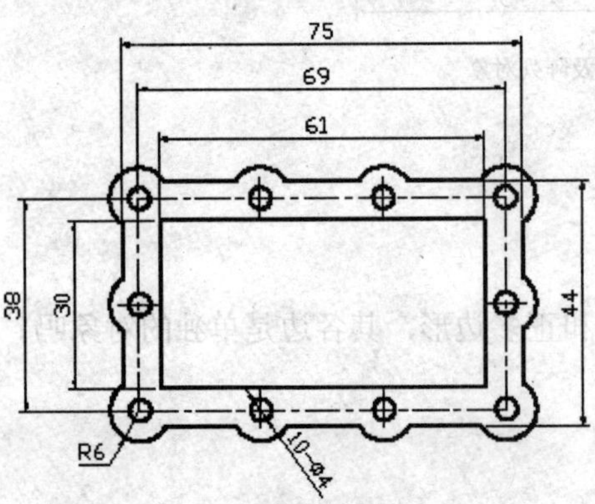

图4-60　创建矩形阵列

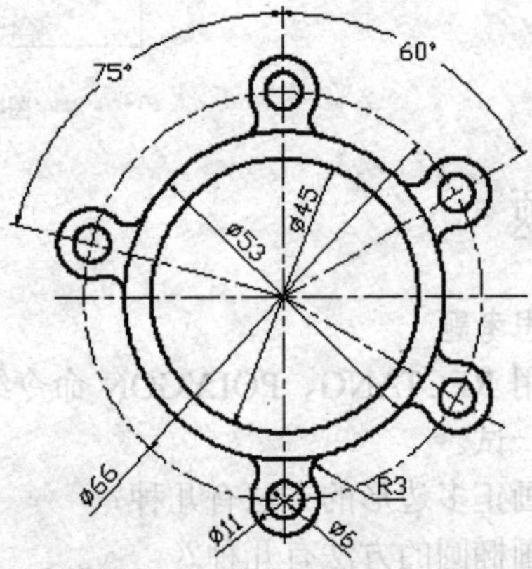

图4-61　创建环形阵列

6. 绘制图 4-62 所示的图形。

7. 绘制图 4-63 所示的图形。

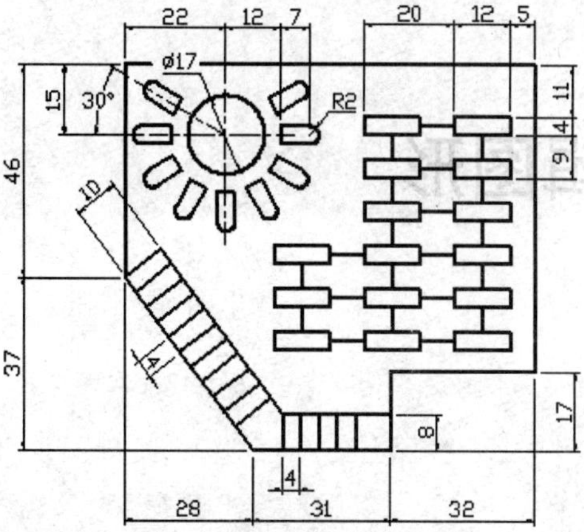

图4-62　画有均布特征的图形

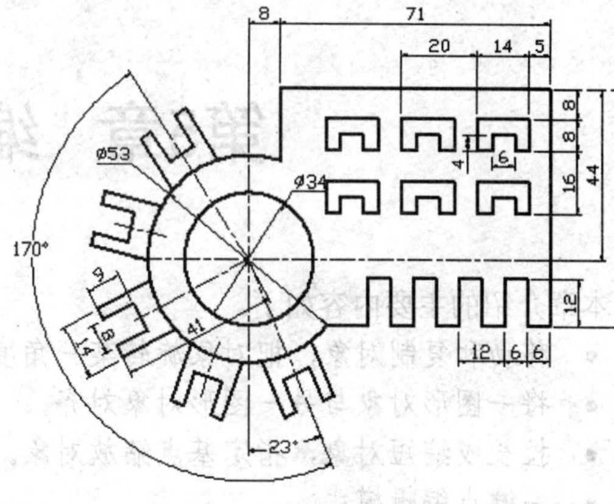

图4-63　画有均布特征的图形

8. 绘制图 4-64 所示的图形。

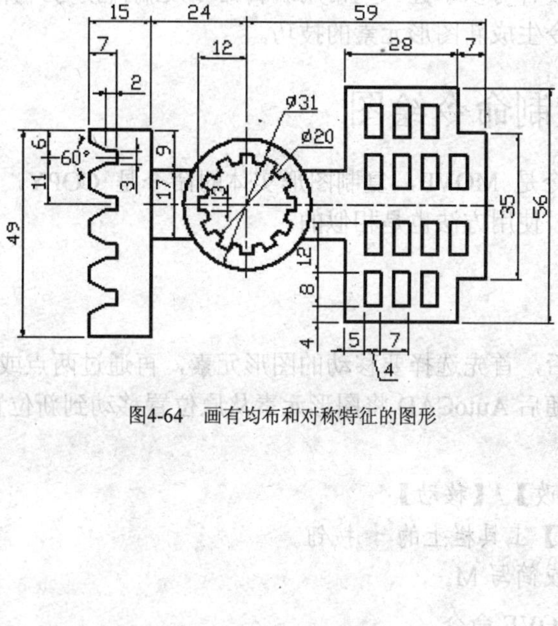

图4-64　画有均布和对称特征的图形

第5章 编辑图形

本章介绍的主要内容如下。

- 移动和复制对象，把对象旋转某一角度。
- 将一图形对象与另一图形对象对齐。
- 拉长或缩短对象，指定基点缩放对象。
- 关键点编辑模式。
- 编辑图形对象属性。

通过本章的学习，读者可以掌握一些常用编辑命令及编辑技巧，并能够了解关键点编辑方式，学会使用编辑命令生成新图形元素的技巧。

5.1 用移动和复制命令绘图

移动图形实体的命令是 MOVE，复制图形实体的命令是 COPY，这两个命令都可以在二维、三维空间中操作，使用方法也是相似的。

5.1.1 移动对象

启动 MOVE 命令后，首先选择要移动的图形元素，再通过两点或直接输入位移值来指定移动的距离和方向，随后 AutoCAD 将图形元素从原位置移动到新位置。

命令启动方法

- 菜单命令:【修改】/【移动】。
- 工具栏:【修改】工具栏上的按钮。
- 命令: MOVE 或简写 M。

【练习5-1】： 练习 MOVE 命令。

打开文件“5-1.dwg”，如图 5-1 左图所示，用 MOVE 命令将左图修改为右图。

```
命令: _move
选择对象: 指定对角点: 找到 3 个                //选择圆，如图 5-1 左图所示
选择对象:                                      //按 Enter 键确认
指定基点或 [位移(D)] <位移>:                   //捕捉交点 A
指定第二个点或 <使用第一个点作为位移>:          //捕捉交点 B
命令:MOVE                                      //重复命令
选择对象: 指定对角点: 找到 1 个                //选择小矩形，如图 5-1 左图所示
选择对象:                                      //按 Enter 键确认
指定基点或 [位移(D)] <位移>:  90,30            //输入沿 x 轴、y 轴移动的距离
```

```
指定第二个点或 <使用第一个点作为位移>:        //按Enter键结束
命令:MOVE                                    //重复命令
选择对象: 找到 1 个                           //选择大矩形
选择对象:                                     //按Enter键确认
指定基点或 [位移(D)] <位移>:  45<-90          //输入移动的距离和方向
指定第二个点或 <使用第一个点作为位移>:        //按Enter键结束
```

结果如图 5-1 右图所示。

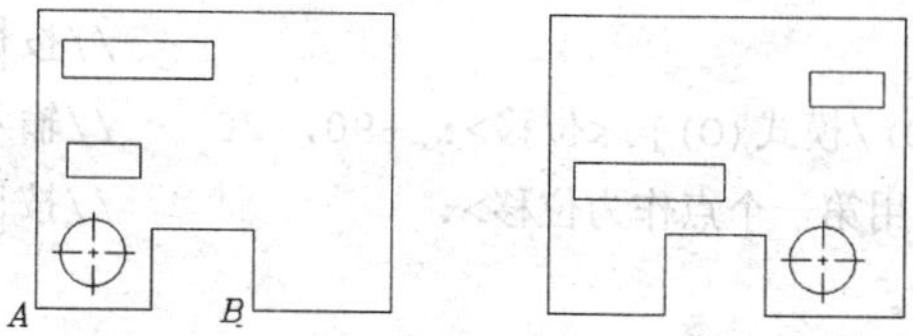

图5-1 移动对象

使用 MOVE 命令时，用户可以通过以下方式指明对象移动的距离和方向。

- 在屏幕上指定两个点，这两点的距离和方向代表了实体移动的距离和方向。当 AutoCAD 提示“指定基点:”时，指定移动的基准点。在 AutoCAD 提示“指定第二个点:”时，捕捉第二点或输入第二点相对于基准点的相对直角坐标或极坐标。
- 以“*X*, *Y*”方式输入对象沿 *x* 轴、*y* 轴移动的距离，或用“距离<角度”方式输入对象位移的距离和方向。当 AutoCAD 提示“指定基点:”时，输入位移值。在 AutoCAD 提示“指定第二个点:”时，按 Enter 键确认，这样 AutoCAD 就以输入的位移值来移动实体对象。
- 打开正交或极轴追踪功能，就能方便地将实体只沿 *X* 轴或 *Y* 轴方向移动。当 AutoCAD 提示“指定基点:”时，单击一点并把实体向水平或竖直方向移动，然后输入位移的数值。
- 使用“位移(D)”选项。启动该选项后，AutoCAD 提示“指定位移:”。此时，以“*X*, *Y*”方式输入对象沿 *x* 轴、*y* 轴移动的距离，或以“距离<角度”方式输入对象位移的距离和方向。

5.1.2 复制对象

启动 COPY 命令后，首先选择要复制的图形元素，再通过两点或直接输入位移值来指定复制的距离和方向，随后 AutoCAD 将图形元素从原位置复制到新位置。

命令启动方法

- 菜单命令:【修改】/【复制】。
- 工具栏:【修改】工具栏上的按钮。
- 命令: COPY 或简写 CO。

【练习5-2】： 练习 COPY 命令。

打开文件“5-2.dwg”，如图 5-2 左图所示，用 COPY 命令将左图修改为右图。

```
命令: _copy
选择对象: 指定对角点: 找到 3 个               //选择圆，如图 5-2 左图所示
```

```
选择对象:                                          //按 Enter 键确认
指定基点或 [位移(D)/模式(O)] <位移>:                  //捕捉交点 A
指定第二个点或 <使用第一个点作为位移>:                 //捕捉交点 B
指定第二个点或 [退出(E)/放弃(U)] <退出>:               //捕捉交点 C
指定第二个点或 [退出(E)/放弃(U)] <退出>:               //按 Enter 键结束
命令:COPY                                          //重复命令
选择对象: 找到 1 个                                  //选择矩形，如图 5-2 左图所示
选择对象:                                          //按 Enter 键确认
指定基点或 [位移(D)/模式(O)] <位移>: -90,-20          //输入沿 x 轴、y 轴移动的距离
指定第二个点或 <使用第一个点作为位移>:                 //按 Enter 键结束
```

结果如图 5-2 右图所示。

使用 COPY 命令时，用户需指定对象位移的距离和方向，具体方法请参考 MOVE 命令。

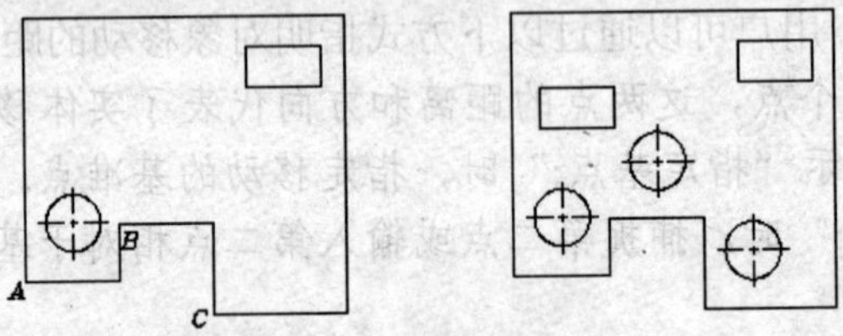

图5-2　复制对象

5.1.3　上机练习

【练习5-3】：用 LINE 、RECTANG 及 COPY 等命令绘制图 5-3 所示的图形。

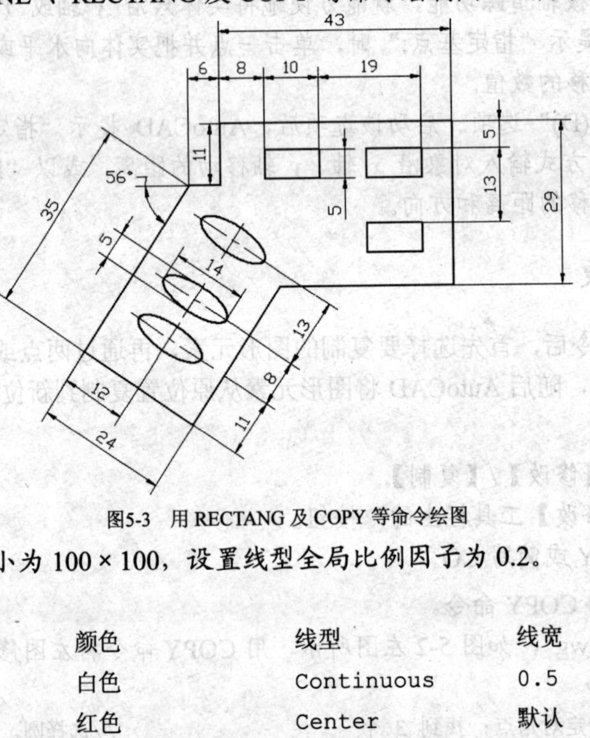

图5-3　用 RECTANG 及 COPY 等命令绘图

1. 设定绘图区域大小为 100 × 100，设置线型全局比例因子为 0.2。
2. 创建以下图层。

名称	颜色	线型	线宽
轮廓线层	白色	Continuous	0.5
中心线层	红色	Center	默认

3. 打开极轴追踪、对象捕捉及捕捉追踪功能。设置极轴追踪角度增量为 90°，设定对象捕捉方式为端点、圆心、交点，设置仅沿正交方向进行捕捉追踪。
4. 切换到轮廓线层，用 LINE 及 OFFSET 等命令绘制线框 *A*，如图 5-4 左图所示。绘制矩形 *B*，如图 5-4 右图所示。

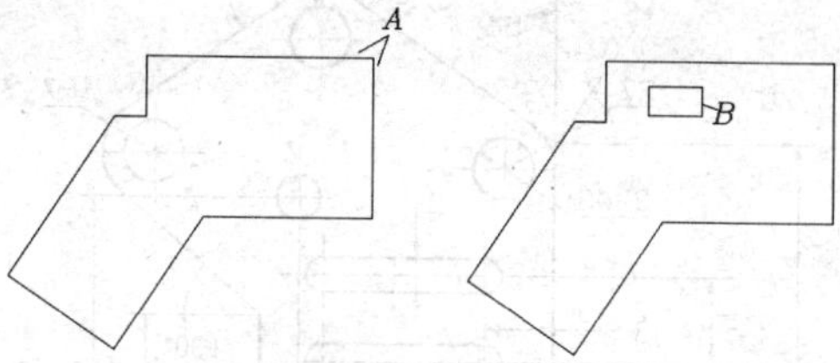

图5-4　绘制线框 *A* 及矩形 *B*

5. 将矩形 *B* 复制到 *C*、*D* 处，如图 5-5 左图所示。用 OFFSET、BREAK 等命令形成椭圆的定位线，如图 5-5 右图所示。

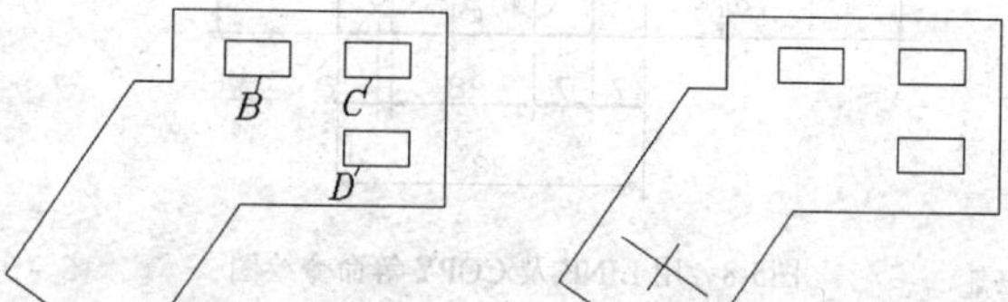

图5-5　复制矩形及形成椭圆的定位线

6. 绘制椭圆 *E*，如图 5-6 左图所示。将椭圆 *E* 及其定位线复制到 *F*、*G* 处，再将定位线修改到中心线层上，如图 5-6 右图所示。

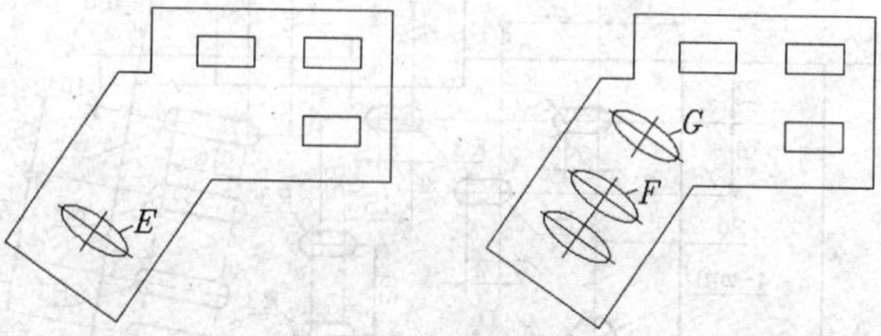

图5-6　复制椭圆

【练习5-4】：　用 POLYGON、ELLIPSE 及 COPY 等命令绘制图 5-7 所示的图形。

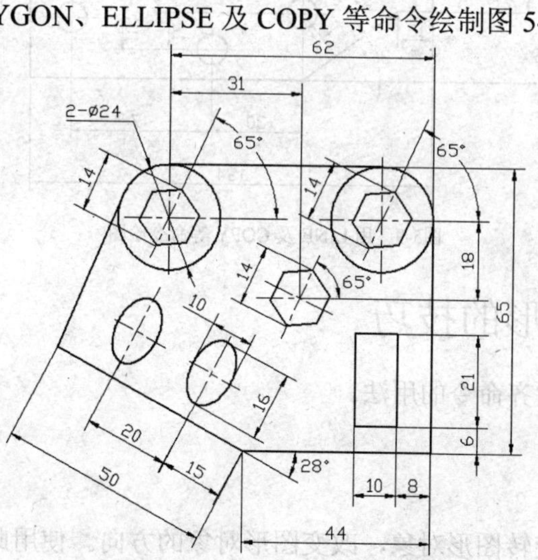

图5-7　用 POLYGON 及 COPY 等命令绘图

【练习5-5】：　用 LINE、CIRCLE、COPY 及 TRIM 等命令绘制图 5-8 所示的图形。

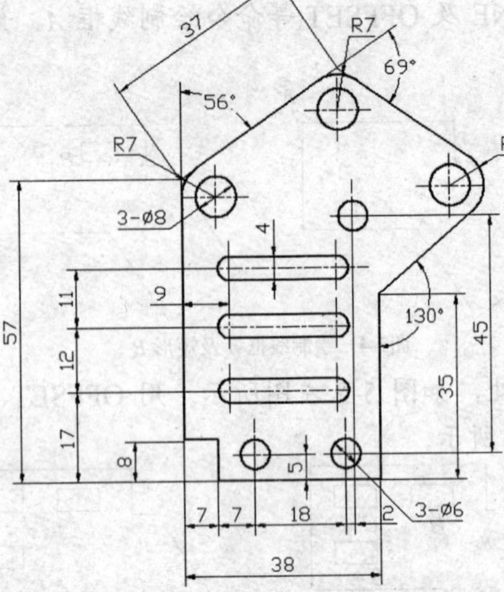

图5-8　用 LINE 及 COPY 等命令绘图

【练习5-6】：　用 LINE、CIRCLE 及 COPY 等命令绘制图 5-9 所示的图形。

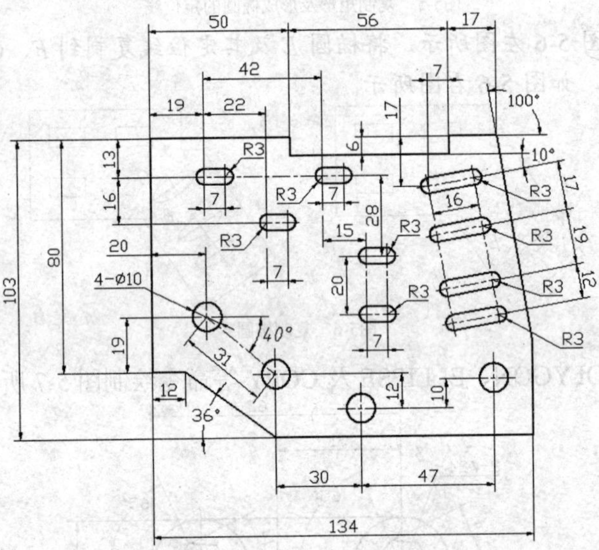

图5-9　用 LINE 及 COPY 等命令绘图

5.2　绘制倾斜图形的技巧

本节将介绍旋转和对齐命令的用法。

5.2.1　旋转实体

ROTATE 命令可以旋转图形对象，改变图形对象的方向。使用此命令时，用户指定旋转基点并输入旋转角度就可以转动图形实体。此外，用户也可以某个方位作为参照位置，然后选择一个新对象或输入一个新角度值来指明要旋转到的位置。

命令启动方法

- 菜单命令：【修改】/【旋转】。
- 工具栏：【修改】工具栏上的按钮。
- 命令：ROTATE 或简写 RO。

【练习5-7】： 练习 ROTATE 命令。

打开文件"5-7.dwg"，如图 5-10 左图所示，用 ROTATE 命令将左图修改为右图。

```
命令: _rotate
选择对象:                                        //选择线框 B，如图 5-10 左图所示
选择对象:                                        //按 Enter 键确认
指定基点: int 于                                 //捕捉 A 点作为旋转基点
指定旋转角度，或 [复制(C)/参照(R)] <0>: 75       //输入旋转角度
```

结果如图 5-10 右图所示。

命令选项

- 指定旋转角度：指定旋转基点并输入绝对旋转角度来旋转实体。旋转角是基于当前用户坐标系测量的。如果输入负的旋转角，则选定的对象顺时针旋转。反之，被选择的对象将逆时针旋转。
- 复制(C)：旋转对象的同时复制对象。
- 参照(R)：指定某个方向作为起始参照角，然后选择一个新对象作为原对象要旋转到的位置，也可以输入新角度值来指明要旋转到的方位，如图 5-11 所示。

```
命令: _rotate
选择对象: 指定对角点: 找到 4 个                  //选择要旋转的对象，如图 5-11 左图所示
选择对象:                                        //按 Enter 键确认
指定基点: int 于                                 //捕捉 A 点作为旋转基点
指定旋转角度，或 [复制(C)/参照(R)] <75>: r       //使用"参照(R)"选项
指定参照角 <0>:  int 于                          //捕捉 A 点
指定第二点: end 于                               //捕捉 B 点
指定新角度或 [点(P)] <0>: end 于                 //捕捉 C 点
```

结果如图 5-11 右图所示。

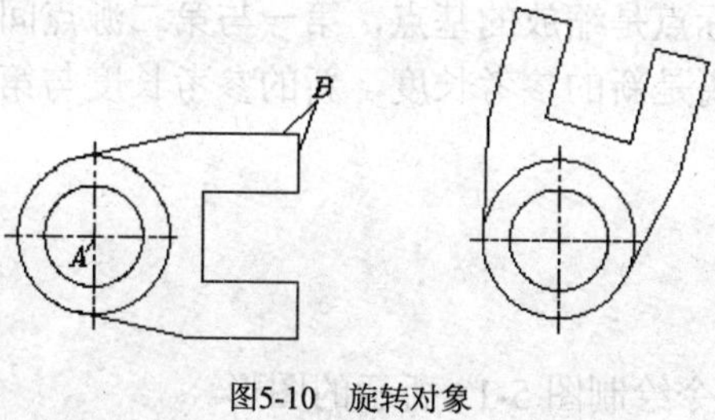

图5-10 旋转对象

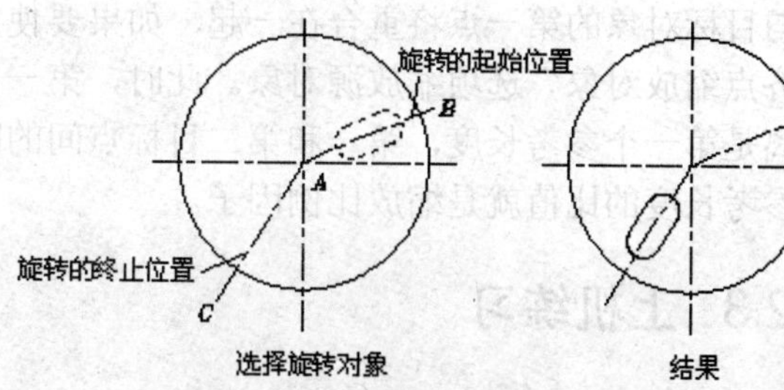

图5-11 使用"参照(R)"选项旋转图形

5.2.2　对齐实体

ALIGN 命令可以同时移动和旋转一个对象使之与另一对象对齐。例如，用户可以使图形对象中某点、某条直线或某一个面（三维实体中的面）与另一实体的点、线、面对齐。在操作过程中，用户只需按照 AutoCAD 提示指定源对象与目标对象的一点、两点或三点对齐就可以了。

命令启动方法

- 菜单命令:【修改】/【三维操作】/【对齐】。
- 命令：ALIGN 或简写 AL。

【练习5-8】：　练习 ALIGN 命令。

打开文件"5-8.dwg"，如图 5-12 左图所示，用 ALIGN 命令将左图修改为右图。

```
命令: align
选择对象: 指定对角点: 找到 8 个          //选择源对象（右边的线框），如图 5-12 左图所示
选择对象:                               //按 Enter 键
指定第一个源点:                          //捕捉第一个源点 A
指定第一个目标点:                        //捕捉第一个目标点 B
指定第二个源点:                          //捕捉第二个源点 C
指定第二个目标点:                        //捕捉第二个目标点 D
指定第三个源点或 <继续>:                  //按 Enter 键
是否基于对齐点缩放对象? [是(Y)/否(N)] <否>: //按 Enter 键不缩放源对象
```

结果如图 5-12 右图所示。

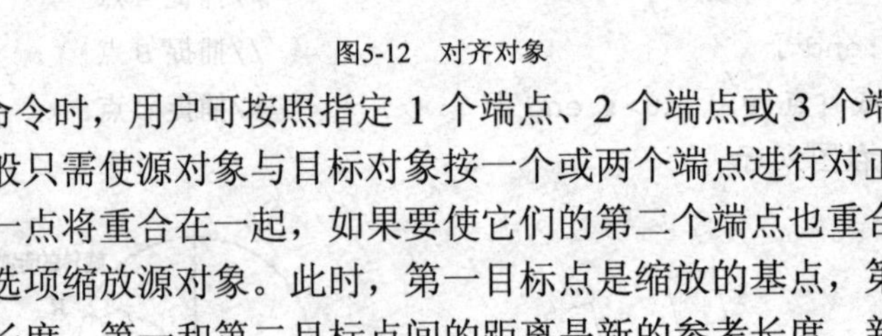

图5-12　对齐对象

使用 ALIGN 命令时，用户可按照指定 1 个端点、2 个端点或 3 个端点对齐实体。在二维平面绘图中，一般只需使源对象与目标对象按一个或两个端点进行对正。操作完成后源对象与目标对象的第一点将重合在一起，如果要使它们的第二个端点也重合，就需利用"基于对齐点缩放对象"选项缩放源对象。此时，第一目标点是缩放的基点，第一与第二源点间的距离是第一个参考长度，第一和第二目标点间的距离是新的参考长度，新的参考长度与第一个参考长度的比值就是缩放比例因子。

5.2.3　上机练习

【练习5-9】：　用 LINE、ROTATE 及 ALIGN 等命令绘制图 5-13 所示的图形。

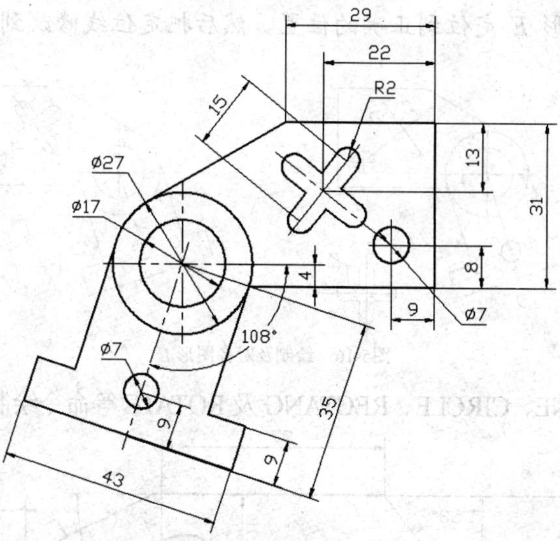

图5-13　用ROTATE及ALIGN等命令绘图

1. 设定绘图区域大小为 100 × 100，设置线型全局比例因子为 0.2。
2. 创建以下图层。

名称	颜色	线型	线宽
轮廓线层	白色	Continuous	0.5
中心线层	红色	Center	默认

3. 打开极轴追踪、对象捕捉及捕捉追踪功能。设置极轴追踪角度增量为 90°，设定对象捕捉方式为端点、圆心、交点，设置仅沿正交方向进行捕捉追踪。
4. 切换到轮廓线层，画圆的定位线及圆，如图 5-14 左图所示。用 OFFSET、LINE 及 TRIM 等命令绘制图形 *A*，如图 5-14 右图所示。

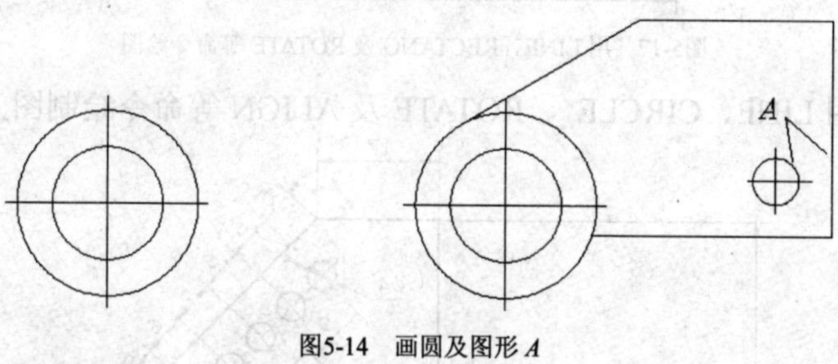

图5-14　画圆及图形 *A*

5. 用 OFFSET、CIRCLE 及 TRIM 等命令绘制图形 *B*，如图 5-15 左图所示。用 ROTATE 命令旋转图形 *B*，旋转后的结果如图 5-15 右图所示。

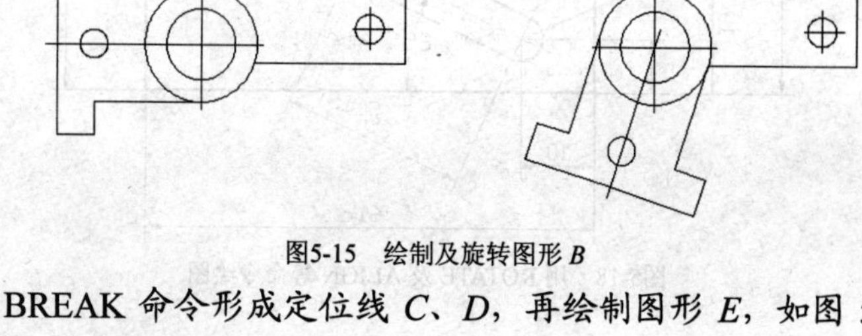

图5-15　绘制及旋转图形 *B*

6. 用 XLINE 及 BREAK 命令形成定位线 *C*、*D*，再绘制图形 *E*，如图 5-16 左图所示。用

ALIGN 命令将图形 *E* 定位到正确的位置，然后把定位线修改到中心线层上，结果如图 5-16 右图所示。

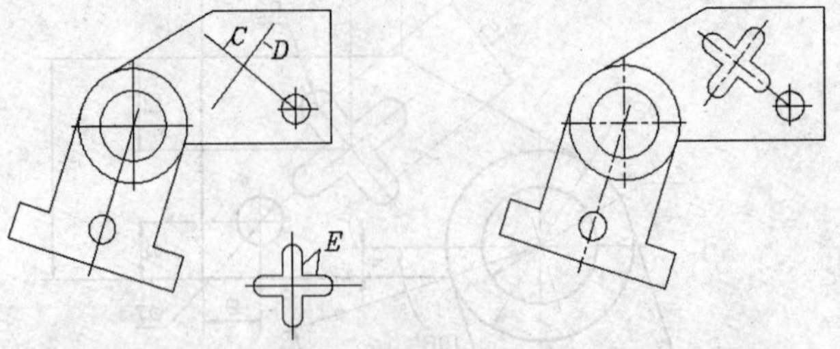

图5-16　绘制及对齐图形 *E*

【练习5-10】：用 LINE、CIRCLE、RECTANG 及 ROTATE 等命令绘制图 5-17 所示的图形。

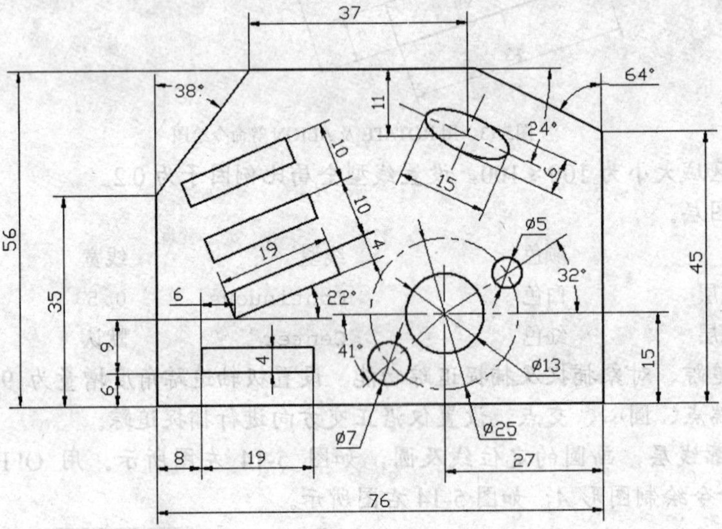

图5-17　用 LINE、RECTANG 及 ROTATE 等命令绘图

【练习5-11】：用 LINE、CIRCLE 、ROTATE 及 ALIGN 等命令绘制图 5-18 所示的图形。

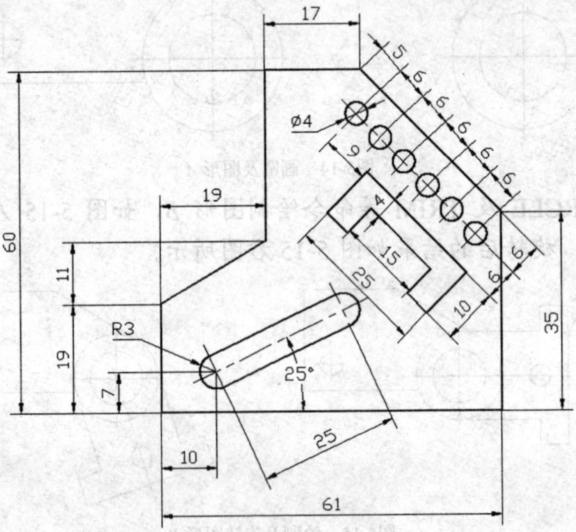

图5-18　用 ROTATE 及 ALIGN 等命令绘图

【练习5-12】：用 LINE、CIRCLE 、ROTATE 及 ALIGN 等命令绘制图 5-19 所示的图形。

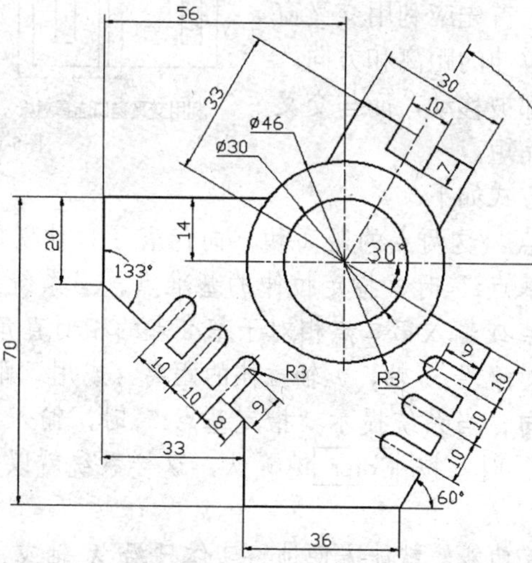

图5-19 用 ROTATE 及 ALIGN 等命令绘图

5.3 对已有对象进行修饰

本节主要介绍拉伸和比例缩放对象的方法。

5.3.1 拉伸对象

STRETCH 命令使用户可以拉伸、缩短及移动实体。该命令通过改变端点的位置来修改图形对象，编辑过程中除被伸长、缩短的对象外，其他图元的大小及相互间的几何关系将保持不变。

如果图样沿 *x* 轴或 *y* 轴方向的尺寸有错误，或是想调整图形中某部分实体的位置，就可使用 STRETCH 命令进行修饰。

命令启动方法

- 菜单命令：【修改】/【拉伸】。
- 工具栏：【修改】工具栏上的按钮。
- 命令：STRETCH 或简写 S。

【练习5-13】： 练习 STRETCH 命令。

打开文件 “5-13.dwg”，如图 5-20 左图所示，用 STRETCH 命令将左图修改为右图。

```
命令: _stretch
                                        //以交叉窗口选择要拉伸的对象，如图 5-20 左图所示
选择对象:                                //单击 A 点
指定对角点: 找到 6 个                     //单击 B 点
选择对象:                                //按 Enter 键
指定基点或 [位移(D)] <位移>:              //在屏幕上单击一点
指定第二个点或 <使用第一个点作为位移>: @35,0  //输入第二点的相对坐标
```

结果如图 5-20 右图所示。

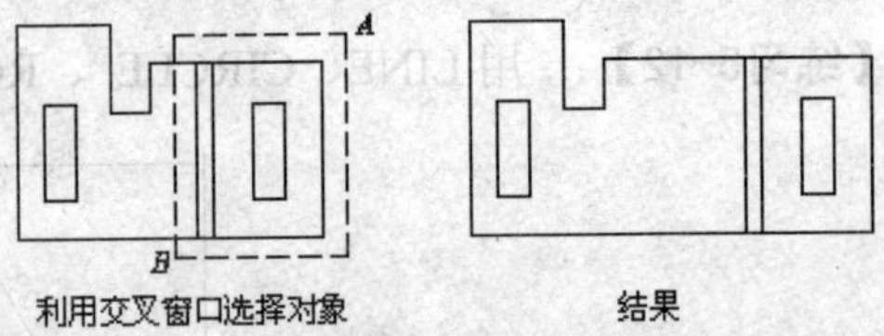

图5-20　拉伸对象

使用 STRETCH 命令时，首先应利用交叉窗口选择对象，然后指定对象拉伸的距离和方向。凡在交叉窗口中的图元顶点都被移动，而与交叉窗口相交的图元将被延伸或缩短。

设定拉伸距离和方向的方式如下。

- 在屏幕上指定两个点，这两点的距离和方向代表了拉伸实体的距离和方向。当系统提示“指定基点:”时，指定拉伸的基准点。当系统提示“指定第二个点:”时，捕捉第二点或输入第二点相对于基准点的相对直角坐标或极坐标。
- 以“*x*,*y*”方式输入对象沿 *x* 轴、*y* 轴拉伸的距离，或用“距离<角度”方式输入拉伸的距离和方向。当系统提示“指定基点:”时，输入拉伸值。当系统提示“指定第二个点:”时，按 Enter 键确认，这样系统就以输入的拉伸值来拉伸对象。
- 打开正交或极轴追踪功能，就能方便地将实体只沿 *X* 轴或 *Y* 轴方向拉伸。当系统提示“指定基点:”时，单击一点并把实体向水平或竖直方向拉伸，然后输入拉伸值。
- 使用“位移(D)”选项。启动该选项后，系统提示“指定位移:”。此时，以“*x*,*y*”方式输入沿 *x* 轴、*y* 轴拉伸的距离，或以“距离<角度”方式输入拉伸的距离和方向。

5.3.2　按比例缩放对象

SCALE 命令可将对象按指定的比例因子相对于基点放大或缩小。使用此命令时，用户可以用下面两种方式缩放对象。

(1)　选择缩放对象的基点，然后输入缩放比例因子。比例变换图形的过程中，缩放基点在屏幕上的位置将保持不变，它周围的图元以此点为中心按给定的比例因子放大或缩小。

(2)　输入一个数值或拾取两点来指定一个参考长度（第一个数值），然后输入新的数值或拾取另外一点（第二个数值），则系统计算两个数值的比率并以此比率作为缩放比例因子。当用户想将某一对象放大到特定尺寸时，就可使用这种方法。

命令启动方法

- 菜单命令:【修改】/【缩放】。
- 工具栏:【修改】工具栏上的按钮。
- 命令: SCALE 或简写 SC。

【练习5-14】：练习 SCLAE 命令。

打开文件“5-14.dwg”，如图 5-21 左图所示，用 SCALE 命令将左图修改为右图。

```
命令: _scale
选择对象: 找到 1 个                                      //选择矩形 A，如图 5-21 左图所示
选择对象:                                                //按 Enter 键
指定基点: int 于                                          //捕捉交点 C
指定比例因子或[复制(C)/参照(R)] <1.0000>: 2               //输入缩放比例因子
```

```
命令: SCALE                                          //重复命令
选择对象: 找到 4 个                                   //选择线框 B
选择对象:                                            //按 Enter 键
指定基点: int 于                                      //捕捉交点 D
指定比例因子或或 [复制(C)/参照(R)] <2.0000>: r         //使用"参照(R)"选项
指定参照长度 <1.0000>: int 于                          //捕捉交点 D
指定第二点: int 于                                     //捕捉交点 E
指定新长度或 [点(P)] <1.0000>: int 于                  //捕捉交点 F
```

结果如图 5-21 右图所示。

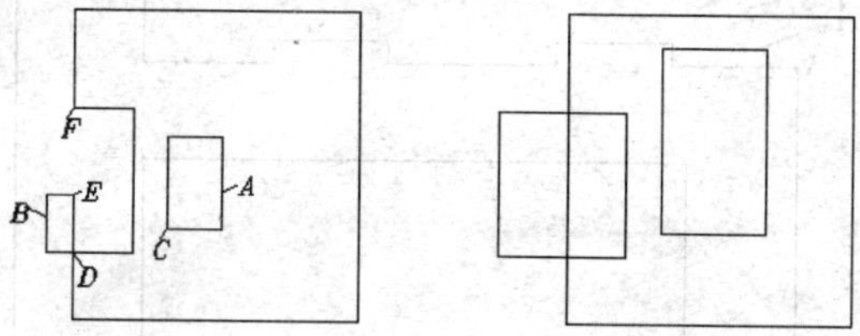

图5-21　缩放图形

命令选项

- 指定比例因子：直接输入缩放比例因子，系统根据此比例因子缩放图形。若比例因子小于 1，则缩小对象；若大于 1，则放大对象。
- 复制(C)：缩放对象的同时复制对象。
- 参照(R)：以参照方式缩放图形。用户输入参考长度及新长度，系统把新长度与参考长度的比值作为缩放比例因子进行缩放。
- 点(P)：使用两点来定义新的长度。

5.3.3 上机练习

【练习5-15】：用 LINE、OFFSET、COPY 及 STRETCH 等命令绘制图 5-22 所示的图形。

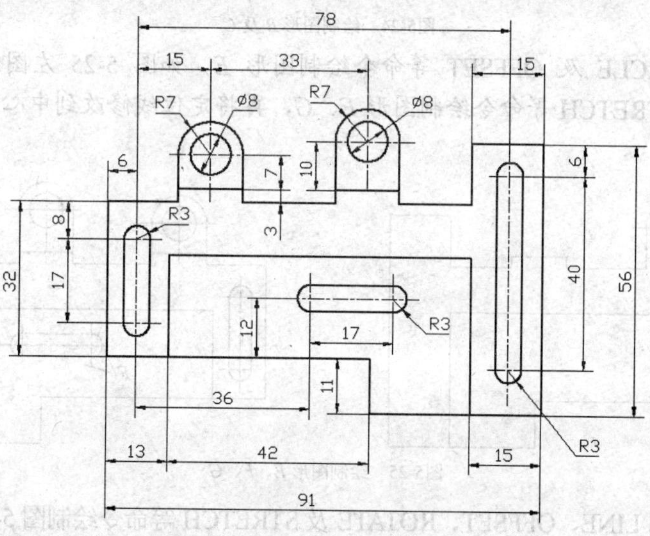

图5-22　用 COPY 及 STRETCH 等命令绘图

1. 设定绘图区域大小为 120×120，设置线型全局比例因子为 0.1。
2. 创建以下图层。

名称	颜色	线型	线宽
轮廓线层	白色	Continuous	0.5
中心线层	红色	Center	默认

3. 打开极轴追踪、对象捕捉及捕捉追踪功能。设置极轴追踪角度增量为 90°，设定对象捕捉方式为端点、圆心、交点，设置仅沿正交方向进行捕捉追踪。
4. 切换到轮廓线层，用 LINE、OFFSET 及 TRIM 等命令绘制图形 *A*，如图 5-23 所示。

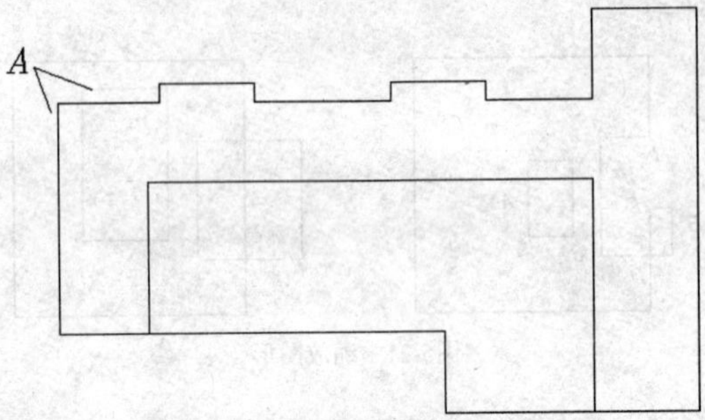

图5-23　画图形 *A*

5. 用 LINE 及 CIRCLE 等命令绘制图形 *B*，如图 5-24 左图所示。用 COPY 及 STRETCH 命令绘制图形 *C*，如图 5-24 右图所示。

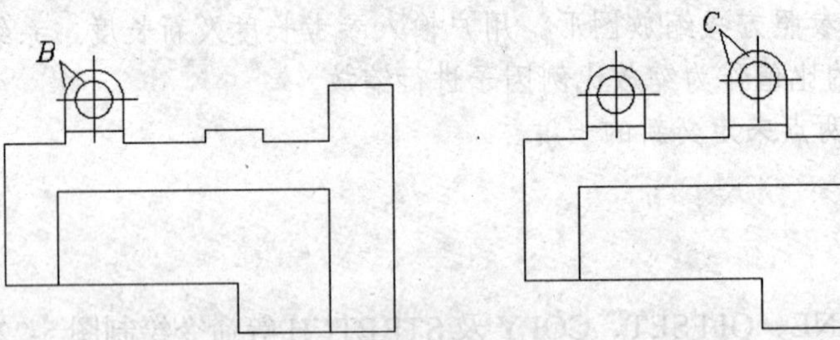

图5-24　绘制图形 *B* 及 *C*

6. 用 LINE、CIRCLE 及 OFFSET 等命令绘制图形 *E*，如图 5-25 左图所示。用 COPY、ROTATE 及 STRETCH 等命令绘制图形 *F*、*G*，再将定位线修改到中心线层上，如图 5-25 右图所示。

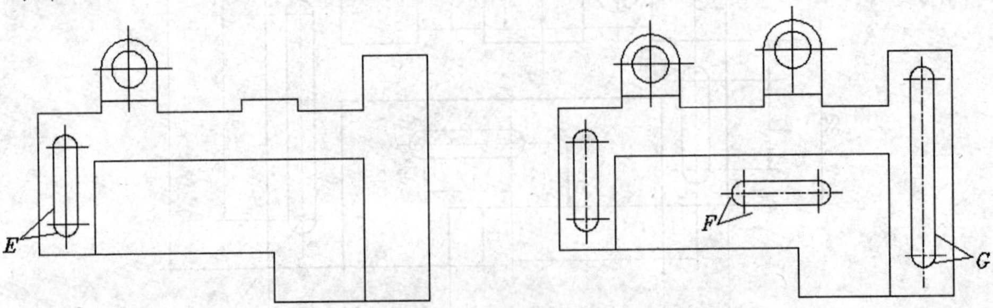

图5-25　绘制图形 *E*、*F*、*G*

【练习5-16】：用 LINE、OFFSET、ROTATE 及 STRETCH 等命令绘制图 5-26 所示的图形。

【练习5-17】：用 OFFSET、COPY、ROTATE 及 STRETCH 等命令绘制图 5-27 所示的图形。

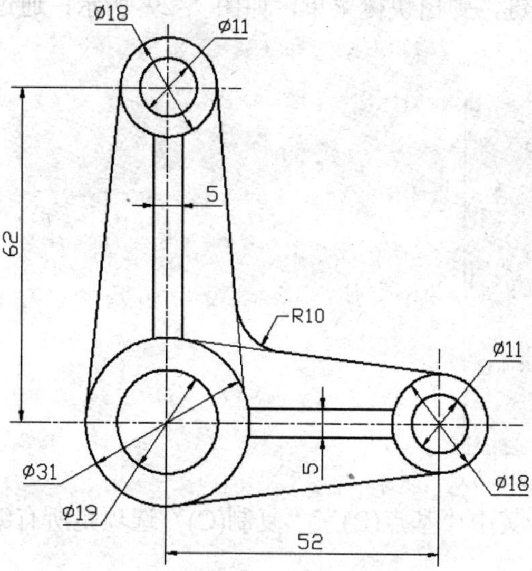

图5-26 用 ROTATE 及 STRETCH 等命令绘图

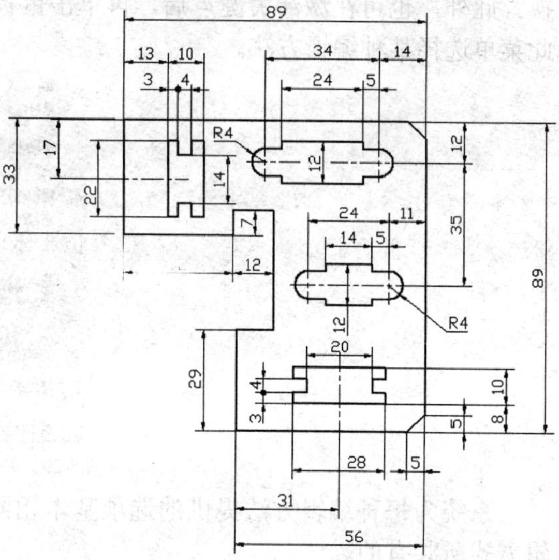

图5-27 用 COPY、ROTATE 及 STRETCH 等命令绘图

【练习5-18】：用 LINE、CIRCLE、COPY、ROTATE 及 STRETCH 等命令绘制图 5-28 所示的图形。

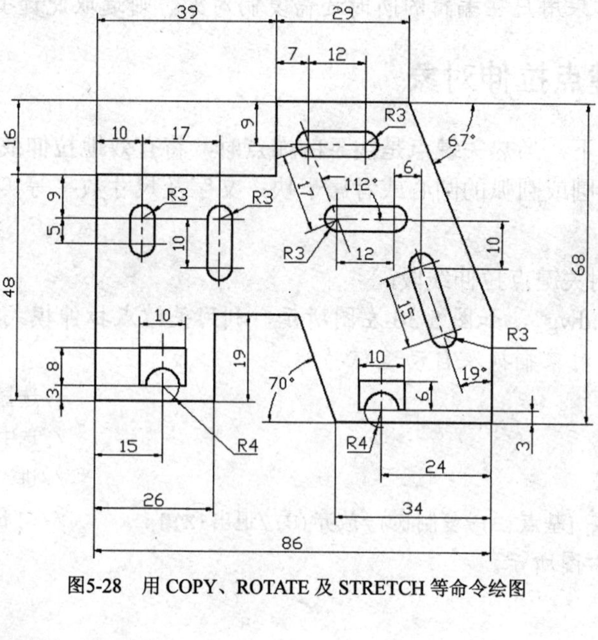

图5-28 用 COPY、ROTATE 及 STRETCH 等命令绘图

5.4 关键点编辑方式

关键点编辑方式是一种集成的编辑模式，该模式包含了 5 种编辑方法：拉伸、移动、旋转、比例缩放和镜像等。

默认情况下，系统的关键点编辑方式是开启的。当用户选择实体后，实体上将出现若干方框，这些方框被称为关键点。把十字光标靠近方框并单击鼠标左键，激活关键点编辑状态，此时系统自动进入“拉伸”编辑方式，连续按下 Enter 键，就可以在所有编辑方式间切换。此外，也可在激活关键点后，再单击鼠标右键，弹出快捷菜单，如图 5-29 所示，通过此菜单选择某种编辑方法。

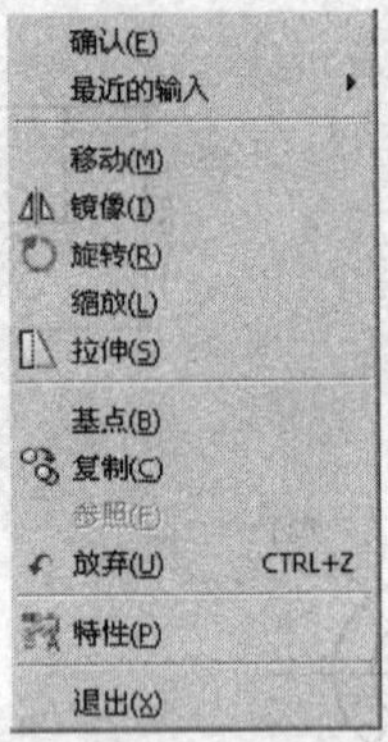

图5-29　关键点编辑方式

系统为每种编辑方法提供的选项基本相同，其中“基点(B)”、“复制(C)”选项是所有编辑方式所共有的。

- 基点(B)：该选项使用户可以拾取某一个点作为编辑过程的基点。例如，当进入了旋转编辑模式，并要指定一个点作为旋转中心时，就使用“基点(B)”选项。默认情况下，编辑的基点是热关键点（选中的关键点）。
- 复制(C)：如果用户在编辑的同时还需复制对象，则选取此选项。

5.4.1　利用关键点拉伸对象

在拉伸编辑模式下，当热关键点是线条的端点时，将有效地拉伸或缩短对象。如果热关键点是线条的中点、圆或圆弧的圆心或者属于块、文字及尺寸数字等实体时，这种编辑方式就只移动对象。

【练习5-19】：利用关键点拉伸线段。

1. 打开文件“5-19.dwg”，如图 5-30 左图所示，利用关键点拉伸模式将左图修改为右图。
2. 打开极轴追踪、对象捕捉及自动追踪功能。

```
命令:                                                  //选择线段 A
命令:                                                  //选中关键点 B
** 拉伸 **                                             //进入拉伸模式
指定拉伸点或 [基点(B)/复制(C)/放弃(U)/退出(X)]:        //向下移动光标并捕捉交点 C
```

结果如图 5-30 右图所示。

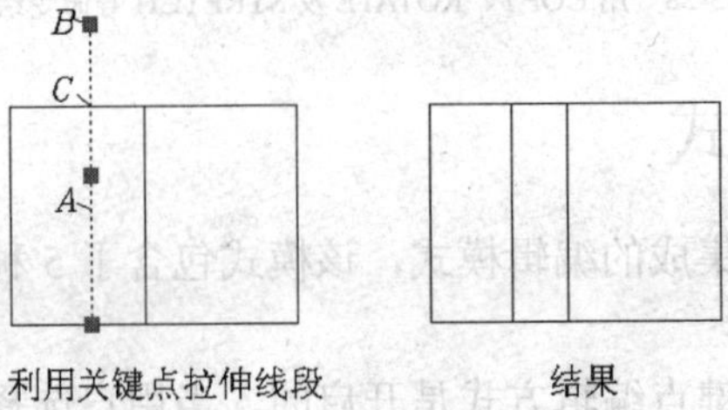

图5-30　拉伸线段

要点提示 打开正交状态后就可以很方便地利用关键点拉伸方式改变水平或竖直线段的长度。

5.4.2 利用关键点移动和复制对象

关键点移动模式可以编辑单一对象或一组对象，在此方式下使用“复制(C)”选项就能在移动实体的同时进行复制。这种编辑模式的使用与普通的MOVE命令很相似。

【练习5-20】：利用关键点复制对象。

打开文件“5-20.dwg”，如图5-31左图所示，利用关键点移动模式将左图修改为右图。

```
命令:                                                   //选择矩形 A
命令:                                                   //选中关键点 B
** 拉伸 **
指定拉伸点或 [基点(B)/复制(C)/放弃(U)/退出(X)]:          //进入拉伸模式
** 移动 **                                              //按 Enter 键进入移动模式
指定移动点或 [基点(B)/复制(C)/放弃(U)/退出(X)]: c
                                                        //选用选项“复制(C)”进行复制
** 移动 (多重) **
指定移动点或 [基点(B)/复制(C)/放弃(U)/退出(X)]: b        //选用选项“基点(B)”
指定基点: int 于                                         //捕捉 C 点
** 移动 (多重) **
指定移动点或 [基点(B)/复制(C)/放弃(U)/退出(X)]: int 于   //捕捉 D 点
** 移动 (多重) **
指定移动点或 [基点(B)/复制(C)/放弃(U)/退出(X)]:          //按 Enter 键结束
```

结果如图5-31右图所示。

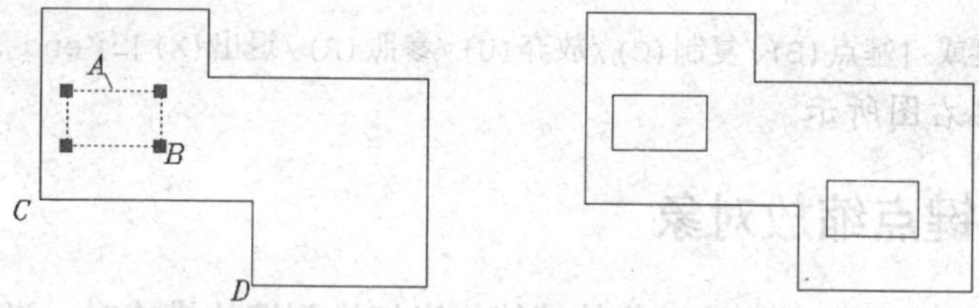

利用关键点复制矩形 结果

图5-31 复制对象

5.4.3 利用关键点旋转对象

旋转对象是绕旋转中心进行的，当使用关键点编辑模式时，热关键点就是旋转中心，用户也可以指定其他点作为旋转中心。这种编辑方法与ROTATE命令相似，它的优点在于一次可将对象旋转且复制到多个方位。

旋转操作中“参照(R)”选项有时非常有用，该选项可以使用户旋转图形实体使其与某个新位置对齐，下面的练习将演示此选项的用法。

【练习5-21】：利用关键点旋转对象。

打开文件“5-21.dwg”，如图 5-32 左图所示，利用关键点旋转模式将左图修改为右图。

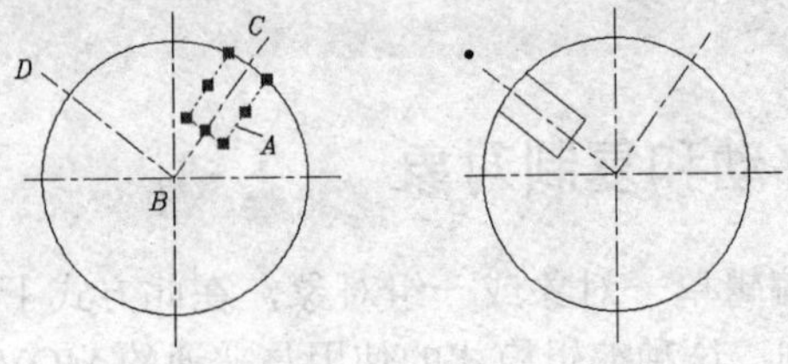

图5-32　旋转图形

```
命令:                                                  //选择线框 A，如图 5-32 左图所示
命令:                                                  //选中任意一个关键点
** 拉伸 **                                             //进入拉伸模式
指定拉伸点或 [基点(B)/复制(C)/放弃(U)/退出(X)]:        //按 Enter 键进入移动模式
** 移动 **
指定移动点或 [基点(B)/复制(C)/放弃(U)/退出(X)]:        //按 Enter 键进入旋转模式
** 旋转 **
指定旋转角度或 [基点(B)/复制(C)/放弃(U)/参照(R)/退出(X)]: b
                                                       //使用“基点(B)”选项指定旋转中心
指定基点: int 于                                       //捕捉 B 点作为旋转中心
** 旋转 **
指定旋转角度或 [基点(B)/复制(C)/放弃(U)/参照(R)/退出(X)]: r
                                                       //选用“参照(R)”选项
指定参照角 <0>: int 于                                 //捕捉 B 点
指定第二点: end 于                                     //捕捉端点 C
** 旋转 **
指定新角度或 [基点(B)/复制(C)/放弃(U)/参照(R)/退出(X)]: end 于//捕捉端点 D
```

结果如图 5-32 右图所示。

5.4.4　利用关键点缩放对象

关键点编辑方式也提供了缩放对象的功能，当切换到缩放模式时，当前激活的热关键点是缩放的基点。用户可以输入比例系数对实体进行放大或缩小，也可利用“参照(R)”选项将实体缩放到某一尺寸。

【练习5-22】：利用关键点缩放模式缩放对象。

打开教学资源包中的文件“5-22.dwg”，如图 5-33 左图所示，利用关键点缩放模式将左图修改为右图。

```
命令:                                                  //选择线框 A，如图 5-33 左图所示
命令:                                                  //选中任意一个关键点
** 拉伸 **                                             //进入拉伸模式
指定拉伸点或 [基点(B)/复制(C)/放弃(U)/退出(X)]:
                                                       //按 3 次 Enter 键进入比例缩放模式
```

```
** 比例缩放 **
指定比例因子或 [基点(B)/复制(C)/放弃(U)/参照(R)/退出(X)]: b
                                                //选用“基点(B)”选项指定缩放基点
指定基点: int 于                                 //捕捉交点 B
** 比例缩放 **
指定比例因子或 [基点(B)/复制(C)/放弃(U)/参照(R)/退出(X)]: 0.5   //输入缩放比例值
```

结果如图 5-33 右图所示。

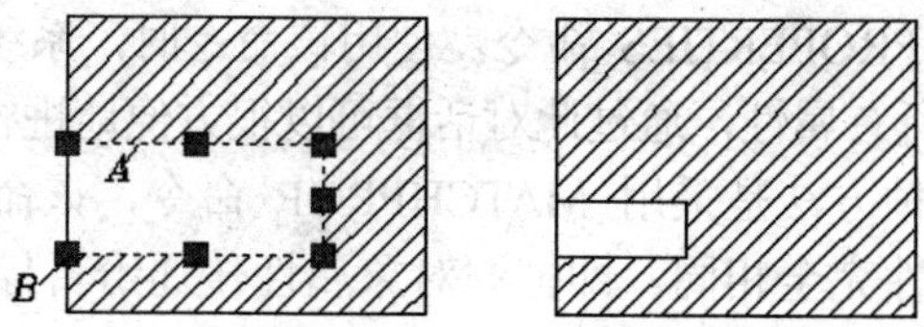

图5-33 缩放对象

5.4.5 利用关键点镜像对象

进入镜像模式后，系统直接提示“指定第二点”。默认情况下，热关键点是镜像线的第一点，在拾取第二点后，此点便与第一点一起形成镜像线。如果用户要重新设定镜像线的第一点，就选取“基点(B)”选项。

【练习5-23】：利用关键点镜像对象。

打开教学资源包中文件“5-23.dwg”，如图 5-34 左图所示，利用关键点镜像模式将左图修改为右图。

```
命令:                                          //选择要镜像的对象，如图 5-34 左图所示
命令:                                          //选中关键点 A
** 拉伸 **                                      //进入拉伸模式
指定拉伸点或 [基点(B)/复制(C)/放弃(U)/退出(X)]:
                                               //按 4 次 Enter 键进入镜像模式
** 镜像 **
指定第二点或 [基点(B)/复制(C)/放弃(U)/退出(X)]: c          //镜像并复制
** 镜像 (多重) **
指定第二点或 [基点(B)/复制(C)/放弃(U)/退出(X)]: int 于     //捕捉交点 B
** 镜像 (多重) **
指定第二点或 [基点(B)/复制(C)/放弃(U)/退出(X)]:            //按 Enter 键结束
```

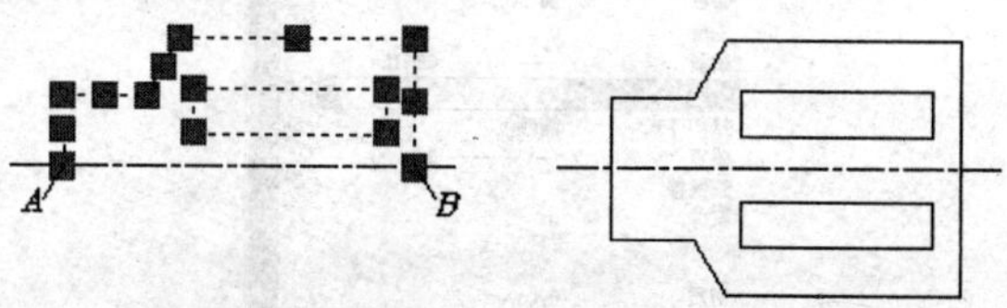

图5-34 镜像图形

结果如图 5-34 右图所示。

要点提示 激活关键点编辑模式后，可通过输入下列字母直接进入某种编辑方式：MI——镜像、MO——移动、RO——旋转、SC——缩放、ST——拉伸。

5.5 编辑图形元素属性

在 AutoCAD 中，对象属性是指系统赋予对象的颜色、线型、图层、高度及文字样式等特性。例如直线和曲线包含图层、线型及颜色等，而文本则具有图层、颜色、字体及字高等。改变对象属性一般可通过 PROPERTIES 命令，使用该命令时，系统打开【特性】对话框，该对话框列出了所选对象的所有属性，通过此对话框可以很方便地进行修改对象的属性。

改变对象属性的另一种方法是采用 MATCHPROP 命令，该命令可以使被编辑对象的属性与指定源对象的某些属性完全相同，即把源对象属性传递给目标对象。

5.5.1 用 PROPERTIES 命令改变对象属性

PROPERTIES 命令几乎可以修改对象的所有属性项目。操作时，可先选择对象，然后启动该命令，也可启动命令后，再选择要修改的对象。

命令启动方法

- 菜单命令：【修改】/【特性】。
- 工具栏：【标准】工具栏上的按钮。
- 命令：PROPERTIES 或简写 PROPS。

下面通过修改非连续线当前线型比例因子的例子来说明 PROPERTIES 命令的用法。

【练习5-24】： 练习 PROPERTIES 命令。打开文件"5-24.dwg"，如图 5-32 左图所示，用 PROPERTIES 命令将左图修改为右图。

1. 选择要编辑的非连续线，如图 5-35 左图所示。

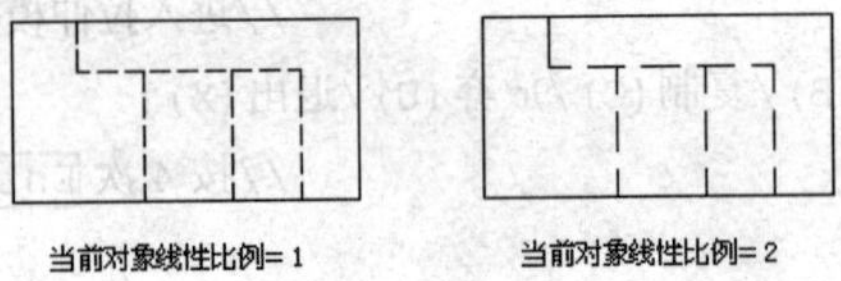

图5-35　选择对象

2. 单击【标准】工具栏上的按钮或输入 PROPERTIES 命令，打开【特性】对话框，如图 5-36 所示。

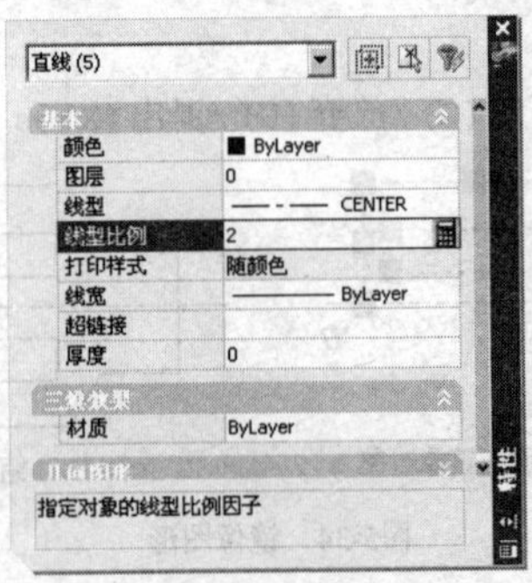

图5-36　【特性】对话框

根据所选对象不同，【特性】对话框中显示的属性项目也不同，但有一些属性项目几乎是所有对象所拥有的，如颜色、图层及线型等。当在绘图区中选择单个对象时，【特性】对话框就显示此对象的特性。若选择多个对象，【特性】对话框将显示它们所共有的特性。

3. 用光标选取【线型比例】文本框，然后输入当前线型比例因子，该比例因子默认值是 1，输入新数值 2，按 Enter 键，图形窗口中非连续线立即更新，显示修改后的结果，如图 5-35 右图所示。

5.5.2 对象特性匹配

MATCHROP 命令是一个非常有用的编辑工具。用户可使用此命令将源对象的属性（如颜色、线型、图层和线型比例等）传递给目标对象。操作时，用户要选择两个对象，第一个为源对象，第二个是目标对象。

命令启动方法

- 菜单命令：【修改】/【特性匹配】。
- 工具栏：【标准】工具栏上的按钮。
- 命令：MATCHPROP 或简写 MA。

【练习5-25】：练习 MATCHPROP 命令。打开文件“5-25.dwg”，如图 5-37 左图所示，用 MATCHPROP 命令将左图修改为右图。

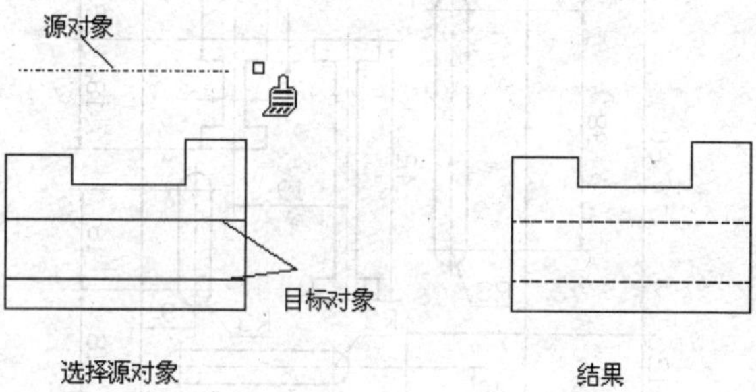

图5-37 特性匹配

1. 单击【标准】工具栏上的按钮，或输入 MATCHPROP 命令，AutoCAD 提示：

```
命令: '_matchprop
选择源对象:                          //选择源对象，如图 5-37 左图所示
选择目标对象或 [设置(S)]:            //选择第一个目标对象
选择目标对象或 [设置(S)]:            //选择第二个目标对象
选择目标对象或 [设置(S)]:            //按 Enter 键结束
```

选择源对象后，光标变成类似“刷子”形状，用此“刷子”来选取接受属性匹配的目标对象，结果如图 5-37 右图所示。

2. 如果用户仅想使目标对象的部分属性与源对象相同，可在选择源对象后，输入“S”，打开【特性设置】对话框，如图 5-38 所示。默认情况下，系统选中该对话框中所有源对象的属性进行复制，但也可指定其中部分属性传递给目标对象。

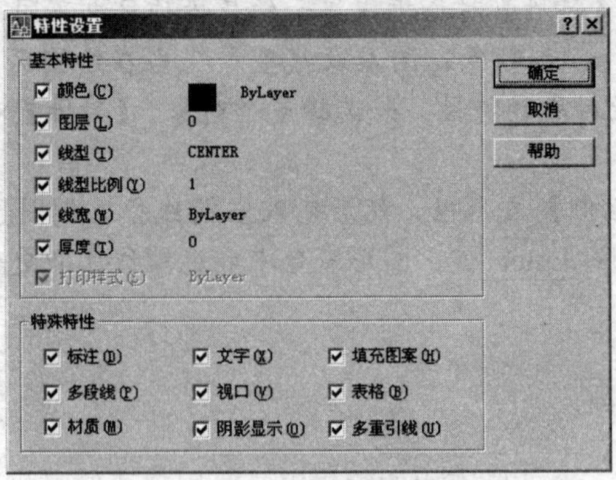

图5-38 【特性设置】对话框

5.6 综合练习——利用已有图形生成新图形

【练习5-26】：用 OFFSET、COPY、ROTATE 及 STRETCH 等命令绘制图 5-39 所示的图形。

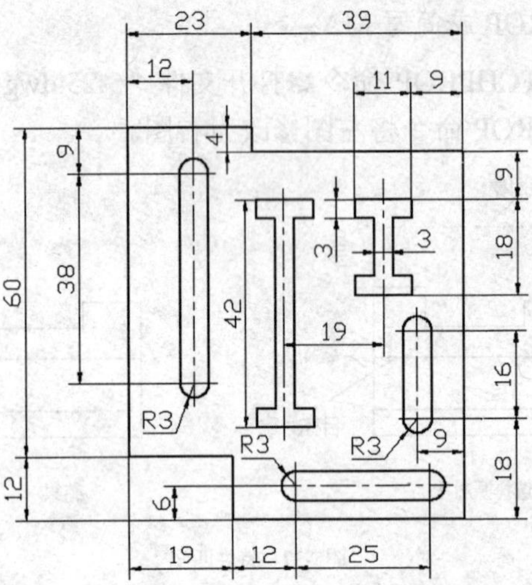

图5-39 用 COPY、ROTATE 及 STRETCH 等命令绘图

1. 设定绘图区域大小为 150×150，设置线型全局比例因子为 0.2。
2. 创建以下图层。

名称	颜色	线型	线宽
轮廓线层	白色	Continuous	0.5
中心线层	红色	Center	默认

3. 打开极轴追踪、对象捕捉及捕捉追踪功能。设置极轴追踪角度增量为 90°，设定对象捕捉方式为端点、圆心、交点，设置仅沿正交方向进行捕捉追踪。
4. 切换到轮廓线层，画两条绘图基准线 *A*、*B*，线段 *A* 的长度约为 80，线段 *B* 的长度约为 90，如图 5-40 所示。
5. 用 OFFSET、TRIM 等命令形成线框 *C*，如图 5-41 所示。
6. 用 LINE、CIRCLE 等命令绘制线框 *D*，如图 5-42 所示。

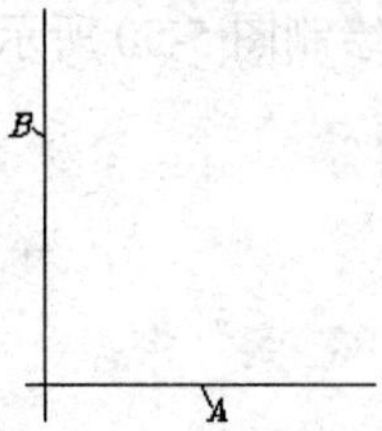

图5-40　画线段 A、B

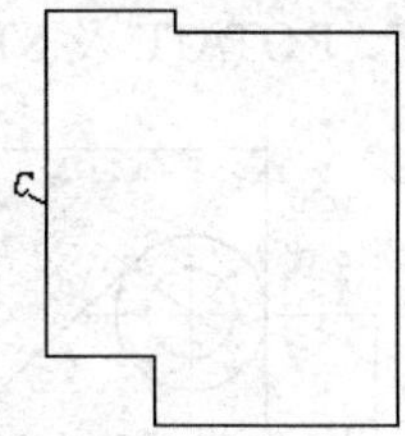

图5-41　画线框 C

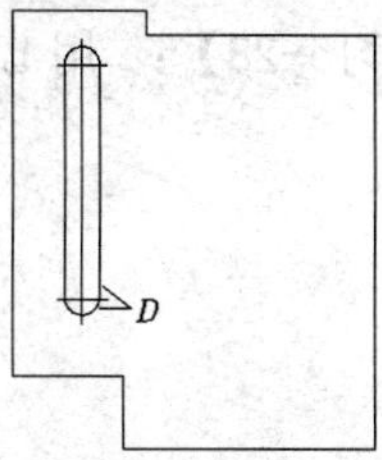

图5-42　画线框 D

7.　把线框 D 复制到 E、F 处，如图 5-43 所示。

8.　把线框 E 绕 G 点旋转-90°，结果如图 5-44 所示。

9.　用 STRETCH 命令改变线框 E、F 的长度，结果如图 5-45 所示。

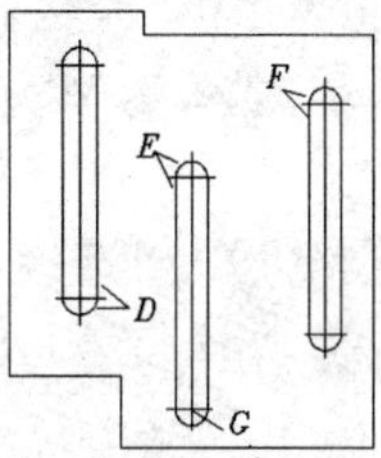

图5-43　复制对象

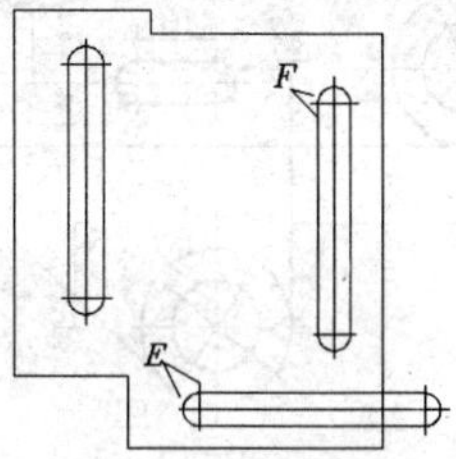

图5-44　旋转对象

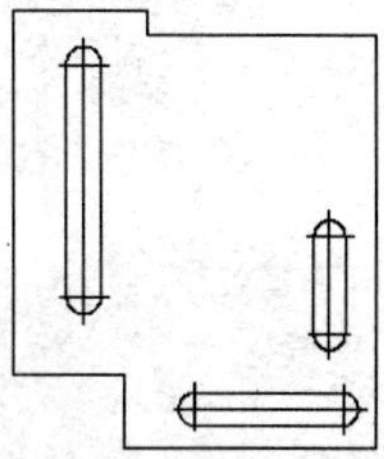

图5-45　拉伸对象

10.　用 LINE 及 OFFSET 命令绘制线框 H，如图 5-46 所示。

11.　把线框 H 复制到 I 处，如图 5-47 所示。

12.　用 STRETCH 命令拉伸线框 I，然后将定位线修改到中心线层上，结果如图 5-48 所示。

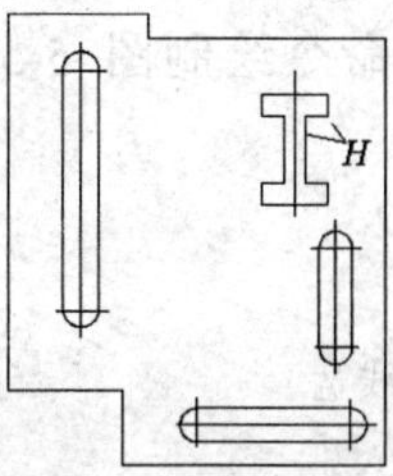

图5-46　画线框 H

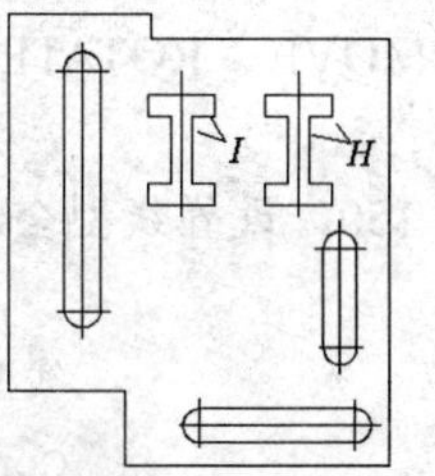

图5-47　复制对象

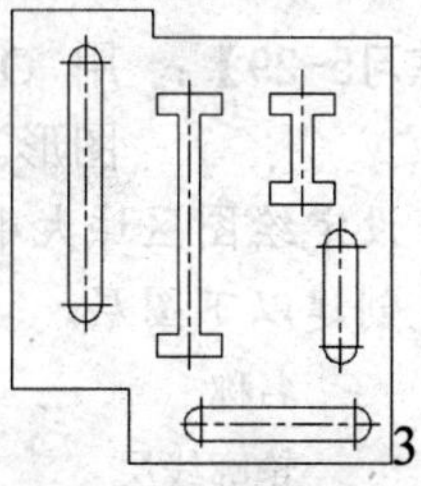

图5-48　拉伸对象

【练习5-27】： 用 OFFSET、COPY、ROTATE 及 STRETCH 等命令绘制图 5-49 所示的图形。

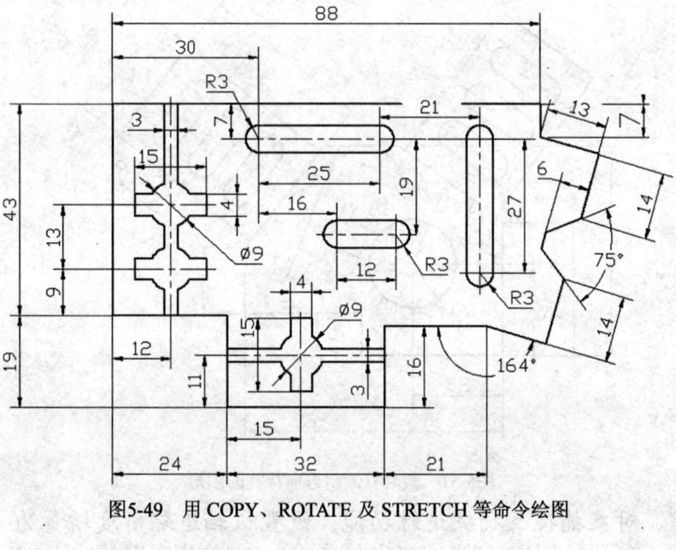

图5-49　用 COPY、ROTATE 及 STRETCH 等命令绘图

【练习5-28】：用 LINE、COPY、ROTATE 及 STRETCH 等命令绘制图 5-50 所示的图形。

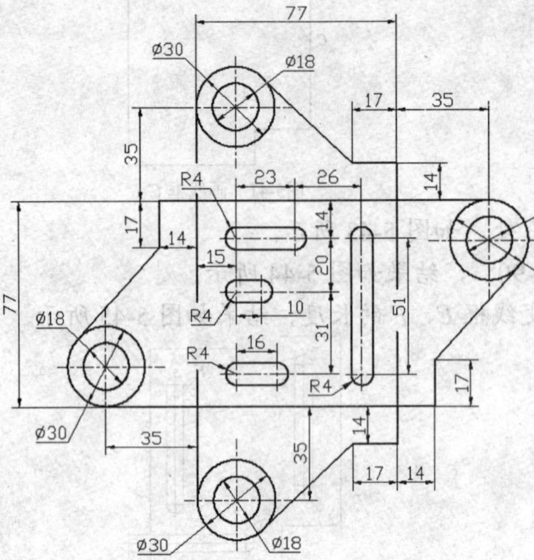

图5-50 用 COPY、ROTATE 及 STRETCH 等命令绘图

5.7 综合练习——画倾斜方向的图形

【练习5-29】：用 OFFSET、MOVE、ROTATE 及 ALIGN 等命令绘制图 5-51 所示的图形。

1. 设定绘图区域大小为 150×150，设置线型全局比例因子为 0.2。
2. 创建以下图层。

名称	颜色	线型	线宽
轮廓线层	白色	Continuous	0.5
中心线层	红色	Center	默认

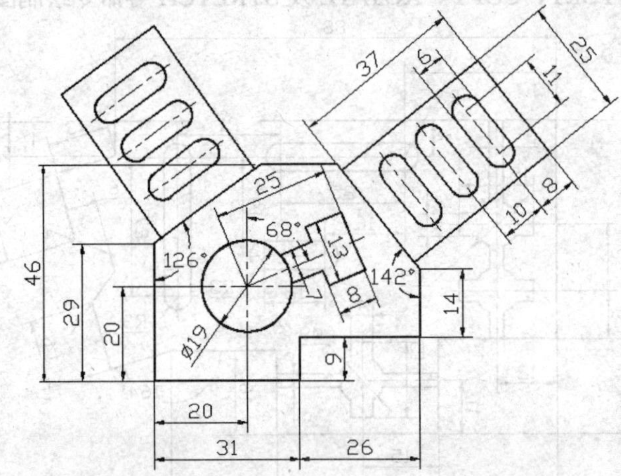

图5-51 画具有倾斜方向特征的图形

3. 打开极轴追踪、对象捕捉及捕捉追踪功能。设置极轴追踪角度增量为 90°，设定对象捕

捉方式为端点、圆心、交点，设置仅沿正交方向进行捕捉追踪。

4. 用 LINE 命令绘制线框 *A*，如图 5-52 所示。
5. 用 XLINE 及 TRIM 命令画斜线 *B*、*C*，如图 5-53 所示。
6. 用 CIRCLE 命令画圆 *D*，用 OFFSET、TRIM 等命令画线框 *E*，如图 5-54 所示。

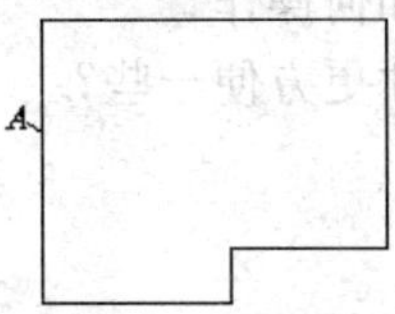

图5-52　画线框 *A*

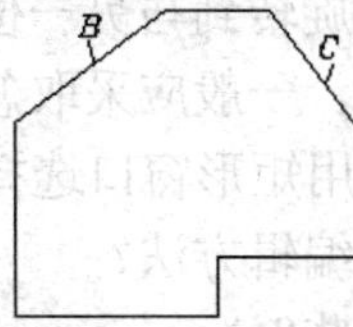

图5-53　画斜线 *B*、*C*

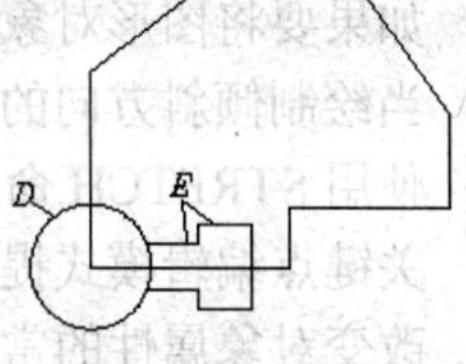

图5-54　画图形 *D*、*E*

7. 把圆 *D* 及线框 *E* 移动到正确位置，绘制定位线，然后将线框 *E* 绕圆 *D* 的圆心旋转 22°，结果如图 5-55 所示。
8. 绘制平面图形 *F*，如图 5-56 所示。
9. 复制平面图形 *F*，将其定位到正确的位置，然后把定位线修改到中心线层上，如图 5-57 所示。

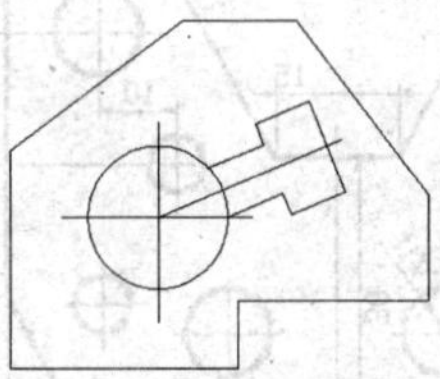

图5-55　移动及旋转对象

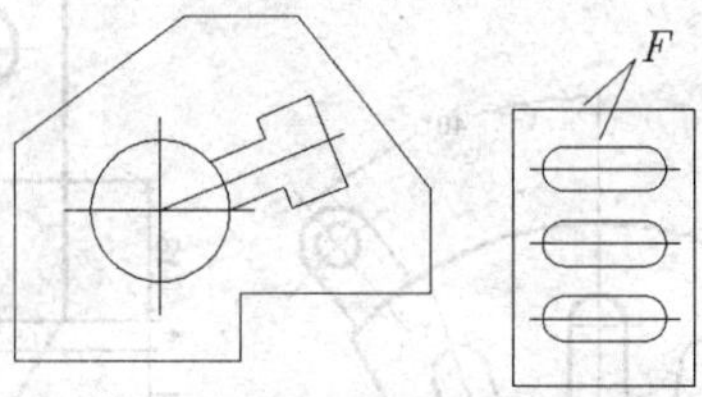

图5-56　画图形 *F*

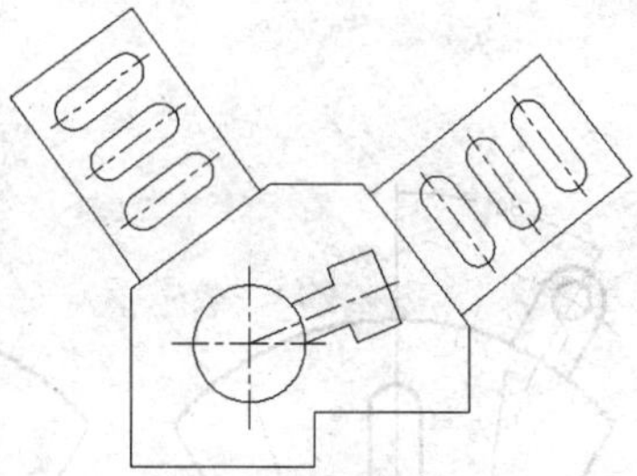

图5-57　复制及对齐图形

【练习5-30】：用 OFFSET、MOVE、ROTATE 及 ALIGN 等命令绘制图 5-58 所示的图形。

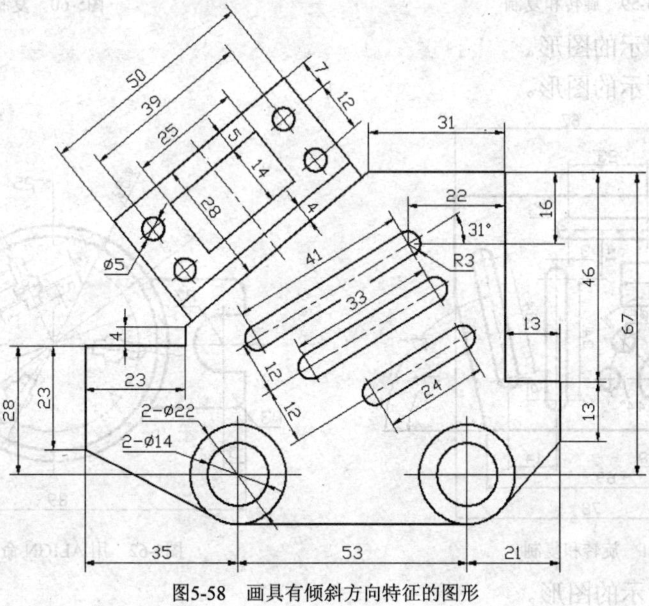

图5-58　画具有倾斜方向特征的图形

习题

一、思考题

1. 移动和复制对象时，可通过哪些方式指定对象位移的距离和方向？
2. 如果要将图形对象从当前位置旋转到与另一位置对齐，应该如何操作？
3. 当绘制倾斜方向的图形对象时，一般应采取怎样的绘图方法才更方便一些？
4. 使用 STRETCH 命令时，能利用矩形窗口选择对象吗？
5. 关键点编辑模式提供了哪几种编辑方法？
6. 改变对象属性的常用命令有哪些？

二、操作题

1. 打开文件“5-31.dwg”，如图 5-59 左图所示，用 ROTATE 和 COPY 命令将左图修改为右图。
2. 绘制图 5-60 所示的图形。

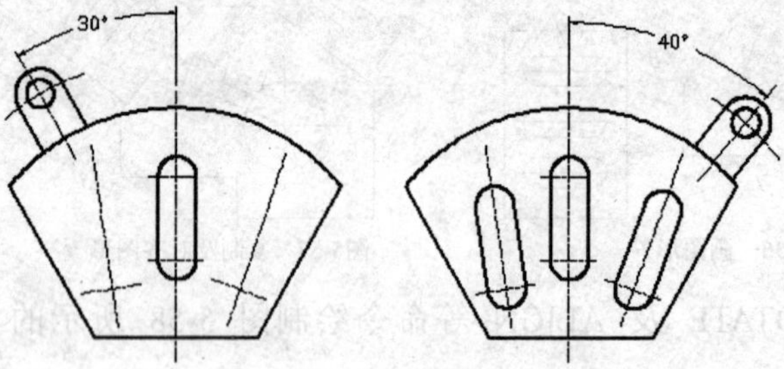

图5-59　旋转和复制

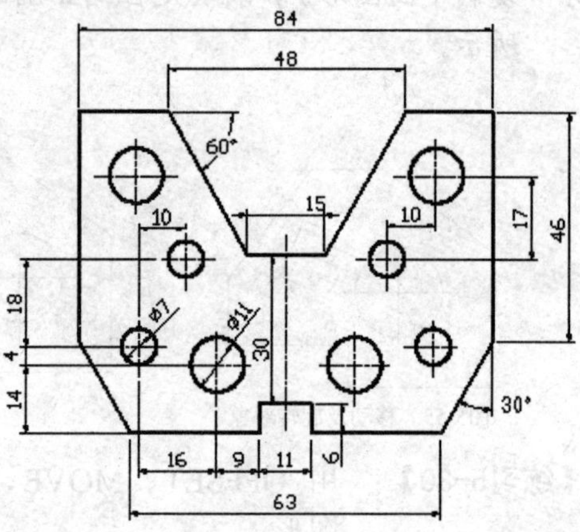

图5-60　复制和镜像

3. 绘制图 5-61 所示的图形。
4. 绘制图 5-62 所示的图形。

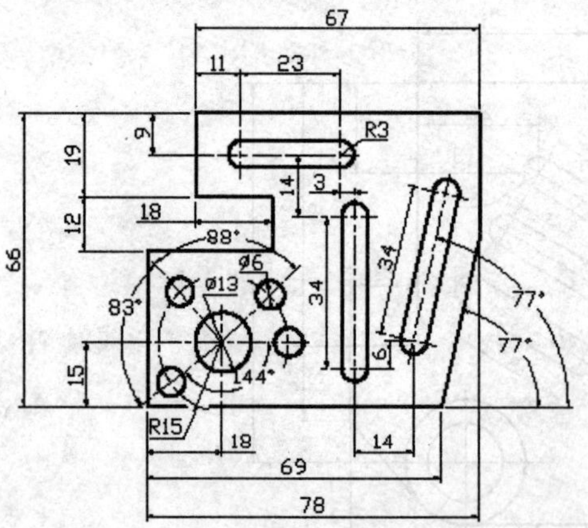

图5-61　旋转和复制

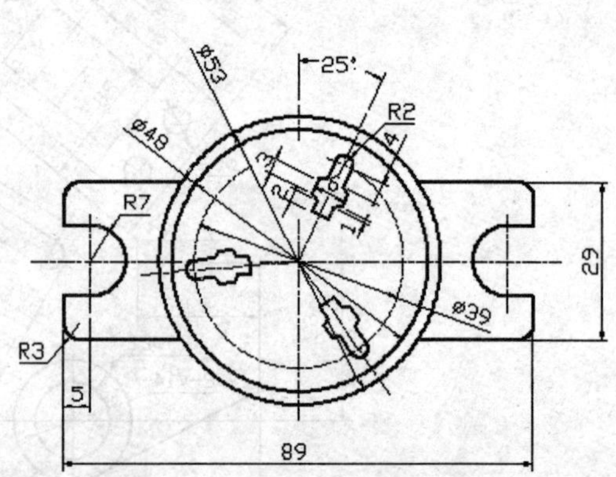

图5-62　用 ALIGN 命令定位图形

5. 绘制图 5-63 所示的图形。

6. 绘制图 5-64 所示的图形。

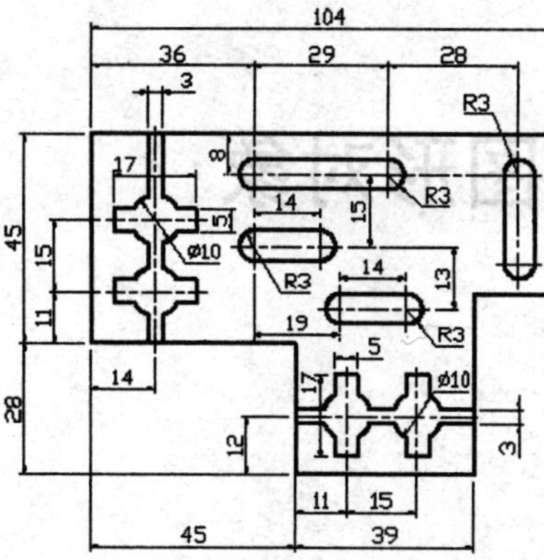

图5-63 用 COPY、ROTATE 等命令绘图

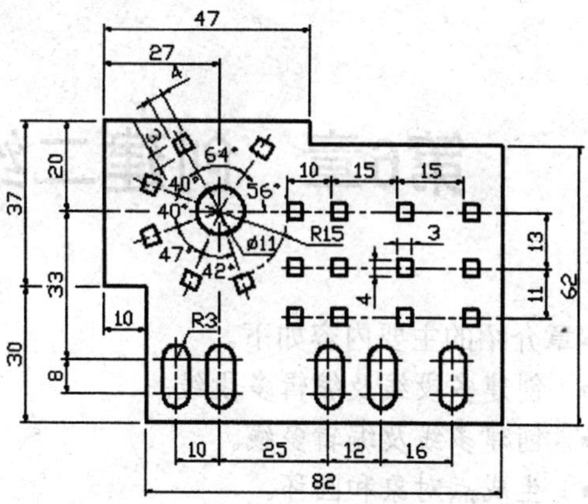

图5-64 利用关键点编辑模式画图

7. 绘制图 5-65 所示的图形。

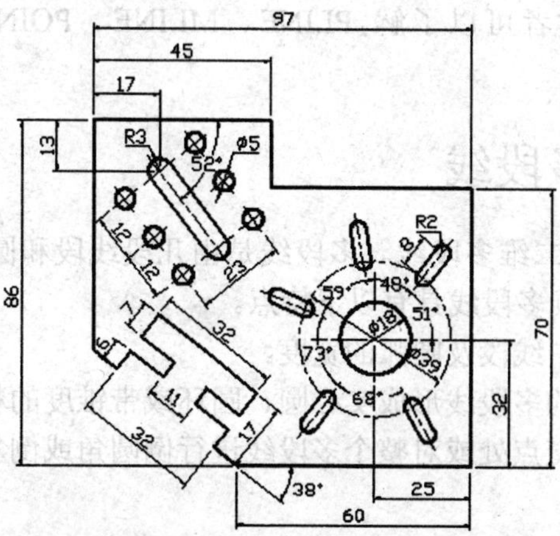

图5-65 用 ROTATE、ALIGN 等命令绘图

第6章 创建二维复杂图形对象

本章介绍的主要内容如下。

- 创建多段线及编辑多段线。
- 创建多线及编辑多线。
- 生成点对象和圆环。
- 使用图块及属性。
- 创建面域及面域间的布尔运算。

通过本章的学习，读者可以了解 PLINE、MLINE、POINT、DONUT、BLOCK 及 REGION 等命令的用法。

6.1 创建及编辑多段线

PLINE 命令用来创建二维多段线。多段线是由几段线段和圆弧构成的连续线条，它是一个单独的图形对象，二维多段线具有以下特点。

(1) 能够设定多段线中线段及圆弧的宽度。

(2) 可以利用有宽度的多段线形成实心圆、圆环或带锥度的粗线等。

(3) 能在指定的线段交点处或对整个多段线进行倒圆角或倒斜角处理。

PLINE 命令启动方法

- 菜单命令:【绘图】/【多段线】。
- 工具栏:【绘图】工具栏上的按钮。
- 命令：PLINE。

编辑多段线的命令是 PEDIT，该命令可以修改整个多段线的宽度值或是分别控制各段的宽度值。此外，用户还可通过该命令将线段、圆弧构成的连续线编辑成一条多段线。

PEDIT 命令启动方法

- 菜单命令:【修改】/【对象】/【多段线】。
- 工具栏:【修改 II】工具栏上的按钮。
- 命令：PEDIT。

【练习6-1】： 练习 PLINE 和 PEDIT 命令。

打开文件“6-1.dwg”，如图 6-1 左图所示，下面用 PLINE、PEDIT 及 OFFSET 命令将左图修改为右图。

1. 打开极轴追踪、对象捕捉及自动追踪功能，设定对象捕捉方式为“端点”、“交点”。

```
命令: _pline
指定起点: from                            //使用正交偏移捕捉
```

基点：　　//捕捉 A 点，如图 6-2 左图所示

<偏移>：@50,-30　　//输入 B 点的相对坐标

指定下一个点或 [圆弧(A)/半宽(H)/长度(L)/放弃(U)/宽度(W)]：153

//从 B 点向右追踪并输入追踪距离

指定下一点或 [圆弧(A)/闭合(C)/半宽(H)/长度(L)/放弃(U)/宽度(W)]：90

//从 C 点向下追踪并输入追踪距离

指定下一点或 [圆弧(A)/闭合(C)/半宽(H)/长度(L)/放弃(U)/宽度(W)]：a

//选用"圆弧(A)"选项画圆弧

指定圆弧的端点或[角度(A)/圆心(CE)/闭合(CL)/方向(D)/半宽(H)/直线(L)/半径(R)/第二个点(S)/放弃(U)/宽度(W)]：63　　//从 D 点向左追踪并输入追踪距离

指定圆弧的端点或[角度(A)/圆心(CE)/闭合(CL)/方向(D)/半宽(H)/直线(L)/半径(R)/第二个点(S)/放弃(U)/宽度(W)]：l　　//选用"直线(L)"选项切换到画直线模式

指定下一点或 [圆弧(A)/闭合(C)/半宽(H)/长度(L)/放弃(U)/宽度(W)]：30

//从 E 点向上追踪并输入追踪距离

指定下一点或 [圆弧(A)/闭合(C)/半宽(H)/长度(L)/放弃(U)/宽度(W)]：

//从 F 点向左追踪，再以 B 点为追踪参考点确定 G 点

指定下一点或 [圆弧(A)/闭合(C)/半宽(H)/长度(L)/放弃(U)/宽度(W)]：

//捕捉 B 点

指定下一点或 [圆弧(A)/闭合(C)/半宽(H)/长度(L)/放弃(U)/宽度(W)]：

//按 Enter 键结束

命令：pedit

选择多段线或 [多条(M)]：　　//选择线段 M，如图 6-2 左图所示

是否将其转换为多段线？<Y>　　//按 Enter 键将线段 M 转换为多段线

输入选项 [闭合(C)/合并(J)/宽度(W)/编辑顶点(E)/拟合(F)/样条曲线(S)/非曲线化(D)/线型生成(L)/放弃(U)]：j　　//选用"合并(J)"选项

选择对象：　指定对角点：总计 5 个　　//选择线段 H、I、J、K 和 L

选择对象：　　//按 Enter 键

输入选项 [闭合(C)/合并(J)/宽度(W)/编辑顶点(E)/拟合(F)/样条曲线(S)/非曲线化(D)/线型生成(L)/放弃(U)]：　　//按 Enter 键结束

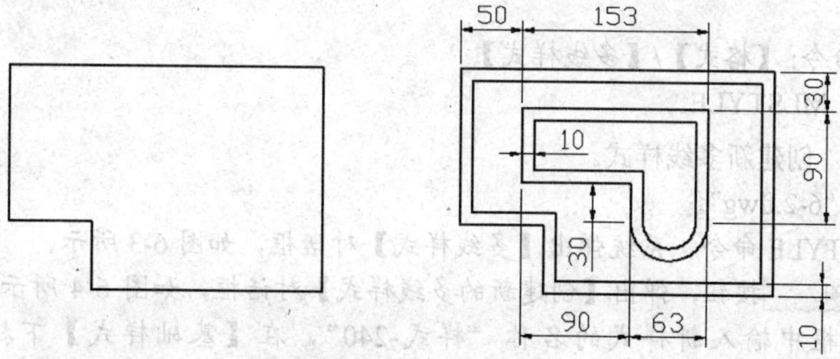

图6-1　画多段线及编辑多段线

2. 用 OFFSET 命令将两个闭合线框向内偏移，偏移距离为 10，结果如图 6-2 右图所示。

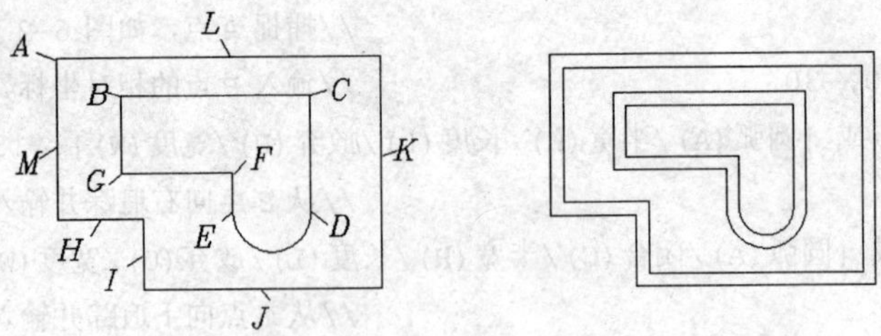

图6-2　创建及编辑多段线

PLINE 命令选项

- 圆弧(A)：使用此选项可以画圆弧。
- 闭合(C)：此选项使多段线闭合，它与 LINE 命令的“C”选项作用相同。
- 半宽(H)：该选项使用户可以指定本段多段线的半宽度，即线宽的一半。
- 长度(L)：指定本段多段线的长度，其方向与上一条直线段相同或是沿上一段圆弧的切线方向。
- 放弃(U)：删除多段线中最后一次绘制的直线段或圆弧段。
- 宽度(W)：设置多段线的宽度，此时系统将提示“指定起点宽度”和“指定端点宽度”，用户可输入不同的起始宽度和终点宽度值来绘制一条宽度逐渐变化的多段线。

PEDIT 命令选项

- 合并(J)：将线段、圆弧或多段线与所编辑的多段线连接以形成一条新的多段线。
- 宽度(W)：修改整条多段线的宽度。

6.2　多线

多线是由多条平行直线组成的对象，其最多可包含 16 条平行线，线间的距离、线的数量、线条颜色及线型等都可以调整。该对象常用于绘制墙体、公路或管道等。

6.2.1　创建多线样式

多线的外观由多线样式决定，在多线样式中用户可以设定多线中线条的数量、每条线的颜色和线型、线间的距离等，还能指定多线两个端头的形式，如弧形端头、平直端头等。

命令启动方法

- 菜单命令：【格式】/【多线样式】。
- 命令：MLSTYLE。

【练习6-2】：　创建新多线样式。

1. 打开文件“6-2.dwg”。
2. 启动 MLSTYLE 命令，系统弹出【多线样式】对话框，如图 6-3 所示。
3. 单击 新建(N)... 按钮，弹出【创建新的多线样式】对话框，如图 6-4 所示。在【新样式名】文本框中输入新样式的名称“样式-240”，在【基础样式】下拉列表中选择“STANDARD”，该样式将成为新样式的样板样式。

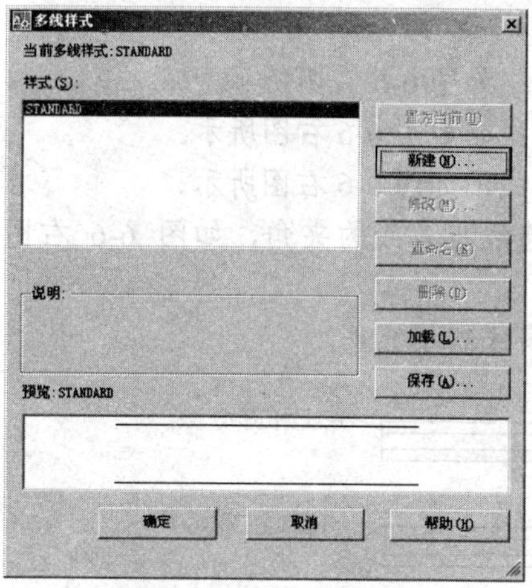

图6-3 【多线样式】对话框

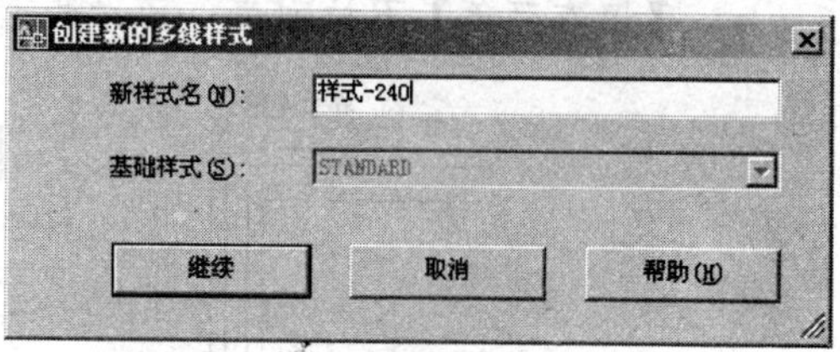

图6-4 【创建新的多线样式】对话框

4. 单击 继续 按钮，弹出【新建多线样式：-240】对话框，如图 6-5 所示。在该对话框中完成以下任务。
   - 在【说明】文本框中输入关于多线样式的说明文字。
   - 在【图元】列表框中选中“0.5”，然后在【偏移】文本框中输入数值 120。
   - 在【图元】列表框中选中“-0.5”，然后在【偏移】文本框中输入数值-120。

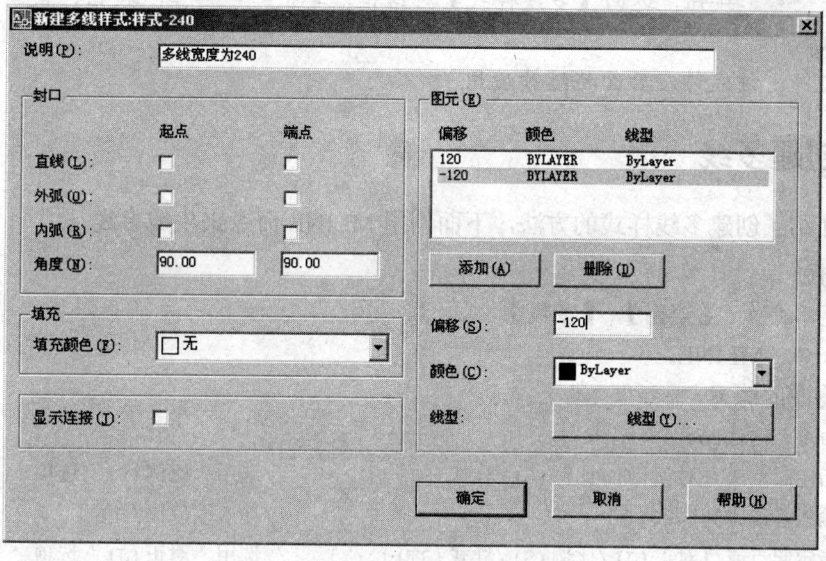

图6-5 【新建多线样式】对话框

【新建多线样式】对话框中常用选项的功能如下。

- 添加(A) 按钮：单击此按钮，系统在多线中添加一条新线，该线的偏移量可在【偏移】文本框中输入。
- 删除(D) 按钮：删除【元素】列表框中选定的线元素。
- 【颜色】下拉列表：通过此列表修改【元素】列表框中选定线元素的颜色。
- 线型(Y)... 按钮：指定【元素】列表框中选定线元素的线型。
- 【显示连接】：选中该复选框，则系统在多线拐角处显示连接线，如图 6-6

左图所示。

- 【直线】：在多线的两端产生直线封口形式，如图 6-6 右图所示。
- 【外弧】：在多线的两端产生外圆弧封口形式，如图 6-6 右图所示。
- 【内弧】：在多线的两端产生内圆弧封口形式，如图 6-6 右图所示。
- 【角度】：该角度是指多线某一端的端口连线与多线的夹角，如图 6-6 右图所示。
- 【填充颜色】下拉列表：通过此列表设置多线的填充色。

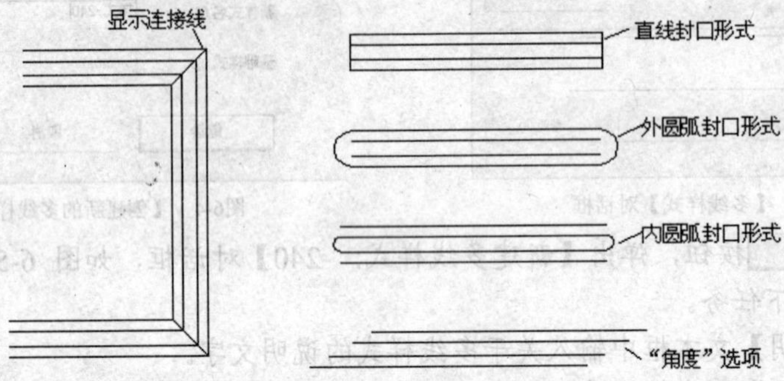

图6-6　多线的各种特性

5. 单击 确定 按钮，返回【多线样式】对话框，单击 置为当前(U) 按钮，使新样式成为当前样式。
6. 保存文件，该文件在后面将继续使用。

6.2.2 创建多线

前面介绍了创建多线样式的方法，下面利用 MLINE 命令来生成多线。

命令启动方法

- 菜单命令：【绘图】/【多线】。
- 命令：MLINE。

继续前面的练习。

```
命令: _mline
指定起点或 [对正(J)/比例(S)/样式(ST)]: s          //选用"比例(S)"选项
输入多线比例 <20.00>: 1                            //输入缩放比例值
指定起点或 [对正(J)/比例(S)/样式(ST)]: j          //选用"对正(J)"选项
输入对正类型 [上(T)/无(Z)/下(B)] <无>: z          //设定对正方式为"无"
指定起点或 [对正(J)/比例(S)/样式(ST)]:            //捕捉 A 点，如图 6-7 右图所示
指定下一点:                                       //捕捉 B 点
指定下一点或 [放弃(U)]:                           //捕捉 C 点
指定下一点或 [闭合(C)/放弃(U)]:                   //捕捉 D 点
指定下一点或 [闭合(C)/放弃(U)]:                   //捕捉 E 点
指定下一点或 [闭合(C)/放弃(U)]:                   //捕捉 F 点
指定下一点或 [闭合(C)/放弃(U)]: c                 //使多线闭合
```

```
命令:MLINE                                      //重复命令
指定起点或 [对正(J)/比例(S)/样式(ST)]:           //捕捉 G 点
指定下一点:                                     //捕捉 H 点
指定下一点或 [放弃(U)]:                         //按 Enter 键结束
命令:MLINE                                      //重复命令
指定起点或 [对正(J)/比例(S)/样式(ST)]:           //捕捉 I 点
指定下一点:                                     //捕捉 J 点
指定下一点或 [放弃(U)]:                         //按 Enter 键结束
```

结果如图 6-7 右图所示。保存文件，该文件在后面将继续使用。

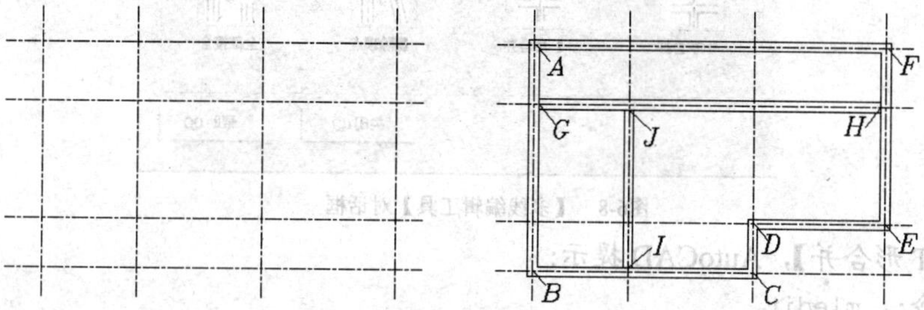

图6-7 画多线

命令选项

- 对正(J)：设定多线对正方式，即多线中哪条线段的端点与鼠标光标重合并随鼠标光标移动，该选项有 3 个子选项。
  - 上(T)：若从左往右绘制多线，则对正点将在最顶端线段的端点处。
  - 无(Z)：对正点位于多线中偏移量为 0 的位置处。多线中线条的偏移量可在多线样式中设定。
  - 下(B)：若从左往右绘制多线，则对正点将在最底端线段的端点处。
- 比例(S)：指定多线宽度相对于定义宽度（在多线样式中定义）的比例因子，该比例不影响线型比例。
- 样式(ST)：该选项使用户可以选择多线样式，默认样式是"STANDARD"。

6.2.3 编辑多线

MLEDIT 命令用于编辑多线，其主要功能如下。

(1) 改变两条多线的相交形式，例如使它们相交成"十"字形或"T"字形。

(2) 在多线中加入控制顶点或删除顶点。

(3) 将多线中的线条切断或接合。

命令启动方法

- 菜单命令：【修改】/【对象】/【多线】。
- 命令：MLEDIT。

继续前面的练习，下面用 MLEDIT 命令编辑多线。

1. 启动 MLEDIT 命令，打开【多线编辑工具】对话框，如图 6-8 所示，该对话框中的小型图片形象地说明了各项编辑功能。

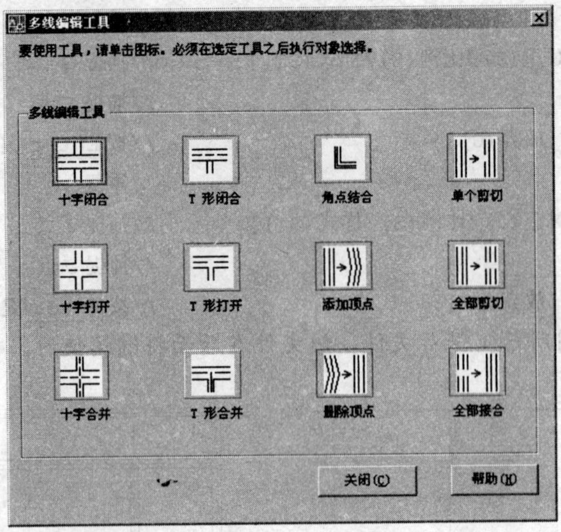

图6-8　【多线编辑工具】对话框

2. 选择【T 形合并】，AutoCAD 提示：

```
命令: _mledit
选择第一条多线:                    //在 A 点处选择多线，如图 6-9 左图所示
选择第二条多线:                    //在 B 点处选择多线
选择第一条多线 或 [放弃(U)]:       //在 C 点处选择多线
选择第二条多线:                    //在 D 点处选择多线
选择第一条多线 或 [放弃(U)]:       //在 E 点处选择多线
选择第二条多线:                    //在 F 点处选择多线
选择第一条多线 或 [放弃(U)]:       //在 G 点处选择多线
选择第二条多线:                    //在 H 点处选择多线
选择第一条多线 或 [放弃(U)]:       //按 Enter 键结束
```

结果如图 6-9 右图所示。

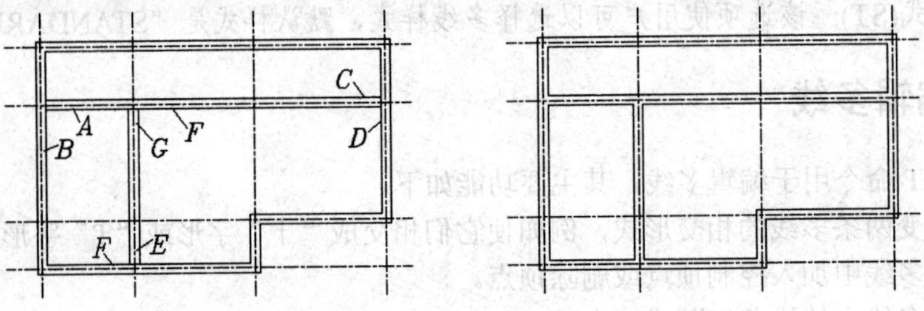

图6-9　编辑多线

6.3 分解多线及多段线

EXPLODE 命令（简写 X）可将多线、多段线、块、标注及面域等复杂对象分解成 AutoCAD 基本图形对象。例如，连续的多段线是一个单独对象，用 EXPLODE 命令“炸开”后，多段线的每一段都是独立对象。

输入 EXPLODE 命令或单击【修改】工具栏上的按钮，系统提示“选择对象”，用户选择图形对象后，AutoCAD 进行分解。

6.4 徒手画线

SKETCH 可以作为徒手绘图的工具。在发出该命令后，用户通过移动鼠标光标就能绘制出曲线（徒手线），鼠标光标移动到哪里，线条就画到哪里。徒手线是由许多小线段组成的，用户可以设置线段的最小长度。当从一条线的端点移动一段距离，而这段距离又超过了设定的最小长度值时，系统就产生新的直线段。因此，如果设定的最小长度值较小，那么所绘曲线中就会包含大量的微小线段，从而增加图样的大小；反之，若设定了较大的数值，则绘制的曲线看起来就像连续折线。

系统变量 SKPOLY 控制徒手线是否是一个单一对象，当设置 SKPOLY 为“1”时，用 SKETCH 命令绘制的曲线是一条单独的多段线。

【练习6-3】：绘制一个半径 *R*50 的辅助圆，然后在圆内用 SKETCH 命令绘制树木图例。

```
命令: skpoly                                    //设置系统变量
输入 SKPOLY 的新值 <0>: 1                        //使徒手画成为多段线
命令: sketch
记录增量 <1.0000>: 1.5                           //设定线段的最小长度
徒手画. 画笔(P)/退出(X)/结束(Q)/记录(R)/删除(E)/连接(C)。p
                                                //输入“P”并按Enter键
<笔 落>                                          //落下画笔，移动鼠标画曲线
<笔 提>                                          //输入“P”抬起画笔，移动鼠标到要画线的位置
<笔 落>                                          //输入“P”落下画笔，继续画曲线
<笔 提>                                          //按Enter键结束
```

继续绘制其他线条，绘制结果如图 6-10 所示。

图6-10　徒手画线

6.5 点对象

在系统中可创建单独的点对象，点的外观由点样式控制。一般在创建点之前要先设置点的样式，但也可先绘制点，再设置点样式。

6.5.1 设置点样式

选取菜单命令【格式】/【点样式】，打开【点样式】对话框，如图 6-11 所示。该对话框提供了多种样式的点，用户可根据需要进行选择。此外，用户还能通过【点大小】文本框指定点的大小。点的大小既可相对于屏幕大小来设置，也可直接输入点的绝对尺寸。

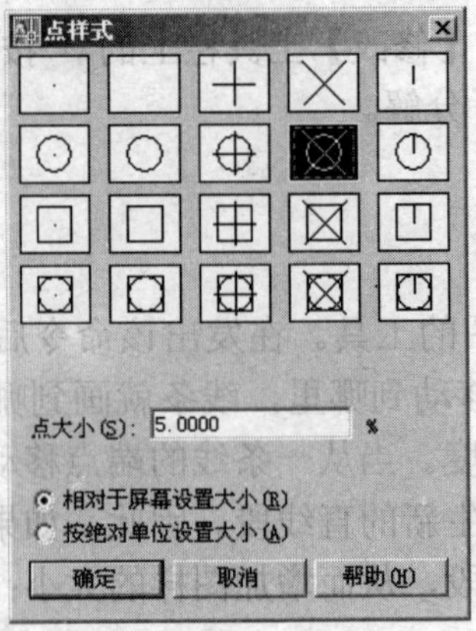

图6-11　【点样式】对话框

6.5.2　创建点

POINT 命令可创建点对象，此类对象可以作为绘图的参考点，节点捕捉“NOD”可以拾取该对象。

命令启动方法

- 菜单命令:【绘图】/【点】/【多点】。
- 工具栏：绘图工具栏上的按钮。
- 命令：POINT 或简写 PO。

【练习6-4】：　练习 POINT 命令。

```
命令: _point
指定点: //输入点的坐标或在屏幕上拾取点，系统在指定位置创建点对象，如图 6-12 所示
*取消*    //按Esc键结束
```


图6-12　创建点对象

要点提示 若将点的尺寸设置成绝对数值，则缩放图形后将引起点的大小发生变化，而相对于屏幕大小设置点尺寸时，则不会出现这种情况（要用 REGEN 命令重新生成图形）。

6.5.3　画测量点

MEASURE 命令在图形对象上按指定的距离放置点对象（POINE 对象），这些点可用“NOD”进行捕捉。对于不同类型的图形元素，测量距离的起始点是不同的。若是直线或非闭合的多段线，起点是离选择点最近的端点。若是闭合多段线，起点是多段线的起点。如果是圆，则以坐标系 X 轴与圆的交点为起点开始测量。

命令启动方法

- 菜单命令:【绘图】/【点】/【定距等分】。
- 命令：MEASURE 或简写 ME。

【练习6-5】： 练习 MEASURE 命令。

打开文件“6-5.dwg”，用 MEASURE 命令创建两个测量点 *C*、*D*，如图 6-13 所示。

```
命令: _measure
选择要定距等分的对象:                    //在 A 端附近选择对象，如图 6-12 所示
指定线段长度或 [块(B)]: 160              //输入测量长度
命令:
MEASURE                                  //重复命令
选择要定距等分的对象:                    //在 B 端附近选择对象
指定线段长度或 [块(B)]: 160              //输入测量长度
```

结果如图 6-13 所示。

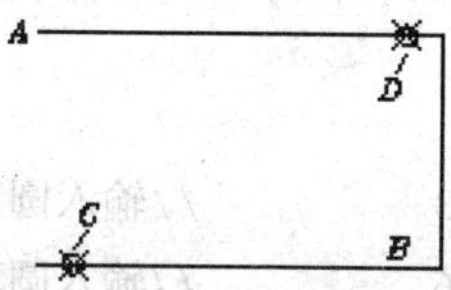

图6-13 创建测量点

命令选项

块(B)：按指定的测量长度在对象上插入图块（在 6.6 节中介绍图块）。

6.5.4 画等分点

DIVIDE 命令根据等分数目在图形对象上放置等分点，这些点并不分割对象，只是标明等分的位置。可等分的图形元素包括直线、圆、圆弧、样条线及多段线等。对于圆，等分的起始点位于坐标系 *X* 轴与圆的交点处。

命令启动方法

- 菜单命令：【绘图】/【点】/【定数等分】。
- 命令：DIVIDE 或简写 DIV。

【练习6-6】： 练习 DIVIDE 命令。

打开文件“6-6.dwg”，用 DIVIDE 命令创建等分点，结果如图 6-14 所示。

```
命令: DIVIDE
选择要定数等分的对象:                  //选择线段，如图 6-14 所示
输入线段数目或 [块(B)]: 4              //输入等分的数目
命令:DIVIDE                            //重复命令
选择要定数等分的对象:                  //选择圆弧
输入线段数目或 [块(B)]: 5              //输入等分数目
```

结果如图 6-14 所示。

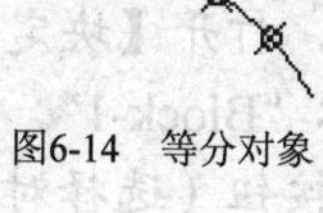

图6-14 等分对象

命令选项

块(B)：在等分处插入图块。

6.6 画圆环及圆点

DONUT 命令可创建填充圆环或圆点。启动该命令后，用户依次输入圆环内径、外径及圆心，AutoCAD 就生成圆环。若要画圆点，则指定内径为“0”即可。

命令启动方法

- 菜单命令：【绘图】/【圆环】。
- 命令：DONUT。

【练习6-7】： 练习 DONUT 命令。

```
命令: _donut
指定圆环的内径 <2.0000>: 3                //输入圆环内径
指定圆环的外径 <5.0000>: 6                //输入圆环外径
指定圆环的中心点或<退出>:                  //指定圆心
指定圆环的中心点或<退出>:                  //按Enter键结束
```

图6-15　画圆环

结果如图 6-15 所示。

DONUT 命令生成的圆环实际上是具有宽度的多段线，用户可用 PEDIT 命令编辑该对象。此外，用户还可以设定是否对圆环进行填充，当把变量 FILLMODE 设置为“1”时，系统将填充圆环；否则，不填充。

6.7 使用图块

图块是由多个对象组成的单一整体，在需要时可将其作为单独对象插入图形中使用。在建筑图中有许多反复使用的图形，若事先将这些图形创建成块，则使用时只需插入块即可，这样就避免了重复劳动，提高了设计效率。

6.7.1 创建图块

用 BLOCK 命令可以将图形的一部分或整个图形创建成图块，用户可以给图块起名，并可定义插入基点。

命令启动方法

- 菜单命令：【绘图】/【块】/【创建】。
- 工具栏：【绘图】工具栏上的按钮。
- 命令：BLOCK 或简写 B。

【练习6-8】： 创建图块。

1. 打开文件“6-8.dwg”。
2. 单击【绘图】工具栏上的按钮，打开【块定义】对话框，如图 6-16 所示。在【名称】文本框中输入新建图块的名称“Block-1”。
3. 选择构成块的图形元素。单击按钮（选择对象），返回绘图窗口，并提示“选择对象”，选择图形 *A*，如图 6-17 所示。

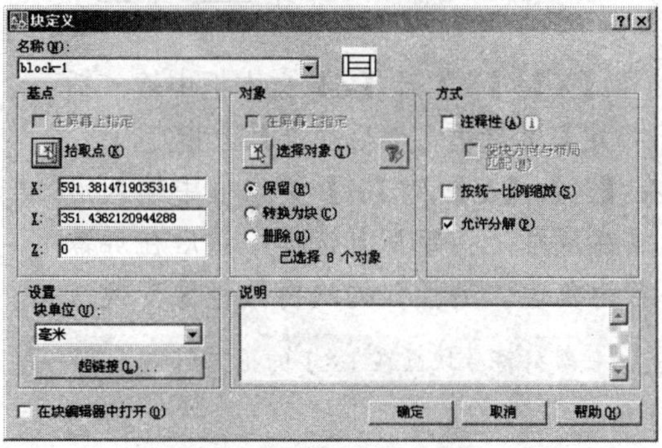

图6-16 【块定义】对话框

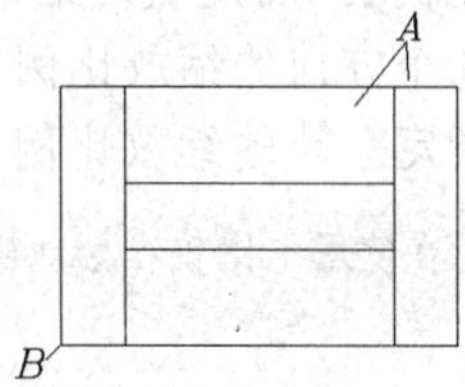

图6-17 创建图块

4. 指定块的插入基点。单击按钮（拾取点），系统返回绘图窗口，并提示“指定插入基点”，拾取点 *B*，如图 6-17 所示。
5. 单击 确定 按钮，生成图块。

6.7.2 插入图块或外部文件

用户可以使用 INSERT 命令在当前图形中插入块或图形文件，无论块或被插入的图形多么复杂，系统都将它们作为一个单独的对象。如果用户需编辑其中的单个图形元素，就必须用 EXPLODE 命令分解图块或文件块。

命令启动方法

- 菜单命令：【插入】/【块】。
- 工具栏：【绘图】工具栏上的按钮。
- 命令：INSERT 或简写 I。

启动 INSERT 命令，打开【插入】对话框，如图 6-18 所示。通过此对话框用户可以将图形文件中的图块插入到图形中，也可将另一图形文件插入到图形中。

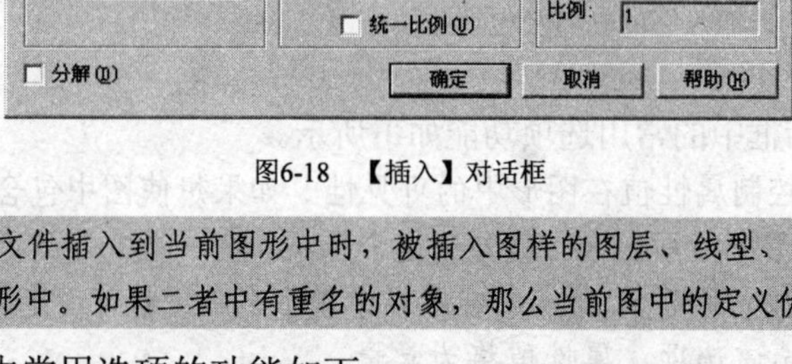

图6-18 【插入】对话框

要点提示 当把一个图形文件插入到当前图形中时，被插入图样的图层、线型、图块及字体样式等也将加入到当前图形中。如果二者中有重名的对象，那么当前图中的定义优先于被插入的图样。

【插入】对话框中常用选项的功能如下。

- 【名称】：该下拉列表罗列了图样中的所有图块，用户可以通过这个列表选择要插入的块。如果要将“.dwg”文件插入到当前图形中，就单击 浏览(B)... 按钮选择要插入的文件。

- 【插入点】：确定图块的插入点。可直接在【X】、【Y】及【Z】文本框中输入插入点的绝对坐标值，或是勾选【在屏幕上指定】复选框，然后在屏幕上指定。
- 【比例】：确定块的缩放比例。可直接在【X】、【Y】及【Z】文本框中输入沿这 3 个方向的缩放比例因子，也可勾选【在屏幕上指定】复选框，然后在屏幕上指定。块的缩放比例因子可正可负，若为负值，则插入的块将做镜像变换。

要点提示 为了在使用中比较容易地确定块的缩放比例值，一般将符号块画在 1×1 的正方形中。

- 【统一比例】：该选项使块沿 *X*、*Y* 及 *Z* 方向的缩放比例相同。
- 【旋转】：指定插入块时的旋转角度。可在【角度】文本框中直接输入旋转角度值，或是通过【在屏幕上指定】复选框在屏幕上指定。
- 【分解】：若用户选择该选项，则系统在插入块的同时分解块对象。

6.7.3 创建及使用块属性

在 AutoCAD 中，可以使块附带属性。属性类似于商品的标签，包含了图块所不能表达的一些文字信息，如材料、型号及制造者等，存储在属性中的信息一般称为属性值。当用 BLOCK 命令创建块时，将已定义的属性与图形一起生成块，这样块中就包含属性了。当然，用户也能只将属性本身创建成一个块。

属性有助于用户快速产生关于设计项目的信息报表，或者作为一些符号块的可变文字对象。其次，属性也常用来预定义文本位置、内容或提供文本默认值等。例如，把标题栏中的一些文字项目定制成属性对象，就能方便地填写或修改。

命令启动方法

- 下拉菜单：【绘图】/【块】/【定义属性】。
- 命令：ATTDEF 或简写 ATT。

【练习6-9】：　在下面的练习中，将演示定义属性及使用属性的具体过程。

1. 打开文件“6-9.dwg”。
2. 输入 ATTDEF 命令，AutoCAD 打开【属性定义】对话框，如图 6-19 所示。在【属性】区域中输入下列内容：

   【标记】：　姓名及号码

   【提示】：　请输入您的姓名及电话号码

   【默认】：　李燕　2660732

   【属性定义】对话框中的常用选项功能如下所示。

- 【不可见】：控制属性值在图形中的可见性。如果想使图中包含属性信息，但又不想使其在图形中显示出来，就勾选这个选项。有一些文字信息（如零部件的成本、产地、存放仓库等），常不必在图样中显示出来，就可设定为不可见属性。
- 【固定】：勾选该选项，属性值将为常量。
- 【验证】：设置是否对属性值进行校验。若勾选此选项，则插入块并输入属性值后，AutoCAD 将再次给出提示，让用户校验输入值是否正确。

- 【预置】：该选项用于设定是否将实际属性值设置成默认值。若勾选此选项，则插入块时，AutoCAD 将不再提示用户输入新属性值，实际属性值等于【值】框中的默认值。
- 【对正】：该下拉列表中包含了 10 多种属性文字的对齐方式，如调整、中心、中间、左、右等。这些选项功能与 DTEXT 命令对应选项功能相同，参见 7.1.3 节。
- 【文字样式】：从该下拉列表中选择文字样式。
- 【文字高度】：在文本框中输入属性文字高度。
- 【旋转】：设定属性文字的旋转角度。

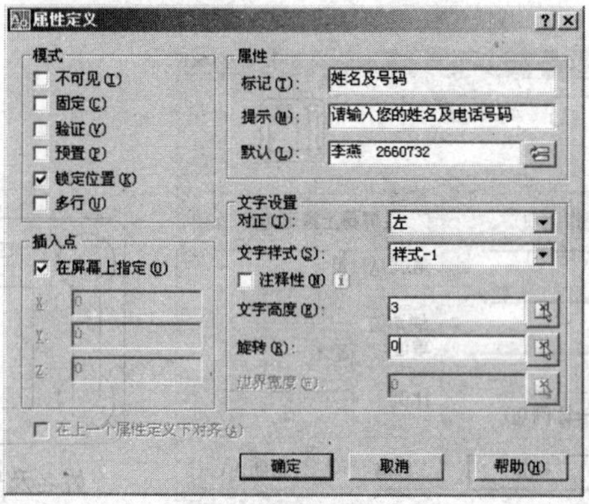

图6-19 【属性定义】对话框

3. 在【文字样式】下拉列表中选择“样式-1”，在【高度】框中输入数值“3”。单击 确定 按钮，AutoCAD 提示“指定起点:”，在电话机的下边拾取 *A* 点，结果如图 6-20 所示。
4. 将属性与图形一起创建成图块。单击【绘图】工具栏上的按钮，AutoCAD 打开【块定义】对话框，如图 6-21 所示。

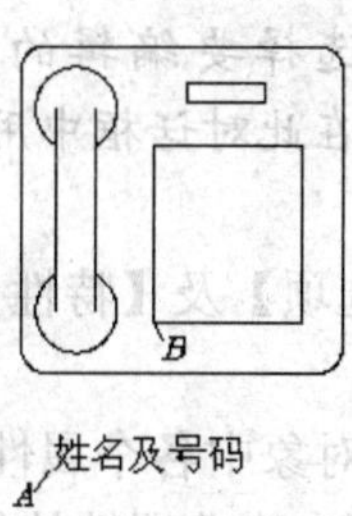

图6-20 定义属性

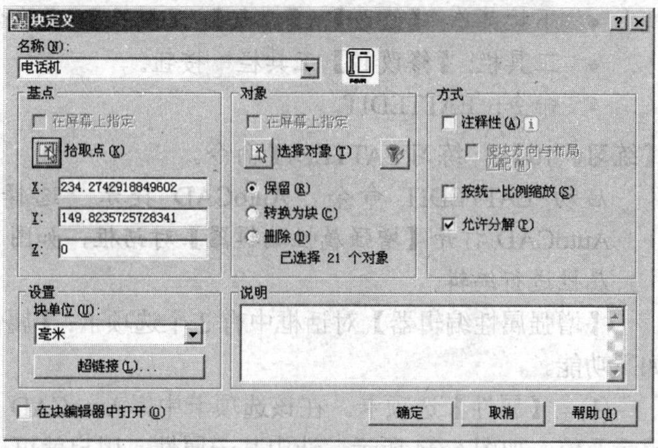

图6-21 【块定义】对话框

5. 在【名称】栏中输入新建图块的名称“电话机”，在【对象】区域中选中【保留】单选按钮，如图 6-21 所示。
6. 单击按钮（选择对象），AutoCAD 返回绘图窗口，并提示“选择对象”，选择电话机及属性，如图 6-20 所示，选择完成按 Enter 键回到【块定义】对话框。

7. 指定块的插入基点。单击按钮（拾取点），AutoCAD 返回绘图窗口，并提示“指定插入基点”，拾取点 *B*，如图 6-20 所示。
8. 单击 确定 按钮，AutoCAD 生成图块。
9. 插入带属性的块。单击【绘图】工具栏上的按钮，AutoCAD 打开【插入】对话框，在【名称】下拉列表中选择“电话机”，如图 6-22 所示。
10. 单击 确定 按钮，AutoCAD 提示：

    指定插入点或 [基点(B)/比例(S)/X/Y/Z/旋转(R)]：　//在屏幕的适当位置指定插入点

    请输入您的姓名及电话号码 <李燕　2660732>：张涛　5895926　//输入属性值

    结果如图 6-23 所示。

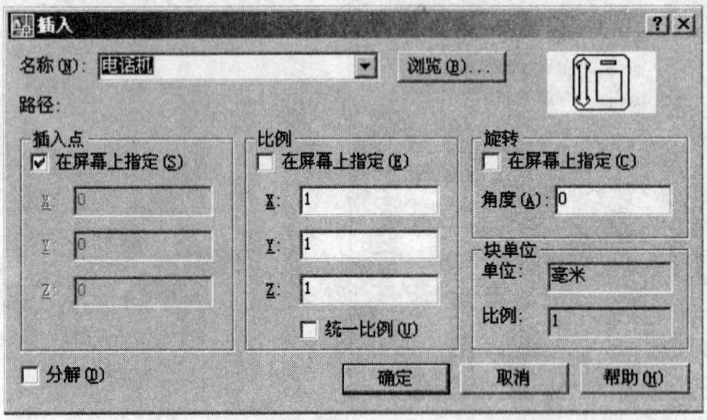

图6-22 【插入】对话框

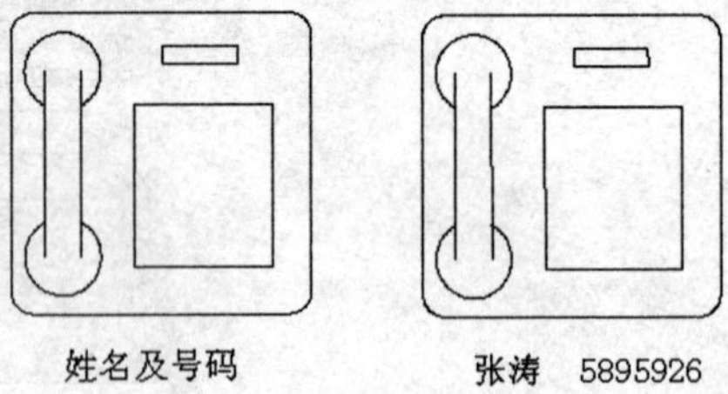

图6-23 插入附带属性的图块

6.7.4 编辑块属性

若属性已被创建成为块，则用户可用 EATTEDIT 命令来编辑属性值及其他特性。

命令启动方法

- 下拉菜单：【修改】/【对象】/【属性】/【单个】。
- 工具栏：【修改 II】工具栏按钮。
- 命令：EATTEDIT。

【练习6-10】：练习 EATTEDIT 命令。

启动 EATTEDIT 命令，AutoCAD 提示“选择块”，用户选择要编辑的图块后，AutoCAD 打开【增强属性编辑器】对话框，如图 6-24 所示，在此对话框中用户可对块属性进行编辑。

【增强属性编辑器】对话框中有 3 个选项卡：【属性】、【文字选项】及【特性】，它们有如下功能。

(1) 【属性】选项卡。在该选项卡中，AutoCAD 列出当前块对象中各个属性的标记、提示及值，如图 6-24 所示。选中某一属性，用户就可以在【值】框中修改属性的值。

(2) 【文字选项】选项卡。该选项卡用于修改属性文字的一些特性，如文字样式、字高等，如图 6-25 所示。选项卡中各选项的含义与【文字样式】对话框中同名选项含义相同，请参见 7.1.1 小节。

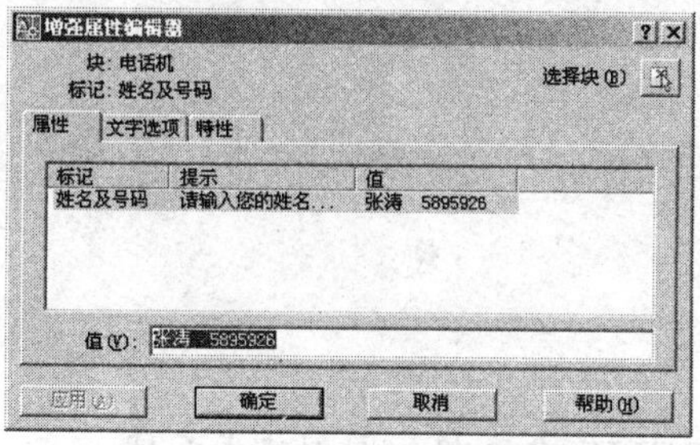

图6-24 【增强属性编辑器】对话框

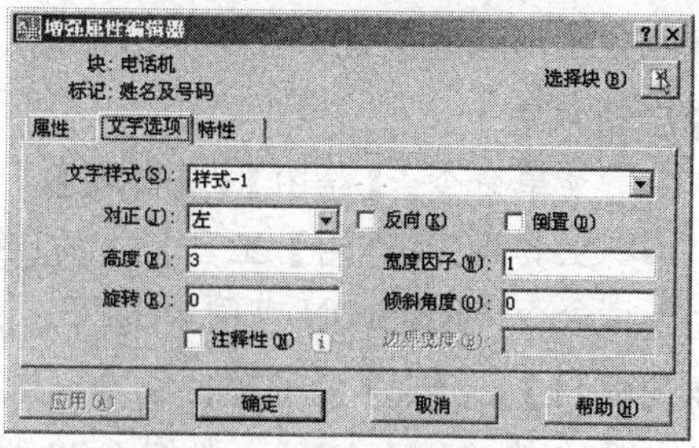

图6-25 【文字选项】选项卡

(3) 【特性】选项卡。在该选项卡中用户可以修改属性文字的图层、线型及颜色等，如图 6-26 所示。

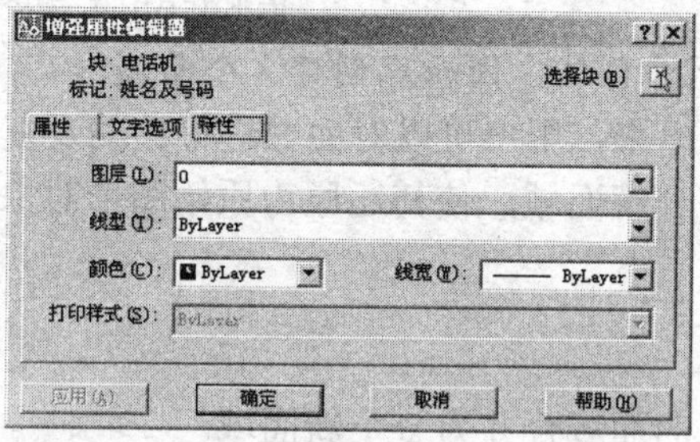

图6-26 【特性】选项卡

6.8 面域对象及布尔操作

域（REGION）是指二维的封闭图形，它可由线段、多段线、圆、圆弧及样条曲线等对象围成，但应保证相邻对象间共享连接的端点，否则将不能创建域。域是一个单独的实体，具有面积、周长及形心等几何特性。使用域绘图与传统的绘图方法是截然不同的，此时可采用“并”、“交”及“差”等布尔运算来构造不同形状的图形，图 6-27 显示了 3 种布尔运算的结果。

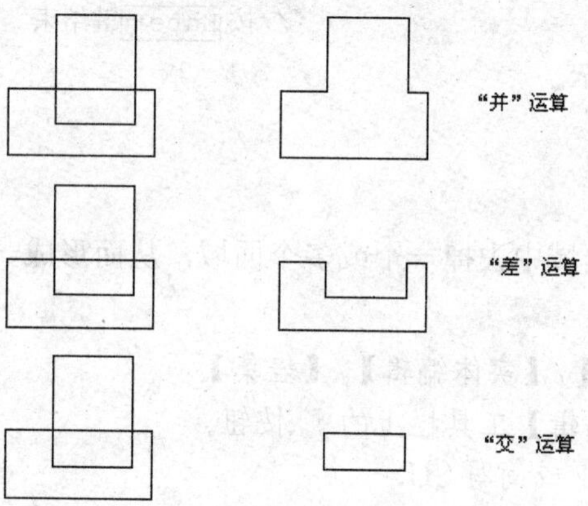

图6-27 布尔运算

6.8.1 创建面域

REGION 命令可一次将多个封闭图形创建成面域，面域的外观与创建前相同，但该对象既包含图形轮廓又包含轮廓围成的面。

命令启动方法

- 菜单命令:【绘图】/【面域】。
- 工具栏:【绘图】工具栏上的按钮。
- 命令: REGION 或简写 REG。

【练习6-11】: 练习 REGION 命令。

打开文件“6-11.dwg”，如图 6-28 所示，用 REGION 命令将该图创建成面域。

```
命令: _region
选择对象: 指定对角点: 找到 3 个        //选择矩形及两个圆，如图 6-28 所示
选择对象:                             //按 Enter 键结束
```

图 6-28 中包含了 3 个闭合区域，因而可创建 3 个面域。

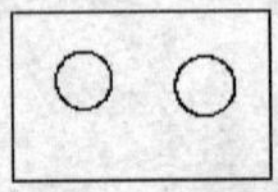

图6-28　创建面域

面域以线框的形式显示出来，用户可以对面域进行移动及复制等操作，还可用 EXPLODE 命令分解面域，使其还原为原始图形对象。

6.8.2　并运算

并运算将所有参与运算的面域合并为一个新面域。

命令启动方法

- 菜单命令:【修改】/【实体编辑】/【并集】。
- 工具栏 :【实体编辑】工具栏上的按钮。
- 命令: UNION 或简写为 UNI。

【练习6-12】: 练习 UNION 命令。

打开文件“6-12.dwg”，如图 6-29 左图所示，用 UNION 命令将左图修改为右图。

```
命令: union
选择对象: 指定对角点: 找到 5 个        //选择 5 个面域，如图 6-29 左图所示
选择对象:                             //按 Enter 键结束
```

结果如图 6-29 右图所示。

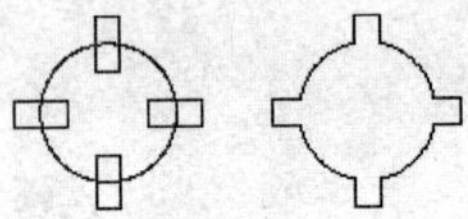

图6-29　执行并运算

6.8.3　差运算

可利用差运算从一个面域中去掉一个或多个面域，从而形成一个新面域。

命令启动方法

- 菜单命令:【修改】/【实体编辑】/【差集】。
- 工具栏 :【实体编辑】工具栏上的按钮。
- 命令: SUBTRACT 或简写 SU。

【练习6-13】: 练习 SUBTRACT 命令。

打开文件“6-13.dwg”，如图 6-30 左图所示，用 SUBTRACT 命令将左图修改为右图。

```
命令: subtract
选择对象: 找到 1 个                   //选择大圆面域，如图 6-30 左图所示
```

选择对象: //按Enter键

选择对象:总计 4 个 //选择 4 个小矩形面域

选择对象: //按Enter键结束

结果如图 6-30 右图所示。

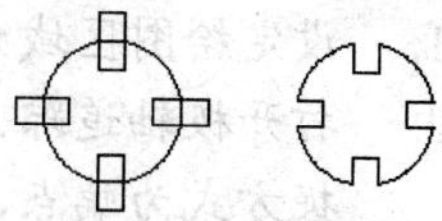

图6-30 执行差运算

6.8.4 交运算

交运算可以求出各个相交面域的公共部分。

命令启动方法

- 菜单命令:【修改】/【实体编辑】/【交集】。
- 工具栏 :【实体编辑】工具栏上的按钮。
- 命令: INTERSECT 或简写 IN。

【练习6-14】: 练习 INTERSECT 命令。

打开文件“6-14.dwg”，如图 6-31 左图所示，用 INTERSECT 命令将左图修改为右图。

命令: intersect

选择对象: 指定对角点: 找到 2 个 //选择圆面域及另一面域，如图 6-31 左图所示

选择对象: //按Enter键结束

结果如图 6-31 右图所示。

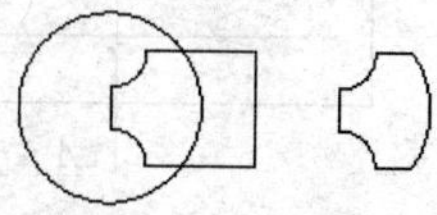

图6-31 执行交运算

6.8.5 实战提高

面域造型的特点是通过面域对象的并、交或差运算来创建图形，当图形边界比较复杂时，这种绘图法的效率是很高的。用户如果采用这种方法绘图，首先必须对图形进行分析，以确定应生成哪些面域对象，然后考虑如何进行布尔运算形成最终的图形。

【练习6-15】: 绘制如图 6-32 所示的图形。

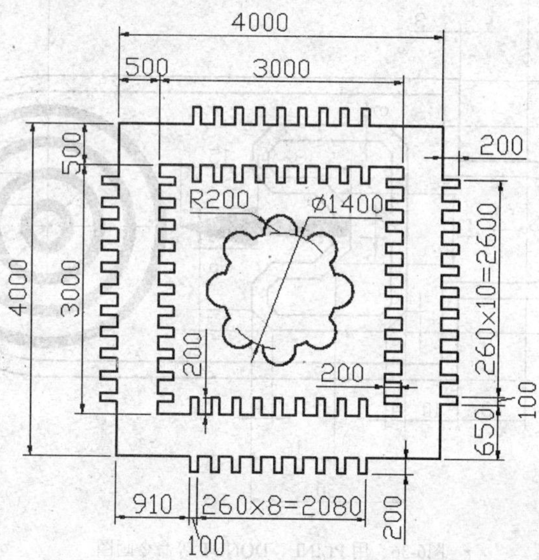

图6-32 面域造型

1. 设定绘图区域大小为 10 000 × 10 000。
2. 打开极轴追踪、对象捕捉及自动追踪功能。指定极轴追踪角度增量为 90°，设定对象捕捉方式为端点、交点，设置仅沿正交方向自动追踪。
3. 绘制两条绘图辅助线 *A*、*B*，用 OFFSET、TRIM 及 CIRCLE 命令形成两个正方形、一个矩形和两个圆，再用 REGION 命令将它们创建成面域，如图 6-33 所示。
4. 用大正方形面域"减去"小正方形面域，形成一个方框面域。
5. 用 ARRAY、MIRROR 及 ROTATE 等命令形成图形 *C*、*D* 及 *E* 等，如图 6-34 所示。
6. 将所有的圆面域合并在一起，再将方框面域与所有矩形面域合并在一起，然后删除辅助线，结果如图 6-35 所示。

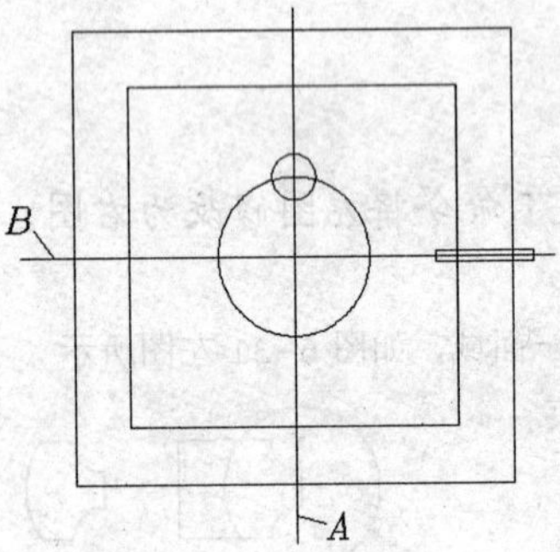

图6-33 创建面域

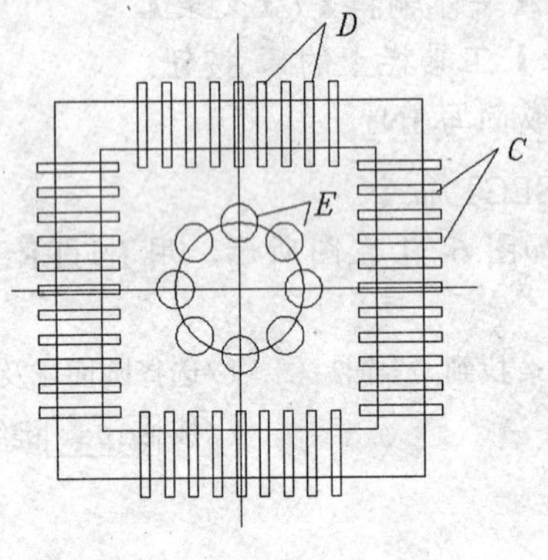

图6-34 形成图形 *C*、*D* 等

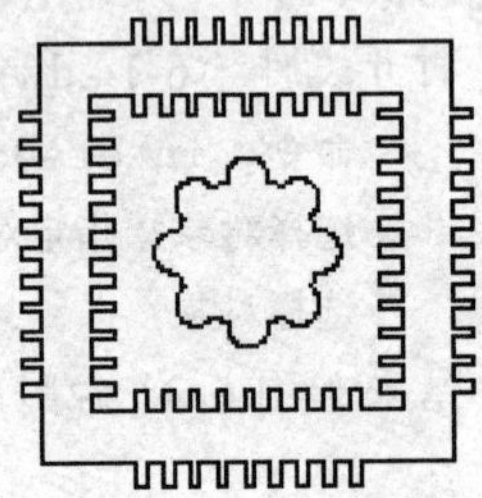

图6-35 合并面域

6.9 综合练习——画多段线、圆点及圆环等

【练习6-16】：用 PLINE、PEDIT、DONUT 及 ARRAY 等命令绘制图 6-36 所示的图形。

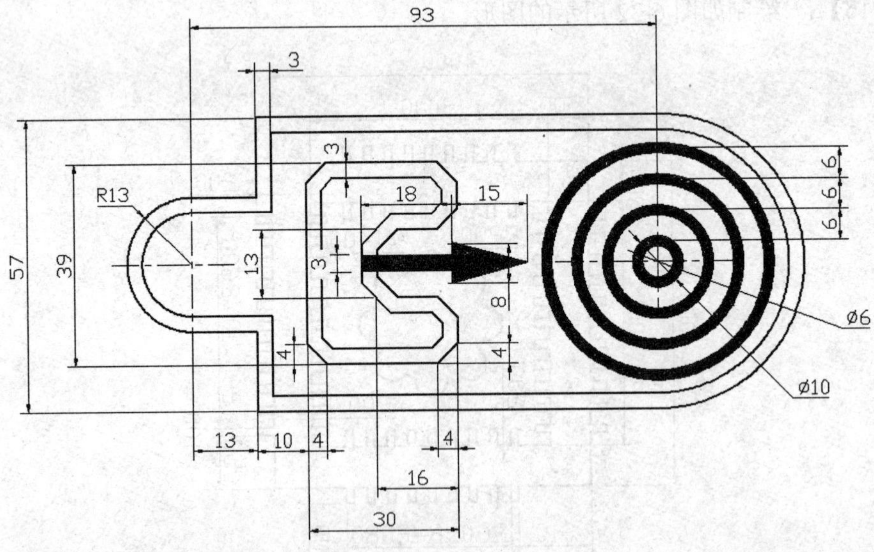

图6-36 用 PLINE、DONUT 等命令画图

【练习6-17】：用 PLINE、OFFSET、DONUT 及 ARRAY 等命令绘制图 6-37 所示的图形。

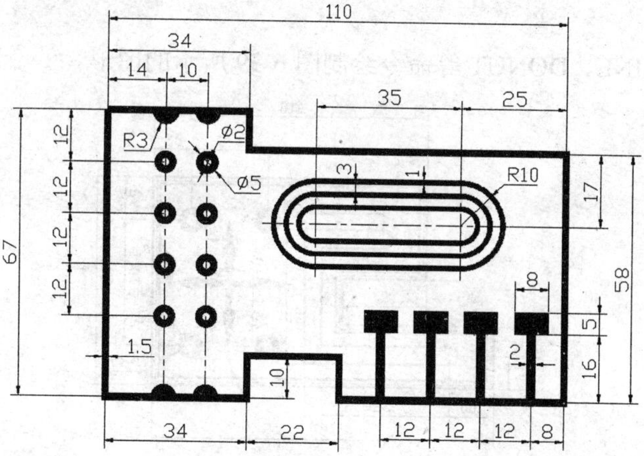

图6-37 用 PLINE、DONUT 等命令画图

【练习6-18】：用 PLINE、PEDIT、BLOCK 及 DIVIDE 等命令绘制图 6-38 所示的图形。

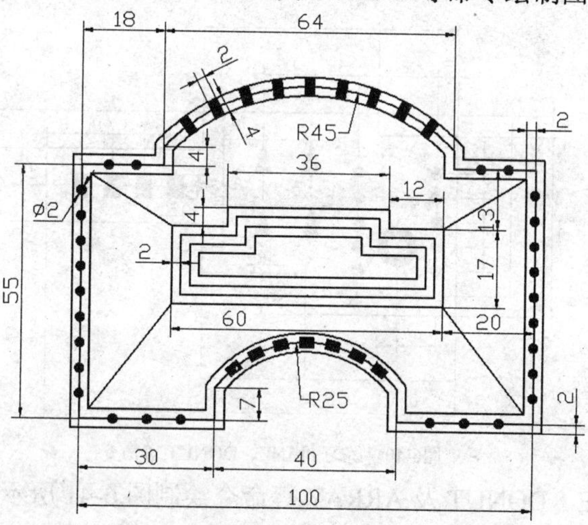

图6-38 用 PLINE、BLOCK 及 DIVIDE 等命令画图

习题

一、思考题

1. 多段线中的某一直线段或圆弧段是单独的对象吗？
2. 多线的对正方式有哪几种？
3. 可用 OFFSET 和 TRIM 命令对多线进行操作吗？
4. 默认情况下，DONUT 命令生成填充圆环，怎样将此对象改为不填充的？
5. 如何在圆上截取一段指定长度的圆弧？
6. 如何将一角度等分成 *n* 等份？
7. 插入图块时，其缩放比例可以是负值吗？
8. 创建符号块时，常将块图形绘制在 1×1 的正方形中，为什么这样做呢？
9. 如何定义块属性？“块属性”有何用途？
10. 面域对象有何特点？如何利用面域对象构造图形？

二、操作题

1. 用 MLINE、PLINE、DONUT 等命令绘制图 6-39 所示的图形。

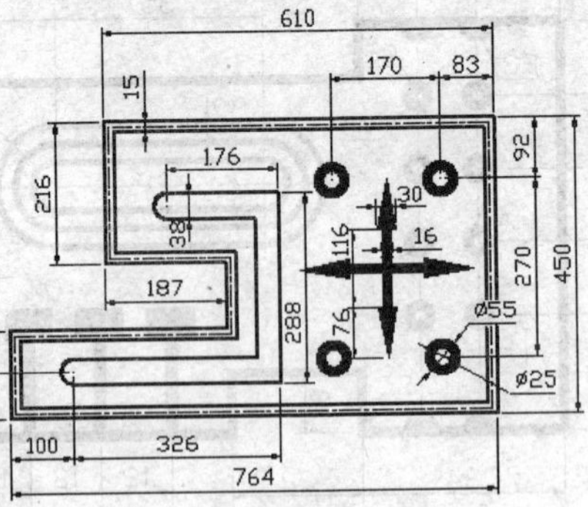

图6-39　练习 PLINE、MLINE 等命令

2. 用 LINE、PLINE、DONUT 及 ARRAY 等命令绘制图 6-40 所示的图形。

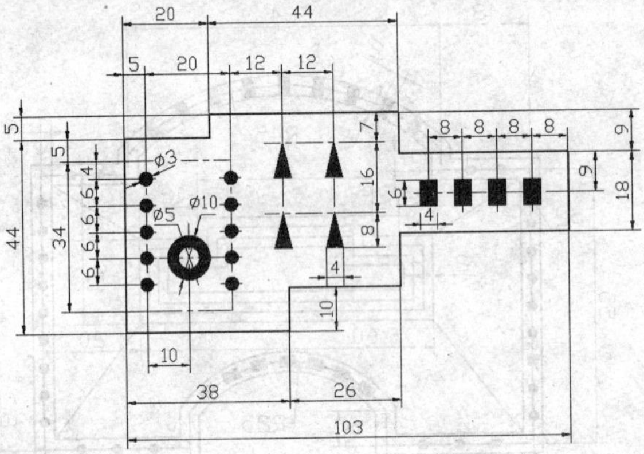

图6-40　练习 PLINE、DONUT 等命令

3. 用 LINE、PLINE、DONUT 及 ARRAY 等命令绘制图 6-41 所示的图形。
4. 利用面域造型法绘制图 6-42 所示的图形。

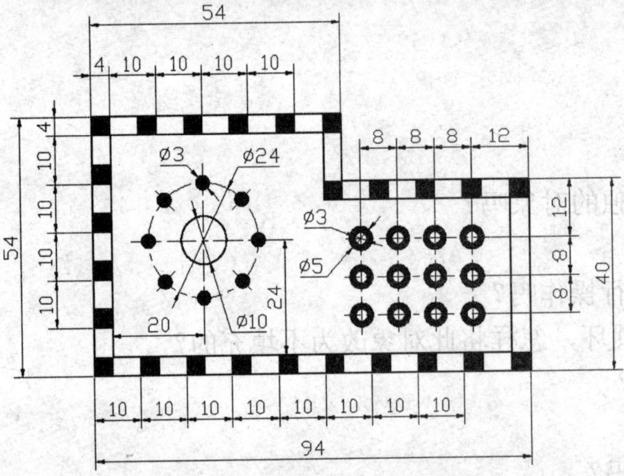

图6-41　练习 PLINE、DONUT 等命令

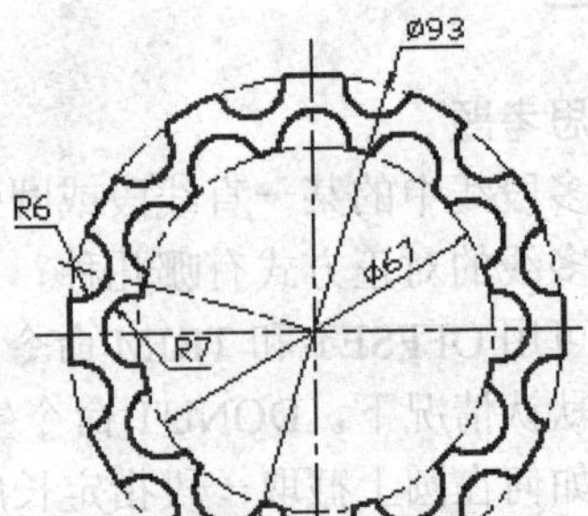

图6-42　面域造型

第7章 书写文字和标注尺寸

本章介绍的主要内容如下。

- 创建文字样式。
- 书写单行和多行文字。
- 编辑文字内容和属性。
- 创建标注样式。
- 标注直线型、角度型、直径及半径型尺寸等。
- 标注尺寸公差和形位公差。
- 编辑尺寸文字和调整标注位置。

通过本章的学习，读者可以了解文字样式和尺寸样式的基本概念，学会如何创建单行文字和多行文字，并掌握标注各类尺寸的方法等。

7.1 书写文字的方法

在 AutoCAD 中有两类文字对象，一类是单行文字，另一类是多行文字，它们分别由 DTEXT 和 MTEXT 命令来创建。一般来讲，比较简短的文字项目（如标题栏信息、尺寸标注说明等），常常采用单行文字，而对带有段落格式的信息（如工艺流程、技术条件等），则常采用多行文字。

AutoCAD 生成的文字对象，其外观由与它关联的文字样式决定。默认情况下，Standard 文字样式是当前样式，用户也可根据需要创建新的文字样式。

7.1.1 创建国标文字样式及书写单行文字

文字样式主要是控制与文本连接的字体文件、字符宽度、文字倾斜角度及高度等项目。用户可以针对每一种不同风格的文字创建对应的文字样式，这样在输入文本时就可用相应的文字样式来控制文本的外观。例如，用户可建立专门用于控制尺寸标注文字和设计说明文字外观的文字样式。

用 DTEXT 命令可以非常灵活地创建文字项目。发出此命令后，用户不仅可以设定文本的对齐方式和文字的倾斜角度，而且还能用十字鼠标光标在不同的地方选取点以定位文本的位置（系统变量 DTEXTED 不等于 0）。用户可以只发出一次命令就在图形的多个区域放置文本。另外，DTEXT 命令还提供了屏幕预演的功能，即在输入文字的同时也将该文字在屏幕上显示出来，这样用户就能很容易地发现文本输入的错误，以便及时修改。

默认情况下，单行文字关联的文字样式是“Standard”，采用的字体是“txt.shx”。如果用户要输入中文，则应修改当前文字样式，使其与中文字体相联。此外，用户也可创建一个采用中文字体的新文字样式。

【练习7-1】： 创建国标文字样式及添加单行文字。

1. 打开教学资源包中的文件“7-1.dwg”。
2. 单击【格式】/【文字样式】，打开【文字样式】对话框，如图 7-1 所示。
3. 单击 新建(N)... 按钮，打开【新建文字样式】对话框，在【样式名】文本框中输入文字样式的名称“工程文字”，如图 7-2 所示。

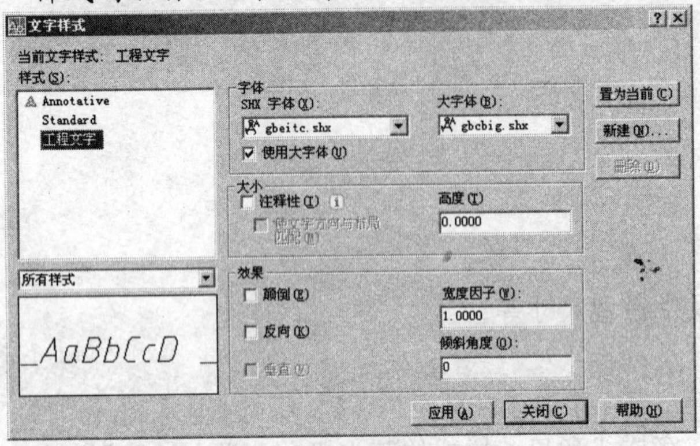

图7-1 【文字样式】对话框

图7-2 【新建文字样式】对话框

4. 单击 确定 按钮，返回【文字样式】对话框，在【字体名】下拉列表中选择“gbeitc.shx”字体。勾选【使用大字体】复选框，然后在【大字体】下拉列表中选择“gbcbig.shx”字体，如图 7-1 所示。

> **要点提示** AutoCAD 提供了符合国标的字体文件。在工程图中，中文字体采用“gbcbig.shx”，该字体文件包含了长仿宋字。西文字体采用“gbeitc.shx”或“gbenor.shx”，前者是斜体西文，后者是直体。

5. 单击 应用(A) 按钮，然后退出【文字样式】对话框。
6. 用 DTEXT 命令创建单行文字，如图 7-3 所示。单击【绘图】/【文字】/【单行文字】或输入命令代号 DTEXT，即可启动创建单行文字命令。

```
命令: dtext
指定文字的起点或 [对正(J)/样式(S)]:         //单击 A 点，如图 7-3 所示
指定高度 <3.0000>: 5                       //输入文字高度
指定文字的旋转角度 <0>:                     //按 Enter 键
输横臂升降机构                              //输入文字
行走轮                                      //在 B 点处单击一点，并输入文字
行走轨道                                    //在 C 点处单击一点，并输入文字
行走台车                                    //在 D 点处单击一点，输入文字并按 Enter 键
台车行走速度 5.72m/min                      //输入文字并按 Enter 键
台车行走电机功率 3kW                        //输入文字
立架                                        //在 E 点处单击一点，并输入文字
配重系统                                    //在 F 点处单击一点，输入文字并按 Enter 键
                                            //按 Enter 键结束
命令:DTEXT                                  //重复命令
指定文字的起点或 [对正(J)/样式(S)]:         //单击 G 点
```

指定高度 <5.0000>: //按 Enter 键
指定文字的旋转角度 <0>: 90 //输入文字旋转角度
设备总高 5500 //输入文字
横臂升降行程 1500 //在 H 点处单击一点，输入文字并按 Enter 键
//按 Enter 键结束

结果如图 7-3 所示。

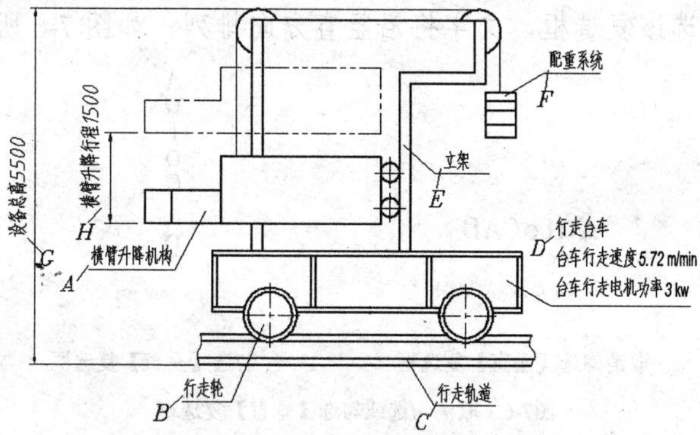

图7-3 创建单行文字

要点提示 如果发现图形中的文本没有正确地显示出来，多数情况是由于文字样式所连接的字体不合适造成的。

设置字体、字高、特殊效果等外部特征以及修改、删除文字样式等操作是在【文字样式】对话框中进行的，该对话框的常用选项如下。

- 新建(N)... 按钮：单击此按钮，就可以创建新文字样式。
- 删除(D) 按钮：在【样式名】下拉列表中选择一个文字样式，再单击此按钮就可以将该文字样式删除。当前样式和正在使用的文字样式不能被删除。
- 【字体名】：在此下拉列表中罗列了所有的字体。带有双“T”标志的字体是 Windows 系统提供的“TrueType”字体，其他字体是 AutoCAD 自己的字体（*.shx），其中“gbenor.shx”和“gbeitc.shx”（斜体西文）字体是符合国标的工程字体。
- 【使用大字体】：大字体是指专为亚洲国家设计的文字字体。其中“gbcbig.shx”字体是符合国标的工程汉字字体，该字体文件还包含一些常用的特殊符号。由于“gbcbig.shx”中不包含西文字体定义，因而使用时可将其与“gbenor.shx”和“gbeitc.shx”字体配合使用。
- 【高度】：输入字体的高度。如果用户在该文本框中指定了文本高度，则当使用 DTEXT（单行文字）命令时，系统将不再提示“指定高度”。
- 【颠倒】：勾选此复选框，文字将上下颠倒显示。该复选框仅影响单行文字，如图 7-4 所示。

取消勾选【颠倒】复选框　　勾选【颠倒】复选框

图7-4 取消勾选或勾选【颠倒】复选框

- 【反向】：勾选该复选框，文字将首尾反向显示。该复选框仅影响单行文字，如图 7-5 所示。

取消勾选【反向】复选框　　勾选【反向】复选框

图7-5　取消勾选或勾选【反向】复选框

- 【垂直】：勾选该复选框，文字将沿竖直方向排列，如图 7-6 所示。

取消勾选【垂直】复选框　　勾选【垂直】复选框

图7-6　取消勾选或勾选【垂直】复选框

- 【宽度因子】：默认的宽度因子为 1。若输入小于 1 的数值，则文本变窄，否则，文本变宽，如图 7-7 所示。

宽度比例因子为 1.0　　宽度比例因子为 0.7

图7-7　调整宽度比例因子

- 【倾斜角度】：该文本框用于指定文本的倾斜角度，角度值为正时向右倾斜，为负时向左倾斜，如图 7-8 所示。

倾斜角度为 30º　　倾斜角度为-30º

图7-8　设置文字倾斜角度

DTEXT 命令的常用选项。

- 对正(J)：设定文字的对齐方式，详见 7.1.3 节。
- 样式(S)：指定当前文字样式。

用 DTEXT 命令可连续输入多行文字，每行按 Enter 键结束，但用户不能控制各行的间距。DTEXT 命令的优点是文字对象的每一行都是一个单独的实体，因而对每行进行重新定位或编辑都很容易。

7.1.2 修改文字样式

修改文字样式也是在【文字样式】对话框中进行的，其过程与创建文字样式相似，这里不再重复。

修改文字样式时，用户应注意以下几点。

- 修改完成后，单击【文字样式】对话框中的 应用(A) 按钮，则修改生效，系统立即更新图样中与此文字样式关联的文字。

- 当改变文字样式连接的字体文件时，系统改变所有文字的外观。
- 当修改文字的“颠倒”、“反向”及“垂直”特性时，系统将改变单行文字外观；而修改文字高度、宽度比例及倾斜角度时，则不会引起已有单行文字外观的改变，但将影响此后创建的文字对象。
- 对于多行文字，只有【垂直】、【宽度因子】及【倾斜角度】选项才影响其外观。

7.1.3 单行文字的对齐方式

发出 DTEXT 命令后，系统提示用户输入文本的插入点，此点和实际字符的位置关系由对齐方式“对正(J)”所决定。对于单行文字，系统提供了十多种对正选项，默认情况下，文本是左对齐的，即指定的插入点是文字的左基线点，如图 7-9 所示。

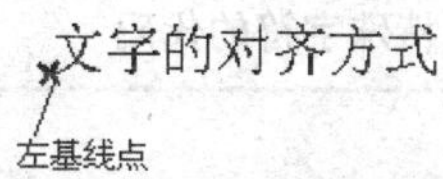

图7-9 左对齐方式

如果要改变单行文字的对齐方式，就使用“对正(J)”选项。在“指定文字的起点或[对正(J)/样式(S)]:”提示下，输入“j”，则系统提示：

[对齐(A)/调整(F)/中心(C)/中间(M)/右(R)/左上(TL)/中上(TC)/右上(TR)/左中(ML)/正中(MC)/右中(MR)/左下(BL)/中下(BC)/右下(BR)]:

下面对以上选项给出详细的说明。

- 对齐(A)：使用这个选项时，系统提示指定文本分布的起始点和结束点。当用户选定两点并输入文本后，系统把文字压缩或扩展使其充满指定的宽度范围，而文字的高度则按适当比例进行变化以使文本不致于被扭曲。
- 调整(F)：与选项“对齐(A)”相比，通过此选项，系统增加了“指定高度:”提示。“调整(F)”也将压缩或扩展文字使其充满指定的宽度范围，但保持文字的高度值等于指定的数值。

分别利用“对齐(A)”和“调整(F)”选项在矩形框中填写文字，结果如图 7-10 所示。

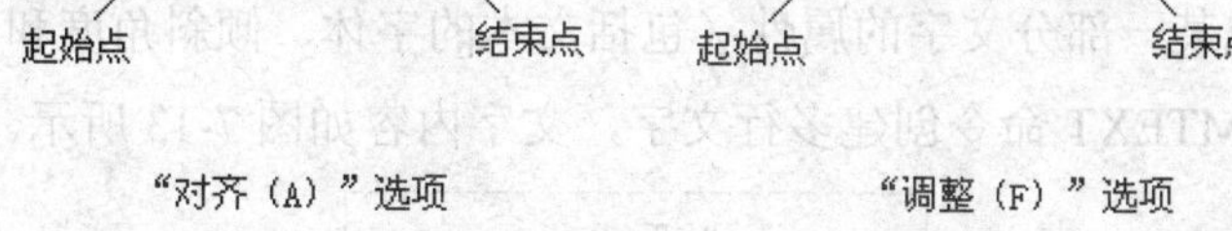

图7-10 利用“对齐(A)”和“调整(F)”选项

- 中心(C)/中间(M)/右(R)/左上(TL)/中上(TC)/右上(TR)/左中(ML)/正中(MC)/右中(MR)/左下(BL)/中下(BC)/右下(BR)：通过这些选项设置文字的插入点，各插入点位置如图 7-11 所示。

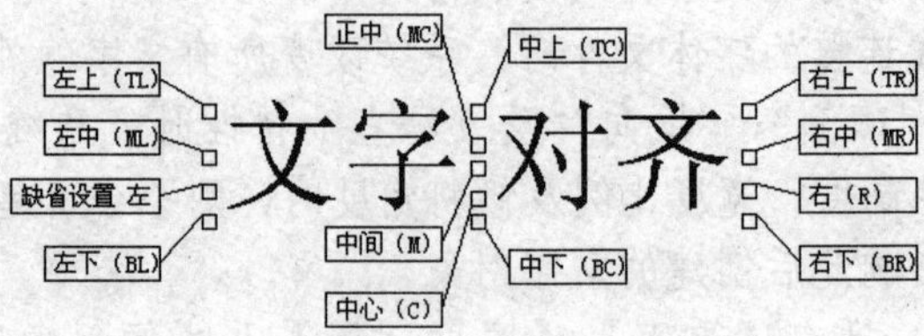

图7-11　设置插入点

7.1.4 在单行文字中加入特殊符号

工程图中用到的许多符号都不能通过标准键盘直接输入，如文字的下划线、直径代号等。当用户利用 DTEXT 命令创建文字注释时，必须输入特殊的代码来产生特定的字符，这些代码及对应的特殊符号如表 7-1 所示。

表 7-1　　特殊字符的代码

代码	字符
%%o	文字的上划线
%%u	文字的下划线
%%d	角度的度符号
%%p	表示“±”
%%c	直径代号

使用表中代码生成特殊字符的样例如图 7-12 所示。

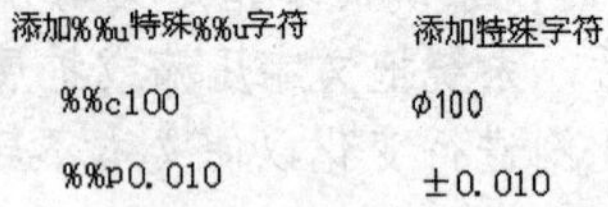

图7-12　创建特殊字符

7.1.5 创建多行文字

MTEXT 命令可以创建复杂的文字说明。用 MTEXT 命令生成的文字段落称为多行文字，它可由任意数目的文字行组成，所有的文字构成一个单独的实体。使用 MTEXT 命令时，用户可以指定文本分布的宽度，但文字沿竖直方向可无限延伸。另外，用户还能设置多行文字中单个字符或某一部分文字的属性（包括文本的字体、倾斜角度和高度等）。

【练习7-2】：　用 MTEXT 命令创建多行文字，文字内容如图 7-13 所示。

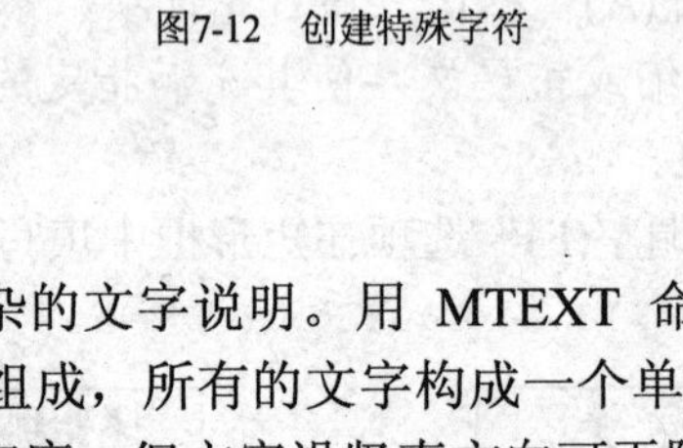

图7-13　创建多行文字

1. 创建新文字样式，并使该样式成为当前样式。新样式名称为“文字样式-1”，与其相连的字体文件是“gbeitc.shx”和“gbcbig.shx”。
2. 单击【绘图】工具栏上的 A 按钮或输入 MTEXT 命令，AutoCAD 提示：

   指定第一角点：　　　　　　　　//在 A 点处单击一点，如图 7-13 所示

   指定对角点：　　　　　　　　　//在 B 点处单击一点
3. 系统弹出【多行文字编辑器】，如图 7-14 所示。在【字体高度】文本框中输入数值 3.5，然后键入文字。

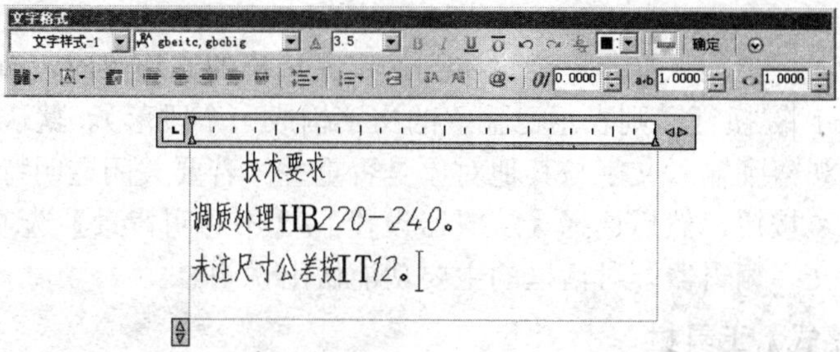

图7-14 【多行文字编辑器】对话框

4. 选中文字“技术要求”，然后在【字体高度】文本框中输入数值 5，按 Enter 键，结果如图 7-15 所示。

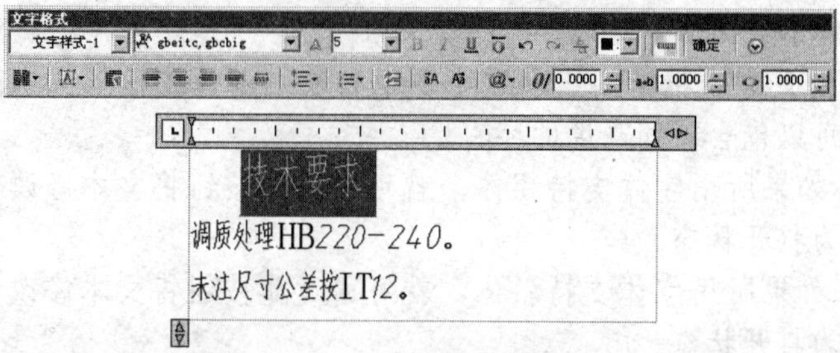

图7-15 修改文字高度

5. 选中其他文字，单击【文字格式】工具栏上的 按钮，选择“以数字标记”选项，再调整标记数字与文字间的距离，结果如图 7-16 所示。

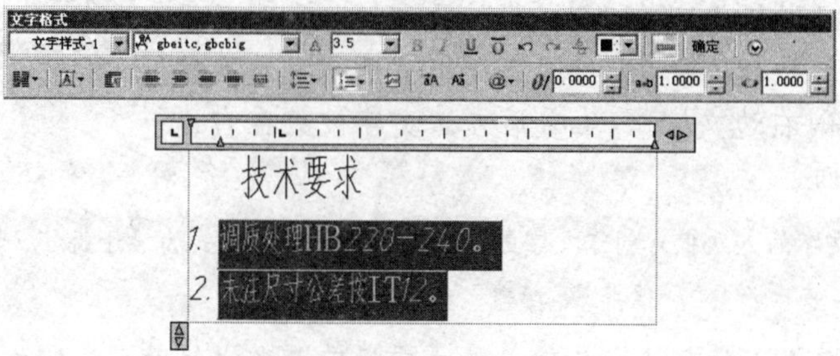

图7-16 添加标记数字

6. 单击 确定 按钮，结果如图 7-13 所示。

启动 MTEXT 命令并建立文本边框后，系统弹出【文字格式】工具栏及顶部带标尺的文字输入框，这两部分组成了【多行文字编辑器】对话框，如图 7-17 所示。利用此编辑器可方便地创建文字并设置文字样式、对齐方式、字体及字高等。

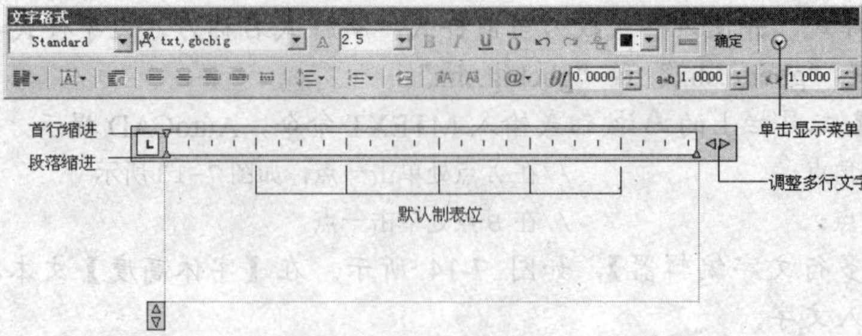

图7-17　【多行文字编辑器】对话框

用户在文字输入框中输入文本，当文本到达定义边框的右边界时，按 Shift+Enter 快捷键换行（若按 Enter 键换行，则表示已输入的文字构成一个段落）。默认情况下，文字输入框是透明的，可以观察到输入文字与其他对象是否重叠。若要关闭透明特性，可单击【文字格式】工具栏上的按钮，然后选择【编辑器设置】/【不透明背景】选项。

下面对【多行文字编辑器】对话框的主要功能做出说明。

一、【文字格式】工具栏

- 【样式】下拉列表：设置多行文字的文字样式。若将一个新样式与现有多行文字相联，将不会影响文字的某些特殊格式（如粗体、斜体和堆叠等）。
- 【字体】下拉列表：从这个列表中选择需要的字体。多行文字对象中可以包含不同字体的字符。
- 【字体高度】文本框：用户从这个下拉列表中选择或输入文字高度。多行文字对象中可以包含不同高度的字符。
- B 按钮：如果所用字体支持粗体，就可通过此按钮将文本修改为粗体形式，按下按钮为打开状态。
- I 按钮：如果所用字体支持斜体，就可通过此按钮将文本修改为斜体形式，按下按钮为打开状态。
- U 按钮：可利用此按钮将文字修改为下划线形式。
- 按钮：单击此按钮使可层叠的文字堆叠起来，如图 7-18 所示，这对创建分数及公差形式的文字很有用。系统通过特殊字符“/”、“^”及“#”表明多行文字是可层叠的。输入层叠文字的方式为“左边文字+特殊字符+右边文字”，堆叠后左边文字被放在右边文字的上面。

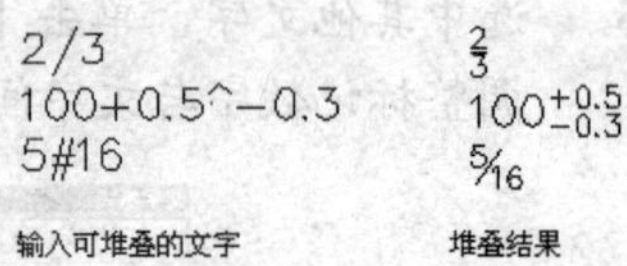

图7-18　堆叠文字

要点提示　通过堆叠文字的方法也可创建文字的上标或下标，输入方式为“上标^”、“^下标”。例如，输入“53^”，选中“3^”，单击按钮，结果为“5^3”。

- 【文字颜色】下拉列表：为输入的文字设定颜色或修改已选定文字的颜色。
- 按钮：打开或关闭文字输入框上部的标尺。
- 、及按钮：设定文字的对齐方式，3 个按钮的功能分别为左对齐、居中对齐、右对齐。
- 按钮：设定段落文字行间距。
- 按钮：给段落文字添加数字编号、项目符号或大写字母形式的编号。

- Ō按钮：给选定的文字添加上划线。
- @按钮：单击此按钮，弹出菜单，该菜单包含了许多常用符号。
- 【倾斜角度】文本框：设定文字的倾斜角度。
- 【追踪】文本框：控制字符间的距离。若输入大于 1 的值，增大字符间距，否则；缩小字符间距。
- 【宽度比例】文本框：设定文字的宽度因子。若输入小于 1 的数值，文本将变窄；否则，文本变宽。

二、 文字输入框

(1) 标尺：设置首行文字及段落文字的缩进，还可设置制表位，操作方法如下。

- 拖动标尺上第一行的缩进滑块可改变所选段落第一行的缩进位置。
- 拖动标尺上第二行的缩进滑块可改变所选段落其余行的缩进位置。
- 标尺上显示了默认的制表位，如图 7-17 所示。要设置新的制表位，可用鼠标光标单击标尺。要删除创建的制表位，可用鼠标光标按住制表位，将其拖出标尺。

(2) 快捷菜单：在文本输入框中单击鼠标右键，弹出快捷菜单，该菜单中包含了一些标准编辑选项和多行文字特有的选项，如图 7-19 所示（只显示了部分选项）。

- 【符号】：该选项包含以下常用子选项。

  【度数】：在鼠标光标定位处插入特殊字符“%%d”，它表示度数符号“°”。

  【正/负】：在鼠标光标定位处插入特殊字符“%%p”，它表示加、减符号“±”。

  【直径】：在鼠标光标定位处插入特殊字符“%%c”，它表示直径符号“∅”。

  【几乎相等】：在鼠标光标定位处插入符号“≈”。

  【下标 2】：在鼠标光标定位处插入下标“2”。

  【平方】：在鼠标光标定位处插入上标“2”。

  【立方】：在鼠标光标定位处插入上标“3”。

  【其他】：选择该选项，系统打开【字符映射表】对话框，在此对话框的【字体】下拉列表中选取字体，则对话框显示所选字体包含的各种字符，如图 7-20 所示。若要插入一个字符，请选择它并单击 选定(S) 按钮，此时 AutoCAD 将选取的字符放在【复制字符】文本框中，按这种方法选取所有要插入的字符，然后单击 复制(C) 按钮。关闭【字符映射表】对话框，返回【多行文字编辑器】，在要插入字符的地方单击鼠标左键，再单击鼠标右键，弹出快捷菜单，从菜单中选择【粘贴】命令，这样就将字符插入多行文字中了。

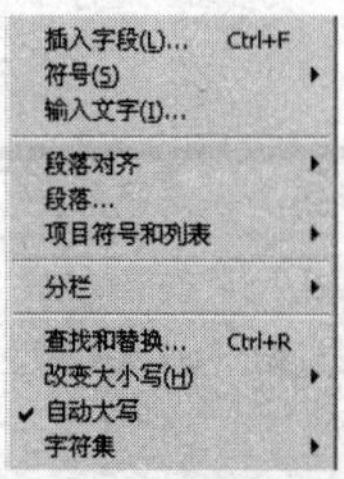

图7-19 快捷菜单

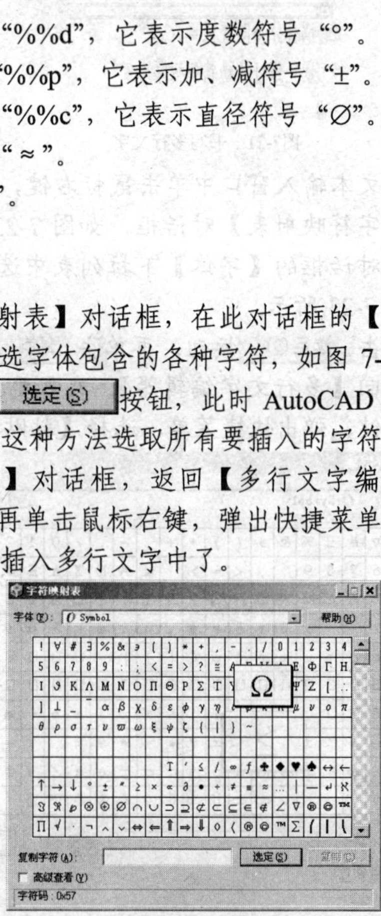

图7-20 【字符映射表】对话框

- 【段落对齐】：设置多行文字的对齐方式。
- 【段落】：设定制表位和缩进，控制段落对齐方式、段落间距和行间距。
- 【项目符号和列表】：给段落文字添加编号和项目符号。

7.1.6 添加特殊字符

以下过程演示了如何在多行文字中加入特殊字符，文字内容为：

蜗轮分度圆直径=Ø100

蜗轮蜗杆传动箱钢板厚度≥5

【练习7-3】：　添加特殊字符。

1. 单击【绘图】工具栏上的 A 按钮，指定文字分布宽度。打开【多行文字编辑器】，在【字体】下拉列表中选择“gbeitc,gbcbig”，在【字体高度】框中输入数值 3.5，然后键入文字，如图 7-21 所示。
2. 在要插入直径符号的地方单击鼠标左键，然后单击鼠标右键，弹出快捷菜单，选择【符号】/【直径】命令，结果如图 7-22 所示。

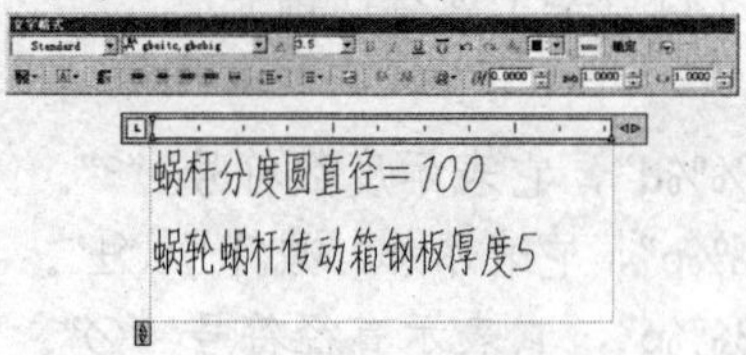

图7-21　书写多行文字

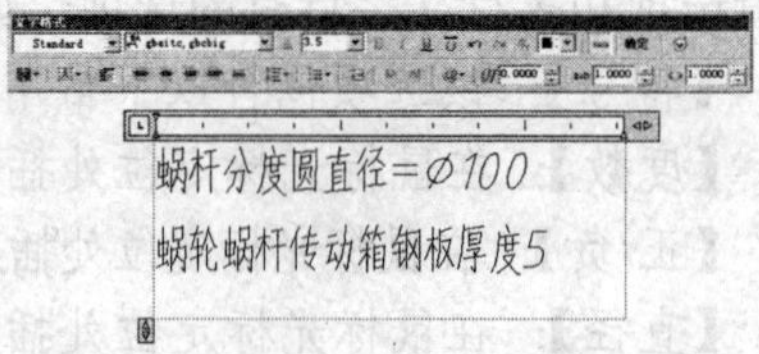

图7-22　插入直径符号

3. 在文本输入窗口中单击鼠标右键，弹出快捷菜单，选择【符号】/【其他】命令，打开【字符映射表】对话框，如图 7-23 所示。
4. 在对话框的【字体】下拉列表中选择“Symbol”字体，然后选取需要的字符“≥”，如图 7-23 所示。
5. 单击 选定(S) 按钮，再单击 复制(C) 按钮。
6. 返回【多行文字编辑器】，在需要插入“≥”符号的地方单击鼠标左键，然后单击鼠标右键，弹出快捷菜单，选择【粘贴】选项，结果如图 7-24 所示。

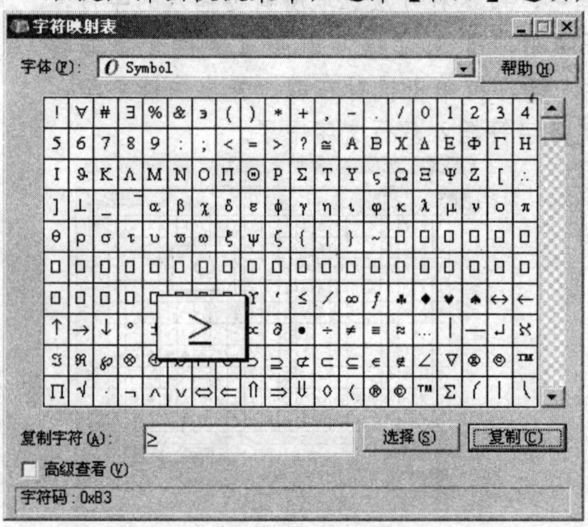

图7-23　【字符映射表】对话框

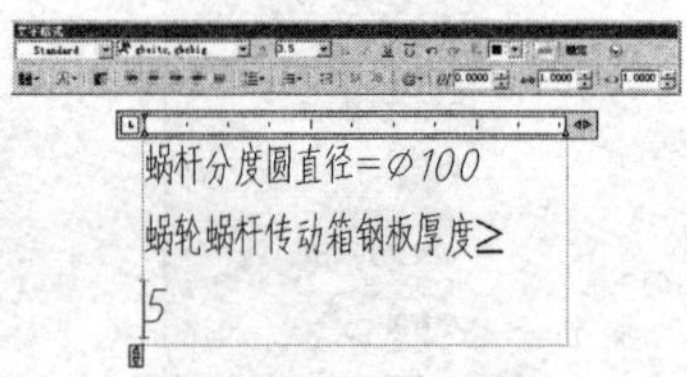

图7-24　插入“≥”符号

要点提示 粘贴“≥”符号后，AutoCAD 将自动回车。

7. 把“≥”符号的高度修改为 3，再将鼠标光标放置在此符号的后面，按 Delete 键，结果如图 7-25 所示。

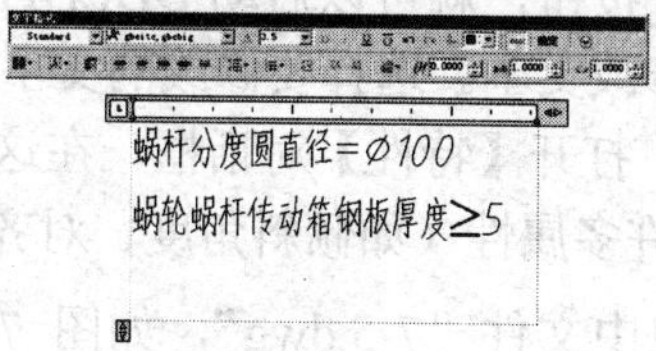

图7-25 修改符号的高度

8. 单击 确定 按钮完成。

7.1.7 创建分数及公差形式文字

下面我们使用多行文字编辑器创建分数及公差形式文字，要创建的文字内容如下

$$\varnothing 100\frac{H7}{m6}$$

$$200^{+0.020}_{-0.016}$$

【练习7-4】： 创建分数及公差形式文字。

1. 打开【多行文字编辑器】，输入多行文字，如图 7-26 所示。
2. 选择文字“H7/m6”，然后单击 按钮，结果如图 7-27 所示。

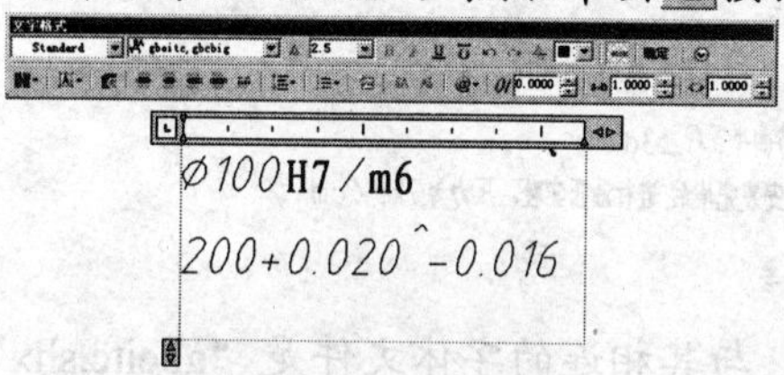

图7-26 输入多行文字

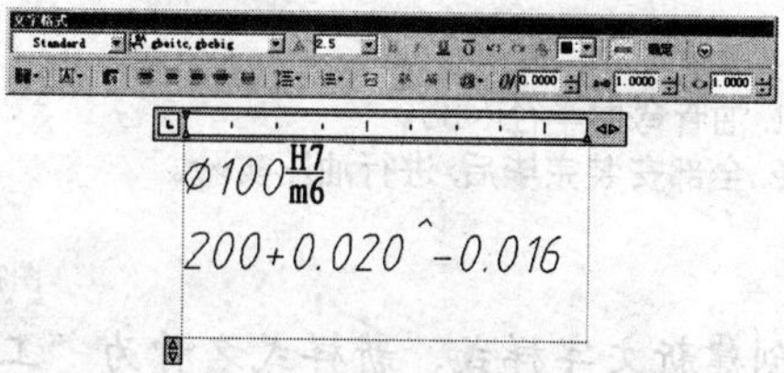

图7-27 创建分数形式文字

3. 选择文字“+0.020^－0.016”，然后单击 按钮，结果如图 7-28 所示。
4. 单击 确定 按钮完成。

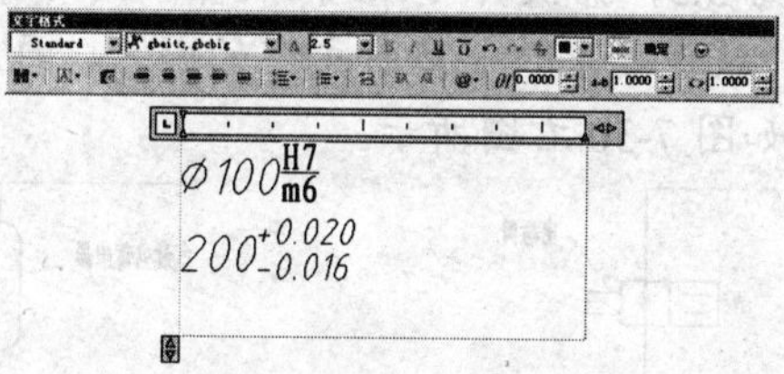

图7-28 创建公差形式文字

要点提示 通过堆叠文字的方法也可创建文字的上标或下标，输入方式为“上标^”、“^下标”。例如，输入“53^”，选中“3^”，单击 按钮，结果为“5^3”。

7.1.8 编辑文字

编辑文字的常用方法有以下两种。

(1) 使用 DDEDIT 命令编辑单行或多行文字。选择的对象不同，系统将打开不同的对话框。对于单行文字，系统显示文本编辑框；对于多行文字，系统则打开【多行文字编辑器】对话框。用 DDEDIT 命令编辑文本的优点是：此命令连续地提示用户选择要编辑的对象，因而只要发出 DDEDIT 命令就能一次修改许多文字对象。

单击【文字】工具栏上的按钮，就可以启动 DDEDIT 命令。

(2) 用 PROPERTIES 命令修改文本。选择要修改的文字后，单击【标准】工具栏上的按钮，启动 PROPERTIES 命令，打开【特性】对话框，在这个对话框中，用户不仅能修改文本的内容，还能编辑文本的其他许多属性（如倾斜角度、对齐方式、高度和文字样式等）。

【练习7-5】：打开教学资源包中文件“7-5.dwg”，如图 7-29 左图所示，修改文字内容、字体及字高，结果如图 7-29 右图所示，右图中文字特性如下。

- “技术要求”：字高 5，字体“gbeitc,gbcbig”。
- 其余文字：字高 3.5，字体“gbeitc,gbcbig”。

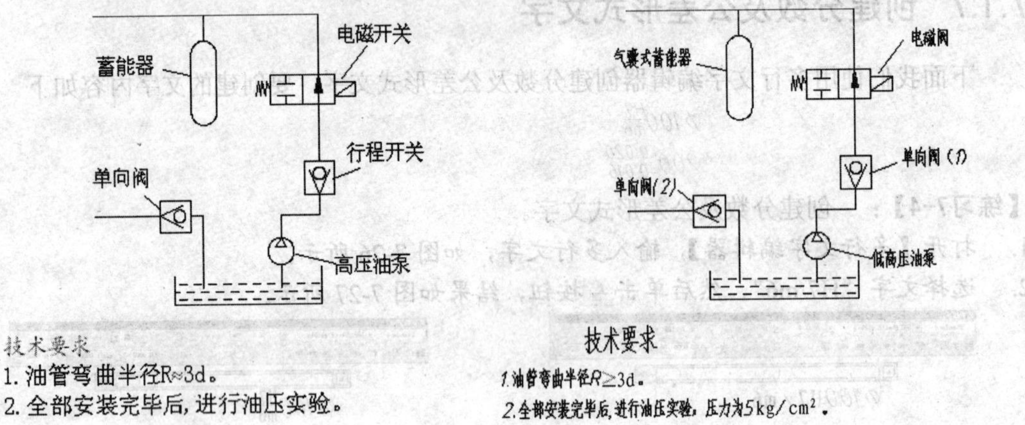

图7-29 编辑文字

1. 创建新文字样式，新样式名称为“工程文字”，与其相连的字体文件是“gbeitc.shx”和“gbcbig.shx”。
2. 用 DDEDIT 命令修改“蓄能器”、“行程开关”等单行文字的内容，再用 PROPERTIES 命令将这些文字的高度修改为 3.5，并使其与样式“工程文字”相连，如图 7-30 左图所示。
3. 用 DDEDIT 命令修改“技术要求”等多行文字的内容，再改变文字高度，并使其与样式“工程文字”相连，如图 7-30 右图所示。

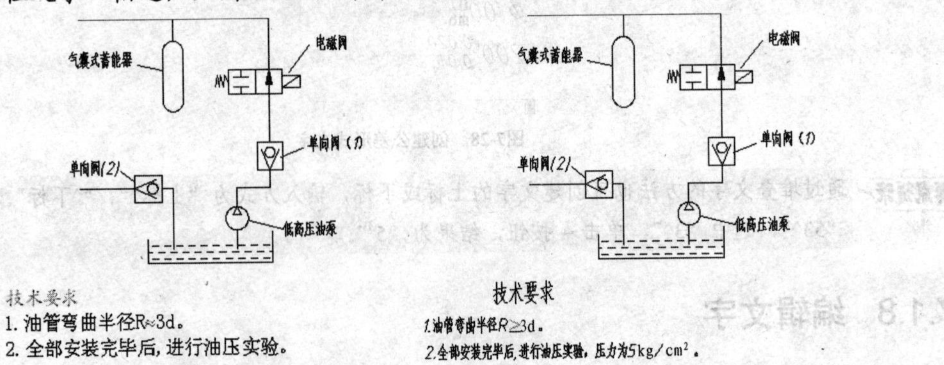

图7-30 修改文字高度及指定文字样式

7.2 标注尺寸的方法

AutoCAD 的尺寸标注命令很丰富，用户可以轻松地创建出各种类型的尺寸。所有尺寸与尺寸样式关联，通过调整尺寸样式，就能控制与该样式关联的尺寸标注的外观。下面介绍创建尺寸样式的方法和 AutoCAD 的尺寸标注命令。

7.2.1 创建国标尺寸样式

尺寸标注是一个复合体，它以块的形式存储在图形中，其组成部分包括尺寸线、尺寸线两端起止符号（箭头、斜线等）、尺寸界线及标注文字等，如图 7-31 所示，所有这些组成部分的格式都由尺寸样式来控制。

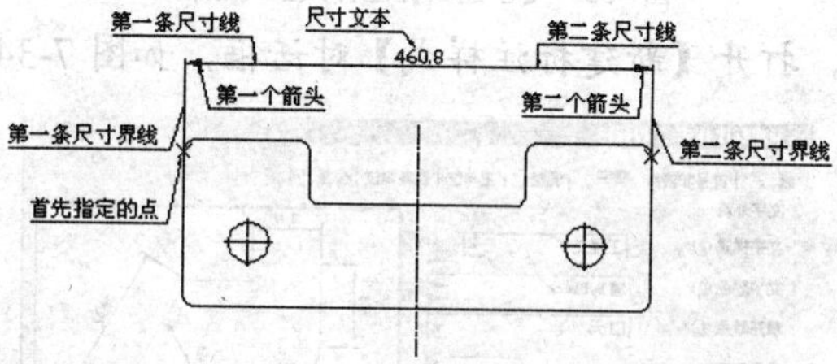

图7-31　标注组成

在标注尺寸前，用户一般都要创建尺寸样式，否则 AutoCAD 将使用默认样式 ISO-25 生成尺寸标注。AutoCAD 中可以定义多种不同的标注样式并为之命名，标注时，用户只需指定某个样式为当前样式，就能创建相应的标注形式。

【练习7-6】：　建立符合国标规定的尺寸样式。

1. 创建一个新文件。
2. 建立新文字样式，样式名为“工程文字”。与该样式相连的字体文件是“gbeitc.shx”（或“gbenor.shx”）和“gbcbig.shx”。
3. 单击【标注】工具栏上的按钮，或选取菜单命令【格式】/【标注样式】，打开【标注样式管理器】对话框，如图 7-32 所示。通过这个对话框可以命名新的尺寸样式或修改样式中的尺寸变量。

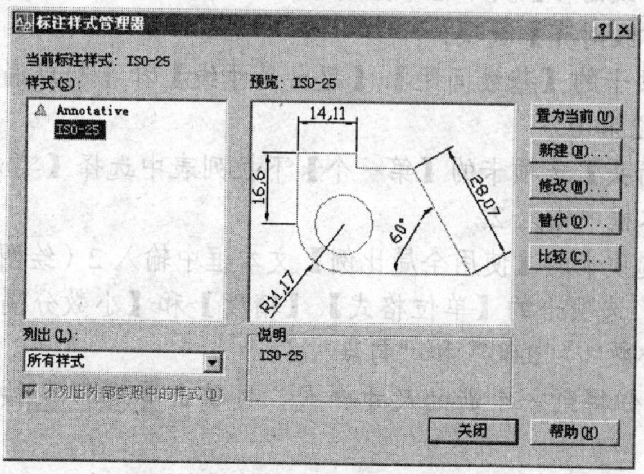

图7-32　【标注样式管理器】对话框

4. 单击 新建(N)... 按钮，打开【创建新标注样式】对话框，如图 7-33 所示。在该对话框的【新样式名】文本框中输入新的样式名称“工程标注”。在【基础样式】下拉列表中指定某个尺寸样式作为新样式的副本，则新样式将包含副本样式的所有设置。此外，还可在【用于】下拉列表中设定新样式对某一种类尺寸的特殊控制。默认情况下，【用于】下拉列表的选项是“所有标注”，意思是指新样式将控制所有类型尺寸。

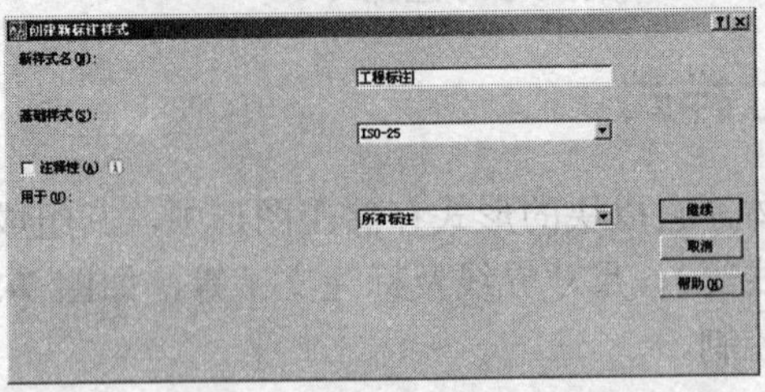

图7-33　【创建新标注样式】对话框

5. 单击 继续 按钮，打开【新建标注样式】对话框，如图 7-34 所示。

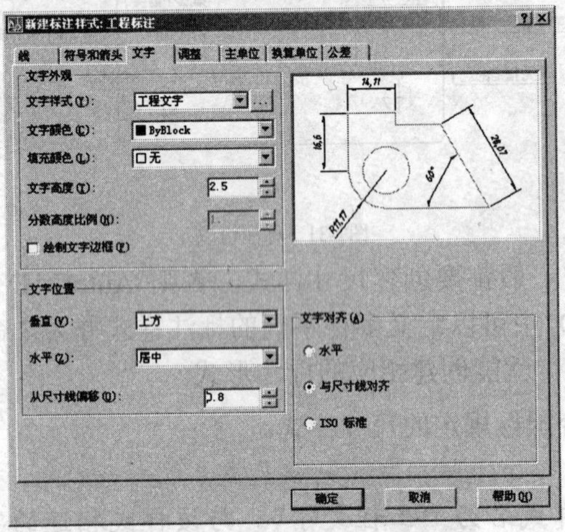

图7-34　【新建标注样式】对话框

该对话框有 7 个选项卡，在这些选项卡中作以下设置。

- 在【文字】选项卡的【文字样式】下拉列表中选择“工程文字”，在【文字高度】、【从尺寸线偏移】文本框中分别输入 2.5 和 0.8，在“文字对齐”区域中选择【与尺寸线对齐】选项。
- 在【线】选项卡的【基线间距】、【超出尺寸线】和【起点偏移量】文本框中分别输入 7、2 和 0。
- 在【符号和箭头】选项卡的【第一个】下拉列表中选择【实心闭合】，在【箭头大小】文本框中输入 2。
- 在【调整】选项卡的【使用全局比例】文本框中输入 2（绘图比例的倒数）。
- 在【主单位】选项卡的【单位格式】、【精度】和【小数分隔符】下拉列表中分别选择“小数”、“0.00”和“句点”。

6. 单击 确定 按钮得到一个新的尺寸样式，再单击 置为当前(U) 按钮使新样式成为当前样式。

以下介绍【新建标注样式】对话框中常用选项的功能。

一、【线】选项卡

- 【基线间距】：此选项决定了平行尺寸线间的距离。例如，当创建基线型尺寸标注时，相邻尺寸线间的距离由该选项控制，如图 7-35 所示。

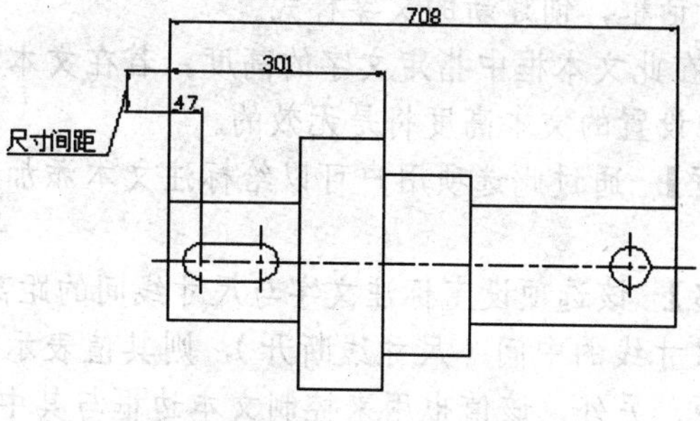

图7-35　控制尺寸线间的距离

- 【超出尺寸线】：控制尺寸界线超出尺寸线的距离，如图 7-36 所示。国标中规定，尺寸界线一般超出尺寸线 2mm ~ 3mm，如果准备使用 1:1 比例出图，则延伸值要设定为 2 至 3 之间的值。
- 【起点偏移量】：控制尺寸界线起点与标注对象端点间的距离，如图 7-37 所示。

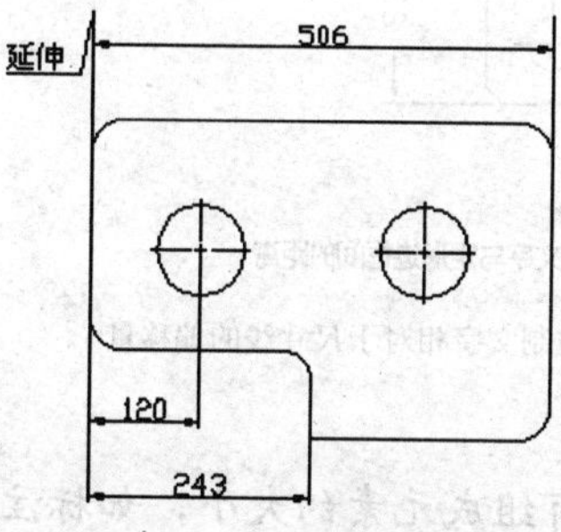

图7-36　延伸尺寸界线

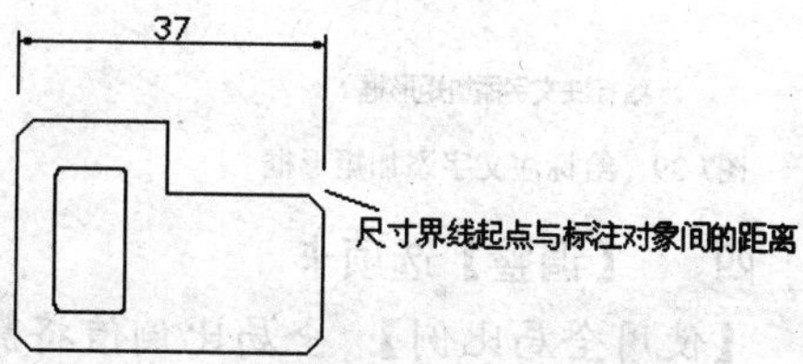

图7-37　控制尺寸界线起点与标注对象间的距离

二、【符号和箭头】选项卡

- 【第一个】和【第二个】：这两个下拉列表用于选择尺寸线两端起止符号的形式。
- 【引线】：通过此下拉列表设置引线标注的起止符号形式。
- 【箭头大小】：利用此选项设定起止符号大小，对于机械图，可设置为 2。
- 【标记】：利用【标注】工具栏上的⊕按钮创建圆心标记。圆心标记是指标明圆或圆弧圆心位置的小十字线，如图 7-38 所示。
- 【直线】：利用【标注】工具栏上的⊕按钮创建中心线。中心线是指过圆心并延伸至圆周的水平及竖直直线，如图 7-38 所示。

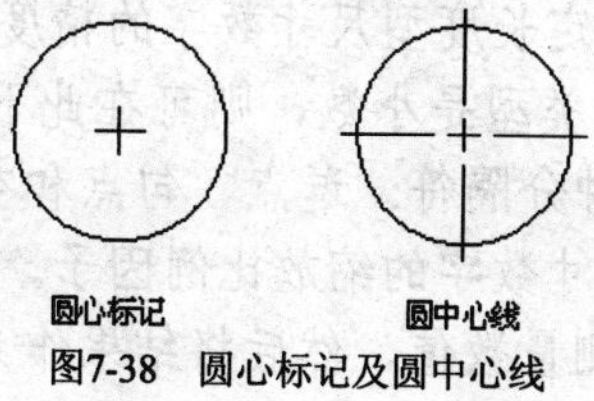

图7-38　圆心标记及圆中心线

- 2.5 : 利用该选项设定圆心标记或圆中心线大小。

三、【文字】选项卡

- 【文字样式】: 在这个下拉列表中选择文字样式或单击其右边的...按钮，打开【文字样式】对话框，创建新的文字样式。
- 【文字高度】: 在此文本框中指定文字的高度。若在文本样式中已设定了文字高度，则此框中设置的文本高度将是无效的。
- 【绘制文字边框】: 通过此选项用户可以给标注文本添加一个矩形边框，如图 7-39 所示。
- 【从尺寸线偏移】: 该选项设定标注文字与尺寸线间的距离，如图 7-40 所示。若标注文本在尺寸线的中间（尺寸线断开），则其值表示断开处尺寸线端点与尺寸文字的间距。另外，该值也用来控制文本边框与其中文本的距离。
- 【水平】: 使所有的标注文本水平放置。
- 【与尺寸线对齐】: 使标注文本与尺寸线对齐。对于国标标注，应选择此选项。

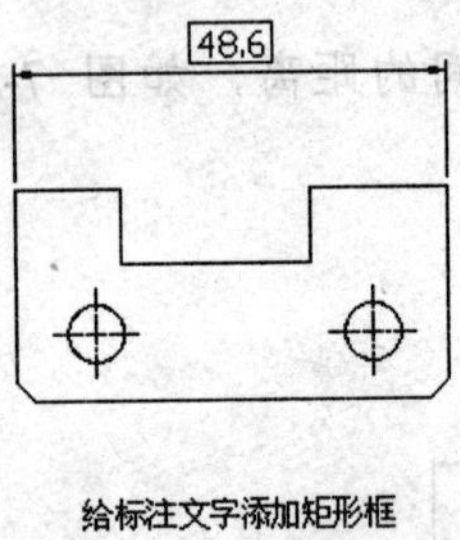

图7-39　给标注文字添加矩形框

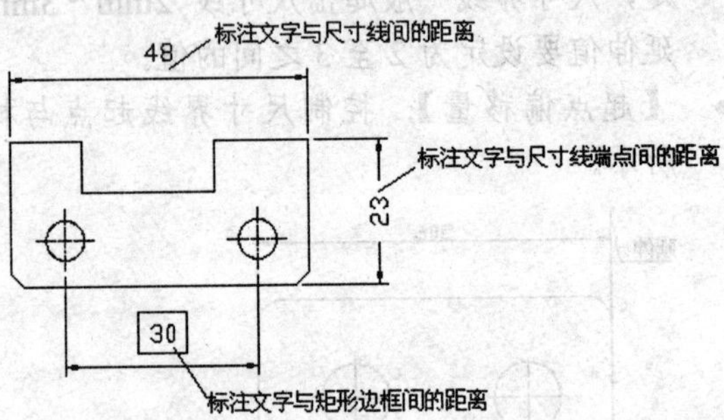

图7-40　控制文字相对于尺寸线的偏移量

四、【调整】选项卡

【使用全局比例】: 全局比例值将影响尺寸标注所有组成元素的大小，如标注文字和尺寸箭头等，如图 7-41 所示。当用户欲以 1:2 的比例将图样打印在标准幅面的图纸上时，为保证尺寸外观合适，应设定标注的全局比例为打印比例的倒数，即 2。

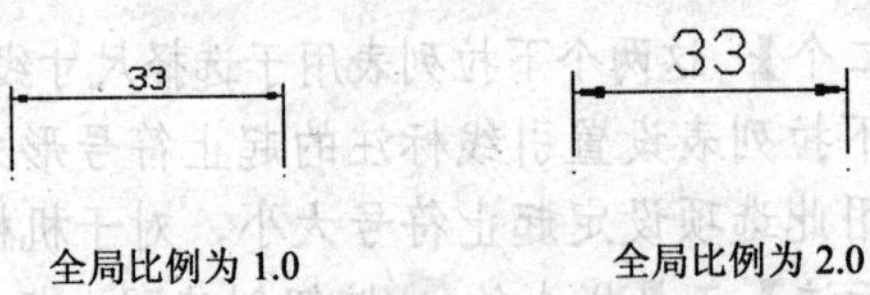

图7-41　全局比例对尺寸标注的影响

五、【主单位】选项卡

- 线性尺寸的【单位格式】: 在此下拉列表中选择所需的长度单位类型。
- 线性尺寸的【精度】: 设定长度型尺寸数字的精度（小数点后显示的位数）。
- 【小数分隔符】: 若单位类型是小数，则可在此下拉列表中选择小数分隔符的形式。系统共提供了 3 种分隔符：逗点、句点和空格。
- 【比例因子】: 可输入尺寸数字的缩放比例因子。当标注尺寸时，AutoCAD 用此比例因子乘以真实的测量数值，然后将结果作为标注数值。
- 角度尺寸的【单位格式】: 在此下拉列表中选择角度的单位类型。

- 角度尺寸的【精度】：设置角度型尺寸数字的精度（小数点后显示的位数）。

六、【公差】选项卡

(1) 【方式】下拉列表中包含 5 个选项。

- 无：只显示基本尺寸。
- 对称：如果选择“对称”，则只能在【上偏差】文本框中输入数值，标注时 AutoCAD 自动加入“±”符号，结果如图 7-42 所示。
- 极限偏差：利用此选项可以在【上偏差】和【下偏差】文本框中分别输入尺寸的上、下偏差值。默认情况下，AutoCAD 将自动在上偏差前面添加“+”号，在下偏差前面添加“-”号。若在输入偏差值时加上“+”或“-”号，则最终显示的符号将是默认符号与输入符号相乘的结果。输入值正、负号与标注效果的对应关系如图 7-42 所示。

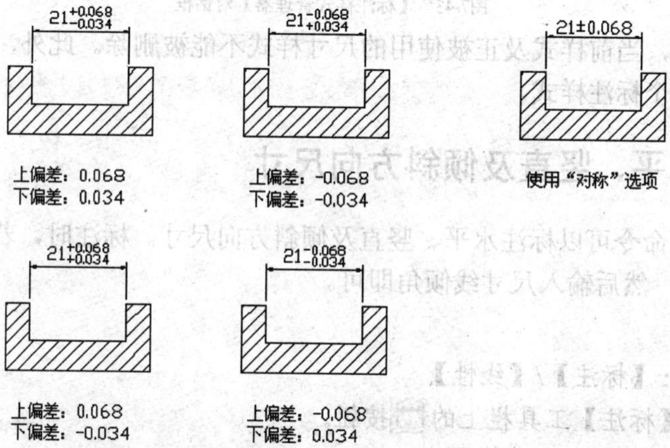

图7-42 尺寸公差标注结果

- 极限尺寸：同时显示最大极限尺寸和最小极限尺寸。
- 基本尺寸：将尺寸标注值放置在一个长方形的框中（理想尺寸标注形式）。

(2) 【精度】：设置上、下偏差值的精度（小数点后显示的位数）。

(3) 【上偏差】：在此文本框中输入上偏差数值。

(4) 【下偏差】：在此文本框中输入下偏差数值。

(5) 【高度比例】：该选项能让用户调整偏差文本相对于尺寸文本的高度，默认值是 1，此时偏差文本与尺寸文本高度相同。在标注机械图时，建议将此数值设定为 0.7 左右，但若使用“对称”选项，则【高度比例】值仍选为 1。

(6) 【垂直位置】：在此下拉列表中可指定偏差文字相对于基本尺寸的位置关系。当标注机械图时，建议选择“中”选项。

(7) 【前导】：隐藏偏差数字中前面的 0。

(8) 【后续】：隐藏偏差数字中后面的 0。

7.2.2 删除和重命名尺寸样式

删除和重命名尺寸样式是在【标注样式管理器】对话框中进行的。

【练习7-7】： 删除和重命名尺寸样式。

1. 在【标注样式管理器】对话框的样式列表中选择要进行操作的样式名。
2. 单击鼠标右键，弹出快捷菜单，选择【删除】命令删除尺寸样式，如图 7-43 所示。
3. 若要重命名样式，则选择【重命名】命令，然后输入新名称，如图 7-43 所示。

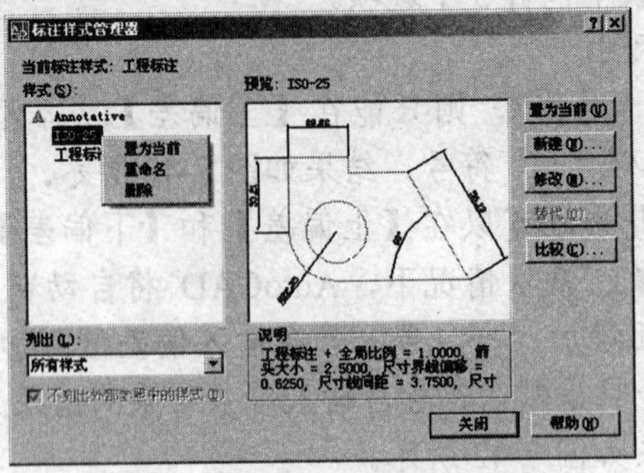

图7-43　【标注样式管理器】对话框

需要注意的是，当前样式及正被使用的尺寸样式不能被删除。此外，用户也不能删除样式列表中仅有的一个标注样式。

7.2.3　标注水平、竖直及倾斜方向尺寸

DIMLINEAR 命令可以标注水平、竖直及倾斜方向尺寸。标注时，若要使尺寸线倾斜，则输入“R”选项，然后输入尺寸线倾角即可。

命令启动方法

- 菜单命令:【标注】/【线性】。
- 工具栏:【标注】工具栏上的按钮。
- 命令: DIMLINEAR 或简写 DIMLIN。

【练习7-8】：　DIMLINEAR 命令。

打开文件“7-8.dwg”，用 DIMLINEAR 命令创建尺寸标注，如图 7-44 所示。

```
命令: _dimlinear
指定第一条尺寸界线原点或 <选择对象>:
    //指定第一条尺寸界线的起始点 A，或按 Enter 键，选择要标注的对象，如图 7-44 所示
指定第二条尺寸界线原点:        //选取第二条尺寸界线的起始点 B
指定尺寸线位置或[多行文字(M)/文字(T)/角度(A)/水平(H)/垂直(V)/旋转(R)]:
                              //拖动鼠标光标将尺寸线放置在适当位置
```

命令选项

- 多行文字(M): 使用该选项则打开【多行文字编辑器】，利用此编辑器用户可输入新的标注文字。

> **要点提示** 若修改了系统自动标注的文字，就会失去尺寸标注的关联性，即尺寸数字不随标注对象的改变而改变。

- 文字(T): 此选项使用户可以在命令行上输入新的尺寸文字。
- 角度(A): 通过该选项设置文字的放置角度。
- 水平(H)/垂直(V): 创建水平或垂直型尺寸。用户也可通过移动鼠标光标指定

创建何种类型尺寸。若左右移动鼠标光标，将生成垂直尺寸，上下移动鼠标光标，则生成水平尺寸。

- 旋转(R)：使用 DIMLINEAR 命令时，AutoCAD 自动将尺寸线调整成水平或竖直方向。“旋转(R)”选项可使尺寸线倾斜一个角度，因此可利用这个选项标注倾斜的对象，如图 7-45 所示。

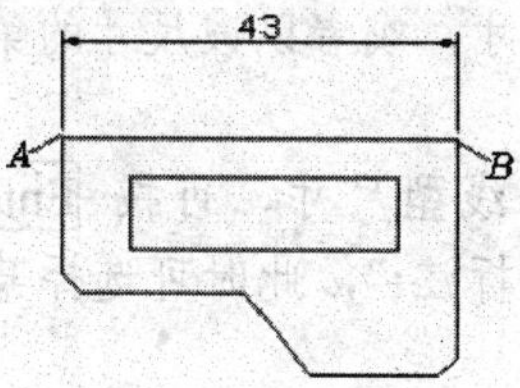

图7-44 标注水平方向尺寸

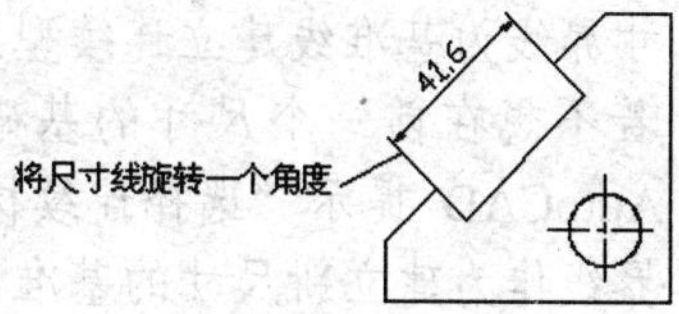

图7-45 标注倾斜对象

7.2.4 创建对齐尺寸标注

要标注倾斜对象的真实长度可使用对齐尺寸，对齐尺寸的尺寸线平行于倾斜的标注对象。如果用户选择两个点来创建对齐尺寸，则尺寸线与两点的连线平行。

命令启动方法

- 菜单命令：【标注】/【对齐】。
- 工具栏：【标注】工具栏上的按钮。
- 命令：DIMALIGNED 或简写 DIMALI。

【练习7-9】： DIMALIGNED 命令。

打开文件“7-9.dwg”，用 DIMALIGNED 命令创建尺寸标注，如图 7-46 所示。

```
命令: _dimaligned
指定第一条尺寸界线原点或 <选择对象>:
                        //捕捉交点 A，或按回车键选择要标注的对象，如图 7-46 所示
指定第二条尺寸界线原点:                              //捕捉交点 B
指定尺寸线位置或[多行文字(M)/文字(T)/角度(A)]:    //移动鼠标光标指定尺寸线的位置
```

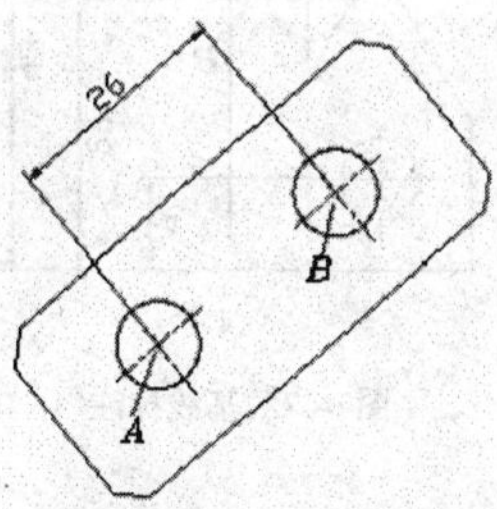

图7-46 标注对齐尺寸

DIMALIGNED 命令各选项功能请参见 7.2.3 小节。

7.2.5 创建连续型和基线型尺寸标注

连续型尺寸标注是一系列首尾相连的标注形式，而基线型尺寸是指所有的尺寸都从同一

点开始标注，即公用一条尺寸界线。连续型和基线型尺寸的标注方法是类似的，在创建这两种形式的尺寸时，首先应建立一个尺寸标注，然后发出标注命令，当 AutoCAD 提示“指定第二条尺寸界线原点或[放弃(U)/选择(S)] <选择>:”时，用户可以采取下面的某种操作方式。

- 直接拾取对象上的点。由于用户已事先建立了一个尺寸，因此 AutoCAD 将以该尺寸的第一条尺寸界线为基准线生成基线型尺寸，或者以该尺寸的第二条尺寸界线为基准线建立连续型尺寸。
- 若不想在前一个尺寸的基础上生成连续型或基线型尺寸，可按 Enter 键，AutoCAD 提示“选择连续标注:”或“选择基准标注:”，此时可选择某条尺寸界线作为建立新尺寸的基准线。

一、 基线标注

命令启动方法

- 菜单命令:【标注】/【基线】。
- 工具栏:【标注】工具栏上的按钮。
- 命令: DIMBASELINE 或简写 DIMBASE。

【练习7-10】: DIMBASELINE 命令。

打开文件“7-10.dwg”，用 DIMBASELINE 命令创建尺寸标注，如图 7-47 所示。

```
命令: _dimbaseline
选择基准标注:                                    //指定 A 点处的尺寸界线为基准线，如图 7-47 所示
指定第二条尺寸界线原点或 [放弃(U)/选择(S)] <选择>:   //指定基线标注第二点 B
指定第二条尺寸界线原点或 [放弃(U)/选择(S)] <选择>:   //指定基线标注第三点 C
指定第二条尺寸界线原点或 [放弃(U)/选择(S)] <选择>:   //按 Enter 键
选择基准标注:                                    //按 Enter 键结束
```

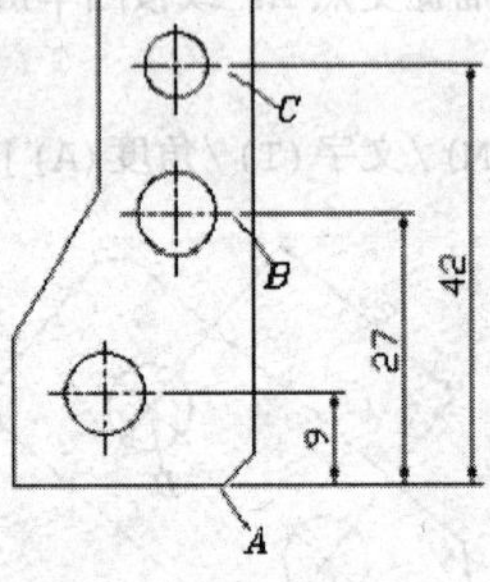

图7-47　基线标注

二、 连续标注

命令启动方法

- 菜单命令:【标注】/【连续】。
- 工具栏:【标注】工具栏上的按钮。
- 命令: DIMCONTINUE 或简写 DIMCONT。

【练习7-11】: DIMCONTINUE 命令。

打开文件“7-11.dwg”，用 DIMCONTINUE 命令创建尺寸标注，如图 7-48 所示。

```
命令: _dimcontinue
选择连续标注:                         //指定 A 点处的尺寸界线为基准线，如图 7-48 所示
指定第二条尺寸界线原点或 [放弃(U)/选择(S)] <选择>:      //指定连续标注第二点 B
指定第二条尺寸界线原点或 [放弃(U)/选择(S)] <选择>:      //指定连续标注第三点 C
指定第二条尺寸界线原点或 [放弃(U)/选择(S)] <选择>:      //按 Enter 键
选择连续标注:                         //按 Enter 键结束
```

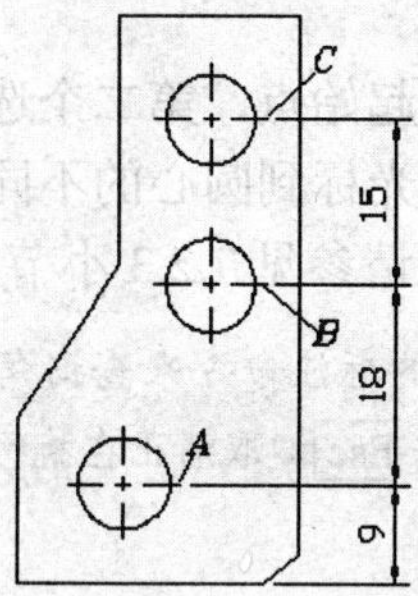

图7-48　连续标注

要点提示 可以对角度型尺寸使用 DIMBASELINE 和 DIMCONTINUE 命令。

7.2.6 创建角度尺寸

标注角度时，用户可以通过拾取两条边线、三个点或一段圆弧来创建角度尺寸。

命令启动方法

- 菜单命令:【标注】/【角度】。
- 工具栏:【标注】工具栏上的按钮。
- 命令: DIMANGULAR 或简写 DIMANG。

【练习7-12】: DIMANGULAR 命令。

打开文件“7-12.dwg”，用 DIMANGULAR 命令创建尺寸标注，如图 7-49 所示。

```
命令: _dimangular
选择圆弧、圆、直线或 <指定顶点>:                  //选择角的第一条边 A，如图 7-49 所示
选择第二条直线:                                  //选择角的第二条边 B
指定标注弧线位置或 [多行文字(M)/文字(T)/角度(A)]: //移动鼠标光标指定尺寸线的位置
命令:DIMANGULAR                                  //重复命令
选择圆弧、圆、直线或 <指定顶点>:                  //按 Enter 键
指定角的顶点:                                    //捕捉 C 点
指定角的第一个端点:                              //捕捉 D 点
指定角的第二个端点:                              //捕捉 E 点
指定标注弧线位置或 [多行文字(M)/文字(T)/角度(A)]: //移动鼠标光标指定尺寸线的位置
```

结果如图 7-49 所示。

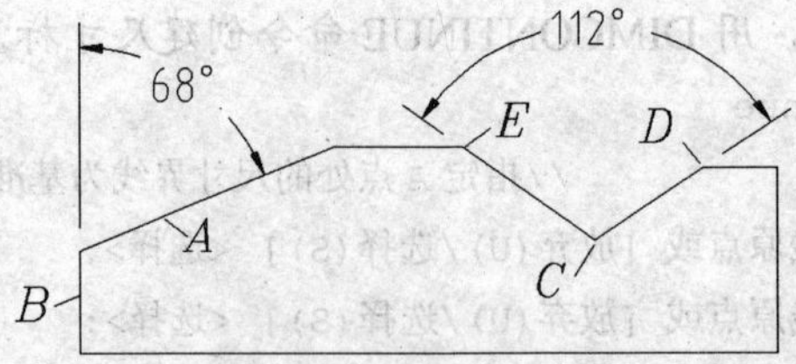

图7-49 标注角度

选择圆弧时，系统直接标注圆弧所对应的圆心角，移动鼠标光标到圆心的不同侧时标注数值不同。

选择圆时，第一个选择点是角度起始点，第二个选择点是角度终止点，系统标出这两点间圆弧所对应的圆心角。当移动鼠标光标到圆心的不同侧时，标注数值不同。

DIMANGULAR 命令各选项功能请参见 7.2.3 小节。

要点提示 可以使用角度尺寸或长度尺寸的标注命令来查询角度值和长度值。当发出命令并选择对象后，就能看到标注文本，此时按Esc键取消正在执行的命令就不会将尺寸标注出来。

7.2.7 将角度数值水平放置

国标中对于角度标注有规定，如图 7-50 所示。角度数字一律水平书写，一般注写在尺寸线的中断处，必要时可注写在尺寸线上方或外面，也可画引线标注。显然角度文本的注写方式与线性尺寸文本是不同的。

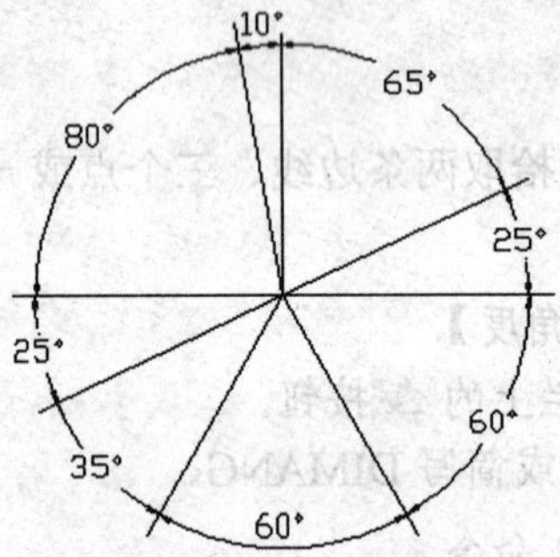

图7-50 角度文本注写规则

为使角度数字的放置形式符合国标规定，用户可采用当前样式覆盖方式标注角度。

【练习7-13】：打开文件“7-13.dwg”，用当前样式覆盖方式标注角度，如图 7-51 所示。

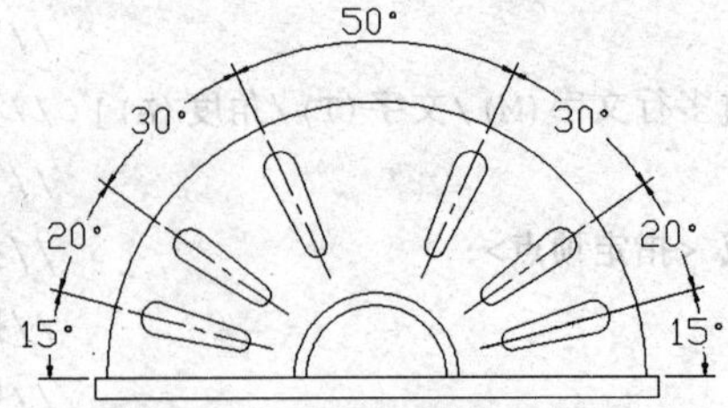

图7-51 利用尺寸样式覆盖方式标注角度

1. 单击按钮，打开【标注样式管理器】对话框。
2. 单击替代(O)...按钮，打开【替代当前样式】对话框。

3. 选取【文字】选项卡，在【文字对齐】区域中选择【水平】选项，如图 7-52 所示。

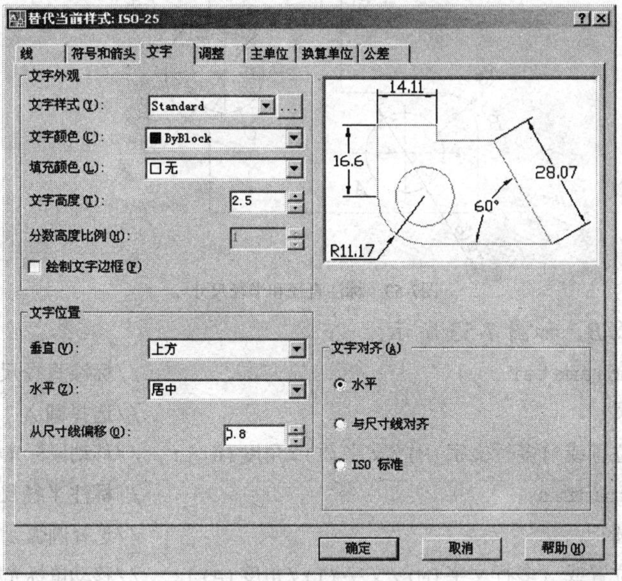

图7-52 【替代当前样式】对话框

4. 返回主窗口，用 DIMANGULAR 和 DIMCONTINUE 命令标注角度尺寸，角度数字将水平放置，如图 7-51 所示。

5. 角度标注完成后，若要恢复原来的尺寸样式，需进入【标注样式管理器】对话框，在此对话框的列表框中选择尺寸样式，然后单击 置为当前(U) 按钮，此时系统打开一个提示性对话框，继续单击 确定 按钮完成设置。

7.2.8 直径和半径型尺寸

在标注直径和半径尺寸时，AutoCAD 自动在标注文字前面加入“∅”或“R”符号。实际标注中，直径和半径型尺寸的标注形式多种多样，若通过当前样式的覆盖方式进行标注非常方便。

直径尺寸命令启动方法：

- 菜单命令：【标注】/【直径】。
- 工具栏：【标注】工具栏上的按钮。
- 命令：DIMDIAMETER 或简写 DIMDIA。

半径尺寸命令启动方法：

- 菜单命令：【标注】/【半径】。
- 工具栏：【标注】工具栏上的按钮。
- 命令：DIMRADIUS 或简写 DIMRAD。

【练习7-14】： 标注直径和半径尺寸。

打开教学资源包中文件“7-14.dwg”，用 DIMDIAMETER 及 DIMRADIUS 命令标注直径和半径尺寸，如图 7-53 所示。

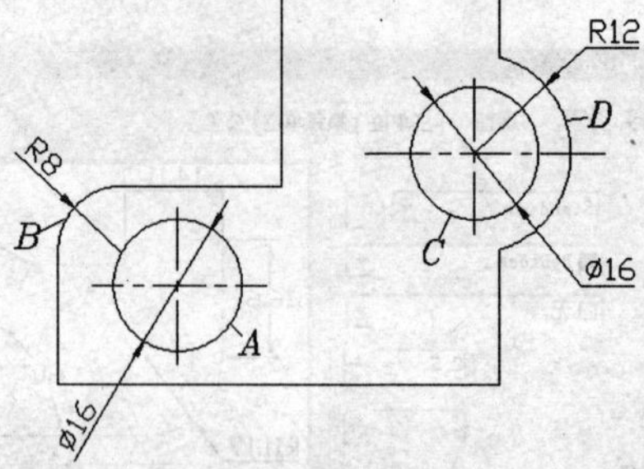

图7-53　标注直径和半径尺寸

1. 标注圆 *A* 及圆弧 *B*，如图 7-53 所示。

```
命令: _dimdiameter                                   //标注直径尺寸
选择圆弧或圆:                                         //选择圆 A
指定尺寸线位置或 [多行文字(M)/文字(T)/角度(A)]:       //移动鼠标光标指定标注文字的位置
命令: _dimradius                                     //标注半径尺寸
选择圆弧或圆:                                         //选择圆弧 B
指定尺寸线位置或 [多行文字(M)/文字(T)/角度(A)]:       //移动鼠标光标指定标注文字的位置
```

2. 利用当前样式的覆盖方式设定标注文字水平放置，然后标注圆 *C* 及圆弧 *D*，结果如图 7-53 所示。

DIMDIAMETER 及 DIMRADIUS 命令各选项功能请参见 7.2.3 小节。

7.2.9 标注尺寸及形位公差

创建尺寸公差的方法有两种。

- 在【替代当前样式】对话框的【公差】选项卡中设置尺寸上、下偏差。
- 标注时，利用"多行文字(M)"选项打开多行文字编辑器，然后采用堆叠文字方式标注公差。

标注形位公差可使用 TOLERANCE 命令及 QLEADER 命令，前者只能产生公差框格，而后者既能形成公差框格又能形成标注指引线。

【练习7-15】：打开教学资源包中的文件"7-15.dwg"，利用当前样式覆盖方式标注尺寸公差，如图 7-54 所示。

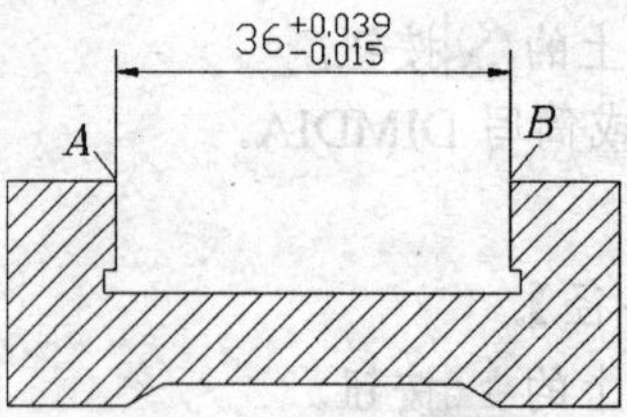

图7-54　标注尺寸公差

1. 打开【标注样式管理器】对话框，单击 替代(O)... 按钮，打开【替代当前样式】对话框，再单击【公差】选项卡，弹出新的一页，如图 7-55 所示。
2. 在【方式】、【精度】和【垂直位置】下拉列表中分别选择"极限偏差"、"0.000"和"中"，在【上偏差】、【下偏差】和【高度比例】文本框中分别输入"0.039"、

"0.015"和"0.75"，如图 7-55 所示。

3. 返回 AutoCAD 图形窗口，发出 DIMLINEAR 命令，AutoCAD 提示：

命令：_dimlinear

指定第一条尺寸界线原点或 <选择对象>：　　//捕捉交点 A，如图 7-54 所示

指定第二条尺寸界线原点：　　//捕捉交点 B

指定尺寸线位置或[多行文字(M)/文字(T)/角度(A)/水平(H)/垂直(V)/旋转(R)]：

　　//移动鼠标光标指定标注文字的位置

结果如图 7-54 所示。

要点提示 标注尺寸公差时，若空间过小，可考虑使用较窄的文字进行标注。具体方法是：先建立一个新的文本样式，在该样式中设置文字宽度比例因子小于 1，然后通过尺寸样式的覆盖方式使当前尺寸样式连接新文字样式，这样标注的文字宽度就会变小。

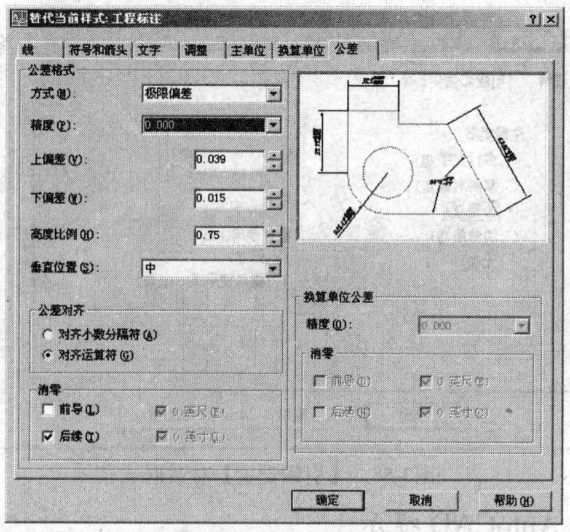

图7-55 【公差】选项卡

【练习7-16】： 通过堆叠文字方式标注尺寸公差。

命令：_dimlinear

指定第一条尺寸界线原点或 <选择对象>：　　//捕捉交点 A，如图 7-54 所示

指定第二条尺寸界线原点：　　//捕捉交点 B

指定尺寸线位置或[多行文字(M)/文字(T)/角度(A)/水平(H)/垂直(V)/旋转(R)]:m

　　//打开多行文字编辑器，在此编辑器中采用堆叠文字方式输入尺寸公差，如图 7-56 所示

指定尺寸线位置或[多行文字(M)/文字(T)/角度(A)/水平(H)/垂直(V)/旋转(R)]：

　　//指定标注文字位置，结果如图 7-54 所示

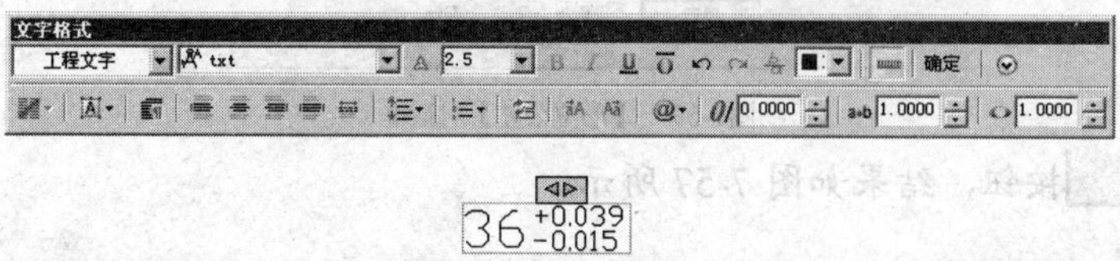

图7-56 输入尺寸公差

要点提示 公差文字的字高可设定为标注文字字高的 0.75 倍。

【练习7-17】：打开教学资源包中的文件“7-17.dwg”，用 QLEADER 命令标注形位公差，如图 7-57 所示。

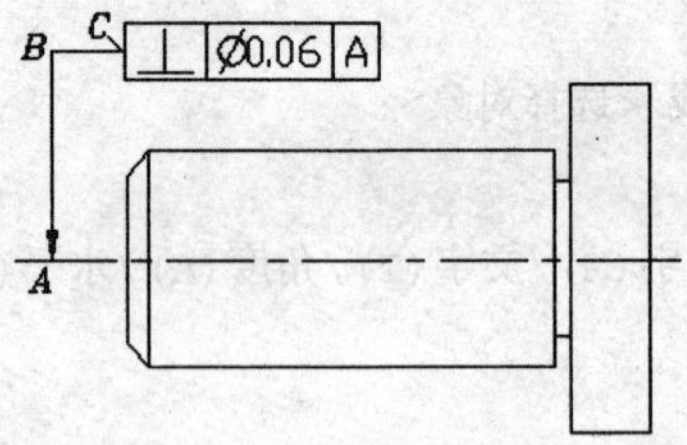

图7-57　标注形位公差

1. 键入 QLEADER 命令，AutoCAD 提示“指定第一个引线点或[设置(S)]<设置>: ”，直接按 Enter 键，打开【引线设置】对话框，在【注释】选项卡中选择【公差】选项，如图 7-58 所示。

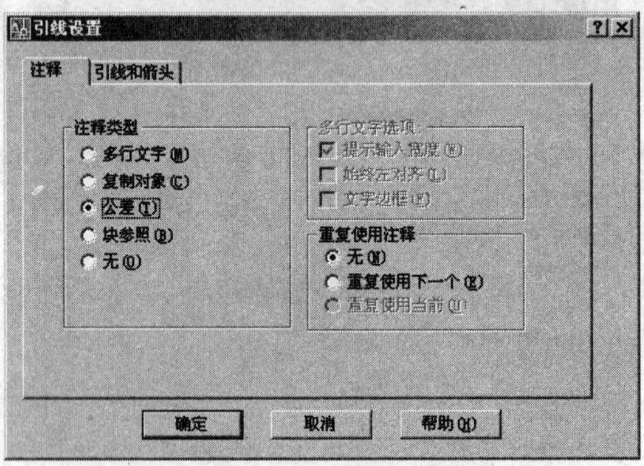

图7-58　【引线设置】对话框

2. 单击 确定 按钮，AutoCAD 提示：

指定第一个引线点或 [设置(S)]<设置>: nea 到　　　//在轴线上捕捉点 A，如图 7-57 所示

指定下一点: <正交 开>　　　//打开正交并在 B 点处单击一点

指定下一点:　　　//在 C 点处单击一点

AutoCAD 打开【形位公差】对话框，在此对话框中输入公差值，如图 7-59 所示。

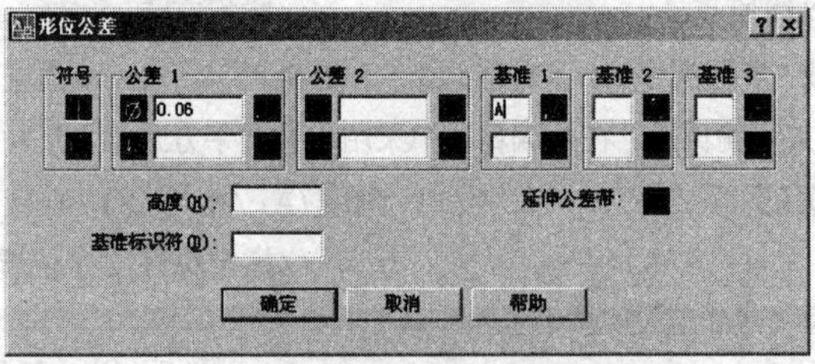

图7-59　【形位公差】对话框

3. 单击 确定 按钮，结果如图 7-57 所示。

7.2.10　引线标注

MLEADER 命令创建引线标注，它由箭头、引线、基线、多行文字或图块组成，如图 7-60 所示，其中箭头的形式、引线外观、文字属性及图块形状等由引线样式控制。

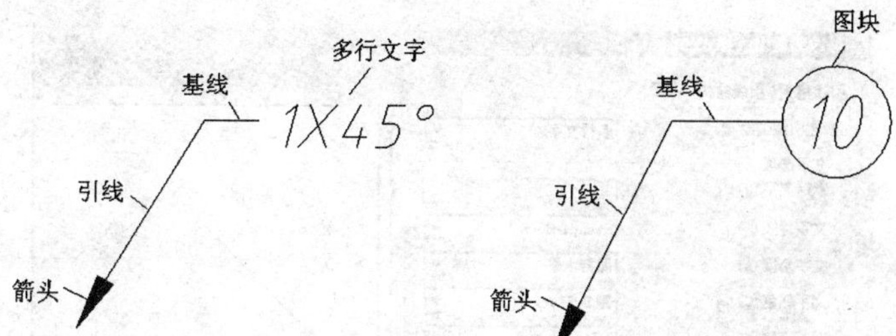

图7-60　引线标注的组成部分

选中引线标注对象，利用关键点移动基线，则引线、文字或图块跟随移动。若利用关键点移动箭头，则只有引线跟随移动，基线、文字或图块不动。

【练习7-18】：打开教学资源包中文件“7-18.dwg”，用 MLEADER 命令创建引线标注，如图 7-61 所示。

1. 单击【多重引线】工具栏上的按钮，打开【多重引线样式管理器】对话框，如图 7-62 所示，利用该对话框可新建、修改、重命名或删除引线样式。

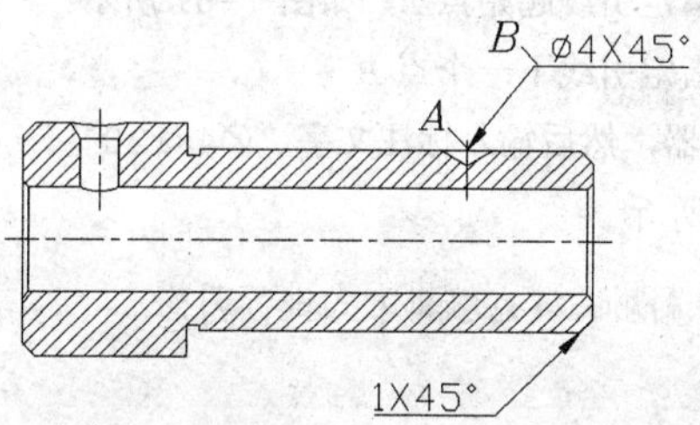

图7-61　引线标注

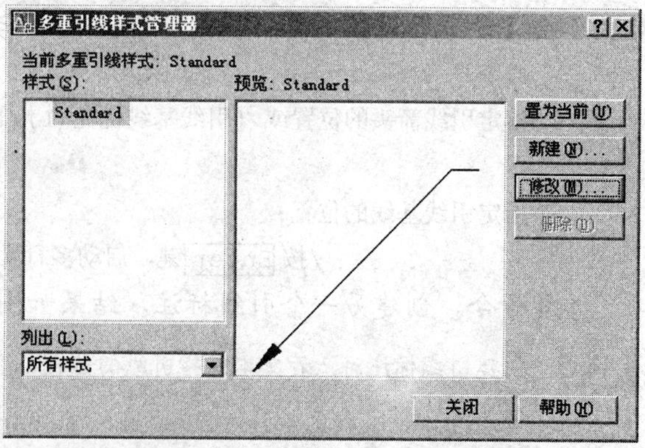

图7-62　【多重引线样式管理器】对话框

2. 单击修改(M)...按钮，打开【修改多重引线样式】对话框，如图 7-63 所示。在该对话框中完成以下设置。

- 【引线格式】选项卡

- 【引线结构】选项卡

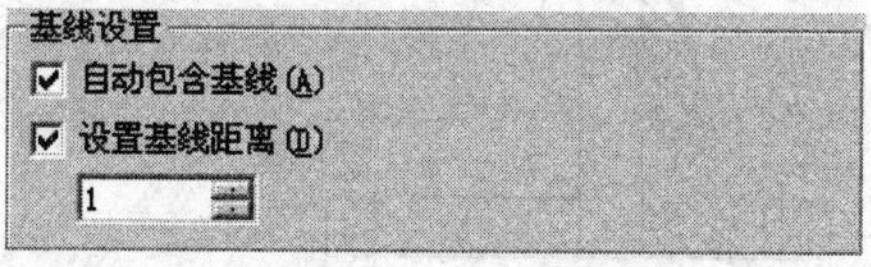

文本框中的数值表示基线的长度。

- 【内容】选项卡

设置的选项如图 7-63 所示，其中【基线间距】文本框中的数值表示基线与标注文字间的距离。

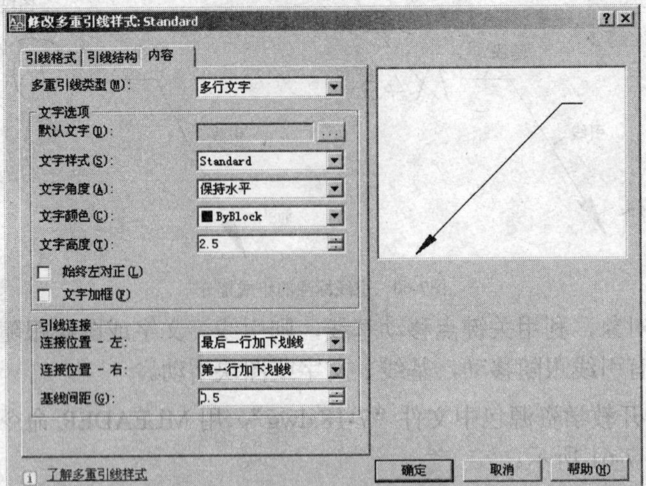

图7-63　【修改多重引线样式】对话框

3. 单击【多重引线】工具栏上的按钮，启动创建引线标注命令。

```
命令: _mleader
指定引线箭头的位置或 [引线基线优先(L)/内容优先(C)/选项(O)] <选项>:
                                          //指定引线起始点 A，如图 7-61 所示
指定引线基线的位置:                        //指定引线下一个点 B
              //按 Enter 键，启动多行文字编辑器，然后输入标注文字“Ø4×120°”
```

重复命令，创建另一个引线标注，结果如图 7-61 所示。

要点提示 创建引线标注时，若文本或指引线的位置不合适，可利用关键点编辑方式进行调整。

7.2.11 修改标注文字和调整标注位置

修改尺寸标注文字的最佳方法是使用 DDEDIT 命令。发出该命令后，用户可以连续地修改想要编辑的尺寸。关键点编辑方式非常适合于移动尺寸线和标注文字，进入这种编辑模式后，一般利用尺寸线两端或标注文字所在处的关键点来调整标注位置。

【练习7-19】：修改标注文字内容及调整标注位置。

1. 打开文件“7-19.dwg”，如图 7-64 左图所示。

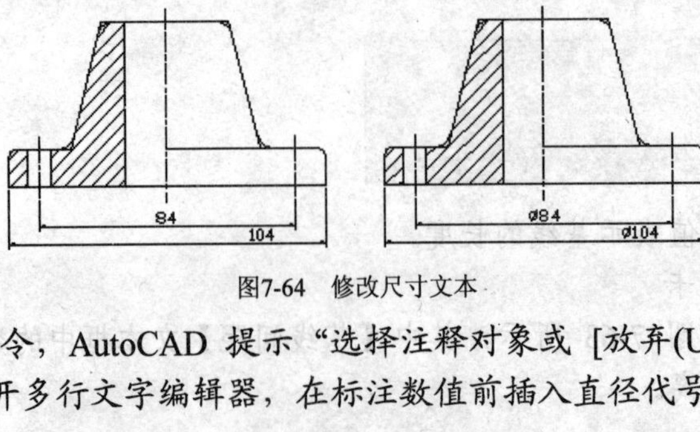

图7-64　修改尺寸文本

2. 输入 DDEDIT 命令，AutoCAD 提示“选择注释对象或 [放弃(U)]:”，选择尺寸“84”后，AutoCAD 打开多行文字编辑器，在标注数值前插入直径代号，如图 7-65 所示。

3. 单击 确定 按钮，返回图形窗口，AutoCAD 继续提示“选择注释对象或 [放弃(U)]:”。此时，用户选择尺寸“104”，然后在该尺寸文字前加入直径代号，编辑结果如图 7-64 右图所示。
4. 选择尺寸“104”，并激活文本所在处的关键点，AutoCAD 自动进入拉伸编辑模式。
5. 向下移动鼠标光标调整文本的位置，结果如图 7-66 所示。

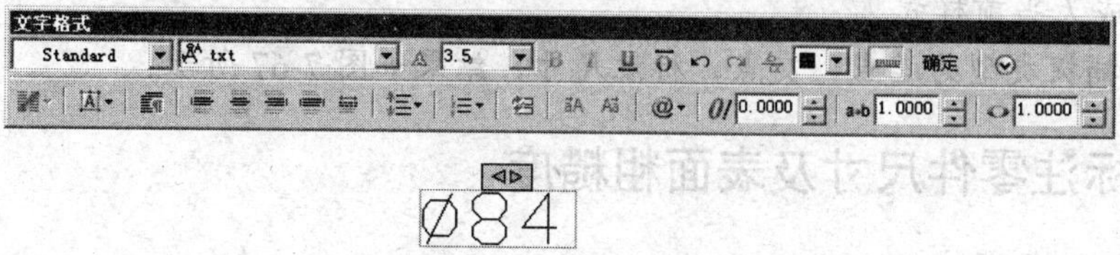

图7-65 【多行文字编辑器】对话框

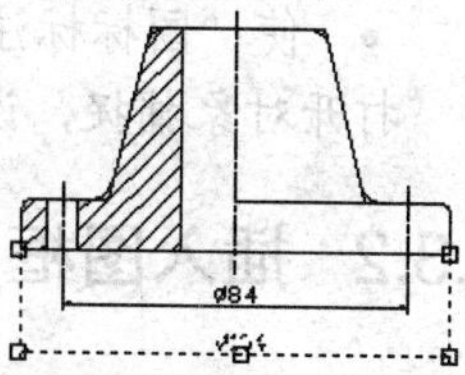

图7-66 调整文本的位置

7.3 尺寸标注综合练习

以下提供平面图形及零件图的标注练习，练习内容包括标注尺寸、创建尺寸公差和形位公差、标注表面粗糙度、选用图幅等。

7.3.1 标注平面图形

【练习7-20】： 打开教学资源包中的文件“7-20.dwg”，标注该图形，结果如图 7-67 所示。

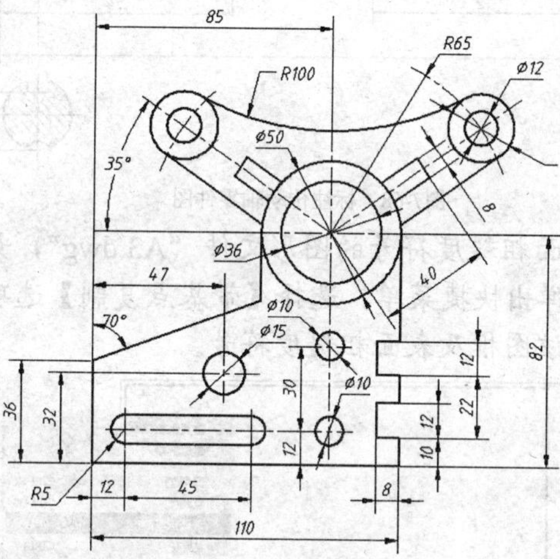

图7-67 标注平面图形

1. 建立一个名为“标注层”的图层，设置图层颜色为红色，线型为 Continuous，并使其成为当前层。
2. 创建新文字样式，样式名为“标注文字”，与该样式相连的字体文件是“gbeitc.shx”和“gbcbig.shx”。
3. 创建一个尺寸样式，名称为“国标标注”，对该样式作以下设置。
   - 标注文本连接“标注文字”，文字高度等于“2.5”，精度为“0.0”，小数点格式是“句点”。
   - 标注文本与尺寸线间的距离是“0.8”。

- 箭头大小为“2”。
- 尺寸界线超出尺寸线长度等于“2”。
- 尺寸线起始点与标注对象端点间的距离为“0”。
- 标注基线尺寸时，平行尺寸线间的距离为“6”。
- 标注总体比例因子为“2”。
- 使“国标标注”成为当前样式。

4. 打开对象捕捉，设置捕捉类型为端点、交点，标注尺寸，结果如图 7-67 所示。

7.3.2 插入图框、标注零件尺寸及表面粗糙度

【练习7-21】：打开文件“7-21.dwg”，标注传动轴零件图，标注结果如图 7-68 所示。零件图图幅选用 A3 幅面，绘图比例 2∶1，标注字高 2.5，字体“gbeitc.shx”，标注总体比例因子 0.5。

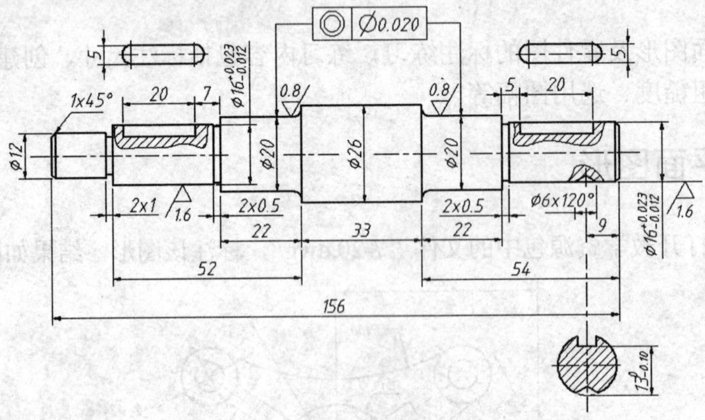

图7-68　标注传动轴零件图

1. 打开包含标准图框及表面粗糙度符号的图形文件“A3.dwg”，如图 7-69 所示。在图形窗口中单击鼠标右键，弹出快捷菜单，选择【带基点复制】选项，然后指定 A3 图框的右下角为基点，再选择该图框及表面粗糙度符号。

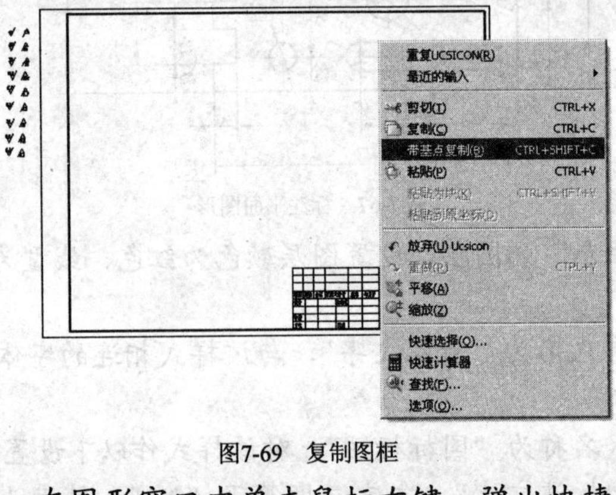

图7-69　复制图框

2. 切换到当前零件图，在图形窗口中单击鼠标右键，弹出快捷菜单，选择【粘贴】选项，把 A3 图框复制到当前图形中，如图 7-70 所示。

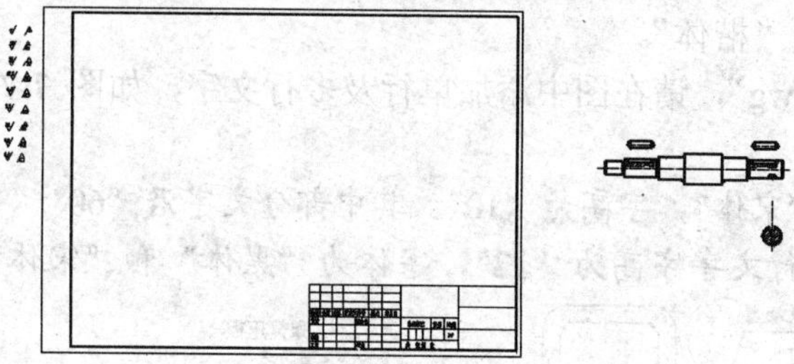

图7-70 粘贴图框

3. 用 SCALE 命令把 A3 图框和表面粗糙度符号缩小 50%。
4. 创建新文字样式，样式名为“标注文字”，与该样式相连的字体文件是“gbeitc.shx”和“gbcbig.shx”。
5. 创建一个尺寸样式，名称为“国标标注”，对该样式作以下设置。
   - 标注文本连接“标注文字”，文字高度等于“2.5”，精度为“0.0”，小数点格式是“句点”。
   - 标注文本与尺寸线间的距离是“0.8”。
   - 箭头大小为“2”。
   - 尺寸界线超出尺寸线长度等于“2”。
   - 尺寸线起始点与标注对象端点间的距离为“0”。
   - 标注基线尺寸时，平行尺寸线间的距离为“6”。
   - 标注总体比例因子为“0.5”（绘图比例的倒数）。
   - 使“国标标注”成为当前样式。
6. 用 MOVE 命令将视图放入图框内，创建尺寸，再用 COPY 及 ROTATE 命令标注表面粗糙度，结果如图 7-68 所示。

习题

一、思考题

1. 文字样式与文字的关系是怎样的？文字样式与文字字体有什么不同？
2. 在文字样式中，宽度比例因子起何作用？
3. 对于单行文字，对齐方式“对齐(A)”和“调整(F)”有何差别？
4. DTEXT 和 MTEXT 命令各有哪些优点？
5. 如何创建分数和公差形式的文字？
6. 如何修改文字内容？
7. 尺寸样式的作用是什么？
8. 创建基线形式标注时，如何控制尺寸线间的距离？
9. 怎样调整尺寸界线起点与标注对象间的距离？
10. 若公差数值的外观大小不合适，应该如何调整？
11. 如何设定标注全局比例因子？它的作用是什么？
12. 怎样修改标注文字内容？

二、操作题

1. 打开文件“7-22.dwg”，请在图中添加单行文字，如图 7-71 所示，文字字高设为

"3.5"，字体采用"楷体"。

2. 打开文件"7-23.dwg"，请在图中添加单行及多行文字，如图 7-72 所示，图中文字特性如下。

单行文字字体为"宋体"，字高为"10"。其中部分文字沿"60°"方向书写，字体倾斜角度为"30°"。多行文字字高为"12"，字体为"黑体"和"宋体"。

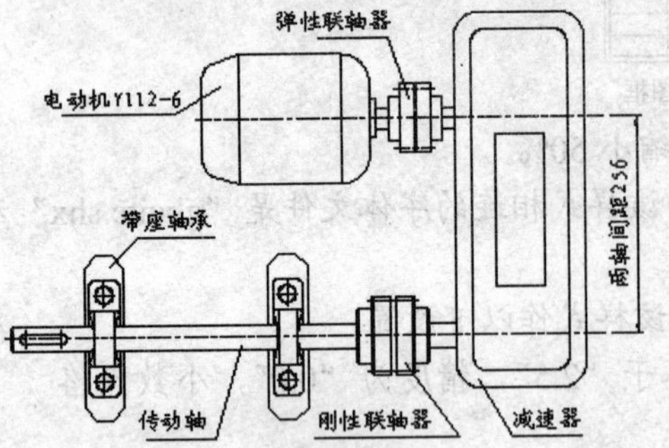

图7-71　创建单行文字

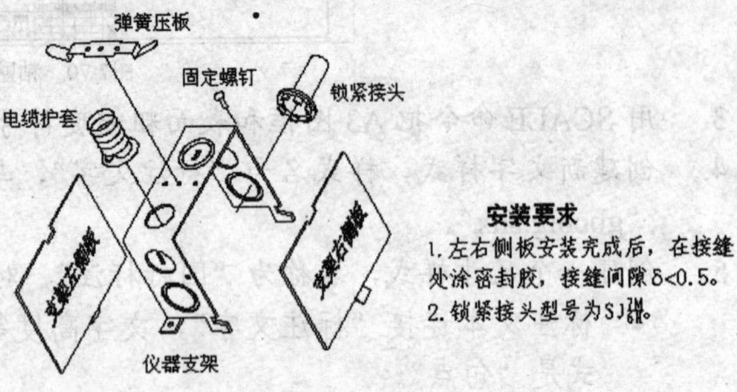

图7-72　添加单行及多行文字

3. 打开文件"7-24.dwg"，如图 7-73 所示。请标注该图样。

4. 打开文件"7-25.dwg"，如图 7-74 所示。请标注该图样。

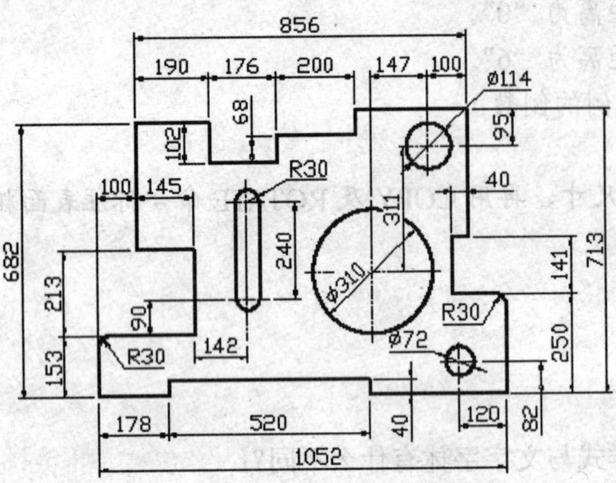

图7-73　尺寸标注练习一

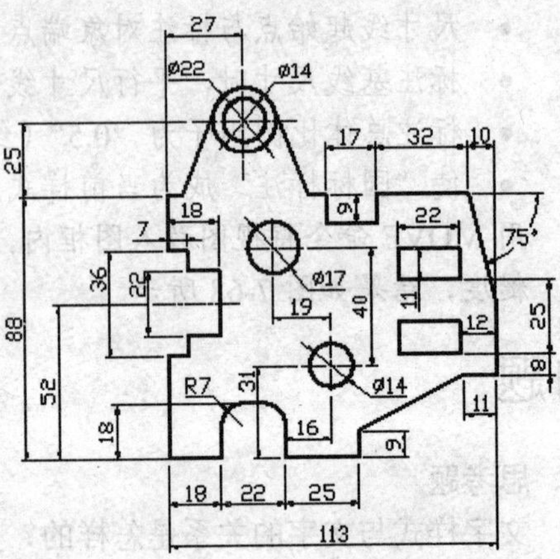

图7-74　尺寸标注练习二

5. 打开文件"7-26.dwg"，如图 7-75 所示。请标注该图样。

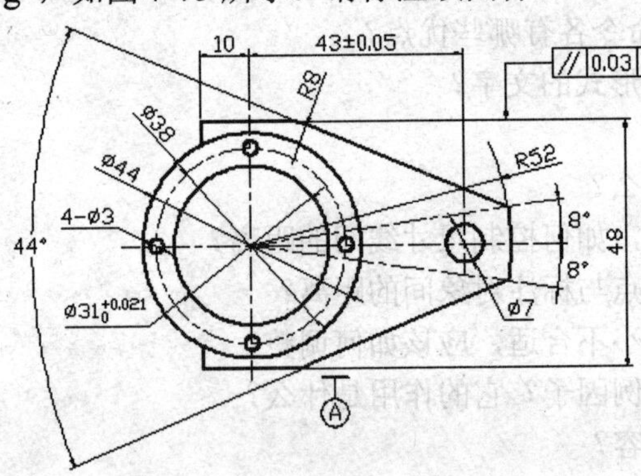

图7-75　尺寸标注练习三

第8章 查询信息、块及外部参照

本章介绍的主要内容如下。

- 查询距离、面积及周长等信息。
- 创建图块、插入图块。
- 创建及编辑块属性。
- 引用外部图形。
- 更新当前图形中的外部引用。

通过本章的学习，读者将掌握查询距离、面积、周长等图形信息的方法，并了解块、外部参照的概念及基本使用方法等。

8.1 获取图形信息的方法

本节介绍获取图形信息的一些命令。

8.1.1 获取点的坐标

ID 命令用于查询图形对象上某点的绝对坐标，坐标值以“*X*，*Y*，*Z*”形式显示出来。对于二维图形，*Z*坐标值为零。

命令启动方法

- 下拉菜单:【工具】/【查询】/【点坐标】。
- 工具栏:【查询】工具栏按钮。
- 命令: ID。

【练习8-1】： 练习 ID 命令。

启动 ID 命令，AutoCAD 提示:

```
命令: _id 指定点: cen 于                    //捕捉圆心 A，如图 8-1 所示
X = 191.4177    Y = 121.9547    Z = 0.0000    //AutoCAD 显示圆心坐标值
```

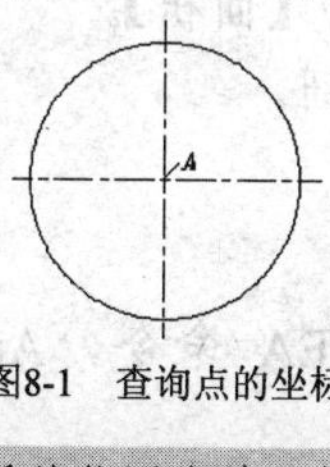

图8-1 查询点的坐标

要点提示 ID 命令显示的坐标值与当前坐标系的位置有关。如果用户创建新坐标系，则 ID 命令测量的同一点坐标值也将发生变化。

8.1.2 测量距离

DIST 命令可测量图形对象上两点之间的距离，同时，还能计算出与两点连线相关的某些角度。

命令启动方法

- 下拉菜单:【工具】/【查询】/【距离】。
- 工具栏:【查询】工具栏按钮。
- 命令: DIST 或简写 DI。

【练习8-2】: 练习 DIST 命令。

启动 DIST 命令，AutoCAD 提示:

```
命令: _dist 指定第一点: end于          //捕捉端点 A，如图 8-2 所示
指定第二点: end于                      //捕捉端点 B
距离 = 87.8544，XY 平面中的倾角 = 106， 与 XY 平面的夹角 = 0
X 增量 = -24.4549，  Y 增量 = 84.3822，   Z 增量 = 0.0000
```

DIST 命令显示的测量值的意义如下所示。

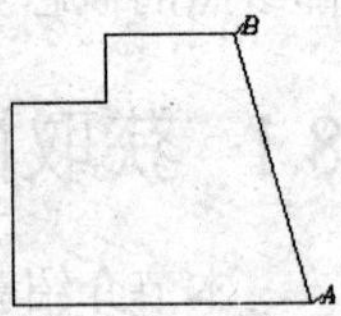

图8-2 测量距离

- 距离: 两点间的距离。
- *XY* 平面中的倾角: 两点连线在 *XY* 平面上的投影与 *X* 轴间的夹角。
- 与 *XY* 平面的夹角: 两点连线与 XY 平面间的夹角。
- *X* 增量: 两点的 *X* 坐标差值。
- *Y* 增量: 两点的 *Y* 坐标差值。
- *Z* 增量: 两点的 *Z* 坐标差值。

要点提示 使用 DIST 命令时，两点的选择顺序不影响距离值，但影响该命令的其他测量值。

8.1.3 计算图形面积及周长

AREA 命令可以计算出圆、面域、多边形或是一个指定区域的面积及周长，还可以进行面积的加、减运算等。

命令启动方法

- 下拉菜单:【工具】/【查询】/【面积】。
- 工具栏:【查询】工具栏按钮。
- 命令: AREA 或简写 AA。

【练习8-3】: 练习 AREA 命令。

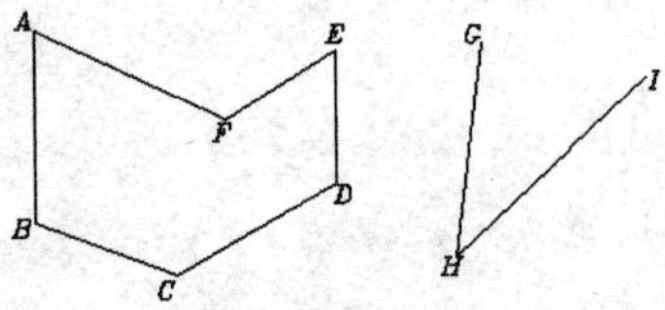

图8-3 计算面积

打开文件“8-3.dwg”，启动 AREA 命令，AutoCAD 提示:

```
命令: _area
指定第一个角点或 [对象(O)/加(A)/减(S)]:
                          //捕捉交点 A，如图 8-3 所示
```

```
指定下一个角点或按 ENTER 键全选:      //捕捉交点 B
指定下一个角点或按 ENTER 键全选:      //捕捉交点 C
指定下一个角点或按 ENTER 键全选:      //捕捉交点 D
指定下一个角点或按 ENTER 键全选:              //捕捉交点 E
指定下一个角点或按 ENTER 键全选:              //捕捉交点 F
指定下一个角点或按 ENTER 键全选:              //按 Enter 键结束
面积 = 7567.2957，周长 = 398.2821
命令:                                          //重复命令
AREA
指定第一个角点或 [对象(O)/加(A)/减(S)]:         //捕捉端点 G
指定下一个角点或按 ENTER 键全选:              //捕捉端点 H
指定下一个角点或按 ENTER 键全选:              //捕捉端点 I
指定下一个角点或按 ENTER 键全选:              //按 Enter 键结束
面积 = 2856.7133，周长 = 256.3846
```

命令选项

(1) 对象(O)：求出所选对象的面积，有以下两种情况。

- 用户选择的对象是圆、椭圆、面域、正多边形、矩形等闭合图形。
- 对于非封闭的多段线及样条曲线，AutoCAD 将假定有一条连线使其闭合，然后计算出闭合区域的面积，而所计算出的周长却是多段线或样条曲线的实际长度。

(2) 加(A)：进入"加"模式。该选项使用户可以将新测量的面积加入到总面积中。

(3) 减(S)：利用此选项可使 AutoCAD 把新测量的面积从总面积中扣除。

要点提示 可以将复杂的图形创建成面域，然后利用"对象(O)"选项查询面积及周长。

8.1.4 列出对象的图形信息

LIST 命令将列表显示对象的图形信息，这些信息随对象类型不同而不同，一般包括以下内容。

- 对象类型、图层及颜色等。
- 对象的一些几何特性，如直线长度、端点坐标、圆心位置、半径大小、圆的面积及周长等。

命令启动方法

- 下拉菜单：【工具】/【查询】/【列表显示】。
- 工具栏：【查询】工具栏按钮。
- 命令：LIST 或简写 LI。

【练习8-4】：练习 LIST 命令。

启动 LIST 命令，AutoCAD 提示：

```
命令: _list
```

```
选择对象: 找到 1 个          //选择圆，如图 8-4 所示
选择对象: //按 Enter 键结束，AutoCAD 打开【文本窗口】
    CIRCLE  图层: 0
            空间: 模型空间
            句柄 = 8C
            圆心 点，X= 402.6691  Y=  67.3143  Z=   0.0000
            半径   47.7047
            周长  299.7372
            面积 7149.4317
```

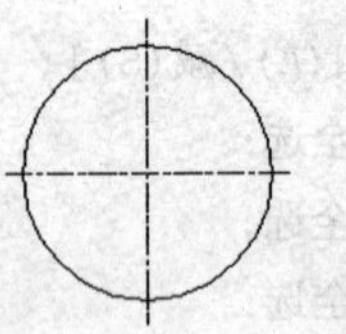

图8-4　列表显示对象的图形信息

要点提示 可以将复杂的图形创建成面域，然后用 LIST 命令查询面积及周长等。

8.1.5　查询图形信息综合练习

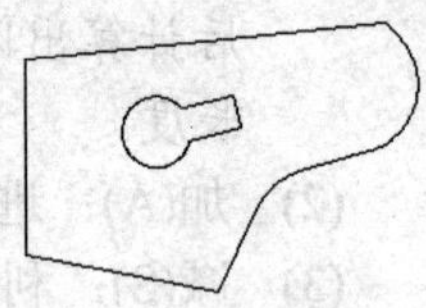

图8-5　计算图形面积及周长

【练习8-5】：　打开文件“8-5.dwg”，如图 8-5 所示，计算该图形面积及周长。

1. 用 REGION 命令将图形外轮廓线框及内部线框创建成面域。
2. 用外轮廓线框构成的面域“减去”内部线框构成的面域。
3. 用 LIST 查询面域的面积和周长，结果为：面积等于 12 825.2162，周长等于 643.856 0。

【练习8-6】：　打开文件“8-6.dwg”，如图 8-6 所示。试计算：

(1) 图形外轮廓线的周长。

(2) 线框 *A* 的周长及围成的面积。

(3) 3 个圆弧槽的总面积。

(4) 去除圆弧槽及内部异形孔后的图形总面积。

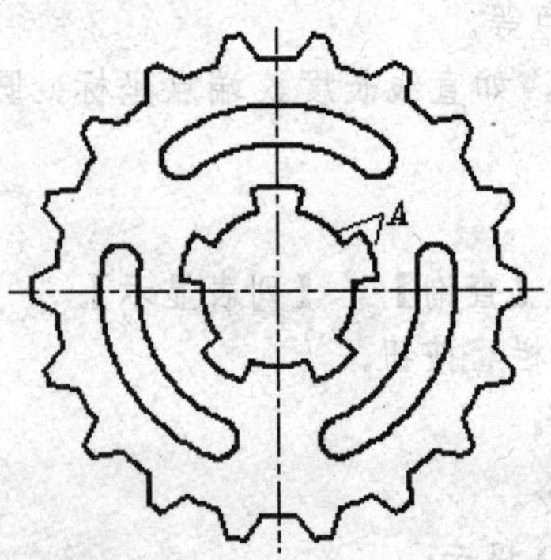

图8-6　计算图形面积及周长

1. 用 REGION 命令将图形外轮廓线围成的区域创建成面域，然后用 LIST 命令获取外轮廓线框的周长，数值为 758.56。
2. 把线框 *A* 围成的区域创建成面域，再用 LIST 命令查询该面域的周长和面积，数值分别为 292.91 和 3 421.76。
3. 将 3 个圆弧槽创建成面域，然后利用 AREA 命令的“加(A)”选项计算 3 个槽的总面积，数值为 4 108.50。
4. 用外轮廓线面域“减去”3 个圆弧槽面域及内部异形孔面域，再用 LIST 命令查询图形总面积，数值为 17 934.85。

8.2 使用外部参照

当用户将其他图形以块的形式插入当前图样中时，被插入的图形就成为当前图样的一部分。用户可能并不想如此，而仅仅是要把另一个图形作为当前图形的一个样例，或者想观察一下正在绘制的图形与其他图形是否匹配，此时就可通过外部引用（也称 Xref）将其他图形文件放置到当前图形中。

Xref 能使用户方便地在自己的图形中以引用的方式看到其他图样，被引用的图并不成为当前图样的一部分，当前图形中仅记录了外部引用文件的位置和名称。

8.2.1 引用外部图形

可利用 XATTACH 命令在当前图形中引用外部 dwg 图形，被引用的图形是一个整体。操作时，可设定被引用图形的缩放比例及旋转角度。

命令启动方法

- 下拉菜单：【插入】/【DWG 参照】。
- 工具栏：【参照】工具栏按钮。
- 命令：XATTACH 或简写 XA。

【练习8-7】：练习 XATTACH 命令。

1. 创建一个新的图形文件。
2. 单击【参照】工具栏上的按钮，打开【选择参照文件】对话框。通过此对话框选择教学资源包中的文件“8-7-A.dwg”，再单击打开(O)按钮，弹出【外部参照】对话框，如图 8-7 所示。

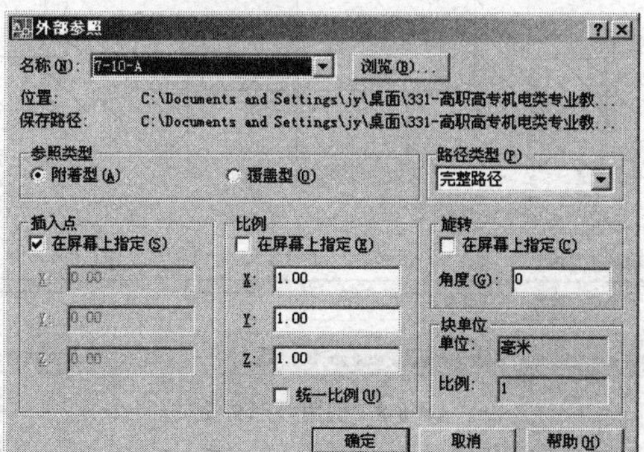

图8-7 【外部参照】对话框

【外部参照】对话框中各选项功能如下。

- 【名称】：该列表显示了当前图形中包含的外部参照文件名称。用户可在列表中直接选取文件，也可单击 浏览(B)... 按钮查找其他参照文件。
- 【附加型】：图形文件 A 嵌套了其他的 Xref，而这些文件是以“附加型”方式被引用的。当新文件引用图形 A 时，用户不仅可以看到图形 A 本身，还能看到 A 图中嵌套的 Xref。附加方式的 Xref 不能循环嵌套，即如果图形 A 引用了图形 B，而 B 又引用了图形 C，则图形 C 不能再引用图形 A。
- 【覆盖型】：图形 A 中有多层嵌套的 Xref，但它们均以“覆盖型”方式被引用。当其他图形引用 A 图时，就只能看到图形 A 本身，而其包含的任何 Xref 都不会显示出来。覆盖方式的 Xref 可以循环引用，这使设计人员可以灵活地查看其他任何图形文件，而无需为图形之间的嵌套关系担忧。
- 【插入点】：在此区域中指定外部参照文件的插入基点，可直接在 *X*、*Y*、*Z* 文本框中输入插入点坐标，也可勾选【在屏幕上指定】复选框，然后在屏幕上指定。
- 【比例】：在此区域中指定外部参照文件的缩放比例，可直接在 *X*、*Y*、*Z* 文本框中输入沿这 3 个方向的比例因子，也可勾选【在屏幕上指定】复选框，然后在屏幕上指定。
- 【旋转】：确定外部参照文件的旋转角度，可直接在【角度】框中输入角度值，也可勾选【在屏幕上指定】复选框，然后在屏幕上指定。

3. 单击 确定 按钮，再按照 AutoCAD 的提示指定文件的插入点，移动及缩放图形，结果如图 8-8 所示。

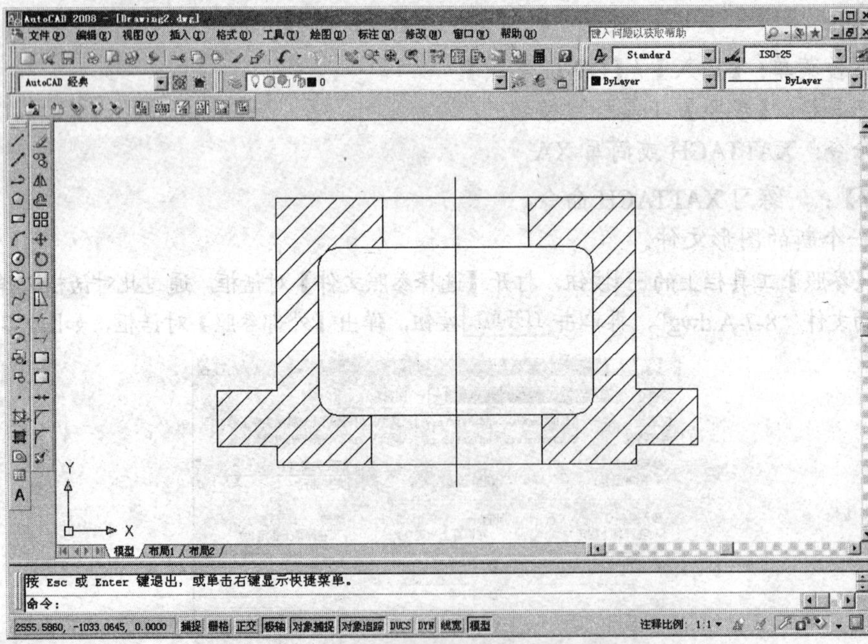

图8-8　引用外部文件

4. 使用相同的方法引用图形文件“8-7-B.dwg”，再用 MOVE 命令把两个图形组合在一起，结果如图 8-9 所示。

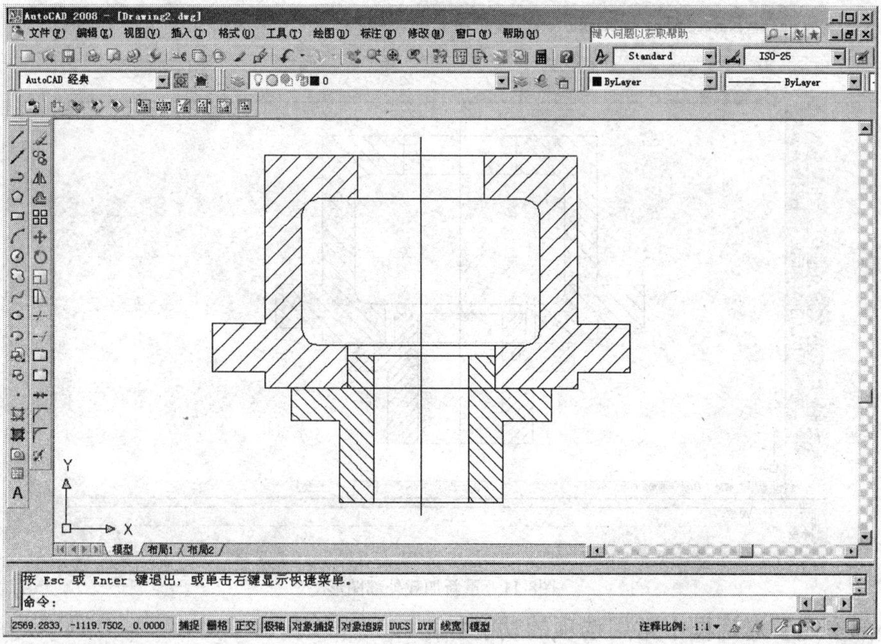

图8-9 组合图形

8.2.2 更新外部引用

当被引用的图形作了修改后，AutoCAD 并不自动更新当前图样中的 Xref 图形，这时用户必须重新加载以更新它。

继续前面的练习，下面修改引用图形，然后在当前图形中更新它。

1. 打开文件“8-7-A.dwg”，用 STRETCH 命令将零件下部配合孔的直径尺寸增加 4，保存图形。
2. 切换到新图形文件。单击【参照】工具栏上的按钮，打开【外部参照】对话框，如图 8-10 所示。在该对话框的文件列表框中选中“8-7-A.dwg”文件，单击鼠标右键，选择【重载】命令以加载外部图形。

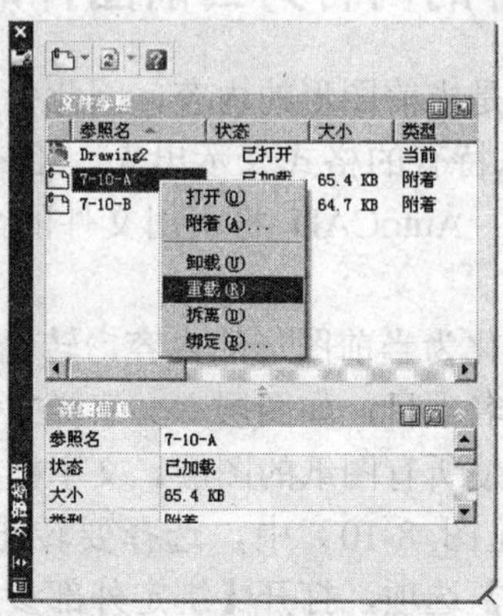

图8-10 【外部参照】对话框

3. 重新加载外部图形后，结果如图 8-11 所示。

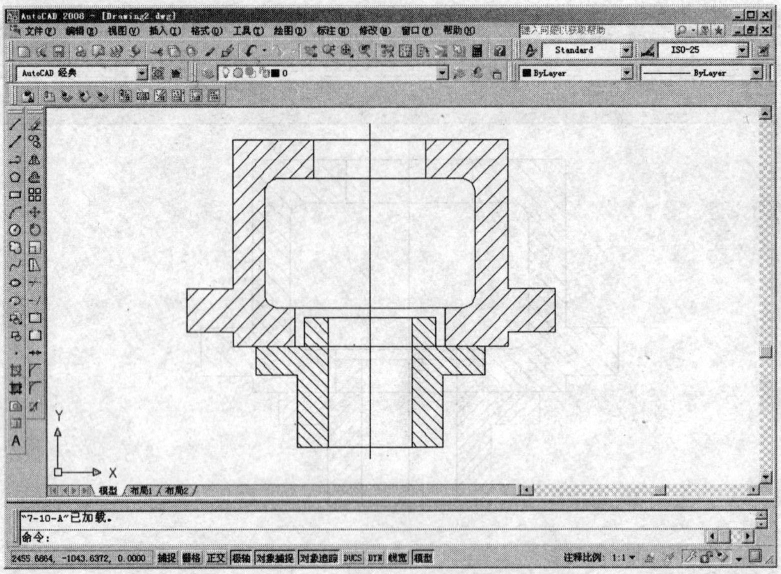

图8-11　重新加载外部图形

【外部参照】对话框中常用选项的功能如下。

- ：单击此按钮，AutoCAD 弹出【选择参照文件】对话框，用户通过该对话框选择要插入的图形文件。
- 【附着】(快捷菜单选项)：选择此选项，AutoCAD 弹出【外部参照】对话框，用户通过此对话框选择要插入的图形文件。
- 【卸载】：暂时移走当前图形中的某个外部参照文件，但在列表框中仍保留该文件的路径。
- 【重载】：在不退出当前图形文件的情况下更新外部引用文件。
- 【拆离】：将某个外部参照文件去除。
- 【绑定】：将外部参照文件永久地插入当前图形中，使之成为当前文件的一部分，详细内容见 8.2.3 小节。

8.2.3 转化外部引用文件的内容为当前图样的一部分

由于被引用的图形本身并不是当前图形的内容，因此引用图形的命名项目，如图层、文本样式和尺寸标注样式等，都以特有的格式表示出来。Xref 的命名项目表示形式为“Xref 名称|命名项目”，通过这种方式，AutoCAD 将引用文件的命名项目与当前图形的命名项目区别开来。

用户可以把外部引用文件转化为当前图形的内容，转化后 Xref 就变为图样中的一个图块，另外，也可把引用图形的命名项目，如图层、文字样式等，转变为当前图形的一部分。通过这种方法，用户可以轻易地使所有图纸的图层、文字样式等命名项目保持一致。

在【外部参照】对话框（见图 8-10）中，选择要转化的图形文件，然后单击鼠标右键，弹出快捷菜单，选择【绑定】选项，打开【绑定外部参照】对话框，如图 8-12 所示。

对话框中有两个选项，它们的功能如下。

- 【绑定】：选中该单选按钮，引用图形的所有命名项目的名称由“Xref 名称|命

名项目”变为“Xref 名称N命名项目”。其中，字母 *N* 是可自动增加的整数，以避免与当前图样中的项目名称重复。

- 【插入】：使用该单选按钮类似于先拆离引用文件，然后再以块的形式插入外部文件。当合并外部图形后，命名项目的名称前不加任何前缀。例如，外部引用文件中有图层 WALL，当利用【插入】选项转化外部图形时，若当前图形中无 WALL 层，那么 AutoCAD 就创建 WALL 层，否则继续使用原来的 WALL 层。

在命令行上输入 XBIND 命令，AutoCAD 打开【外部参照绑定】对话框，如图 8-13 所示。在对话框左边的列表框中选择要添加到当前图形中的项目，然后单击 添加(A) -> 按钮，把命名项加入【绑定定义】列表框，再单击 确定 按钮完成。

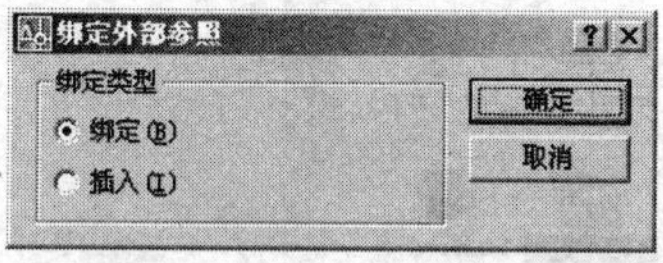

图8-12 【绑定外部参照】对话框

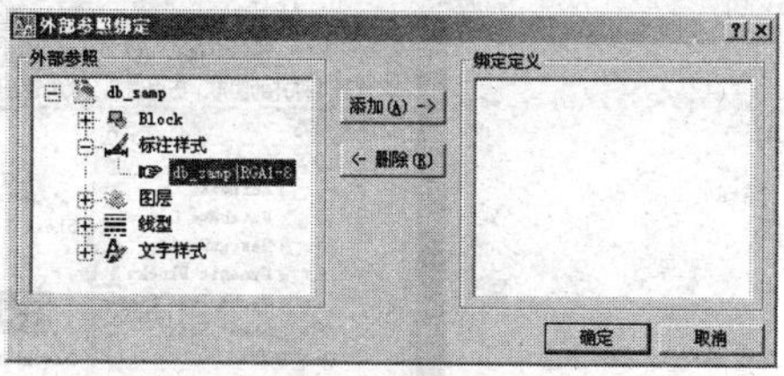

图8-13 【外部参照绑定】对话框

要点提示 用户可以通过 Xref 连接一系列的库文件。如果想要使用库文件中的内容，则可用 XBIND 命令将库文件中的有关项目（如尺寸样式、图块等）转化成当前图样的一部分。

8.3 AutoCAD 设计中心

设计中心为用户提供了一种直观、高效且与 Windows 资源管理器相似的操作界面，用户通过它可以很容易地查找和组织本地局域网络或 Internet 上存储的图形文件，同时还能方便地利用其他图形资源及图形文件中的块、文本样式及尺寸样式等内容。此外，如果用户打开多个文件，还能通过设计中心进行有效地管理。

AutoCAD 设计中心的主要功能具体概括为以下几点。

- 可以从本地磁盘、网络、甚至 Internet 上浏览图形文件内容，并可通过设计中心打开文件。
- 设计中心可以将某一图形文件中包含的块、图层、文本样式及尺寸样式等信息展示出来，并提供预览功能。
- 利用拖放操作就可以将一个图形文件或块、图层、文字样式等插入另一图形中使用。
- 可以快速查找存储在其他位置的图样、图块、文字样式、标注样式及图层等信息。搜索完成后，可将结果加载到设计中心或直接拖入当前图形中使用。

下面提供几个 AutoCAD 的设计练习，通过这些练习可以让读者更加深刻地了解设计中心的使用方法。

8.3.1 浏览及打开图形

【练习8-8】： 利用设计中心查看图形及打开图形。

1. 单击【标准】工具栏上的按钮，打开【设计中心】对话框，如图 8-14 所示，该对话框包含以下 4 个选项卡。

- 【文件夹】：显示本地计算机及网上邻居的信息资源，与 Windows 资源管理器类似。
- 【打开的图形】：列出当前 AutoCAD 中所有打开的图形文件。单击文件名前的图标“⊞”，设计中心即列出该图形所包含的命名项目，如图层、文字样式及图块等。
- 【历史记录】：显示最近访问过的图形文件，包括文件的完整路径。
- 【联机设计中心】：访问联机设计中心网页。该网页包含块、符号库、制造商及联机目录等内容。

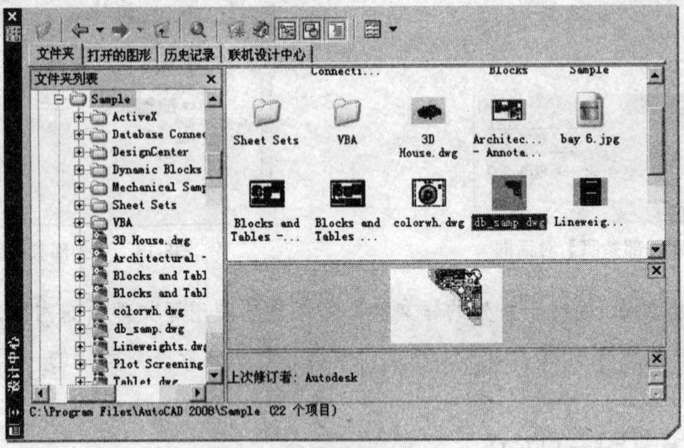

图8-14　预览文件内容

2. 查找“AutoCAD 2008”子目录，选中子目录中的“Sample”文件夹并将其展开。单击对话框顶部的▦▾按钮，选择【大图标】，结果设计中心在右边的窗口显示文件夹中图形文件的小型图片，如图 8-14 所示。
3. 选中“db_samp.dwg”图形文件的小型图标，【文件夹】选项卡下部则显示出相应的预览图片及文件路径。
4. 单击鼠标右键，弹出快捷菜单，如图 8-15 所示，选择【在应用程序窗口中打开】选项，则打开此文件。

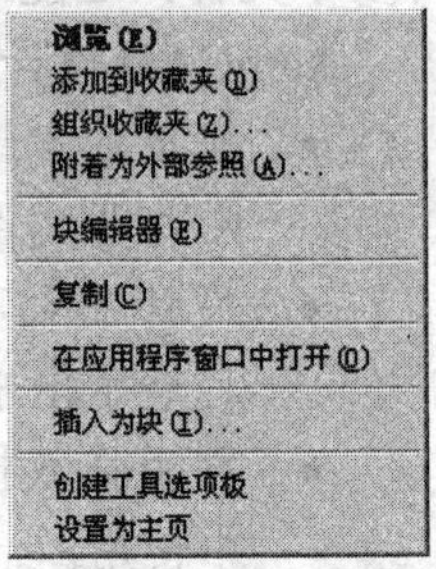

图8-15　快捷菜单

菜单中常用选项的功能如下。

- 【浏览】：列出文件中块、图层及文本样式等命名项目。
- 【附着为外部参照】：以附加或覆盖方式引用外部图形。
- 【插入为块】：将图形文件以块的形式插入到当前图样中。
- 【创建工具选项板】：创建以文件名命名的工具选项板，该选项板包含图形文件中的所有图块。

8.3.2 将图形文件的块、图层等对象插入当前图形中

【练习8-9】：　利用设计中心插入图块。

1. 打开设计中心，查找“AutoCAD 2008\Sample”子目录，选中子目录中的“DesignCenter”文件夹并展开它。
2. 选中“House Designer.dwg”文件，则设计中心在右边的窗口中列出图层、图块及文字

样式等项目，如图 8-16 所示。

3. 选中项目【块】，单击鼠标右键，选择【浏览】选项，设计中心则列出图形中的所有图块，如图 8-17 所示。

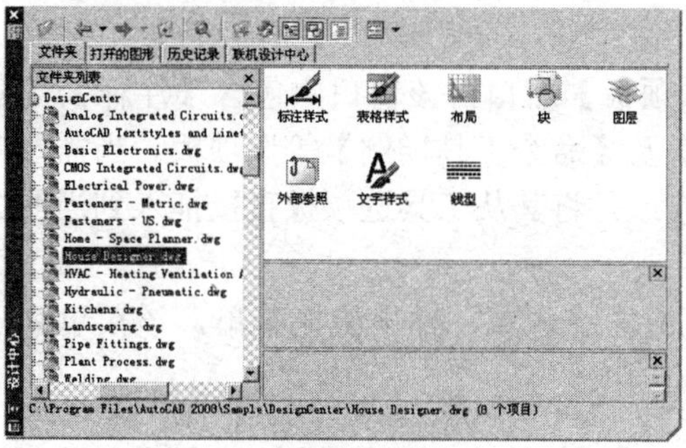

图8-16　显示图层、图块等项目

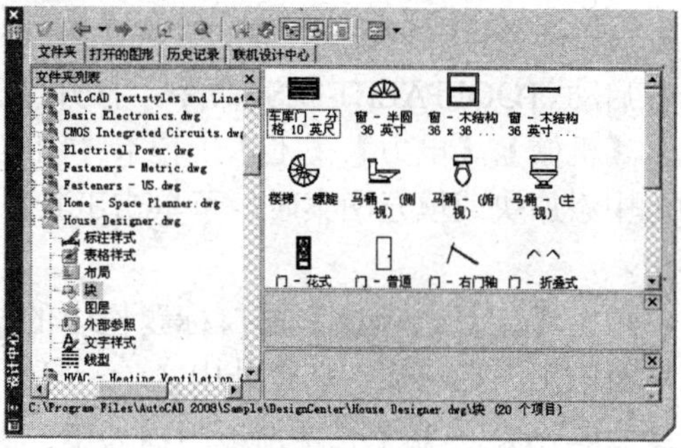

图8-17　列出图块信息

4. 选中某一图块，单击鼠标右键，出现快捷菜单，选择【插入块】选项，就可将此图块插入到当前图形中。
5. 使用上述方法可将图层、标注样式及文字样式等项目插入到当前图形中。

8.4 【工具选项板】窗口

【工具选项板】窗口包含一系列工具选项板，这些选项板以选项卡的形式布置在选项板窗口中，如图 8-18 所示。选项板中包含图块、填充图案等对象，这些对象常被称为工具。用户可以从工具选项板中直接将某个工具拖入到当前图形中（或单击工具以启动它），也可以将新建图块、填充图案等放入工具选项板中，还可将整个工具选项板输出，或是创建新的工具选项板。总之，工具选项板提供了组织、共享图块及填充图案的有效方法。

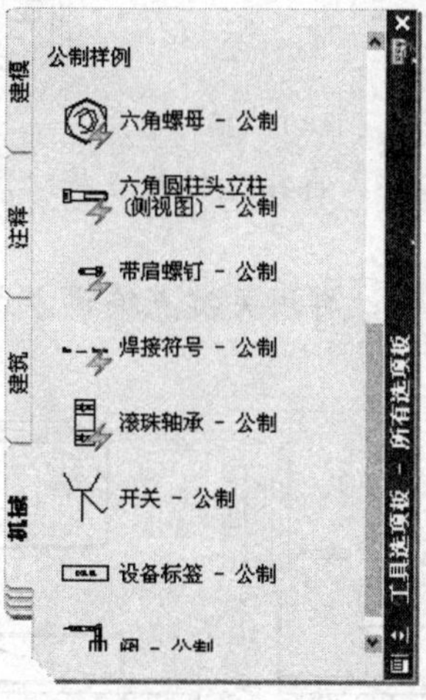

图8-18　【工具选项板】窗口

8.4.1 利用工具选项板插入图块及图案

工具选项板中显示出图块及填充图案的预览图片，因而便于用户快速查找及使用它们。

命令启动方法

- 菜单命令:【工具】/【选项板】/【工具选项板】。
- 工具栏:【标准】工具栏上的按钮。
- 命令：TOOLPALETTES 或简写 TP。

启动 TOOLPALETTES 命令，打开【工具选项板】窗口，该窗口中包含【注释】、【建筑】、【机械】、【电力】、【土木工程】、【图案填充】及【命令工具样例】等选项板。当需要向图形中添加块或填充图案时，可单击工具以启动它或是将其从工具选项板直接拖入到当前图形中。

单击【工具选项板】窗口标题栏中的图标或是区域，弹出快捷菜单，该菜单列出了所有的工具选项板，选择其中之一，打开相应选项板。

【练习8-10】： 从工具选项板中插入块。

1. 打开素材文件“8-10.dwg”。
2. 单击【标准】工具栏上的按钮，打开【工具选项板】窗口，再单击【建筑】选项卡，显示【建筑】工具板，如图 8-19 右图所示。

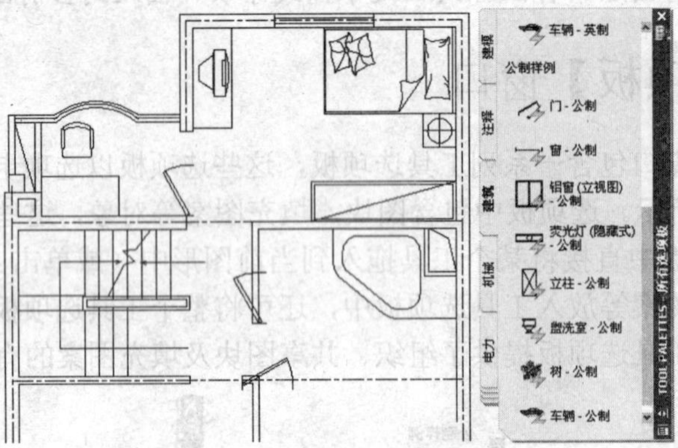

图8-19　插入“门”

3. 单击工具板中的【门-公制】工具，再指定插入点将“门”插入到图形中，结果如图 8-19 左图所示。
4. 用 ROTATE 命令调整门的方向，再用关键点编辑方式改变门的大小及开启角度，结果如图 8-20 所示。

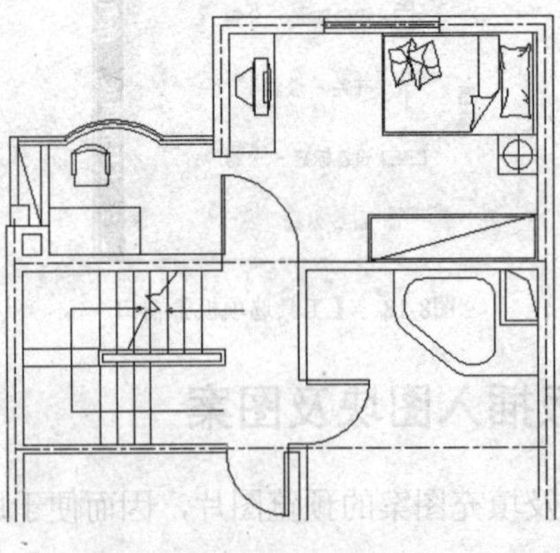

图8-20　调整门的方向、大小及开启角度

要点提示 对于工具选项板上的块工具，源图形文件必须始终可用。如果源图形文件被移动到其他文件夹中，则必须对块工具的源文件特性进行修改，方法是用鼠标右键单击块工具，然后在【工具特性】对话框中指定新的源文件位置。

8.4.2 修改工具选项板

修改工具选项板一般包含以下几方面内容。

- 向工具选项板中添加新工具。从绘图窗口将直线、圆、尺寸标注、文字及填充图案等对象拖入工具选项板中，创建相应的新工具。用户可使用该工具快速生成与原始对象特性相同的新对象。生成新工具的另一种方法是：先利用设计中心显示某一图形中的图块，然后将其从设计中心拖入工具选项板中。
- 将常用命令添加到工具选项板中。在工具选项板的空白处单击鼠标右键，弹出快捷菜单，选择【自定义】选项，打开【自定义】对话框。此时，按住鼠标左键将工具栏上的命令按钮拖至工具选项板上，在工具选项板上创建相应的命令工具。
- 将一选项板中的工具移动或复制到另一选项板中。用鼠标右键单击工具选项板中的一个工具，弹出快捷菜单，利用【复制】或【剪切】选项复制该工具，然后切换到另一工具选项板，单击鼠标右键，弹出快捷菜单，选择【粘贴】选项，添加该工具。
- 修改工具选项板某一工具的插入特性及图案特性。例如，可以事先设定块插入时的缩放比例或填充图案的角度和比例。在要修改的工具上单击鼠标右键，弹出快捷菜单，选择【特性】选项，打开【工具特性】对话框。此对话框中列出了工具的插入特性及基本特性，用户可选择某一特性进行修改。
- 从工具选项板中删除工具。用鼠标右键单击工具选项板中的一个工具，弹出快捷菜单，选择【删除】选项即删除此工具。

习题

一、思考题

1. 用 AREA 命令可以轻易地计算出多边形的面积。若图形很复杂，比如带有曲线边界，此时该怎样操作，才能用该命令获得图形面积？
2. Xref 与块的主要区别是什么？其用途有哪些？
3. 怎样将外部引用图形的内容转化为当前图形的内容？
4. 如何利用设计中心浏览及打开图形？
5. 用户可以通过设计中心列出图形文件中的哪些信息？如何在当前图样中使用这些信息？
6. 如何使用工具选项板中的工具？
7. 怎样向工具板中添加工具或从中删除工具？

二、操作题

1. 打开文件“8-11.dwg”，如图 8-21 所示，试计算图形面积及外轮廓线周长。

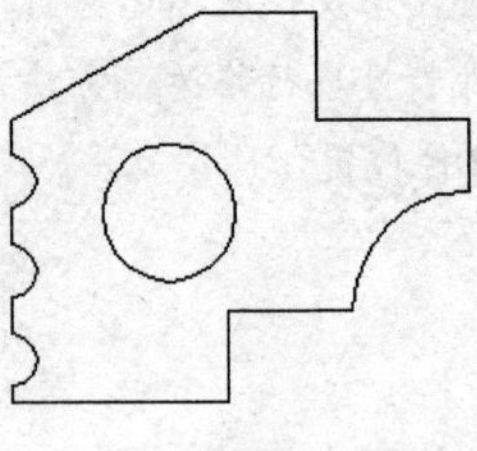

图8-21　计算图形面积及周长

2. 创建新图形文件，在新图形中引用教学资源包中文件“8-12.dwg”，然后利用设计中心插入“8-13.dwg”中的图块，块名为“双人床”、“电视”及“电脑桌”，结果如图 8-22 所示。

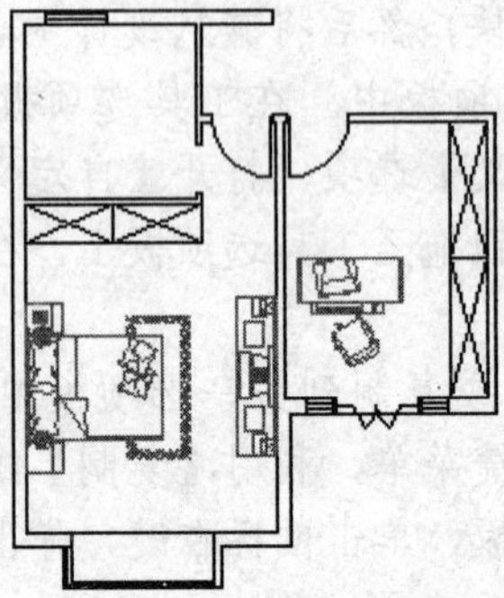

图8-22　引用图形及插入图块

3. 下面这个练习的内容包括：引用外部图形、修改及保存图形、重新加载图形。

(1) 打开文件“8-14-1.dwg”、“8-14-2.dwg”。

(2) 激活文件“8-14-1.dwg”，用 XATTACH 命令插入文件“8-14-2.dwg”，再用 MOVE 命令移动图形，使两个图形“装配”在一起，如图 8-23 所示。

(3) 激活文件“8-14-2.dwg”，如图 8-24 左图所示。用 STRETCH 命令调整上、下两孔的位置，使两孔间距离增加 40，如图 8-24 右图所示。

(4) 保存文件“8-14-2.dwg”。

(5) 激活文件“8-14-1.dwg”，用 XREF 命令重新加载文件“8-14-2.dwg”，结果如图 8-25 所示。

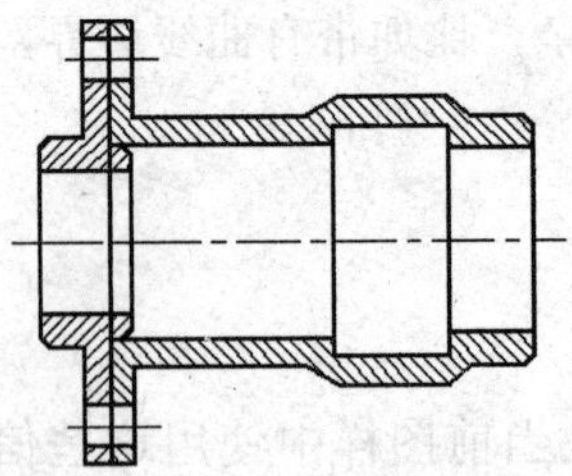

图8-23　引用外部图形

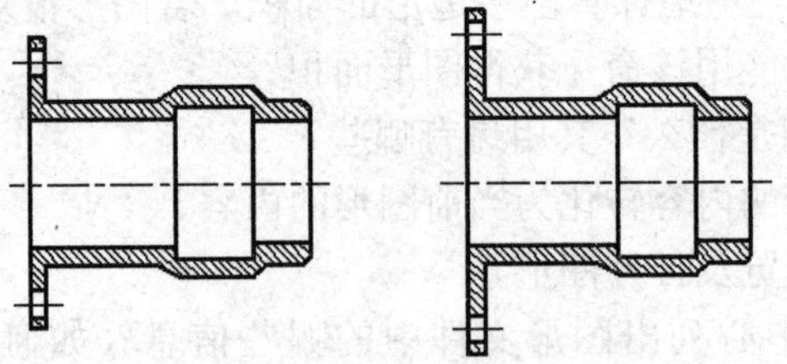

图8-24　调整孔的位置

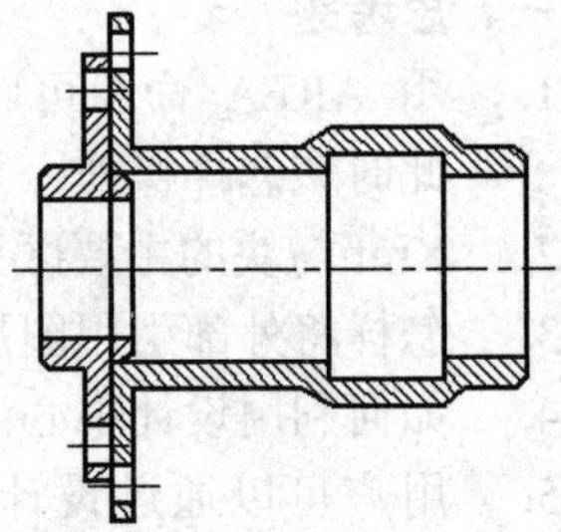

图8-25　重新加载外部文件

第9章 打印图形

本章介绍的主要内容如下。

- 指定打印设备，对当前打印设备的设置进行简单修改。
- 打印样式基本概念。
- 选择图纸幅面，设定打印区域。
- 调整打印方向和位置，输入打印比例。
- 将小幅面图纸组合成大幅面图纸进行打印。

通过本章的学习，读者可以掌握从模型空间打印图形的方法，并学会将多个图样布置在一起打印的技巧。

9.1 打印图形的过程

在模型空间中将工程图样布置在标准幅面的图框内，在标注尺寸及书写文字后，就可以输出图形了，输出图形的主要过程如下。

(1) 指定打印设备，可以是 Windows 系统打印机或是在 AutoCAD 中安装的打印机。

(2) 选择图纸幅面及打印份数。

(3) 设定要输出的内容。例如，可指定将某一矩形区域的内容输出，或是将包围所有图形的最大矩形区域输出。

(4) 调整图形在图纸上的位置及方向。

(5) 选择打印样式。若不指定打印样式，则按对象原有属性进行打印。

(6) 设定打印比例。

(7) 预览打印效果。

【练习9-1】： 从模型空间打印图形。

1. 打开教学资源包中文件“9-1.dwg”。
2. 选取菜单命令【文件】/【绘图仪管理器】，打开【Plotters】对话框，利用该对话框的“添加绘图仪向导”配置一台绘图仪“DesignJet 450C C4716A”。
3. 选取菜单命令【文件】/【打印】，打开【打印】对话框，如图 9-1 所示，在该对话框中完成以下设置。
   - 在【打印机/绘图仪】分组框的【名称（M）】下拉列表中选择打印设备“DesignJet 450C C4716A”。
   - 在【图纸尺寸】下拉列表中选择 A2 幅面图纸。
   - 在【打印份数】分组框的文本框中输入打印份数。
   - 在【打印范围】下拉列表中选择【范围】选项。
   - 在【打印比例】分组框中设置打印比例为 1：5。

- 在【打印偏移】分组框中指定打印原点为（80,40）。
- 在【图形方向】分组框中设定图形打印方向为“横向”。
- 在【打印样式表】分组框的下拉列表中选择打印样式“monochrome.ctb”（将所有颜色打印为黑色）。

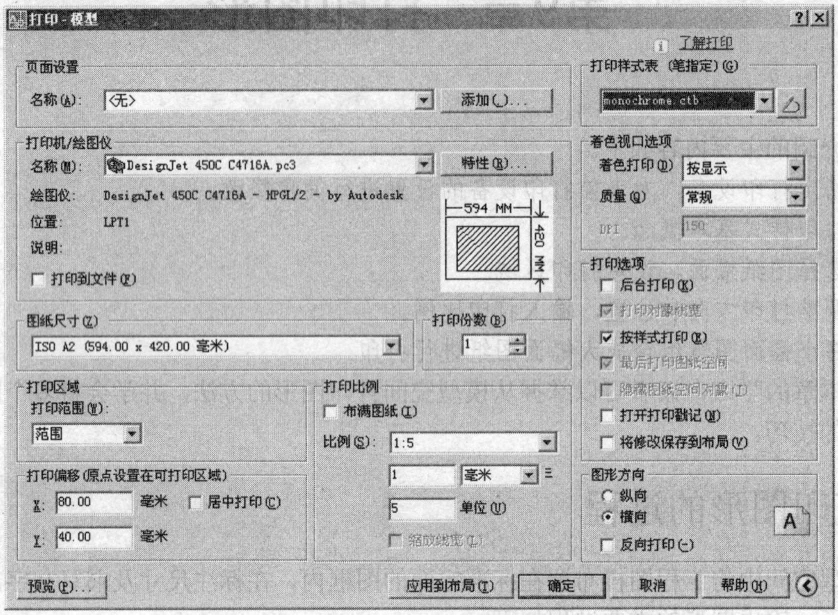

图9-1　【打印】对话框

4. 单击 预览(P)... 按钮，预览打印效果，如图 9-2 所示。若满意，单击按钮开始打印；否则，按 Esc 键返回【打印】对话框，重新设定打印参数。

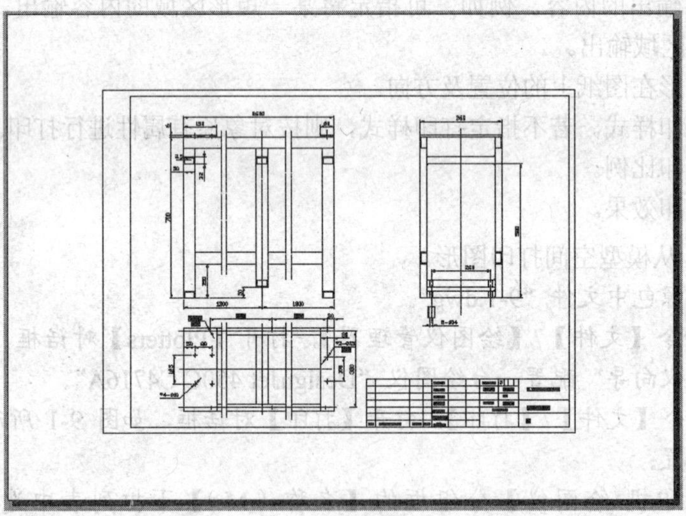

图9-2　预览打印效果

9.2 设置打印参数

在 AutoCAD 中，用户可使用内部打印机或 Windows 系统打印机输出图形，并能方便地修改打印机设置及其他打印参数。选取菜单命令【文件】/【打印】，AutoCAD 打开【打印】对话框，如图 9-3 所示。在该对话框中可配置打印设备及选择打印样式，还能设定图纸幅面、打印比例及打印区域等参数，以下介绍该对话框的主要功能。

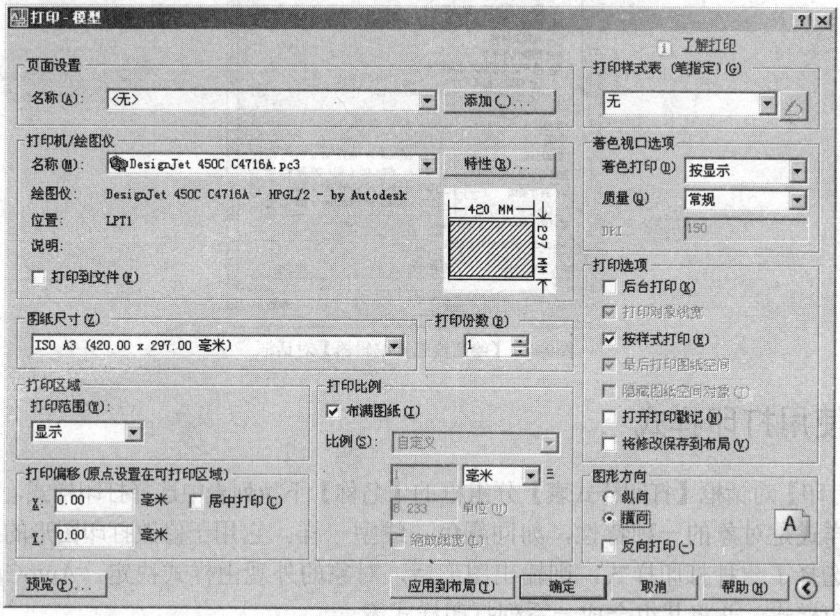

图9-3 【打印】对话框

9.2.1 选择打印设备

在【打印机/绘图仪】的【名称（M)】下拉列表中，用户可选择 Windows 系统打印机或 AutoCAD 内部打印机（".pc3" 文件）作为输出设备。请读者注意，这两种打印机名称前的图标是不一样的。当用户选定某种打印机后，【名称（M)】下拉列表下面将显示被选中设备的名称、连接端口以及其他有关打印机的注释信息。

如果用户想修改当前打印机设置，可单击 特性(R)... 按钮，打开【绘图仪配置编辑器】对话框，如图 9-4 所示。在该对话框中用户可以重新设定打印机端口及其他输出设置，如打印介质、图形、物理笔配置、自定义特性、校准及自定义图纸尺寸等。

【绘图仪配置编辑器】对话框包含【基本】、【端口】和【设备和文档设置】3 个选项卡，各选项卡功能如下。

- 【基本】：该选项卡包含了打印机配置文件（".pc3" 文件）的基本信息，如配置文件名称、驱动程序信息和打印机端口等。用户可在此选项卡的【说明】区域中加入其他注释信息。
- 【端口】：通过此选项卡用户可修改打印机与计算机的连接设置，如选定打印端口、指定打印到文件和后台打印等。

要点提示 若使用后台打印，则允许用户在打印的同时运行其他应用程序。

- 【设备和文档设置】：在该选项卡中用户可以指定图纸来源、尺寸和类型，并修改颜色深度、打印分辨率等。

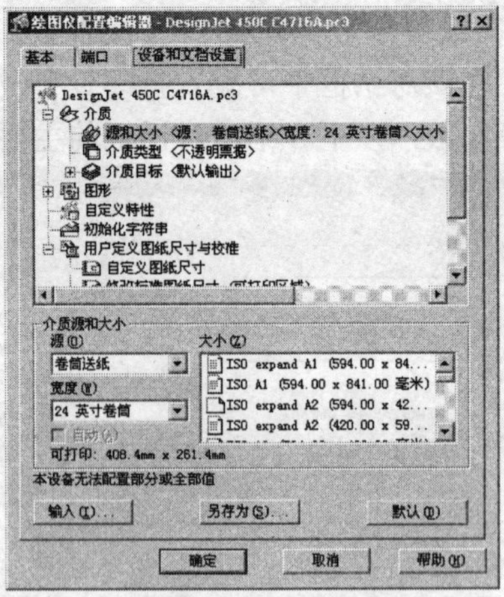

图9-4 【绘图仪配置编辑器】对话框

9.2.2 使用打印样式

在【打印】对话框【打印样式表】分组框的【名称】下拉列表中选择打印样式，如图 9-5 所示。打印样式是对象的一种特性，如同颜色、线型一样。它用于修改打印图形的外观，若为某个对象选择了一种打印样式，则输出图形后，对象的外观由样式决定。AutoCAD 提供了几百种打印样式，并将其组合成一系列打印样式表。

图9-5 使用打印样式

以下为两种类型的打印样式表。

- 颜色相关打印样式表：颜色相关打印样式表以“.ctb”为文件扩展名保存。该表以对象颜色为基础，共包含 255 种打印样式，每种 ACI 颜色对应一个打印样式，样式名分别为“颜色 1”、“颜色 2”等。用户既不能添加或删除颜色相关打印样式，也不能改变它们的名称。若当前图形文件与颜色相关打印样式表相连，则系统自动根据对象的颜色分配打印样式。用户不能选择其他打印样式，但可以对已分配的样式进行修改。
- 命名相关打印样式表：命名相关打印样式表以“.stb”为文件扩展名保存。该表包括一系列已命名的打印样式，可修改打印样式的设置及其名称，还可添加新的样式。若当前图形文件与命名相关打印样式表相连，则用户可以不考虑对象颜色，直接给对象指定样式表中的任意一种打印样式。

在【名称】下拉列表中包含了当前图形中所有打印样式表，用户可选择其中之一。用户若要修改打印样式，就单击此下拉列表右边的按钮，打开【打印样式表编辑器】对话框。利用该对话框可查看或改变当前打印样式表中的参数。

要点提示 选取菜单命令【文件】/【打印样式管理器】，打开“plot styles”文件夹。该文件夹中包含打印样式文件及创建新打印样式快捷方式，单击此快捷方式就能创建新打印样式。

AutoCAD 新建的图形处于“颜色相关”模式或“命名相关”模式下，这和创建图形时选择的样板文件有关。若采用无样板方式新建图形，则可事先设定新图形的打印样式模式。

发出 OPTIONS 命令，系统打开【选项】对话框，进入【打印和发布】选项卡，再单击 打印样式表设置(S)... 按钮，打开【打印样式表设置】对话框，如图 9-6 所示。通过该对话框设置新图形的默认打印样式模式。当选中【使用命名打印样式】单选按钮并指定打印样式表后，还可从样式表中选取对象或图层 0 所采用的默认打印样式。

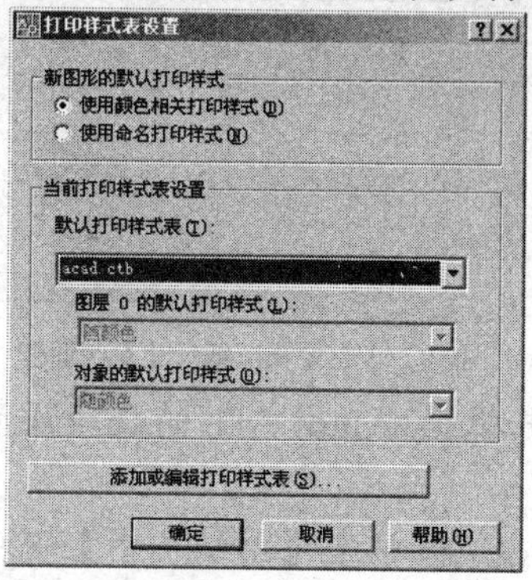

图9-6 【打印样式表设置】对话框

9.2.3 选择图纸幅面

在【打印】对话框的【图纸尺寸】下拉列表中指定图纸大小，如图 9-7 所示。【图纸尺寸】下拉列表中包含了选定打印设备可用的标准图纸尺寸。当选择某种幅面图纸时，该列表右上角出现所选图纸及实际打印范围的预览图像（打印范围用阴影表示出来，可在【打印区域】中设定）。将鼠标光标移到图像上面，在鼠标光标位置处就显示出精确的图纸尺寸及图纸上可打印区域的尺寸。

图9-7 【图纸尺寸】下拉列表

除了从【图纸尺寸】下拉列表中选择标准图纸外，用户也可以创建自定义的图纸。此时，用户需修改所选打印设备的配置。

【练习9-2】： 创建自定义图纸。

1. 在【打印】对话框的【打印机/绘图仪】分组框中单击 特性(R)... 按钮，打开【绘图仪配置编辑器】对话框，在【设备和文档设置】选项卡中选择【自定义图纸尺寸】选项，如图 9-8 所示。

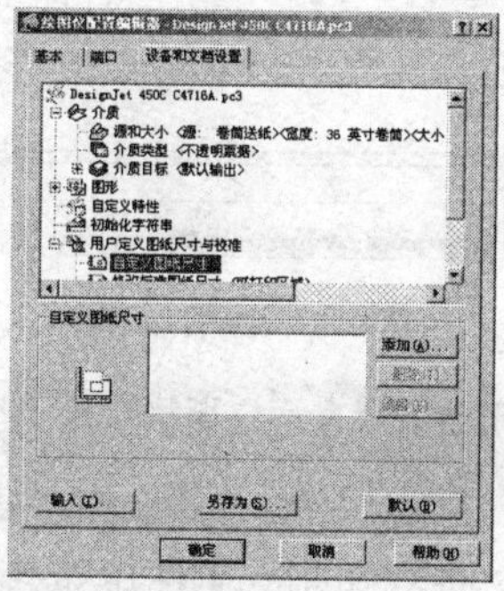

图9-8 【设备和文档设置】选项卡

2. 单击 添加(A)... 按钮，打开【自定义图纸尺寸】对话框，如图 9-9 所示。

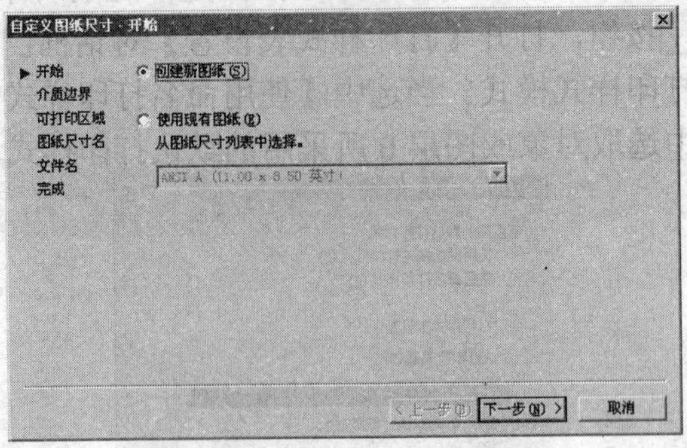

图9-9　【自定义图纸尺寸】对话框

3. 不断单击 下一步(N) > 按钮，并根据 AutoCAD 的提示设置图纸参数，最后单击 完成(F) 按钮。
4. 返回【打印】对话框，AutoCAD 将在【图纸尺寸】下拉列表中显示自定义图纸尺寸。

9.2.4　设定打印区域

在【打印】对话框的【打印区域】分组框中设置要输出的图形范围，如图 9-10 所示。

图9-10　【打印区域】中的选项

该区域的【打印范围】下拉列表中包含 4 个选项，用户可利用图 9-11 所示图样了解它们的功能。

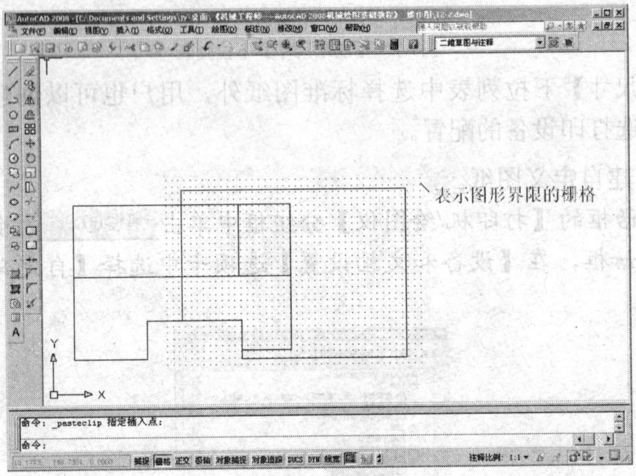

图9-11　设置打印区域

要点提示　在【草图设置】对话框中关闭选项“自适应栅格”及“显示超出界线的栅格”，才出现图 9-11 所示的栅格。

- 【图形界限】：从模型空间打印时，【打印范围】下拉列表将列出【图形界限】选项。选取该选项，系统就把设定的图形界限范围（用 LIMITS 命令设置图形界限）打印在图纸上，结果如图 9-12 所示。

从图纸空间打印时，【打印范围】下拉列表将列出【布局】选项。选取该选项，系统将打印虚拟图纸可打印区域内的所有内容。

- 【范围】：打印图样中所有图形对象，结果如图 9-13 所示。

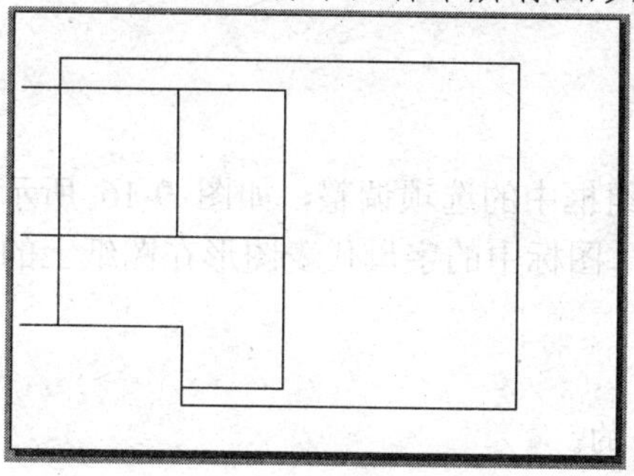

图9-12 【图形界限】选项

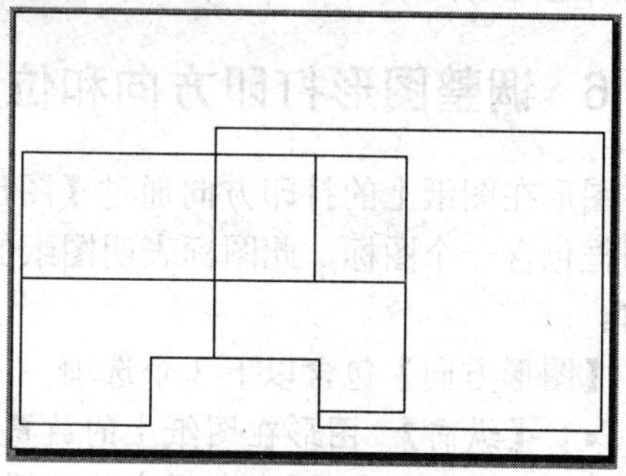

图9-13 【范围】选项

- 【显示】：打印整个图形窗口，打印结果如图 9-14 所示。

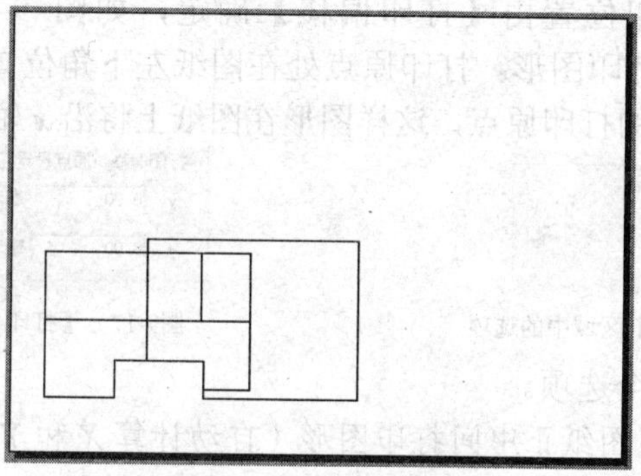

图9-14 【显示】选项

- 【窗口】：打印用户自己设定的区域。选择此选项后，系统提示指定打印区域的两个角点，同时在【打印】对话框中显示 窗口(O) < 按钮，单击此按钮，可重新设定打印区域。

9.2.5 设定打印比例

在【打印】对话框的【打印比例】分组框中设置出图比例，如图 9-15 所示。绘制阶段用户根据实物按 1:1 比例绘图，出图阶段需依据图纸尺寸确定打印比例，该比例是图纸尺寸单位与图形单位的比值。当测量单位是毫米，打印比例设定为 1:2 时，表示图纸上的 1mm 代表两个图形单位。

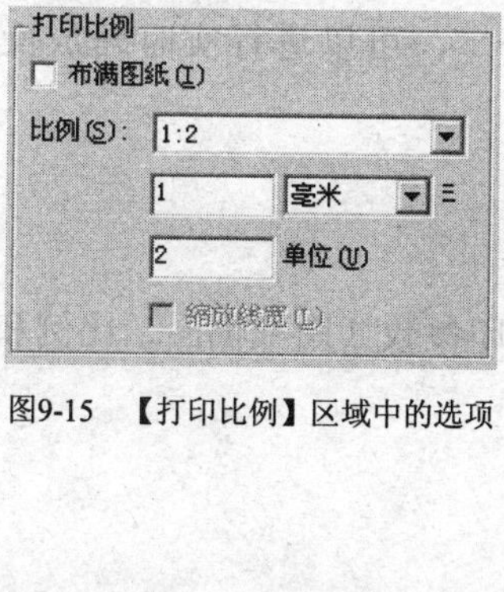

图9-15 【打印比例】区域中的选项

在【比例】下拉列表中包含了一系列标准缩放比例值。此外，还有【自定义】选项，该选项使用户可以自己指定打印比例。

从模型空间打印时，【打印比例】的默认设置是【布满图纸】。此时，系统将缩放图形以充满所选定的图纸。

9.2.6 调整图形打印方向和位置

图形在图纸上的打印方向通过【图形方向】分组框中的选项调整，如图 9-16 所示。该分组框包含一个图标，此图标表明图纸的放置方向，图标中的字母代表图形在图纸上的打印方向。

【图形方向】包含以下 3 个选项。

- 【纵向】：图形在图纸上的放置方向是水平的。
- 【横向】：图形在图纸上的放置方向是竖直的。
- 【反向打印】：使图形颠倒打印，此选项可与【纵向】、【横向】结合使用。

图形在图纸上的打印位置由【打印偏移】确定，如图 9-17 所示。默认情况下，AutoCAD 从图纸左下角打印图形。打印原点处在图纸左下角位置，坐标是（0,0），用户可在【打印偏移】中设定新的打印原点，这样图形在图纸上将沿 x 轴和 y 轴移动。

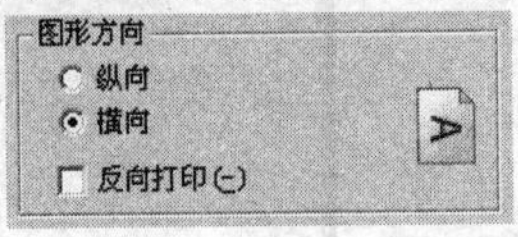

图9-16　【图形方向】区域中的选项

图9-17　【打印偏移】区域中的选项

该分组框包含以下 3 个选项。

- 【居中打印】：在图纸正中间打印图形（自动计算 X 和 Y 的偏移值）。
- 【X】：指定打印原点在 X 方向的偏移值。
- 【Y】：指定打印原点在 Y 方向的偏移值。

要点提示 如果用户不能确定打印机如何确定原点，可试着改变一下打印原点的位置并预览打印结果，然后根据图形的移动距离推测原点位置。

9.2.7 预览打印效果

打印参数设置完成后，用户可通过打印预览观察图形的打印效果。如果不合适可重新调整，以免浪费图纸。

单击【打印】对话框下面的 预览(P)... 按钮，AutoCAD 显示实际的打印效果。由于系统要重新生成图形，因此对于复杂图形需耗费较多时间。

预览时，鼠标光标变成“Q+”，可以进行实时缩放操作。查看完毕后，按 Esc 键或 Enter 键返回【打印】对话框。

9.2.8 保存打印设置

用户选择打印设备并设置打印参数（图纸幅面、比例和方向等）后，可以将所有设置保存在页面设置中，以便以后使用。

在【打印】对话框【页面设置】分组框的【名称】下拉列表中显示了所有已命名的页面设置。若要保存当前页面设置就单击该列表右边的 添加(.)... 按钮，打开【添加页面设置】对话框，如图 9-18 所示。在该对话框的【新页面设置名】文本框中输入页面名称，然后单击 确定 按钮，存储页面设置。

用户也可以从其他图形中输入已定义的页面设置。在【页面设置】分组框的【名称】下拉列表中选取【输入】选项，打开【从文件选择页面设置】对话框，选择并打开所需的图形文件，打开【输入页面设置】对话框，如图 9-19 所示。该对话框显示图形文件中包含的页面设置，选择其中之一，单击 确定 按钮完成。

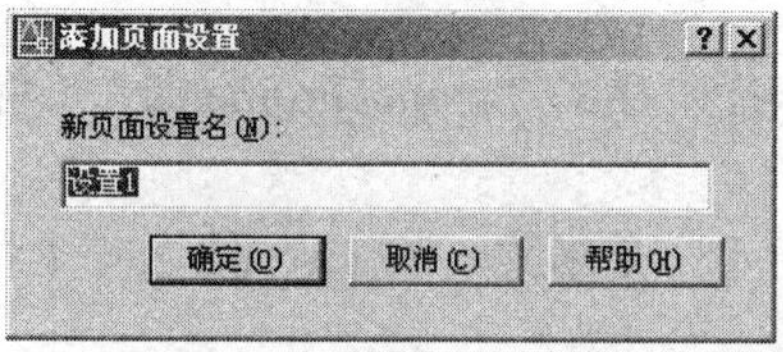

图9-18 【添加页面设置】对话框

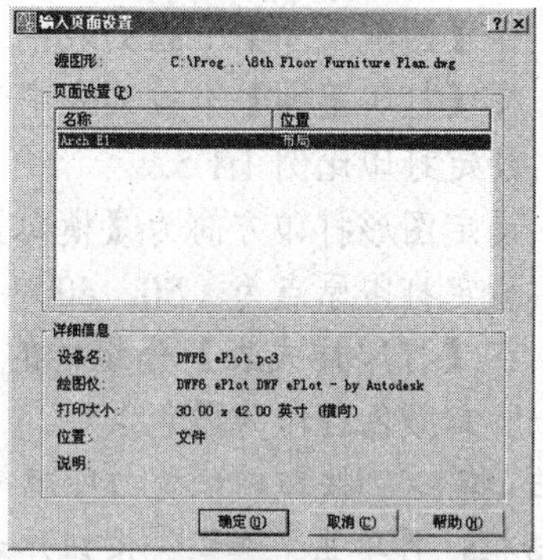

图9-19 【输入页面设置】对话框

9.3 打印图形实例

前面几节介绍了许多有关打印方面的知识，下面本书通过一个实例演示打印图形的全过程。

【练习9-3】： 打印图形。

1. 打开教学资源包中文件“9-3.dwg”。
2. 选取菜单命令【文件】/【打印】，打开【打印】对话框，如图 9-20 所示。

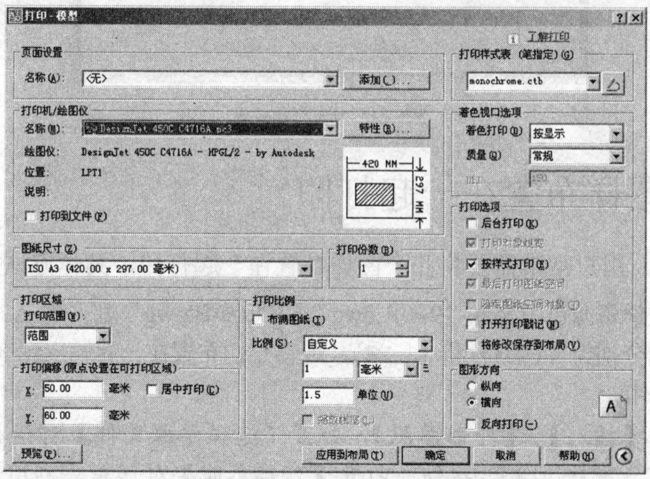

图9-20 【打印】对话框

3. 如果想使用以前创建的页面设置，就在【页面设置】分组框的【名称】下拉列表中选择它。

4. 在【打印机/绘图仪】分组框的【名称（M）】下拉列表中指定打印设备。若要修改打印机特性，可单击下拉列表右边的 特性(R)... 按钮，打开【绘图仪配置编辑器】对话框。通过该对话框用户可修改打印机端口、介质类型，还可自定义图纸大小。
5. 在【打印份数】分组框的文本框中输入打印份数。
6. 如果要将图形输出到文件，应在【打印机/绘图仪】分组框中选择【打印到文件】选项。此后，每当用户单击【打印】对话框的 确定 按钮时，AutoCAD 就打开【浏览打印文件】对话框，用户通过该对话框指定输出文件名称及地址。
7. 继续在【打印】对话框中作以下设置。
   - 在【图纸尺寸】下拉列表中选择 A3 图纸。
   - 在【打印范围】下拉列表中选择【范围】选项。
   - 设定打印比例 1:1.5。
   - 设定图形打印方向为【横向】。
   - 指定打印原点为（50，60）。
   - 在【打印样式表】分组框的下拉列表中选择打印样式“monochrome.ctb”（将所有颜色打印为黑色）。
8. 单击 预览(P)... 按钮，预览打印效果，如图 9-21 所示。若满意，按 Esc 键返回【打印】对话框，再单击 确定 按钮开始打印。

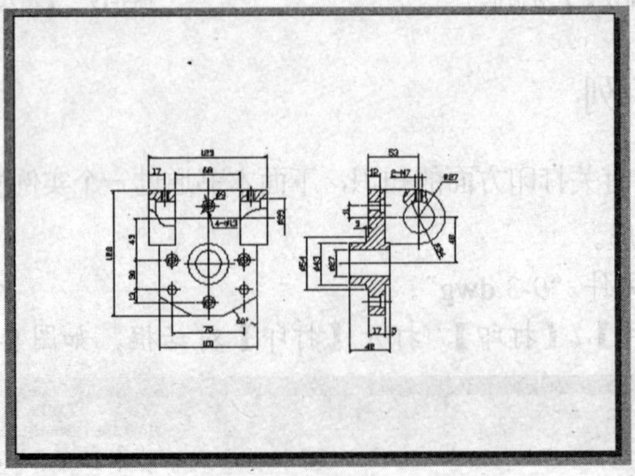

图9-21　预览打印效果

9.4 将多个图样布置在一起打印

为了节省图纸，用户常常需要将几个图样布置在一起打印，具体方法如下。

【练习9-4】： 教学资源包中文件“9-4-A.dwg”和“9-4-B.dwg”都采用 A2 幅面图纸，绘图比例分别为（1∶3）和（1∶4），现将它们布置在一起输出到 A1 幅面的图纸上。

1. 创建一个新文件。
2. 选取菜单命令【插入】/【外部参照】，打开【选择参照文件】对话框，找到图形文件“12-4-A.dwg”。单击 打开(O) 按钮，打开【外部参照】对话框，利用该对话框插入图形文件，插入时的缩放比例为 1:1。
3. 用 SCALE 命令缩放图形，缩放比例为 1:3（图样的绘图比例）。
4. 用与第 2 步和第 3 步相同的方法插入文件“12-4-B.dwg”，插入时的缩放比例为 1:1。插入图样后，用 SCALE 命令缩放图形，缩放比例为 1:4。

5. 用 MOVE 命令调整图样位置，让其组成 A1 幅面图纸，如图 9-22 所示。
6. 选取菜单命令【文件】/【打印】，打开【打印】对话框，如图 9-23 所示，在该对话框中作以下设置。

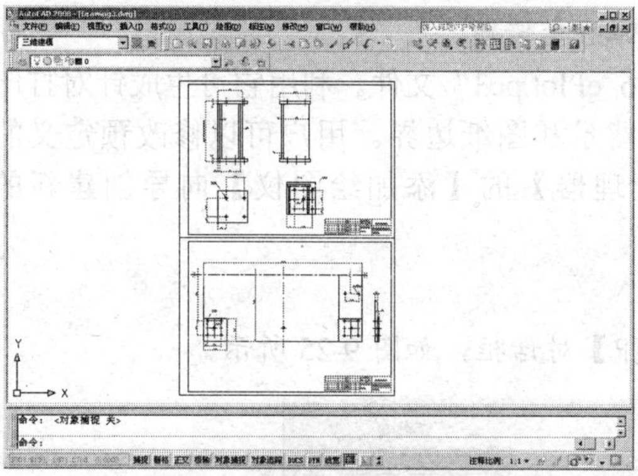

图9-22 让图形组成 A1 幅面图纸

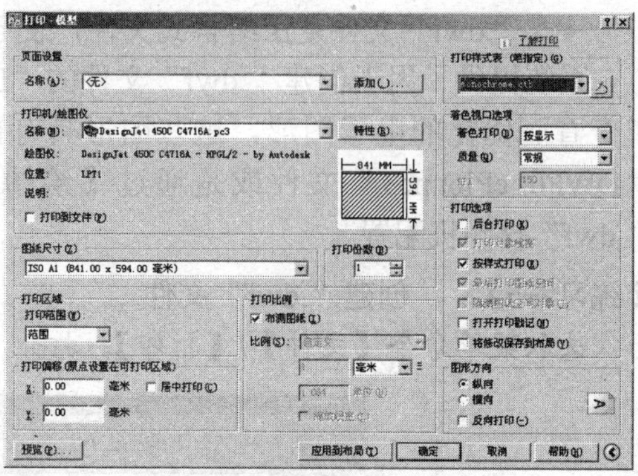

图9-23 【打印】对话框

- 在【打印机/绘图仪】分组框的【名称（M）】下拉列表中选择打印设备“DesignJet 450C C4716A”。
- 在【图纸尺寸】下拉列表中选择 A1 幅面图纸。
- 在【打印样式表】分组框的下拉列表中选择打印样式“monochrome.ctb”（将所有颜色打印为黑色）。
- 在【打印范围】下拉列表中选取【范围】选项。
- 在【打印比例】分组框中勾选【布满图纸】复选框。
- 在【图形方向】分组框中选中【纵向】单按钮。

7. 单击 预览(P)... 按钮，预览打印效果，如图 9-24 所示。若满意，单击按钮开始打印。

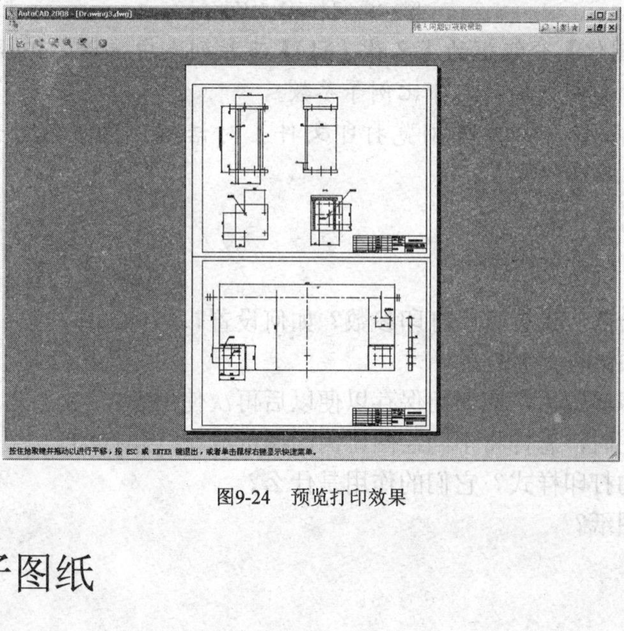

图9-24 预览打印效果

9.5 创建电子图纸

用户可通过 AutoCAD 的电子打印功能将图形存为 Web 上可用的“.dwf”格式文件，此种格式文件具有以下特点。

- 它是矢量格式图形。
- 可使用 Internet 浏览器或 AutoDesk 的 DWF Viewer 软件查看和打印，并能对其进行平移和缩放操作，还可控制图层、命名视图等。
- “.dwf” 文件是压缩格式文件，便于在 Web 上传输。

系统提供了用于创建“.dwf”文件的“DWF6 ePlot.pc3”文件。利用它可生成针对打印和查看而优化的电子图形，这些图形具有白色背景和图纸边界。用户可以修改预定义的“DWF6 ePlot.pc3”文件或是通过【绘图仪管理器】的【添加绘图仪】向导创建新的“.dwf”打印机配置。

【练习9-5】： 创建“.dwf”文件。

1. 选取菜单命令【文件】/【打印】，打开【打印】对话框，如图 9-25 所示。

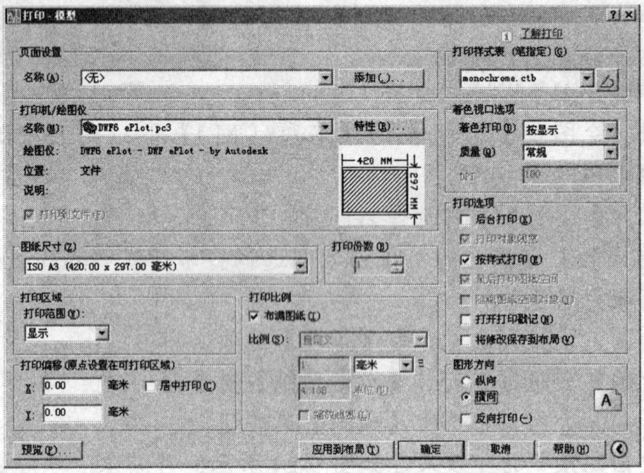

图9-25　【打印】对话框

2. 在【打印机/绘图仪】分组框的【名称（M）】下拉列表中选择“ePlot”打印机。
3. 设定图纸幅面、打印区域及打印比例等参数。
4. 单击 确定 按钮，打开【浏览打印文件】对话框，通过该对话框指定要生成的“.dwf”文件的名称和位置。

习题

1. 打印图形时，一般应设置哪些打印参数？如何设置？
2. 打印图形的主要过程是怎样的？
3. 当设置完成打印参数后，应如何保存以便以后再次使用？
4. 从模型空间出图时，怎样将不同绘图比例的图纸放在一起打印？
5. 有哪两种类型的打印样式？它们的作用是什么？
6. 怎样生成电子图纸？

第10章　三维建模

本章介绍的主要内容如下。

- 观察三维模型。
- 创建长方体、球体及圆柱体等基本立体。
- 拉伸或旋转二维对象形成三维实体及曲面。
- 通过扫掠及放样形成三维实体或曲面。
- 阵列、旋转及镜像三维对象。
- 拉伸、移动、旋转实体表面。
- 使用用户坐标系。
- 利用布尔运算构建复杂模型。

通过本章的学习，读者可以掌握创建及编辑三维模型的主要命令，并了解利用布尔运算构建复杂模型的方法。

10.1　三维建模空间

创建三维模型时需要先将界面切换至 AutoCAD 三维工作空间，通过在【工作空间】工具栏的下拉列表中选择“三维建模”选项或选择【工具】/【工作空间】/【三维建模】菜单命令，就可切换至该空间。默认情况下，三维建模空间包含【标准】工具栏、【图层】工具栏、【工作空间】工具栏及三维建模【面板】。【面板】是一种特殊形式的选项板，通过选择【工具】/【选项板】/【面板】菜单命令就可以打开或关闭它。三维建模【面板】是由二维绘制控制台（三维工作空间中隐藏）、三维制作控制台、三维导航控制台、视觉样式控制台、材质控制台、光源控制台、渲染控制台及图层控制台等组成，如图 10-1 所示。这些控制台提供了三维建模常用的工具按钮及相关控件，使用户可以方便地进行建模，并进行观察及渲染等工作。

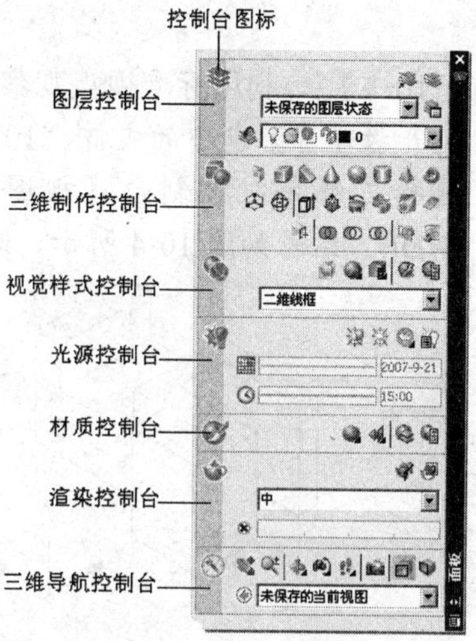

图10-1　三维建模【面板】

每个控制台左侧的大图标称为控制台图标，将鼠标光标移动到它附近，就会显示出控制台的名称及箭头，单击该图标或箭头就展开控制台面板；并且在面板中每次仅显示一个滑出面板，当打开一个滑出面板时，已打开的滑出面板将自动关闭，在单击控制台图标时，除了展开面板外还将弹出与控制台关联的工具选项板组，如三维制作或材质选项板组等。这些选项板组是可以设定的，用鼠标右键单击控制台，弹出快捷菜单，利用【工具选项板组】选项指定与控制台关联的选项板组或设定为“无”。

用户也可以改变面板中控制台的数量，用鼠标右键单击面板，弹出快捷菜单，通过该菜单中【控制台】选项即可打开或关闭某一控制台。

10.2　观察三维模型

三维建模过程中，常需要从不同方向观察模型。AutoCAD 提供了多种观察模型的方法，下面介绍几种常用的方法。

10.2.1　用标准视点观察模型

任何三维模型都可以从任意一个方向去观察，【视图】工具栏及三维导航控制台的视图控制下拉列表提供了 10 种标准视点，如图 10-2 所示。通过这些视点就能获得 3D 对象的 10 种视图，如前视图、后视图、左视图、东南轴测图等。

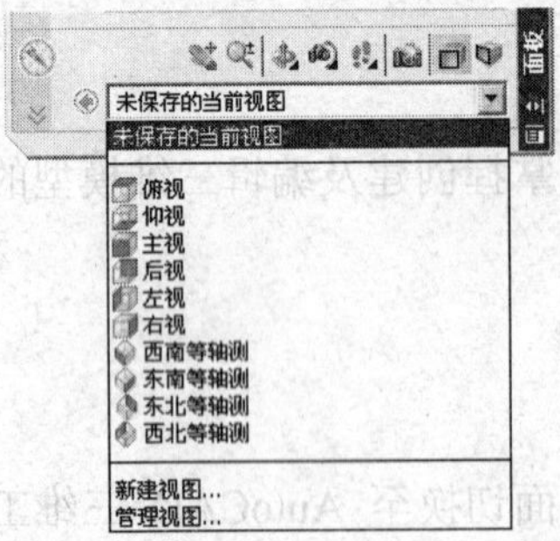

图10-2　视图控制下拉列表

【练习10-1】： 利用标准视点观察图 10-3 所示的三维模型。

1. 打开教学资源包中的文件“10-1.dwg”，如图 10-3 所示。
2. 选择三维导航控制台【视图控制】下拉列表的“主视”选项，然后发出消隐命令 HIDE，结果如图 10-4 所示，此图是三维模型的前视图。

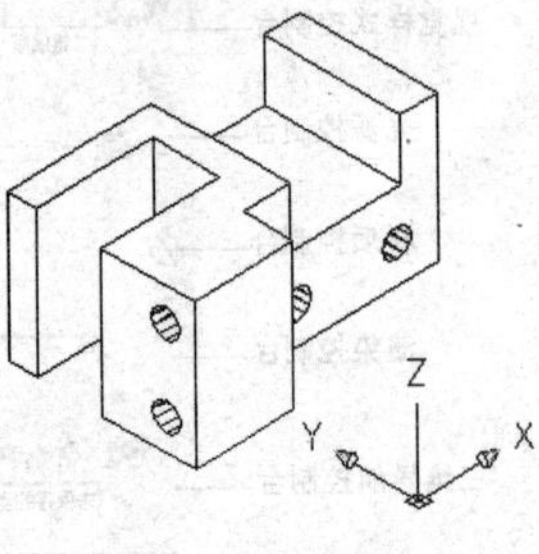

图10-3　用标准视点观察模型

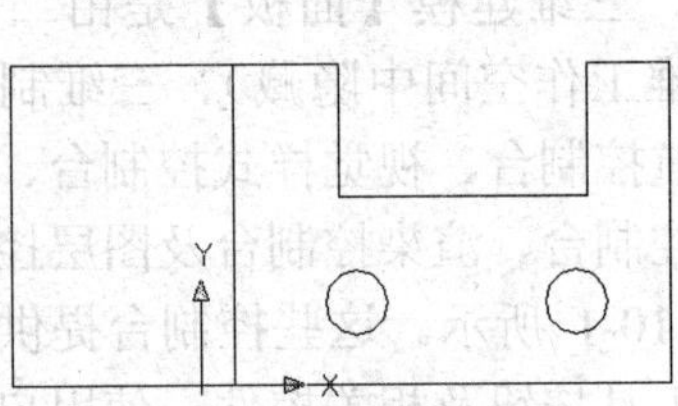

图10-4　前视图

3. 选择【视图控制】下拉列表的“左视”选项，然后发出消隐命令 HIDE，结果如图 10-5 所示，此图是三维模型的左视图。
4. 选择【视图控制】下拉列表的“东南等轴测”选项，然后发出消隐命令 HIDE，结果如图 10-6 所示，此图是三维模型的东南轴测视图。

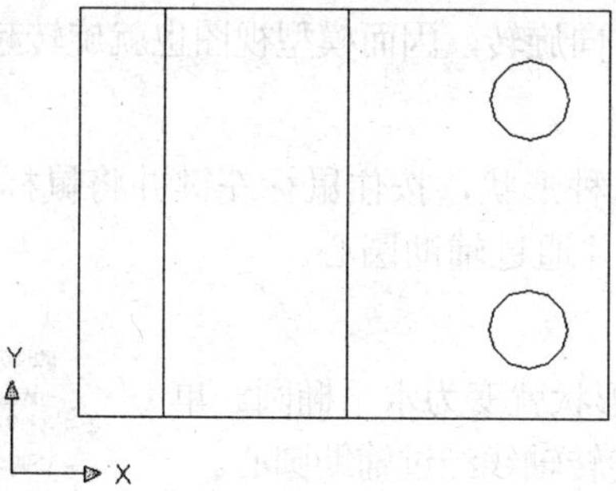

图10-5　左视图

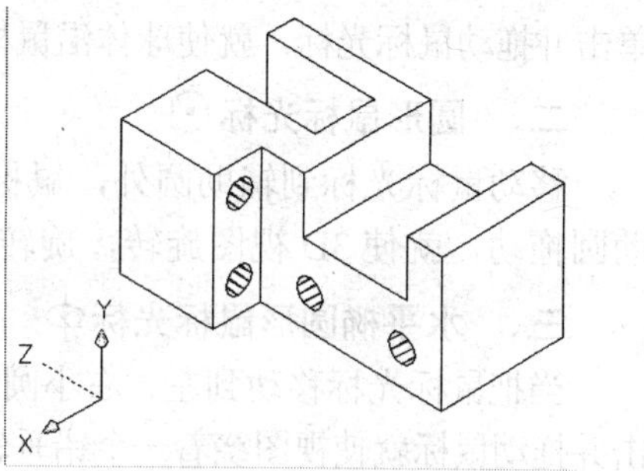

图10-6　东南轴测图

10.2.2　三维动态旋转

3DFORBIT 命令可激活交互式的动态视图，用户通过单击并拖动鼠标的方法来改变观察方向，从而能够非常方便地获得不同方向的 3D 视图。使用此命令时，可以选择观察全部的对象或是模型中的一部分对象，AutoCAD 围绕待观察的对象形成一个辅助圆，该圆被 4 个小圆分成 4 等份，如图 10-7 所示。辅助圆的圆心是观察目标点，当用户按住鼠标左键并拖动时，待观察的对象（或目标点）静止不动，而视点绕着 3D 对象旋转，显示结果是视图在不断地转动。

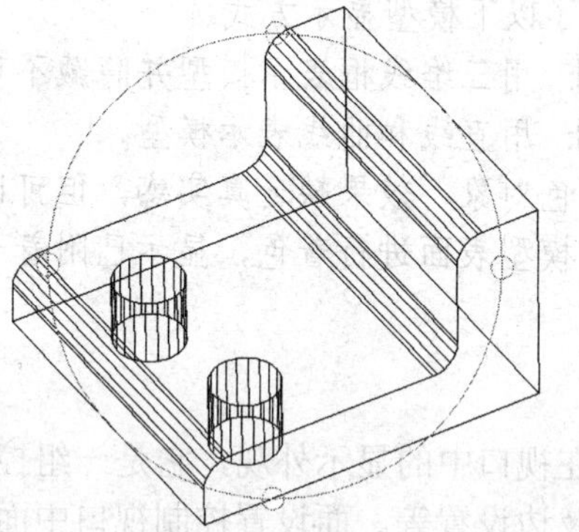

图10-7　3D 动态视图

当用户想观察整个模型的部分对象时，应先选择这些对象，然后启动 3DFORBIT 命令。此时，仅所选对象显示在屏幕上。若其没有处在动态观察器的大圆内，单击鼠标右键，选取【范围缩放】选项。

命令启动方法

- 下拉菜单:【视图】/【动态观察】/【自由动态观察】。
- 工具栏:【动态观察】工具栏及三维导航控制台的按钮。
- 命令行: 3DFORBIT。

启动 3DFORBIT 命令，AutoCAD 窗口中就出现 1 个大圆和 4 个均布的小圆，如图 10-7 所示。当鼠标光标移至圆的不同位置时，其形状将发生变化，不同形状的鼠标光标表明了当前视图的旋转方向。

一、 球形鼠标光标

鼠标光标位于辅助圆内时，就变为这种形状，此时可假想一个球体将目标对象包裹起来。

单击并拖动鼠标光标，就使球体沿鼠标光标拖动的方向旋转，因而模型视图也就旋转起来。

二、 圆形鼠标光标

移动鼠标光标到辅助圆外，鼠标光标就变为这种形状，按住鼠标左键并将鼠标光标沿辅助圆拖动，就使 3D 视图旋转，旋转轴垂直于屏幕并通过辅助圆心。

三、 水平椭圆形鼠标光标

当把鼠标光标移动到左、右小圆的位置时，其形状就变为水平椭圆。单击并拖动鼠标就使视图绕着一个铅垂轴线转动，此旋转轴线经过辅助圆心。

四、 竖直椭圆形鼠标光标

将鼠标光标移动到上、下两个小圆的位置时，鼠标光标就变为该形状。单击并拖动鼠标将使视图绕着一个水平轴线转动，此旋转轴线经过辅助圆心。

当 3DFORBIT 命令激活时，单击鼠标右键，弹出快捷菜单，如图 10-8 所示。

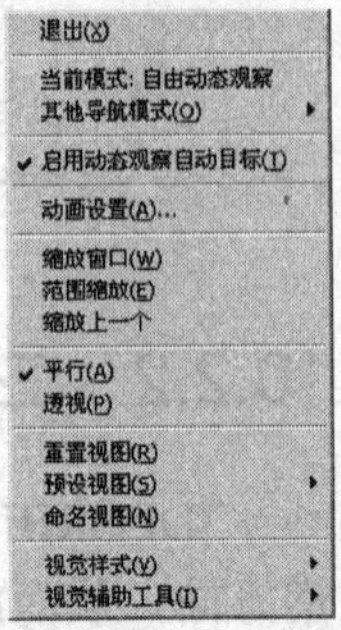

图10-8　快捷菜单

此菜单中常用选项的功能如下。

- 【其他导航模式】：对三维视图执行平移、缩放操作。
- 【平行】：激活平行投影模式。
- 【透视】：激活透视投影模式，透视图与眼睛观察到的图像极为接近。
- 【视觉样式】：提供了以下模型显示方式。

　　【三维隐藏】：用三维线框表示模型并隐藏不可见线条。

　　【三维线框】：用直线和曲线表示模型。

　　【概念】：着色对象，效果缺乏真实感，但可以清晰地显示模型细节。

　　【真实】：对模型表面进行着色，显示已附着于对象的材质。

10.2.3　视觉样式

视觉样式用于改变模型在视口中的显示外观，它是一组控制模型显示方式的设置，这些设置包括面设置、环境设置及边设置等。面设置控制视口中面的外观，环境设置控制阴影和背景，边设置控制如何显示边。当选中一种视觉样式时，AutoCAD 在视口中按样式规定的形式显示模型。

AutoCAD 提供了以下 5 种默认视觉样式，可在三维建模【面板】的三维导航控制台【视觉样式】下拉列表中进行选择，或通过下拉菜单【视图】/【视觉样式】选择。

- 二维线框：以线框形式显示对象，光栅图像、线型及线宽均可见，如图 10-9 所示。
- 三维隐藏：以线框形式显示对象并隐藏不可见线条，光栅图像及线宽可见，线型不可见，如图 10-9 所示。
- 三维线框：以线框形式显示对象，同时显示着色的 UCS 图标，光栅图像、线型及线宽可见，如图 10-9 所示。
- 概念：对模型表面进行着色，着色时采用从冷色到暖色的过渡而不是从深色到浅色的过渡。效果缺乏真实感，但可以很清晰地显示模型细节，如图 10-9 所示。

- 真实：对模型表面进行着色，显示已附着于对象的材质。光栅图像、线型及线宽均可见，如图 10-9 所示。

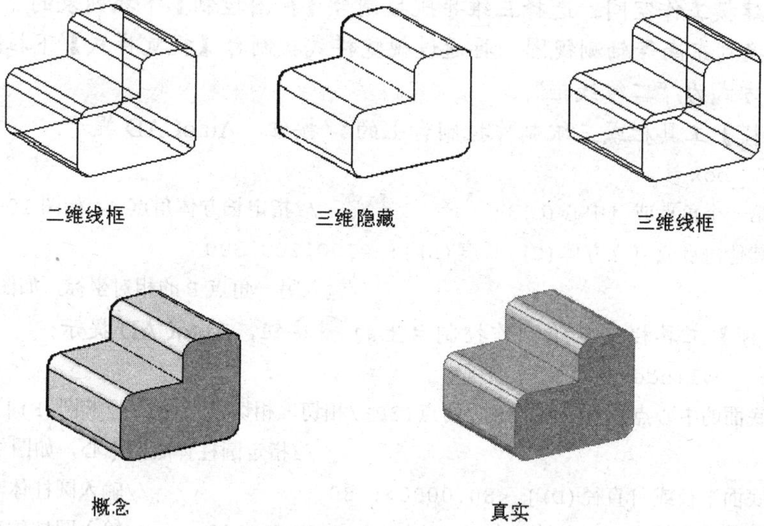

图10-9　视觉样式

10.3　创建三维基本立体

AutoCAD 能生成长方体、球体、圆柱体、圆锥体、楔形体及圆环体等基本立体。【建模】工具栏中包含了创建这些立体的命令按钮，表 10-1 列出了这些按钮的功能及操作时要输入的主要参数。

表 10-1　　创建基本立体的命令按钮

按钮	功能	输入参数
	创建长方体	指定长方体的一个角点，再输入另一角点的相对坐标
	创建球体	指定球心，输入球半径
	创建圆柱体	指定圆柱体底面的中心点，输入圆柱体半径及高度
	创建圆锥体及圆锥台	指定圆锥体底面的中心点，输入锥体底面半径及锥体高度 指定圆锥台底面的中心点，输入锥台底面半径、顶面半径及锥台高度
	创建楔形体	指定楔形体的一个角点，再输入另一对角点的相对坐标
	创建圆环	指定圆环中心点，输入圆环体半径及圆管半径
	创建棱锥体及棱锥台	指定棱锥体底面边数及中心点，输入锥体底面半径及锥体高度 指定棱锥台底面边数及中心点，输入棱锥台底面半径、顶面半径及棱锥台高度

创建长方体或其他基本立体时，也可通过单击一点设定参数的方式进行绘制。当 AutoCAD 提示输入相关数据时，用户移动鼠标光标到适当位置，然后单击一点，在此过程中，立体的外观将显示出来，这样便于用户初步确定立体形状。绘制完成后，可用

PROPERTIES 命令显示立体尺寸，并对其进行修改。

【练习10-2】：创建长方体及圆柱体。

1. 进入三维建模工作空间。选择三维导航控制台【视图控制】下拉列表的“东南等轴测”选项，切换到东南等轴测视图。再通过视觉样式控制台【视觉样式】下拉列表设定当前模型显示方式为“二维线框”。
2. 单击【建模】工具栏或三维制作控制台上的按钮，AutoCAD 提示：

```
命令: _box
指定第一个角点或 [中心(C)]:              //指定长方体角点 A，如图 10-10 所示
指定其他角点或 [立方体(C)/长度(L)]: @100,200,300
                                      //输入另一角点 B 的相对坐标，如图 10-10 所示
```

3. 单击【建模】工具栏或三维制作控制台上的按钮，AutoCAD 提示：

```
命令: _cylinder
指定底面的中心点或 [三点(3P)/两点(2P)/相切、相切、半径(T)/椭圆(E)]:
                                      //指定圆柱体底圆中心，如图 10-10 所示
指定底面半径或 [直径(D)] <80.0000>: 80              //输入圆柱体半径
指定高度或 [两点(2P)/轴端点(A)] <300.0000>: 300     //输入圆柱体高度
```

结果如图 10-10 所示。

4. 改变实体表面网格线的密度。

```
命令: isolines
输入 ISOLINES 的新值 <4>: 40        //设置实体表面网格线的数量，详见 10.18 节
```

选择菜单命令【视图】/【重生成】，重新生成模型，实体表面网格线变得更加密集。

5. 控制实体消隐后表面网格线的密度。

```
命令: facetres
输入 FACETRES 的新值 <0.5000>: 5  //设置实体消隐后的网格线密度，详见 10.18 节
```

启动 HIDE 命令，结果如图 10-10 所示。

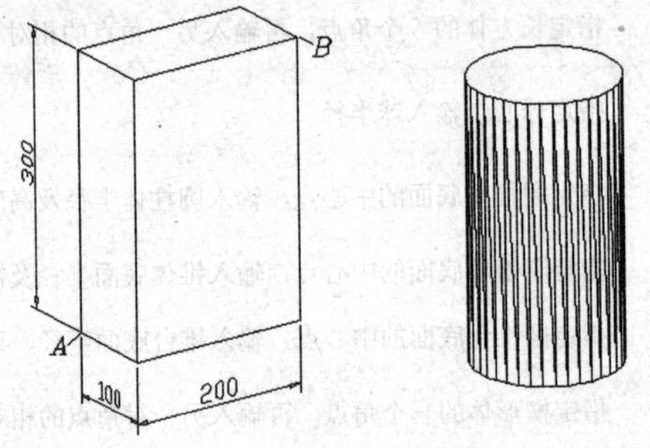

图10-10 创建长方体及圆柱体

10.4 将二维对象拉伸成实体或曲面

EXTRUD 命令可以拉伸二维对象生成 3D 实体或曲面，若拉伸闭合对象，则生成实体，否则生成曲面。操作时，可指定拉伸高度值及拉伸对象的锥角，还可沿某一直线或曲线路径进行拉伸。

命令启动方法

- 下拉菜单：【绘图】/【建模】/【拉伸】。
- 工具栏：【建模】工具栏或三维制作控制台的按钮。
- 命令：EXTRUDE 或简写 EXT。

【练习10-3】：练习 EXTRUDE 命令。

1. 打开教学资源包中的文件“10-3.dwg”，用 EXTRUDE 命令创建实体。
2. 将图形 *A* 创建成面域，再将连续线 *B* 编辑成一条多段线，如图 10-11 所示。
3. 用 EXTRUDE 命令拉伸面域及多段线，形成实体和曲面。

```
命令: _extrude
选择要拉伸的对象: 找到 1 个                         //选择面域
选择要拉伸的对象:                                   //按 Enter 键
指定拉伸的高度或 [方向(D)/路径(P)/倾斜角(T)] <262.2213>: 260
                                                    //输入拉伸高度
命令:EXTRUDE                                        //重复命令
选择要拉伸的对象: 找到 1 个                         //选择多段线
选择要拉伸的对象:                                   //按 Enter 键
指定拉伸的高度或 [方向(D)/路径(P)/倾斜角(T)] <260.0000>: p
                                                    //使用“路径(P)”选项
选择拉伸路径或 [倾斜角]:                            //选择样条曲线 C
```

结果如图 10-11 右图所示。

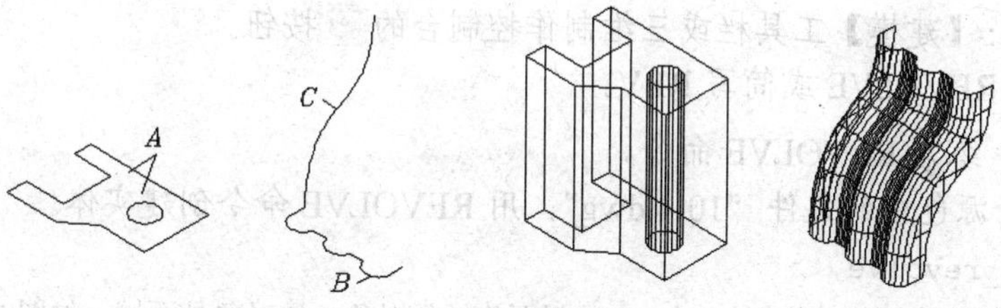

图10-11　拉伸面域及多段线

要点提示 系统变量 SURFU 和 SURFV 控制曲面上素线的密度。选中曲面，启动 PROPERTIES 命令，该命令将列出这两个系统变量的值，修改它们，曲面上素线的数量就发生变化。

EXTRUDE 命令的选项如下。

- 指定拉伸的高度：如果输入正的拉伸高度，则使对象沿 *z* 轴正向拉伸；若输入负值，则 AutoCAD 沿 *z* 轴负向拉伸。当对象不在坐标系 *xy* 平面内时，将沿该对象所在平面的法线方向拉伸对象。
- 方向：指定两点，两点的连线表明了拉伸方向和距离。
- 路径：沿指定路径拉伸对象形成实体或曲面。拉伸时，路径被移动到轮廓的形心位置。路径不能与拉伸对象在同一个平面内，也不能具有较大曲率的区域，否则，有可能在拉伸过程中产生自相交情况。
- 倾斜角：当 AutoCAD 提示“指定拉伸的倾斜角度<0>:”时，输入正的拉伸倾角表示从基准对象逐渐变细地拉伸，而负角度值则表示从基准对象逐渐变粗地拉伸，如图 10-12 所示。用户要注意拉伸斜角不能太大，若拉伸实体截面在到达拉伸高度前已经变成一个点，那么 AutoCAD 将提示不能进行拉伸。

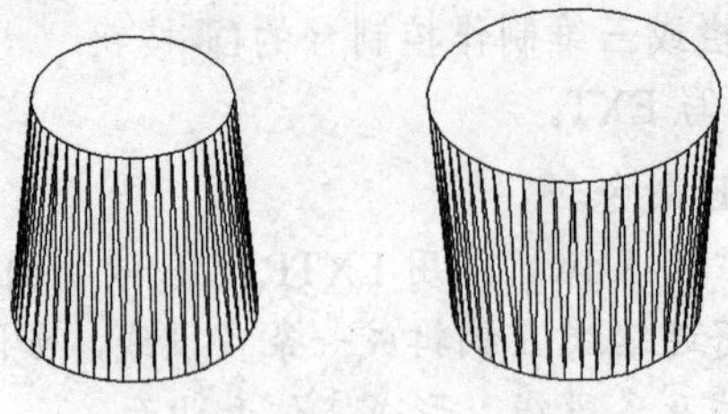

图10-12　指定拉伸斜角

10.5　旋转二维对象形成实体或曲面

REVOLVE 命令可以旋转二维对象生成 3D 实体，若二维对象是闭合的，则生成实体，否则生成曲面。用户通过选择直线、指定两点或 x 轴、y 轴来确定旋转轴。

REVCLVE 命令可以旋转以下二维对象。

- 直线、圆弧、椭圆弧；
- 二维多段线、二维样条曲线；
- 面域、实体上的平面。

命令启动方法

- 下拉菜单：【绘图】/【建模】/【旋转】。
- 工具栏：【建模】工具栏或三维制作控制台的按钮。
- 命令：REVOLVE 或简写 REV。

【练习10-4】：练习 REVOLVE 命令。

打开教学资源包中的文件“10-4.dwg”，用 REVOLVE 命令创建实体。

```
命令: _revolve
选择要旋转的对象: 找到 1 个 //选择要旋转的对象，该对象是面域，如图 10-13 左图所示
选择要旋转的对象:                                              //按 Enter 键
指定轴起点或根据以下选项之一定义轴 [对象(O)/X/Y/Z] <对象>:  //捕捉端点 A
指定轴端点:                                                    //捕捉端点 B
指定旋转角度或 [起点角度(ST)] <360>: st          //使用“起点角度(ST)”选项
指定起点角度 <0.0>: -30                                  //输入回转起始角度
指定旋转角度 <360>: 210                                    //输入回转角度
```

再启动 HIDE 命令，结果如图 10-13 右图所示。

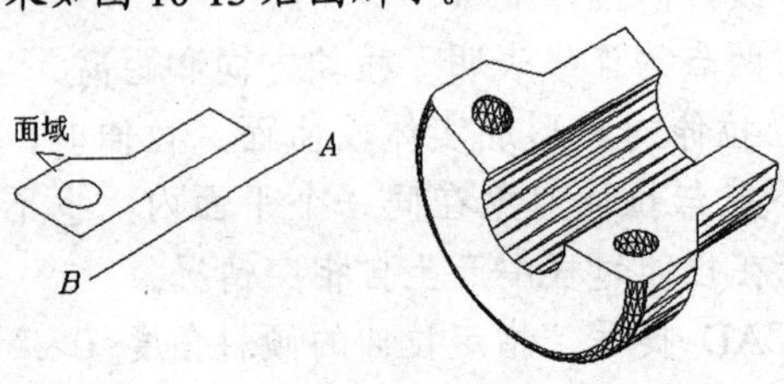

图10-13　将二维对象旋转成 3D 实体

要点提示 若拾取两点指定旋转轴，则轴的正向是从第一点指向第二点，旋转角的正方向按右手螺旋法则确定。

REVOLVE 命令的选项如下。

- 对象：选择直线或实体的线性边作为旋转轴，轴的正方向是从拾取点指向最远端点。
- X、Y、Z：使用当前坐标系的 x 轴、y 轴、z 轴作为旋转轴。
- 起点角度：指定旋转起始位置与旋转对象所在平面的夹角，角度的正向以右手螺旋法则确定。

10.6　通过扫掠创建实体或曲面

SWEEP 命令可以将平面轮廓沿二维或三维路径进行扫掠形成实体或曲面，若二维轮廓是闭合的，则生成实体，否则生成曲面。扫掠时，轮廓一般会被移动并调整到与路径垂直的方向。默认情况下，轮廓形心将与路径起始点对齐，但也可指定轮廓的其他点作为扫掠对齐点。

命令启动方法

- 下拉菜单：【绘图】/【建模】/【扫掠】。
- 工具栏：【建模】工具栏或三维制作控制台的按钮。
- 命令：SWEEP。

【练习10-5】：练习 SWEEP 命令。

1. 打开教学资源包中的文件“10-5.dwg”。
2. 利用 PEDIT 命令将路径曲线 A 编辑成一条多段线。
3. 用 SWEEP 命令将面域沿路径扫掠。

```
命令：_sweep
选择要扫掠的对象：找到 1 个              //选择轮廓面域，如图 10-14 左图所示
选择要扫掠的对象：                                  //按 Enter 键
选择扫掠路径或 [对齐(A)/基点(B)/比例(S)/扭曲(T)]：b  //使用“基点(B)”选项
指定基点： end 于                                   //捕捉 B 点
选择扫掠路径或 [对齐(A)/基点(B)/比例(S)/扭曲(T)]：   //选择路径曲线 A
```

再启动 HIDE 命令，结果如图 10-14 右图所示。

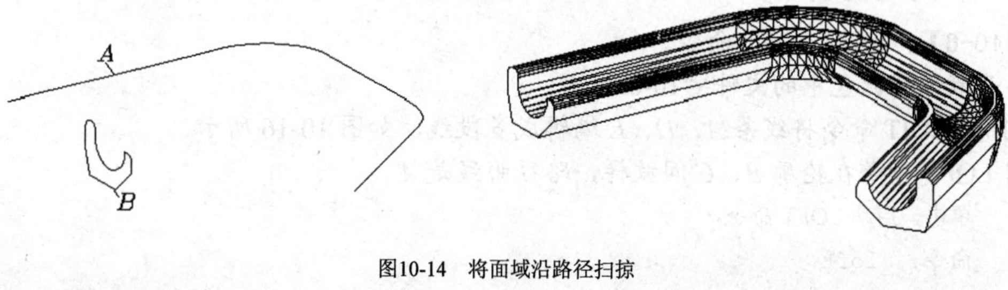

图10-14　将面域沿路径扫掠

SWEEP 命令选项如下。

- 对齐：指定是否将轮廓调整到与路径垂直的方向或是保持原有方向。默认情

况下，AutoCAD 将使轮廓与路径垂直。

- 基点：指定扫掠时的基点，该点将与路径起始点对齐。
- 比例：路径起始点处轮廓缩放比例为 1，路径结束处缩放比例为输入值，中间轮廓沿路径连续变化。与选择点靠近的路径端点是路径的起始点。
- 扭曲：设定轮廓沿路径扫掠时的扭转角度，角度值小于 360°。该选项包含“倾斜”子选项，可使轮廓随三维路径自然倾斜。

10.7　通过放样创建实体或曲面

LOFT 命令可对一组平面轮廓曲线进行放样形成实体或曲面，若所有轮廓是闭合的，则生成实体，否则，生成曲面，如图 10-15 所示。注意，放样时，轮廓线或是全部闭合或是全部开放，不能使用既包含开放轮廓又包含闭合轮廓的选择集。

放样实体或曲面中间轮廓的形状可利用放样路径控制，如图 10-15 左图所示。放样路径始于第一个轮廓所在的平面，终于最后一个轮廓所在的平面。导向曲线是另一种控制放样形状的方法，将轮廓上对应的点通过导向曲线连接起来，使轮廓按预定方式进行变化，如图 10-15 右图所示。轮廓的导向曲线可以有多条，每条导向曲线必须与各轮廓相交，始于第一个轮廓，止于最后一个轮廓。

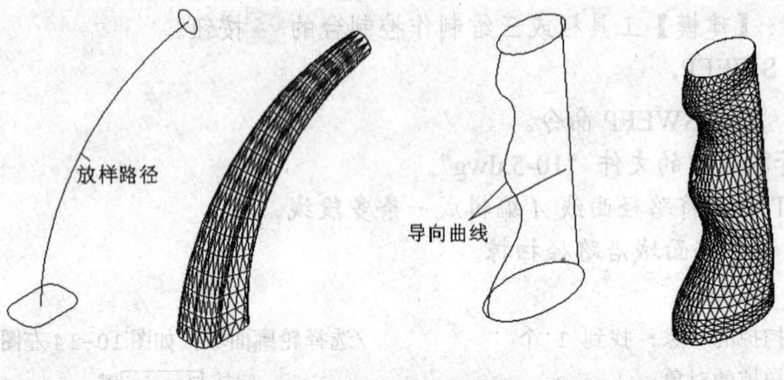

图10-15　放样行程实体或曲面

命令启动方法

- 下拉菜单：【绘图】/【建模】/【放样】。
- 工具栏：【建模】工具栏或三维制作控制台的按钮。
- 命令：LOFT。

【练习10-6】：练习 LOFT 命令。

1. 打开教学资源包中的文件“10-6.dwg”。
2. 利用 PEDIT 命令将线条 *A*、*D*、*E* 编辑成多段线，如图 10-16 所示。
3. 用 LOFT 命令在轮廓 *B*、*C* 间放样，路径曲线是 *A*。

单击，启动 LOFT 命令。

```
命令: _loft
按放样次序选择横截面:总计 2 个                //选择轮廓 B、C，如图 10-16 所示
按放样次序选择横截面:                         //按 Enter 键
输入选项 [导向(G)/路径(P)/仅横截面(C)] <仅横截面>: P
```

```
                                    //使用“路径(P)”选项
选择路径曲线:                        //选择路径曲线 A
```

结果如图 10-16 右图所示。

4. 用 LOFT 命令在轮廓 *F*、*G*、*H*、*I*、*J* 间放样，导向曲线是 *D*、*E*。

```
命令: _loft
按放样次序选择横截面:总计 5 个             //选择轮廓 F、G、H、I、J
按放样次序选择横截面:                      //按 Enter 键
输入选项 [导向(G)/路径(P)/仅横截面(C)] <仅横截面>: G
                                         //使用“导向(G)”选项
选择导向曲线: 总计 2 个                    //导向曲线是 D、E
选择导向曲线:                              //按 Enter 键
```

结果如图 10-16 右图所示。

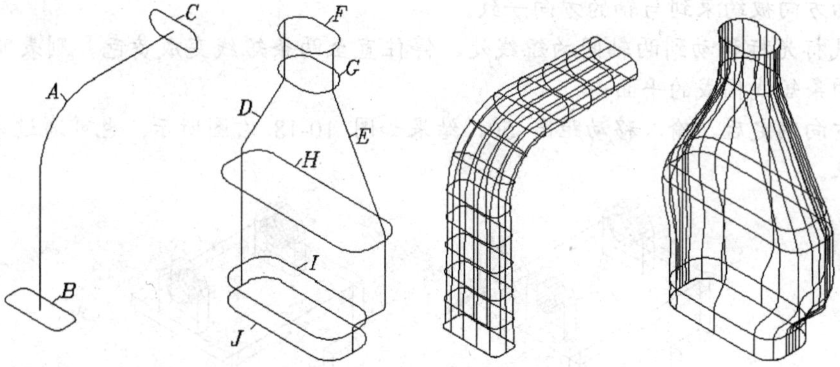

图10-16 通过放样创建实体

10.8 3D 移动

可以使用 MOVE 命令在三维空间中移动对象，操作方式与在二维空间时一样，只不过当通过输入距离来移动对象时，必须输入沿 *x* 轴、*y* 轴、*z* 轴的距离值。

AutoCAD 提供了专门用来在三维空间中移动对象的命令 3DMOVE，该命令还能移动实体的面、边及顶点等子对象（按 Ctrl 键可选择子对象）。3DMOVE 命令的操作方式与 MOVE 命令类似，但前者使用起来更形象、更直观。

命令启动方法

- 下拉菜单:【修改】/【三维操作】/【三维移动】。
- 工具栏:【建模】工具栏或三维制作控制台的按钮。
- 命令: 3DMOVE 或简写 3M。

【练习10-7】: 练习 3DMOVE 命令。

1. 打开教学资源包中的文件“10-7.dwg”。
2. 单击【建模】工具栏或三维制作控制台的按钮，启动 3DMOVE 命令，将对象 *A* 由基点 *B* 移动到第二点 *C*，再通过输入距离的方式移动对象 *D*，移动距离为“40,-50”，结果如图 10-17 所示。

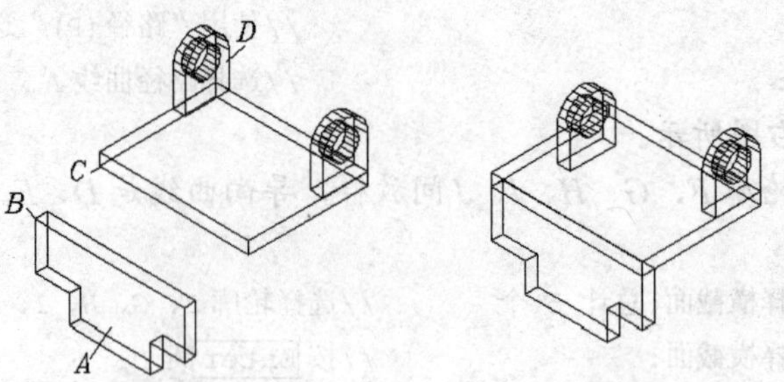

图10-17　通过指定点或输入距离的方式移动对象

3. 重复命令，选择对象 *E*，按 Enter 键，AutoCAD 显示附着在鼠标光标上的移动工具，该工具 3 个轴的方向与当前坐标轴的方向一致，如图 10-18 左图所示。
4. 移动鼠标光标到 *F* 点，并捕捉该点，移动工具就被放置在此点处，如图 10-18 左图所示。
5. 移动鼠标光标到 *G* 轴上，停留一会儿，显示出移动辅助线。单击鼠标左键确认，物体的移动方向被约束到与轴的方向一致。
6. 若将鼠标光标移动到两轴间的短线处，停住直至两条短线变成黄色，则表明移动被限制在两条短线构成的平面内。
7. 移动方向确定后，输入移动距离 50，结果如图 10-18 右图所示；也可通过单击一点移动对象。

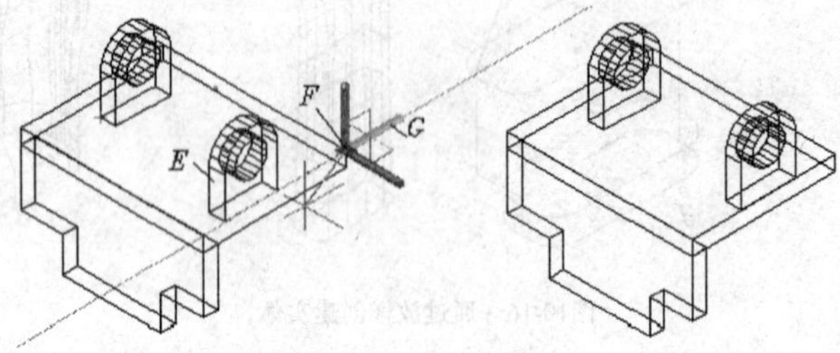

图10-18　利用辅助工具移动对象

10.9　3D 旋转

使用 ROTATE 命令仅能使对象在 *xy* 平面内旋转，即旋转轴只能是 *z* 轴。ROTATE3D 及 3DROTATE 命令是 ROTATE 的 3D 版本，这两个命令能使对象绕 3D 空间中任意轴旋转。此外，ROTATE3D 命令还能旋转实体的表面（按住 Ctrl 键选择实体表面），下面介绍这两个命令的用法。

命令启动方法

- 下拉菜单：【修改】/【三维操作】/【三维旋转】。
- 工具栏：【建模】工具栏或三维制作控制台的 按钮。
- 命令：3DROTATE 或简写 3R。

【练习10-8】：练习 3DROTATE 命令。

1. 打开教学资源包中的文件“10-8.dwg”。
2. 单击【建模】工具栏或三维制作控制台的 按钮，启动 3DROTATE 命令，选择要移动的对象，按 Enter 键，AutoCAD 显示附着在鼠标光标上的旋转工具，如图 10-19 左图所示，该工具包含表示旋转方向的 3 个辅助圆。

3. 移动鼠标光标到 *A* 点处，并捕捉该点，旋转工具就被放置在此点，如图 10-19 左图所示。
4. 将鼠标光标移动到圆 *B* 处，停住鼠标光标直至圆变为黄色，同时出现以圆为回转方向的回转轴，单击鼠标左键确认。回转轴与当前坐标系的坐标轴是平行的，且轴的正方向与坐标轴正向一致。
5. 输入回转角度值“-90°”，结果如图 10-19 右图所示。角度正方向按右手螺旋法则确定，也可单击一点指定回转起点，然后再单击一点指定回转终点。

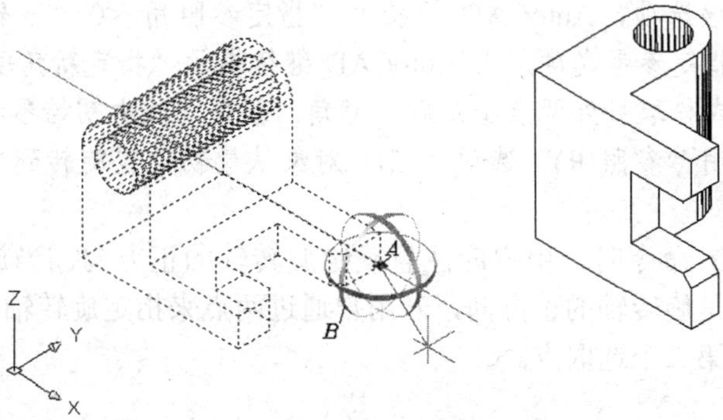

图10-19 利用辅助工具旋转对象

ROTATE3D 命令没有提供指示回转方向的辅助工具，但使用此命令时，可通过拾取两点来设置回转轴。在这一点上，3DROTATE 命令没有此命令方便，它只能沿与当前坐标轴平行的方向来设置回转轴。

【练习10-9】：练习 ROTATE3D 命令。

打开教学资源包中的文件“10-9.dwg”，用 ROTATE3D 命令旋转 3D 对象。

命令：_rotate3d　　　　　　　　　　　　//输入 ROTATE3D 命令
选择对象：找到 1 个　　　　　　　　　　//选择要旋转的对象
选择对象：　　　　　　　　　　　　　　//按 Enter 键
指定轴上的第一个点或定义轴依据[对象(O)/最近的(L)/视图(V)/X 轴(X)/Y 轴(Y)/Z 轴(Z)/两点(2)]：　　　　　　　　　　//指定旋转轴上的第一点 *A*，如图 10-20 所示
指定轴上的第二点：　　　　　　　　　　//指定旋转轴上的第二点 *B*
指定旋转角度或 [参照(R)]：60　　　　　//输入旋转的角度值

结果如图 10-20 所示。

ROTATE3D 命令选项

- 对象：AutoCAD 根据选择的对象来设置旋转轴。如果用户选择直线，则该直线就是旋转轴，而且旋转轴的正方向是从选择点开始指向远离选择点的那一端。若选择了圆或圆弧，则旋转轴通过圆心并与圆或圆弧所在的平面垂直。
- 最近的：该选项将上一次使用 ROTATE3D 命令时定义的轴作为当前旋转轴。

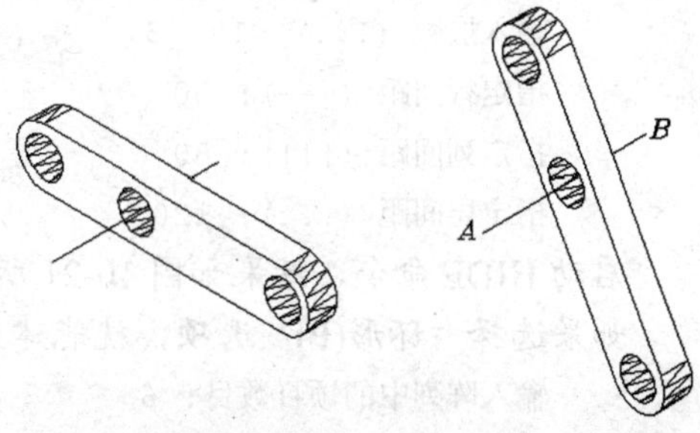

图10-20 使对象绕一轴旋转

- 视图：旋转轴垂直于当前视区，并通过用户的选取点。
- X 轴：旋转轴平行于 x 轴，并通过用户的选取点。
- Y 轴：旋转轴平行于 y 轴，并通过用户的选取点。
- Z 轴：旋转轴平行于 z 轴，并通过用户的选取点。
- 两点：通过指定两点来设置旋转轴。
- 指定旋转角度：输入正的或负的旋转角，角度正方向由右手螺旋法则确定。
- 参照：选择该选项，AutoCAD 将提示“指定参照角 <0>:”，输入参考角度值或拾取两点指定参考角度，当 AutoCAD 继续提示“指定新角度:”时，再输入新的角度值或拾取另外两点指定新参考角，新角度减去初始参考角就是实际旋转角度。常用“参照(R)”选项将 3D 对象从最初位置旋转到与某一方向对齐的另一位置。

使用 ROTATE3D 命令时，用户应注意确定旋转轴的正方向。当旋转轴平行于坐标轴时，坐标轴的方向就是旋转轴的正方向，若用户通过两点来指定旋转轴，那么轴的正方向是从第一个选取点指向第二个选取点。

10.10 3D 阵列

3DARRAY 命令是二维 ARRAY 命令的 3D 版本。通过这个命令，用户可以在三维空间中创建对象的矩形或环形阵列。

命令启动方法

- 下拉菜单：【修改】/【三维操作】/【三维阵列】。
- 命令：3DARRAY。

【练习10-10】： 练习 3DARRAY 命令。

打开教学资源包中的文件“10-10.dwg”，用 3DARRAY 命令创建矩形及环形阵列。

```
命令：_3darray
选择对象：找到 1 个                          //选择要阵列的对象，如图 10-21 所示
选择对象：                                   //按Enter键
输入阵列类型 [矩形(R)/环形(P)] <矩形>：       //指定矩形阵列
输入行数 (---) <1>: 2                        //输入行数，行的方向平行于 x 轴
输入列数 (|||) <1>: 3                        //输入列数，列的方向平行于 y 轴
输入层数 (...) <1>: 3                        //指定层数，层数表示沿 z 轴方向的分布数目
指定行间距 (---): 50          //输入行间距，如果输入负值，阵列方向将沿 x 轴反方向
指定列间距 (|||): 80          //输入列间距，如果输入负值，阵列方向将沿 y 轴反方向
指定层间距 (...): 120         //输入层间距，如果输入负值，阵列方向将沿 z 轴反方向
```

启动 HIDE 命令，结果如图 10-21 所示。

如果选择“环形(P)”选项，就能建立环形阵列，AutoCAD 提示如下：

```
输入阵列中的项目数目: 6                       //输入环形阵列的数目
指定要填充的角度 (+=逆时针, -=顺时针) <360>:
        //输入环行阵列的角度值，可以输入正值或负值，角度正方向由右手螺旋法则确定
旋转阵列对象？[是(Y)/否(N)]<是>:              //按Enter键，则阵列的同时还旋转对象
```

指定阵列的中心点： //指定旋转轴的第一点 *A*，如图 10-22 所示

指定旋转轴上的第二点： //指定旋转轴的第二点 *B*

启动 HIDE 命令，结果如图 10-22 所示。

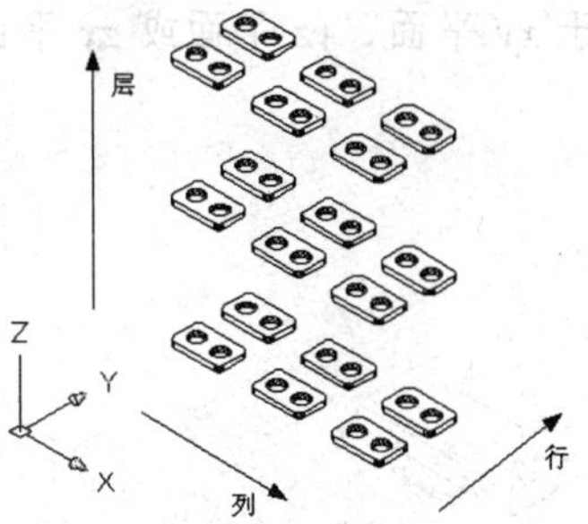

图10-21 三维矩形阵列

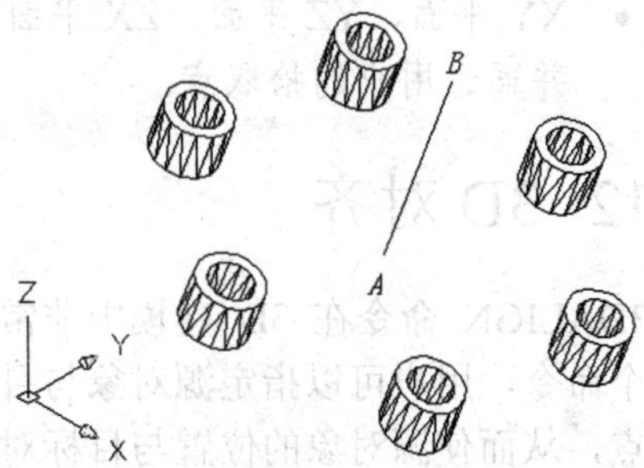

图10-22 三维环形阵列

旋转轴的正方向是从第一个指定点指向第二个指定点，沿该方向伸出大拇指，则其他 4 个手指的弯曲方向就是旋转角的正方向。

10.11 3D 镜像

如果镜像线是当前坐标系 *xy* 平面内的直线，则使用常见的 MIRROR 命令就可对 3D 对象进行镜像复制。若想以某个平面作为镜像平面来创建 3D 对象的镜像拷贝，就必须使用 MIRROR3D 命令。如图 10-23 所示，把 *A*、*B*、*C* 点定义的平面作为镜像平面，对实体进行镜像。

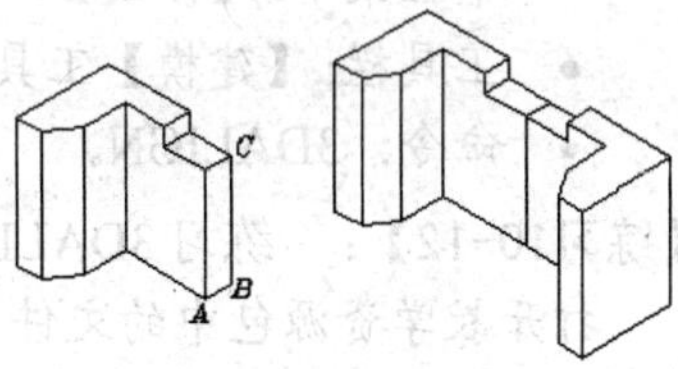

图10-23 镜像

命令启动方法

- 下拉菜单：【修改】/【三维操作】/【三维镜像】。
- 命令：MIRROR3D。

【练习10-11】： 练习 MIRROR3D 命令。

打开教学资源包中的文件“10-11.dwg”，用 MIRROR3D 命令创建对象的三维镜像。

命令：_mirror3d

选择对象：找到 1 个 //选择要镜像的对象

选择对象： //按 Enter 键

指定镜像平面 （三点） 的第一个点或[对象(O)/最近的(L)/Z 轴(Z)/视图(V)/XY 平面(XY)/YZ 平面(YZ)/ZX 平面(ZX)/三点(3)]<三点>:

//利用 3 点指定镜像平面，捕捉第一点 *A*，如图 10-23 所示

在镜像平面上指定第二点： //捕捉第二点 *B*

在镜像平面上指定第三点： //捕捉第三点 *C*

是否删除源对象？[是(Y)/否(N)] <否>: //按 Enter 键不删除原对象

结果如图 10-23 所示。

MIRROR3D 命令有以下选项，利用这些选项可以在三维空间中定义镜像平面。

- 对象：以圆、圆弧、椭圆、2D 多段线等二维对象所在的平面作为镜像平面。
- 最近的：该选项指定上一次 MIRROR3D 命令使用的镜像平面作为当前镜像面。

- Z 轴：用户在三维空间中指定两个点，镜像平面将垂直于两点的连线，并通过第一个选取点。
- 视图：镜像平面平行于当前视区，并通过用户的拾取点。
- XY 平面、YZ 平面、ZX 平面：镜像平面平行于 *xy* 平面、*yz* 平面或 *zx* 平面，并通过用户的拾取点。

10.12　3D 对齐

3DALIGN 命令在 3D 建模中非常有用，通过这个命令，用户可以指定源对象与目标对象的对齐点，从而使源对象的位置与目标对象的位置对齐。例如，用户利用 3DALIGN 命令让对象 *M*（源对象）某一平面上的 3 点与对象 *N*（目标对象）某一平面上的 3 点对齐，操作完成后，*M*、*N* 两对象将重合在一起，如图 10-24 所示。

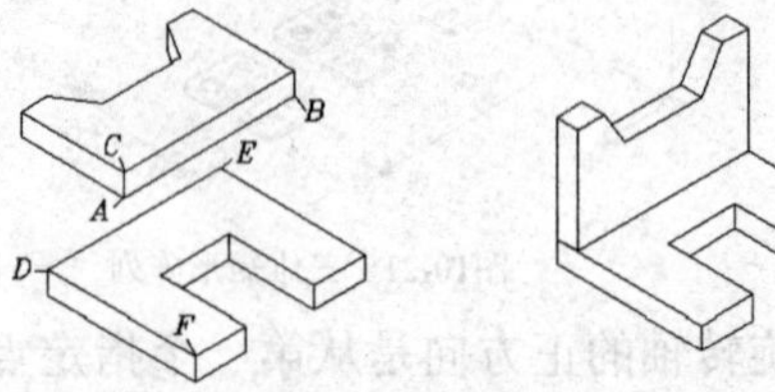

图10-24　三维对齐

命令启动方法

- 下拉菜单：【修改】/【三维操作】/【三维对齐】。
- 工具栏：【建模】工具栏中的按钮。
- 命令：3DALIGN。

【练习10-12】： 练习 3DALIGN 命令。

打开教学资源包中的文件“10-12.dwg”，用 3DALIGN 命令对齐 3D 对象。

```
命令: _3dalign
选择对象: 找到 1 个                              //选择要对齐的对象
选择对象:                                        //按 Enter 键
指定基点或 [复制(C)]:                            //捕捉源对象上的第一点 A，如图 10-24 左图所示
指定第二个点或 [继续(C)] <C>:                    //捕捉源对象上的第二点 B
指定第三个点或 [继续(C)] <C>:                    //捕捉源对象上的第三点 C
指定第一个目标点:                                //捕捉目标对象上的第一点 D
指定第二个目标点或 [退出(X)] <X>:                //捕捉目标对象上的第二点 E
指定第三个目标点或 [退出(X)] <X>:                //捕捉目标对象上的第三点 F
```

结果如图 10-24 右图所示。

使用 3DALIGN 命令时，用户不必指定所有的 3 对对齐点。以下说明提供不同数量的对齐点时，AutoCAD 如何移动源对象。

- 如果仅指定一对对齐点，AutoCAD 就把源对象由第一个源点移动到第一目标点处。
- 若指定两对对齐点，则 AutoCAD 移动源对象后，将使两个源点的连线与两个目标点的连线重合，并让第一个源点与第一目标点也重合。
- 如果用户指定 3 点对齐点，那么命令结束后，3 个源点定义的平面将与 3 个目标点定义的平面重合在一起。选择的第一个源点要移动到第一个目标点的位置，前两个源点的连线与前两个目标点的连线重合。第 3 个目标点的选取顺序若与第 3 个源点的选取顺序一致，则两个对象平行对齐，否则是相对对齐。

10.13 3D 倒圆角及斜角

FILLET、CHAMFER 命令可以对二维对象倒圆角及斜角，它们的用法已在前面内容中叙述过。对于三维实体，同样可用这两个命令创建圆角和斜角，但此时的操作方式与二维绘图时略有不同。

【练习10-13】： 在 3D 空间使用 FILLET、CHAMFER 命令。

打开教学资源包中的文件“10-13.dwg”，用 FILLET、CHAMFER 命令给 3D 对象倒圆角及斜角。

```
命令: _fillet
选择第一个对象或 [放弃(U)/多段线(P)/半径(R)/修剪(T)/多个(U)]:
                                                //选择棱边 A，如图 10-25 所示
输入圆角半径 <10.0000>: 15                      //输入圆角半径
选择边或 [链(C)/半径(R)]:                       //选择棱边 B
选择边或 [链(C)/半径(R)]:                       //选择棱边 C
选择边或 [链(C)/半径(R)]:                       //按 Enter 键结束
命令: _chamfer
选择第一条直线或 [放弃(U)/多段线(P)/距离(D)/角度(A)/修剪(T)/ 方式(M)/多个(U)]:
                                                //选择棱边 E，如图 10-25 所示
基面选择...                                     //平面 D 高亮显示，该面是倒角基面
输入曲面选择选项 [下一个(N)/当前(OK)] <当前>:   //按 Enter 键
指定基面的倒角距离 <15.0000>: 10                //输入基面内的倒角距离
指定其他曲面的倒角距离 <10.0000>: 30            //输入另一平面内的倒角距离
选择边或[环(L)]:                                //选择棱边 E
选择边或[环(L)]:                                //选择棱边 F
选择边或[环(L)]:                                //选择棱边 G
选择边或[环(L)]:                                //选择棱边 H
选择边或[环(L)]:                                //按 Enter 键结束
```

结果如图 10-25 所示。

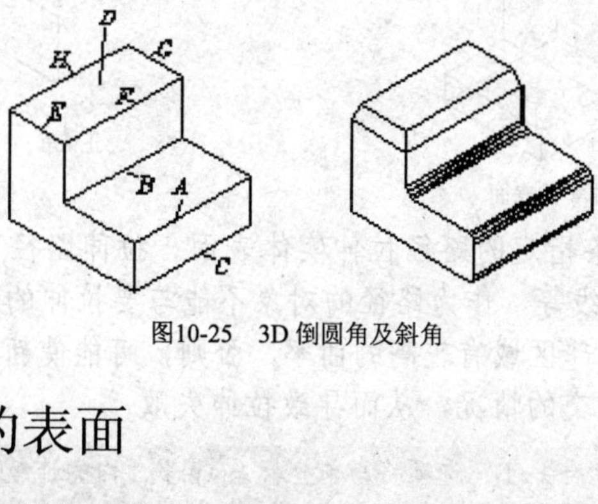

图10-25 3D 倒圆角及斜角

10.14 编辑实体的表面

用户除了可对实体进行倒角、阵列、镜像及旋转等操作外，还能编辑实体模型的表面。常用的表面编辑功能主要包括拉伸面、旋转面和压印对象等。

10.14.1 拉伸面

AutoCAD 可以根据指定的距离拉伸面或将面沿某条路径进行拉伸。拉伸时，如果是输入拉伸距离值，那么还可输入锥角，这样将使拉伸所形成的实体锥化。图 10-26 所示是将实体表面按指定的距离、锥角及沿路径进行拉伸的结果。

【练习10-14】： 拉伸面。

1. 打开教学资源包中的文件“10-14.dwg”，利用 SOLIDEDIT 命令拉伸实体表面。
2. 单击【实体编辑】工具栏上的按钮，AutoCAD 主要提示如下：

```
命令: _solidedit
选择面或 [放弃(U)/删除(R)]: 找到一个面。              //选择实体表面 A，如图 10-26 所示
选择面或 [放弃(U)/删除(R)/全部(ALL)]:                  //按 Enter 键
指定拉伸高度或 [路径(P)]: 50                           //输入拉伸的距离
指定拉伸的倾斜角度 <0>: 5                              //指定拉伸的锥角
```

结果如图 10-26 所示。

常用选项功能如下。

- 指定拉伸高度：输入拉伸距离及锥角来拉伸面。对于每个面规定其外法线方向是正方向，当输入的拉伸距离是正值时，面将沿其外法线方向拉伸，否则，将向相反方向拉伸。在指定拉伸距离后，AutoCAD 会提示输入锥角，若输入正的锥角值，则将使面向实体内部锥化，否则，将使面向实体外部锥化，如图 10-27 所示。

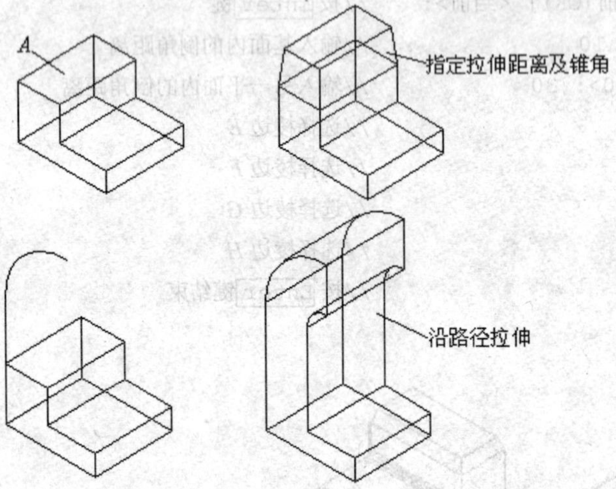

图10-26　拉伸实体表面

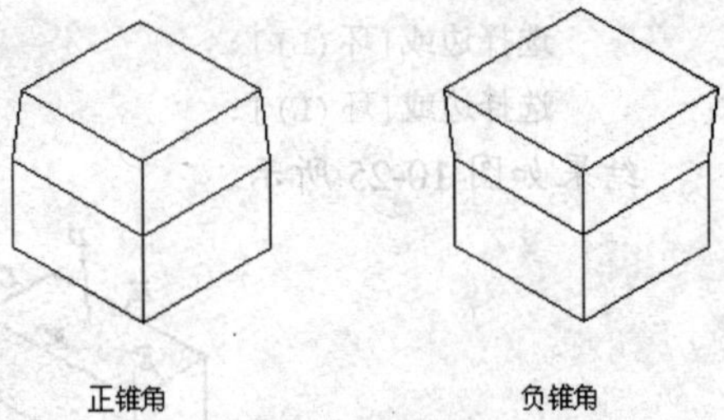

图10-27　拉伸并锥化面

- 路径(P)：沿着一条指定的路径拉伸实体表面。拉伸路径可以是直线、圆弧、多段线、2D 样条线等，作为路径的对象不能与要拉伸的表面共面，也应避免路径曲线的某些局部区域有较高的曲率，否则，可能使新形成的实体在路径曲率较高处出现自相交的情况，从而导致拉伸失败。

要点提示 可用 PEDIT 命令的“合并(J)”选项将当前坐标系 *xy* 平面内的连续几段线条连接成多段线，这样就可以将其定义为拉伸路径了。

10.14.2 旋转面

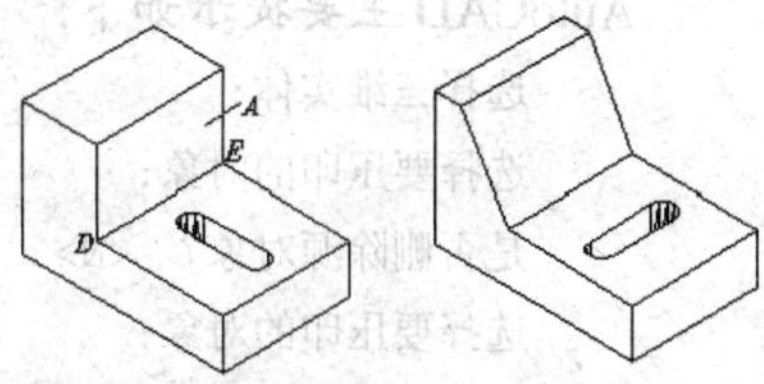

图10-28 旋转面

通过旋转实体的表面可以改变面的倾斜角度，或将一些结构特征（如孔、槽等）旋转到新的方位。如图 10-28 所示，将 *A* 面的倾斜角修改为 120°，并把槽旋转 90°。

在旋转面时，用户可通过拾取两点、选择某条直线或设定旋转轴平行于坐标轴等方法来指定旋转轴，另外，应注意确定旋转轴的正方向。

【练习10-15】： 旋转面。

1. 打开教学资源包中的文件“10-15.dwg”，利用 SOLIDEDIT 命令旋转实体表面。
2. 单击【实体编辑】工具栏中的按钮，AutoCAD 主要提示如下：

```
命令: _solidedit
选择面或 [放弃(U)/删除(R)]: 找到一个面。 //选择表面A
选择面或 [放弃(U)/删除(R)/全部(ALL)]:    //按Enter键
指定轴点或 [经过对象的轴(A)/视图(V)/X 轴(X)/Y 轴(Y)/Z 轴(Z)] <两点>:
                                        //捕捉旋转轴上的第一点D，如图 10-28 所示
在旋转轴上指定第二个点:                  //捕捉旋转轴上的第二点E
指定旋转角度或 [参照(R)]: -30            //输入旋转角度
```

结果如图 10-28 所示。

常用选项功能如下。

- 两点：指定两点来确定旋转轴，轴的正方向是由第一个选择点指向第二个选择点。
- *x* 轴(*x*)、*y* 轴(*y*)、*z* 轴(*z*)：旋转轴平行于 *x* 轴、*y* 轴或 *z* 轴，并通过拾取点。旋转轴的正方向与坐标轴的正方向一致。

10.14.3 压印

压印（Imprint）可以把圆、直线、多段线、样条曲线、面域及实心体等对象压印到三维实体上，使其成为实体的一部分。在使用压印时，用户必须使被压印的几何对象在实体表面内或与实体表面相交，压印操作才能成功。压印时，AutoCAD 将创建新的表面，该表面以被压印的几何图形及实体的棱边作为边界，用户可以对生成的新面进行拉伸和旋转等操作。如图 10-29 所示，将圆压印在实体上，并将新生成的面向上拉伸。

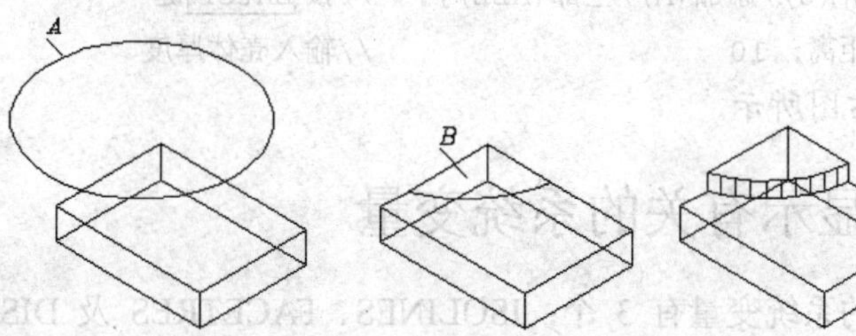

图10-29 压印

【练习10-16】：　压印。

1. 打开教学资源包中的文件“10-16.dwg”。单击【实体编辑】工具栏中的按钮，AutoCAD 主要提示如下：

```
选择三维实体:                                  //选择实体模型
选择要压印的对象:                              //选择圆 A，如图 10-29 所示
是否删除源对象? <N>: y                         //删除圆 A
选择要压印的对象:                              //按 Enter 键
```

2. 单击按钮，AutoCAD 主要提示如下：

```
选择面或 [放弃(U)/删除(R)]: 找到一个面。        //选择表面 B
选择面或 [放弃(U)/删除(R)/全部(ALL)]:           //按 Enter 键
指定拉伸高度或 [路径(P)]: 10                   //输入拉伸高度
指定拉伸的倾斜角度 <0>:                        //按 Enter 键
```

结果如图 10-29 所示。

10.14.4 抽壳

用户可以利用抽壳的方法将一个实体模型生成一个空心的薄壳体。在使用抽壳功能时，用户要先指定壳体的厚度，然后 AutoCAD 把现有的实体表面偏移指定的厚度值以形成新的表面，这样，原来的实体就变为一个薄壳体。如果指定正的厚度值，AutoCAD 就在实体内部创建新面，否则，在实体的外部创建新面。另外，在抽壳操作过程中还能将实体的某些面去除，以形成开口的薄壳体，如图 10-30 右图所示是把实体进行抽壳并去除其顶面的结果。

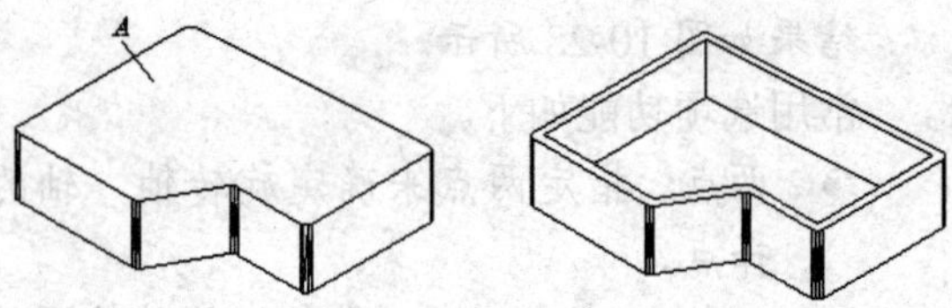

图10-30　抽壳

【练习10-17】：　抽壳。

1. 打开教学资源包中的文件“10-17.dwg”，利用 SOLIDEDIT 命令创建一个薄壳体。
2. 单击【实体编辑】工具栏按钮，AutoCAD 主要提示如下：

```
选择三维实体:                              //选择要抽壳的对象
删除面或 [放弃(U)/添加(A)/全部(ALL)]: 找到一个面，已删除 1 个
                                           //选择要删除的表面 A，如图 10-30 左图所示
删除面或 [放弃(U)/添加(A)/全部(ALL)]:       //按 Enter 键
输入抽壳偏移距离: 10                        //输入壳体厚度
```

结果如图 10-30 右图所示。

10.15　与实体显示有关的系统变量

与实体显示有关的系统变量有 3 个：ISOLINES、FACETRES 及 DISPSILH，分别介绍如下。

- ISOLINES：此变量用于设定实体表面网格线的数量，如图 10-31 所示。
- FACETRES：用于设置实体消隐或渲染后的表面网格密度。此变量值的范围为 0.01~10.0，值越大表明网格越密，消隐或渲染后表面越光滑，如图 10-32 所示。
- DISPSILH：用于控制消隐时是否显示出实体表面网格线。若此变量值为 0，则显示网格线；若为 1，则不显示网格线，如图 10-33 所示。

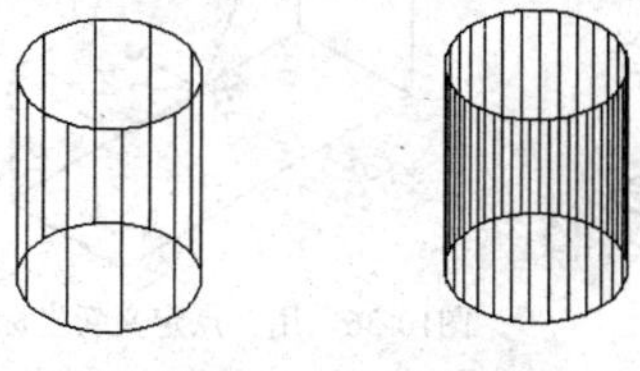

图10-31 ISOLINES 变量

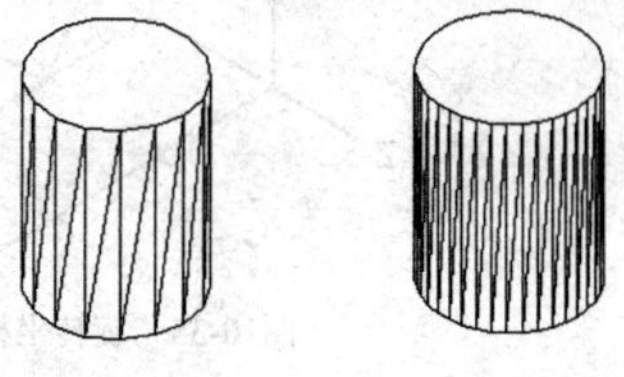

图10-32 FACETRES 变量

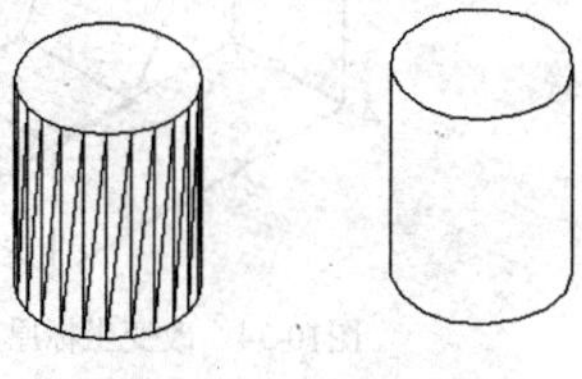

图10-33 DISPSILH 变量

10.16 用户坐标系

默认情况下，AutoCAD 坐标系统是世界坐标系，该坐标系是一个固定坐标系。用户也可在三维空间中建立自己的坐标系（UCS），该坐标系是一个可变动的坐标系，坐标轴正向按右手螺旋法则确定。三维绘图时，UCS 坐标系是非常有用的，因为在此坐标系中用户可以在任意位置、沿任意方向建立 UCS，从而使得三维绘图变得更加容易。

在 AutoCAD 中，多数 2D 命令只能在当前坐标系的 *xy* 平面或与 *xy* 平面平行的平面内执行。若用户想在 3D 空间的某一平面内使用 2D 命令，则应在此平面位置创建新的 UCS。

【练习10-18】：在三维空间中创建坐标系。

1. 打开教学资源包中的文件“10-18.dwg”。
2. 改变坐标原点。键入 UCS 命令，AutoCAD 提示：

命令：ucs

指定 UCS 的原点或 [面(F)/命名(NA)/对象(OB)/上一个(P)/视图(V)/世界(W)/X/Y/Z/Z 轴(ZA)] <世界>: //捕捉 *A* 点

指定 X 轴上的点或 <接受>: //按 Enter 键

结果如图 10-34 所示。

3. 将 UCS 坐标系绕 *x* 轴旋转 90°。

命令:UCS

指定 UCS 的原点或 [面(F)/命名(NA)/对象(OB)/上一个(P)/视图(V)/世界(W)/X/Y/Z/Z 轴(ZA)] <世界>: x //使用“X”选项

指定绕 X 轴的旋转角度 <90>: 90 //输入旋转角度

结果如图 10-35 所示。

4. 利用三点定义新坐标系。

命令:UCS

指定 UCS 的原点或 [面(F)/命名(NA)/对象(OB)/上一个(P)/视图(V)/世界(W)/X/Y/Z/Z 轴(ZA)] <世界>: end 于 //捕捉 *B* 点

指定 X 轴上的点或 <接受>: end 于 /捕捉 *C* 点

指定 XY 平面上的点或 <接受>: end于　　　　　　　//捕捉D点

结果如图 10-36 所示。

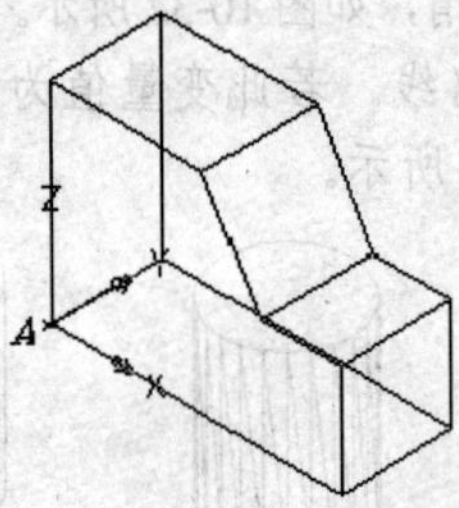

图10-34　改变坐标原点

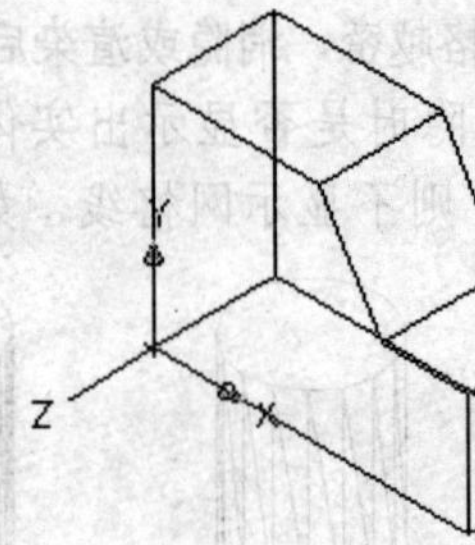

图10-35　旋转坐标系

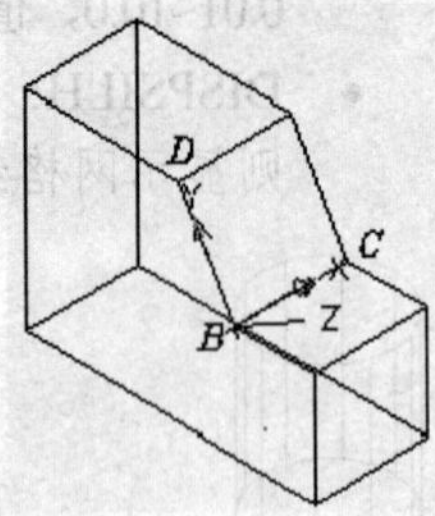

图10-36　用三点定义新坐标系

除了用 UCS 命令改变坐标系外，也可打开动态 UCS 功能，使 UCS 坐标系的 *xy* 平面在绘图过程中自动与某一平面对齐。按 F6 键或按下状态栏的 DUCS 按钮，就打开动态 UCS 功能。启动二维或三维绘图命令，将鼠标光标移动到要绘图的实体面，该实体面亮显，表明坐标系的 *xy* 平面临时与实体面对齐，绘制的对象将处于此面内。绘图完成后，UCS 坐标系又返回原来状态。

10.17　使坐标系的 *xy* 平面与屏幕对齐

PLAN 命令可以生成坐标系的 *xy* 平面视图，即视点位于坐标系的 *z* 轴上，此时，*xy* 坐标面与屏幕对齐。该命令在三维建模过程中是非常有用的。例如，当用户想在 3D 空间的某个平面上绘图时，可先以该平面为 *xy* 坐标面创建 UCS 坐标系，然后使用 PLAN 命令使坐标系的 *xy* 平面视图显示在屏幕上，这样在三维空间的某一平面上绘图就如同画一般的二维图。

启动 PLAN 命令，AutoCAD 提示"输入选项 [当前 UCS(C)/UCS(U)/世界(W)] <当前 UCS>:"，按 Enter 键，当前坐标系的 *xy* 平面就与屏幕对齐。

10.18　利用布尔运算构建复杂实体模型

前面读者已经学习了如何生成基本三维实体及由二维对象转换得到三维实体。将这些简单实体放在一起，然后进行布尔运算就能构建复杂的三维模型。

布尔运算包括并集操作、差集操作和交集操作。

(1)　并集操作：UNION 命令将两个或多个实体合并在一起形成新的单一实体。操作对象既可以是相交的，也可以是分离开的。

【练习10-19】：　并集操作。

1.　打开教学资源包中的文件"10-19.dwg"，用 UNION 命令进行并运算。

2.　单击【修改】/【实体编辑】/【并集】或键入 UNION 命令，AutoCAD 提示：

命令: _union

选择对象: 找到 2 个　　　　　　　//选择圆柱体及长方体，如图 10-37 左图所示

选择对象:　　　　　　　　　　　　//按 Enter 键

结果如图 10-37 右图所示。

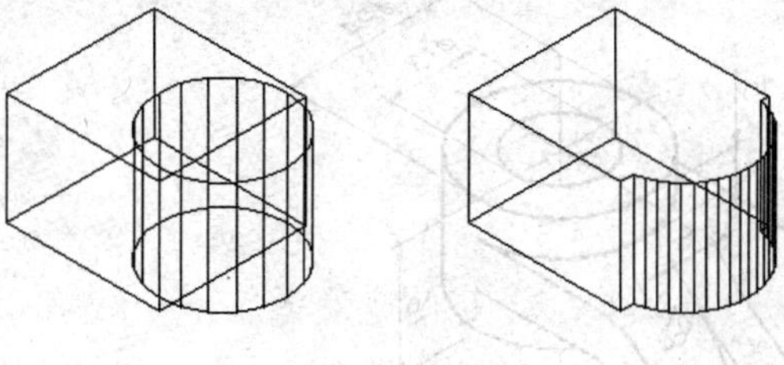

图10-37　并集操作

(2) 差集操作：SUBTRACT 命令将实体构成的一个选择集从另一选择集中减去。操作时，用户首先选择被减对象，构成第一选择集，然后选择要减去的对象，构成第二选择集，操作结果是第一选择集减去第二选择集后形成的新对象。

【练习10-20】：　差集操作。

1. 打开教学资源包中的文件“10-20.dwg”，用 SUBTRACT 命令进行差运算。
2. 单击【修改】/【实体编辑】/【差集】或键入 SUBTRACT 命令，AutoCAD 提示：

```
命令: _subtract
选择对象: 找到 1 个              //选择长方体，如图 10-38 左图所示
选择对象:                        //按 Enter 键
选择对象: 找到 1 个              //选择圆柱体
选择对象:                        //按 Enter 键
```

结果如图 10-38 右图所示。

(3) 交集操作：INTERSECT 命令创建由两个或多个实体重叠部分构成的新实体。

【练习10-21】：　交集操作。

1. 打开教学资源包中的文件“10-21.dwg”，用 INTERSECT 命令进行交运算。
2. 单击【修改】/【实体编辑】/【交集】或键入 INTERSECT 命令，AutoCAD 提示：

```
命令: _intersect
选择对象:                        //选择圆柱体和长方体，如图 10-39 左图所示
选择对象:                        //按 Enter 键
```

结果如图 10-39 右图所示

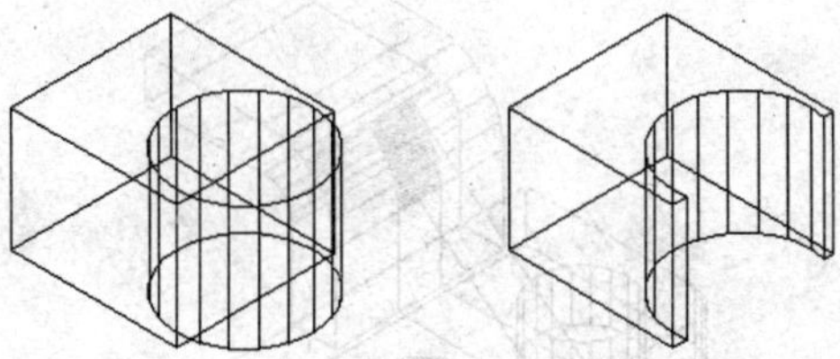

图10-38　差集操作

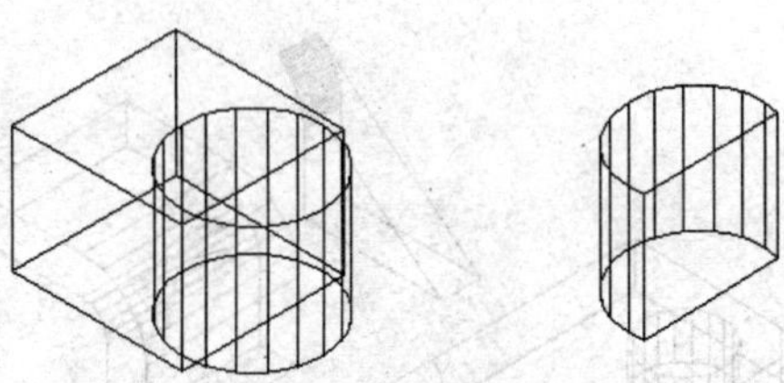

图10-39　交集操作

【练习10-22】：　下面绘制图 10-40 所示支撑架的实体模型，并通过这个例子向读者演示三维建模的过程。

1. 创建一个新图形。
2. 选择【视图】/【三维视图】/【东南等轴测】选项，切换到东南轴测视图。在 *xy* 平面绘制底板的轮廓形状，并将其创建成面域，如图 10-41 所示。

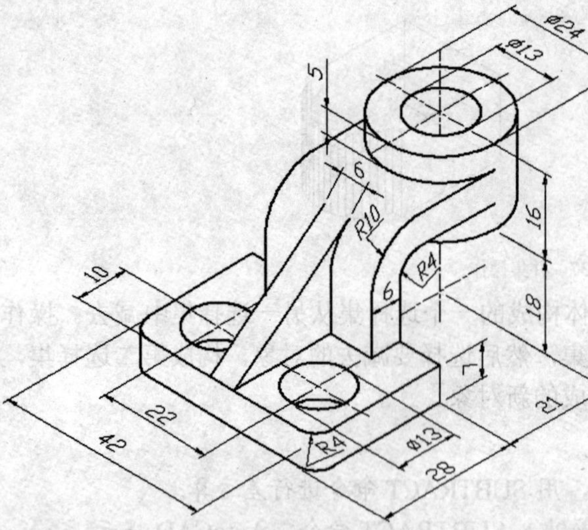

图10-40　支撑架实体模型

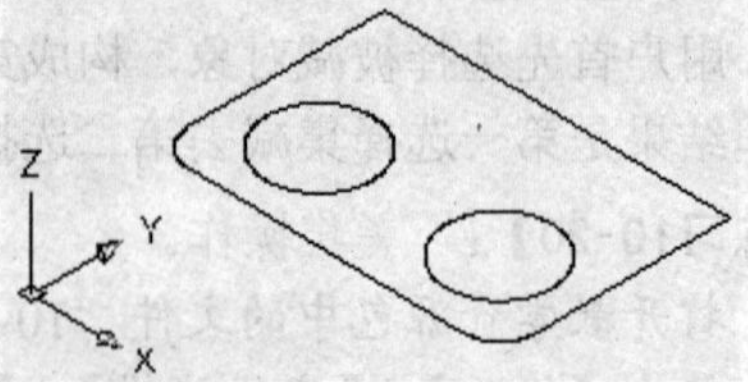

图10-41　绘制底板的轮廓形状并创建面域

3. 拉伸面域形成底板的实体模型，如图 10-42 所示。
4. 建立新的用户坐标系，在 *xy* 平面内绘制弯板及三角形筋板的二维轮廓，并将其创建成面域，如图 10-43 所示。

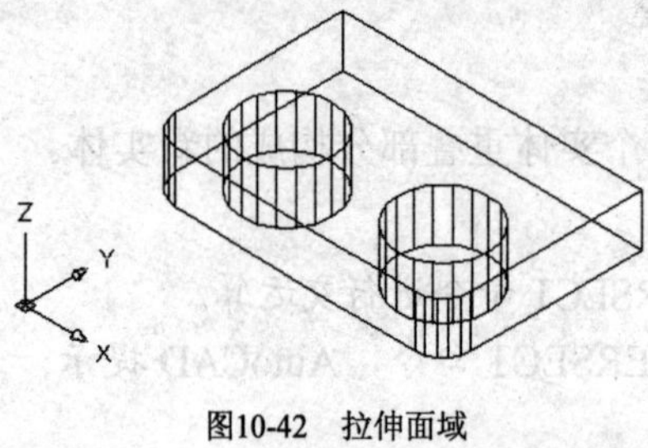

图10-42　拉伸面域

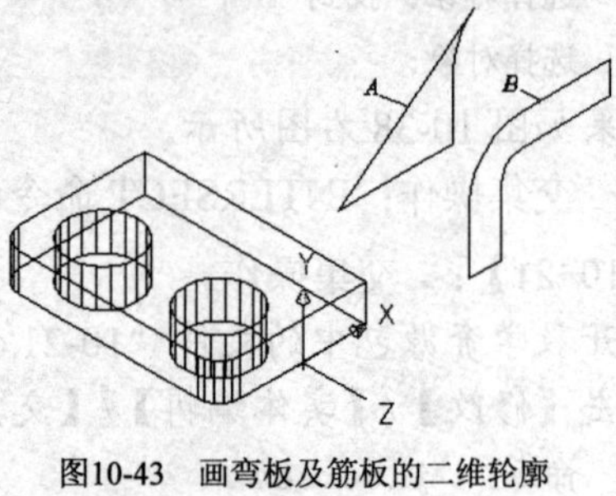

图10-43　画弯板及筋板的二维轮廓

5. 拉伸面域 *A*、*B*，形成弯板及筋板的实体模型，如图 10-44 所示。
6. 用 MOVE 命令将弯板及筋板移动到正确的位置，如图 10-45 所示。

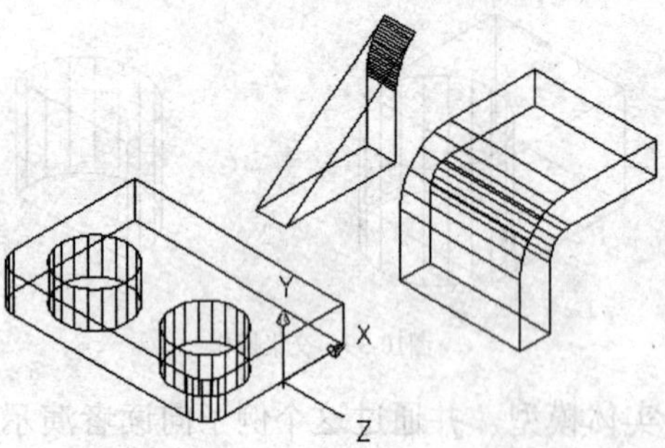

图10-44　形成弯板及筋板的实体模型

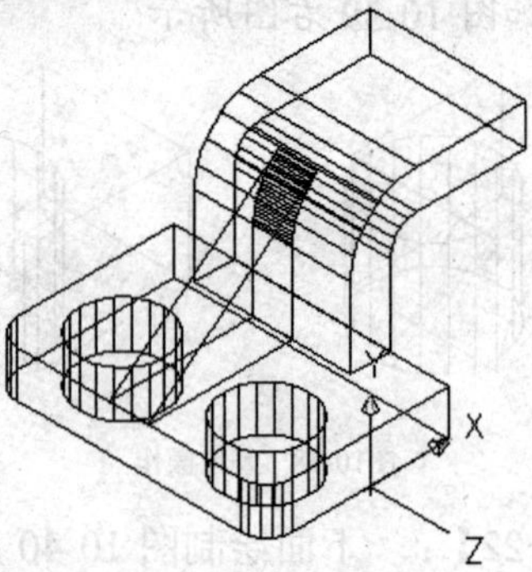

图10-45　移动弯板及筋板

7. 建立新的用户坐标系，如图 10-46 左图所示，再绘制两个圆柱体，如图 10-46 右图所示。
8. 合并底板、弯板、筋板及大圆柱体，使其成为单一实体，然后从该实体中去除小圆柱体，结果如图 10-47 所示。

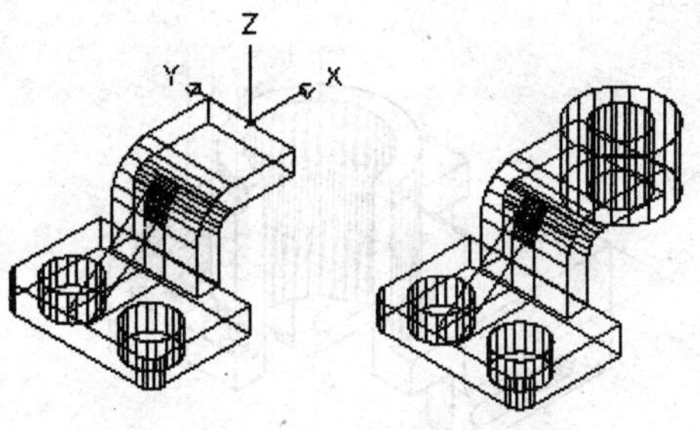

图10-46　创建新坐标系及画圆柱体

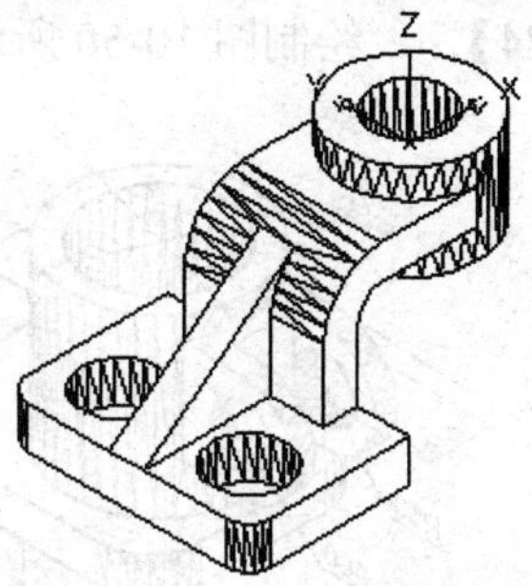

图10-47　执行并运算及差运算

10.19　实体建模综合练习

【练习10-23】：　绘制图 10-48 所示立体的实体模型。

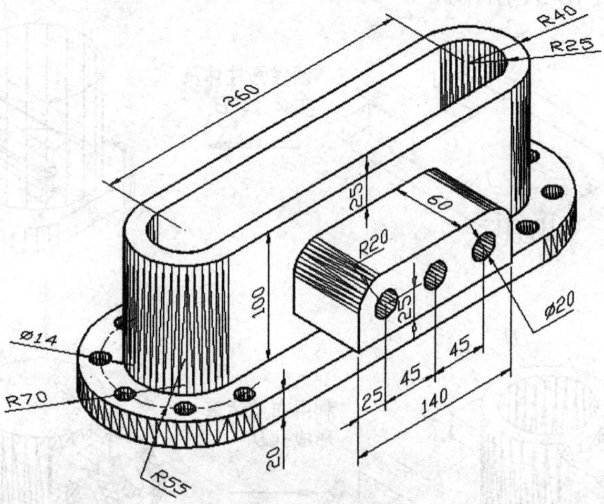

图10-48　创建实体模型

主要作图步骤如图 10-49 所示。

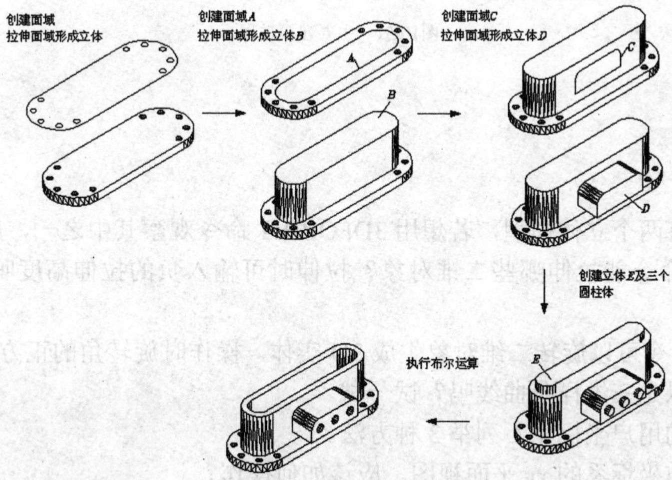

图10-49　主要建模过程

【练习10-24】：　绘制图 10-50 所示立体的实体模型。

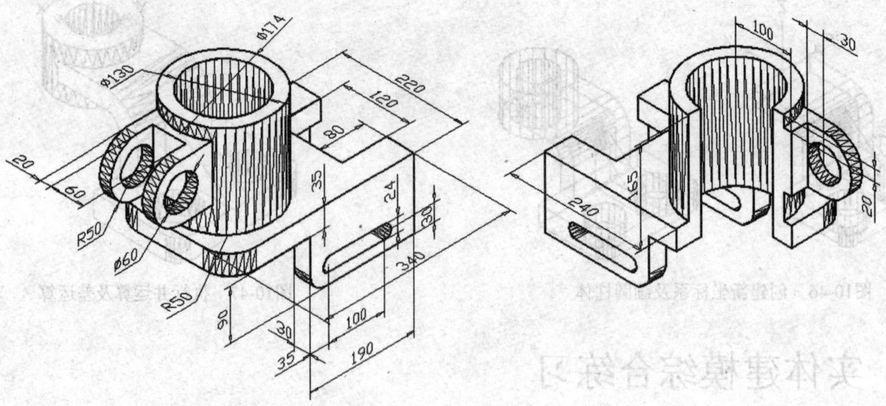

图10-50　创建实体模型

主要作图步骤如图 10-51 所示。

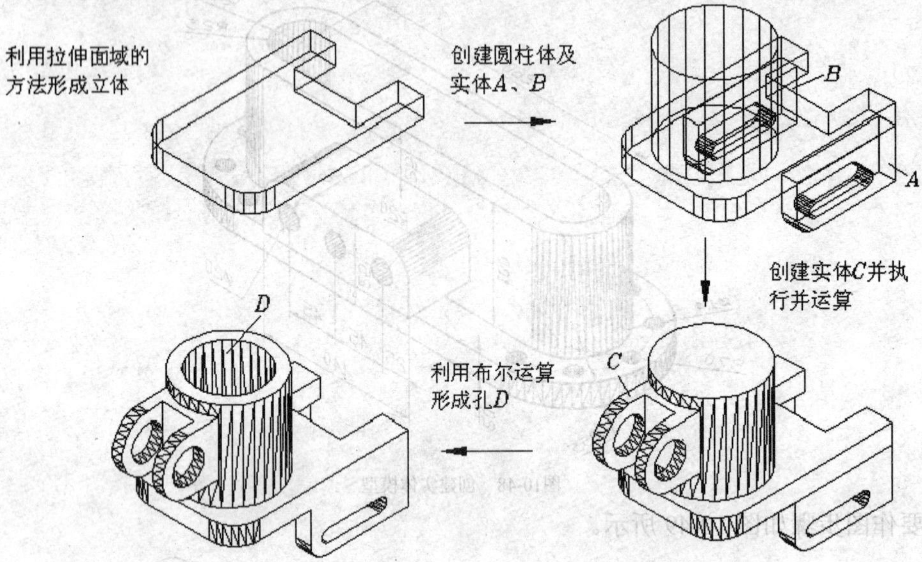

图10-51　主要建模过程

习题

一、思考题

1. 三维空间中有两个立体模型，若想用 3DFORBIT 命令观察其中之一，应该如何操作？
2. EXTRUDE 命令能拉伸哪些二维对象？拉伸时可输入负的拉伸高度吗？能指定拉伸锥角吗？
3. REVOLVE 命令可以旋转二维对象生成 3D 实体，操作时旋转角的正方向如何确定？
4. 扫掠路径可以是三维样条曲线吗？试一试。
5. 如何创建新的用户坐标系？列举 3 种方法。
6. 若想生成当前坐标系的 xy 平面视图，应该如何操作？
7. 与实体显示有关的系统变量有哪些？它们的作用是什么？

8. 进行三维镜像时，定义镜像平面的方法有哪些？
9. 拉伸实心体表面时，可以输入负的拉伸距离吗？若指定了拉伸锥角，则正、负锥角的拉伸结果将是怎样的？
10. 在三维建模过程中，拉伸、旋转实体表面各有何作用？
11. AutoCAD 的压印功能在三维建模过程中有何作用？
12. 常用何种方法构建复杂的实体模型？

二、操作题

1. 绘制图 10-52 所示平面立体的实心体模型。

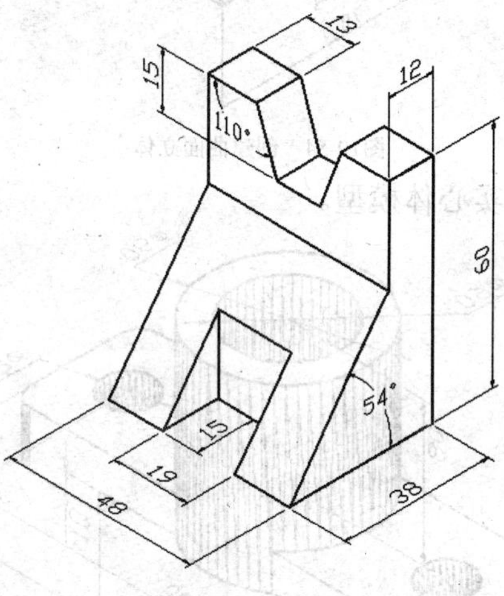

图10-52 创建平面立体

2. 绘制图 10-53 所示平面立体的实心体模型。

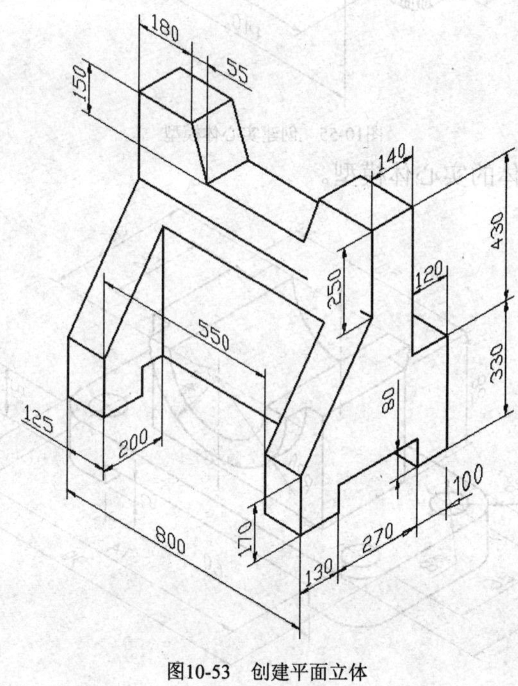

图10-53 创建平面立体

3. 绘制图 10-54 所示曲面立体的实心体模型。

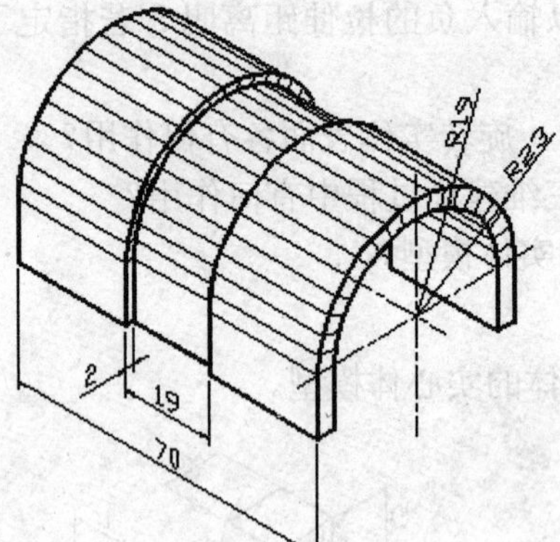

图10-54 创建曲面立体

4. 绘制图 10-55 所示立体的实心体模型。

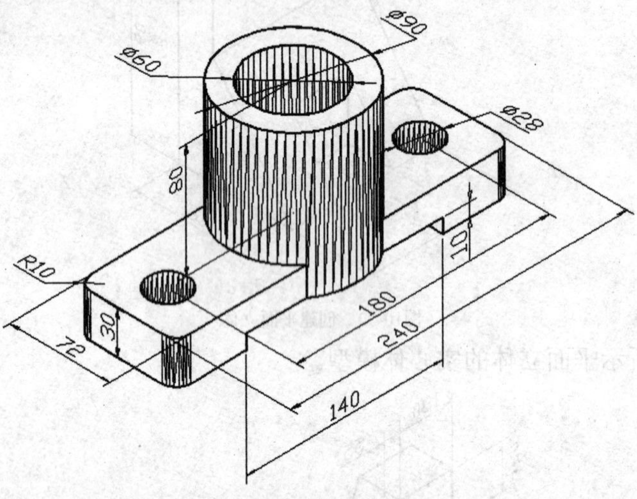

图10-55 创建实心体模型

5. 绘制图 10-56 所示立体的实心体模型。

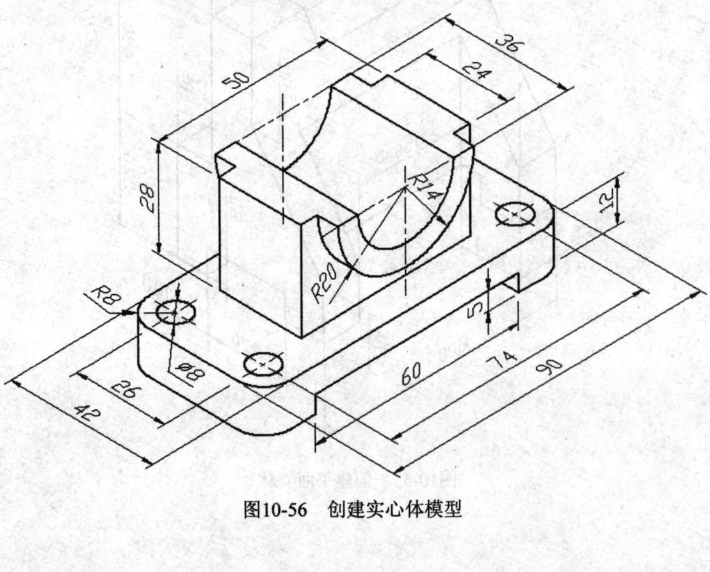

图10-56 创建实心体模型

6. 绘制图 10-57 所示立体的实心体模型。

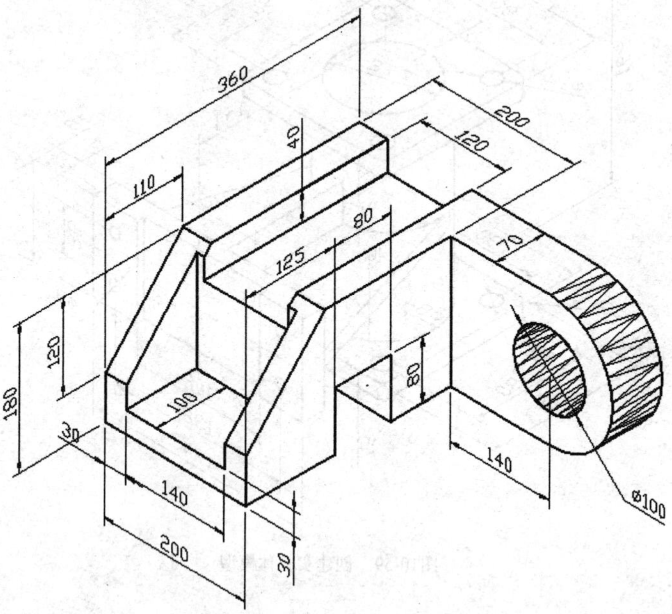

图10-57 创建实心体模型

7. 绘制图 10-58 所示立体的实心体模型。

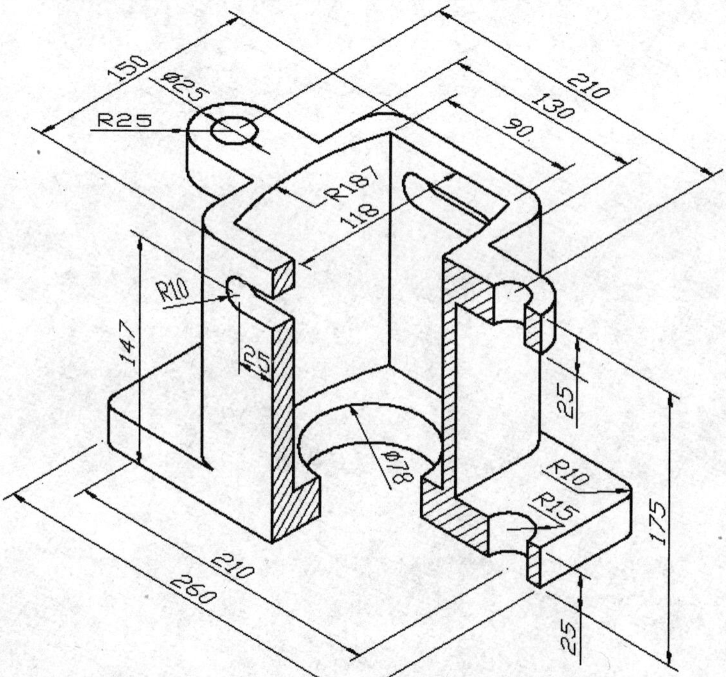

图10-58 创建实心体模型

8. 绘制图 10-59 所示立体的实心体模型。

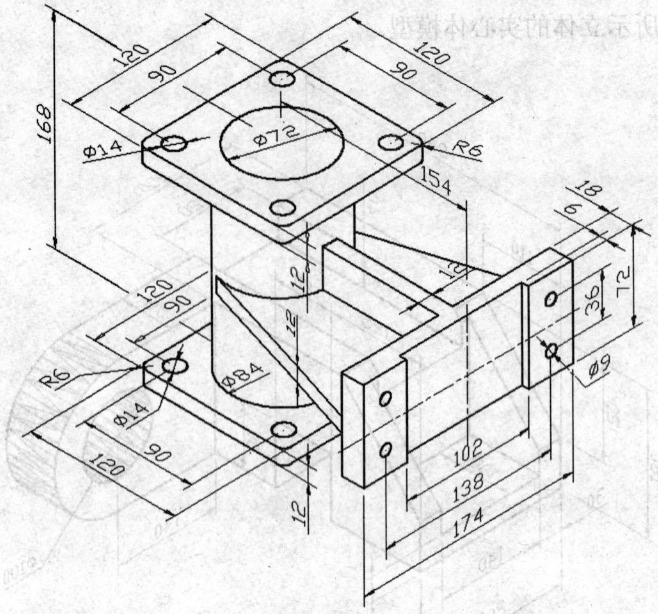

图10-59　创建实心体模型

第11章　AutoCAD 证书考试练习题

为满足广大同学参加绘图员考试的需要，本章根据劳动部职业技能证书考试的要求，安排了一定数量的练习题，使同学们可以在考前对所学的 AutoCAD 知识进行综合演练。

【练习11-1】：绘制几何图案，如图 11-1 所示。

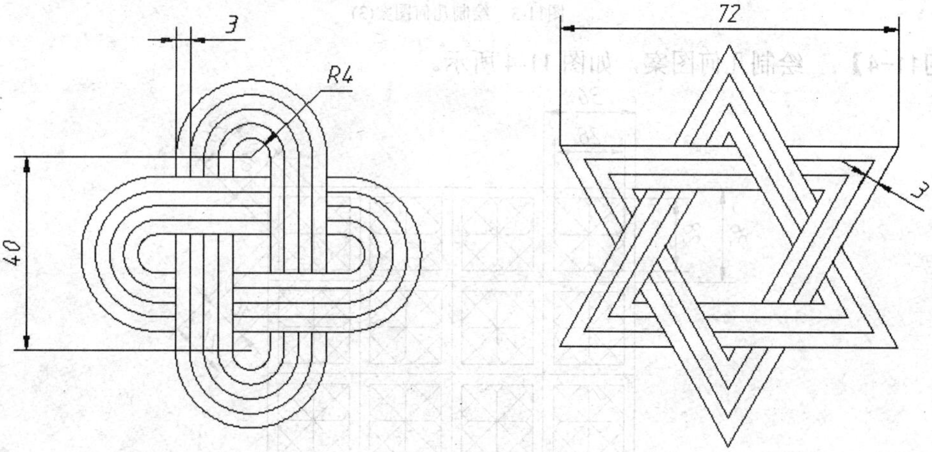

图11-1　绘制几何图案(1)

【练习11-2】：绘制几何图案，如图 11-2 所示，图中填充对象为 ANSI38。

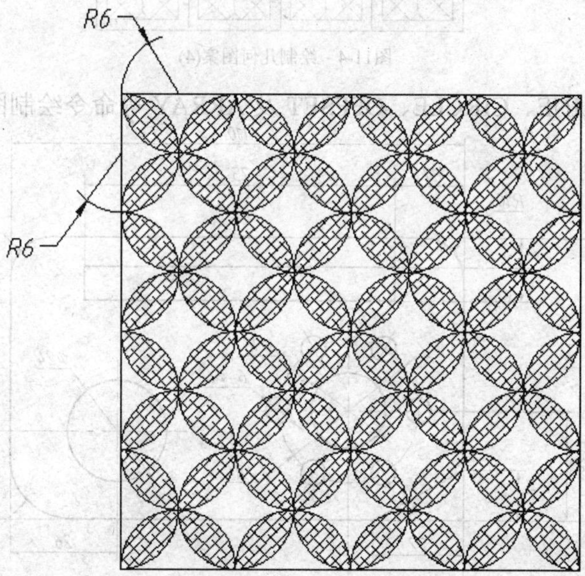

图11-2　绘制几何图案(2)

【练习11-3】：绘制几何图案，如图 11-3 所示。

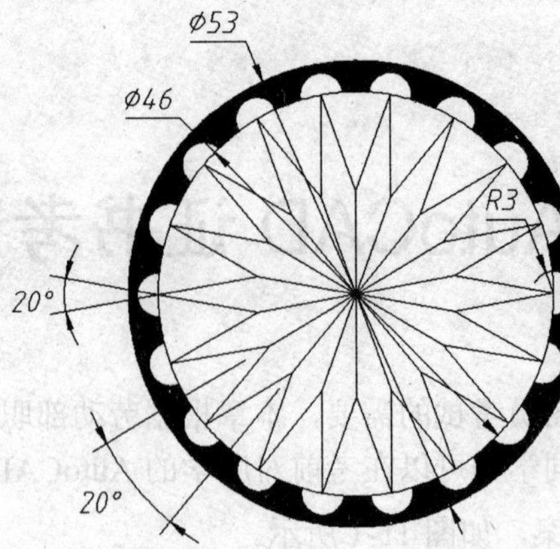

图11-3　绘制几何图案(3)

【练习11-4】：绘制几何图案，如图 11-4 所示。

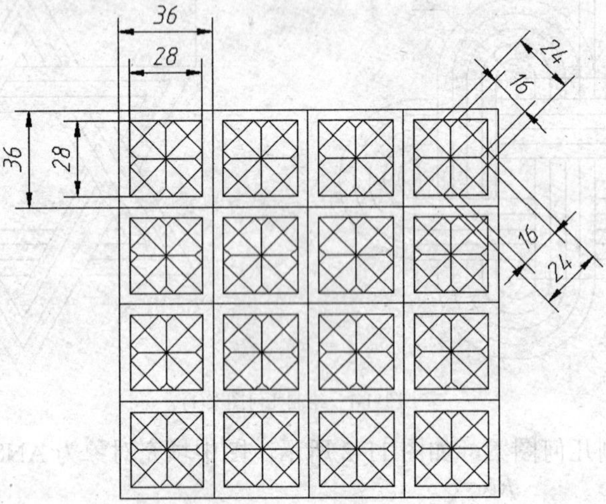

图11-4　绘制几何图案(4)

【练习11-5】：用 LINE、CIRCLE、OFFSET 及 ARRAY 等命令绘制图 11-5 所示的图形。

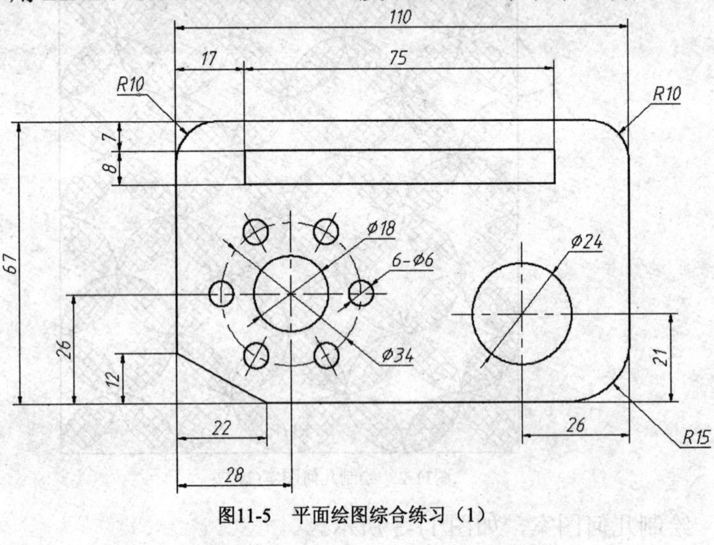

图11-5　平面绘图综合练习（1）

【练习11-6】：用 LINE、CIRCLE、OFFSET 及 MIRROR 等命令绘制图 11-6 所示的图形。

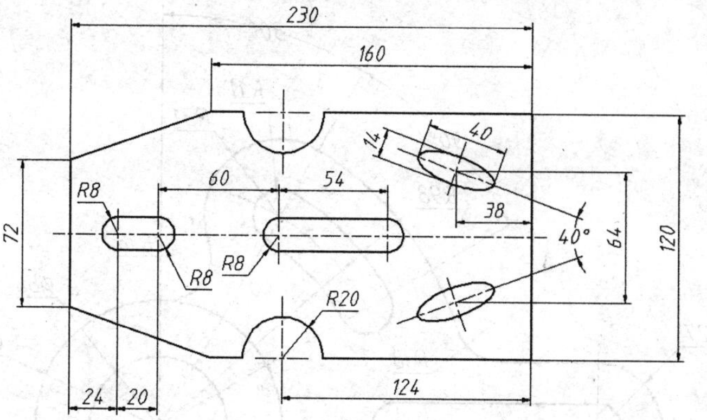

图11-6 平面绘图综合练习（2）

【练习11-7】：用 LINE、CIRCLE、OFFSET 及 ARRAY 等命令绘制图 11-7 所示的图形。

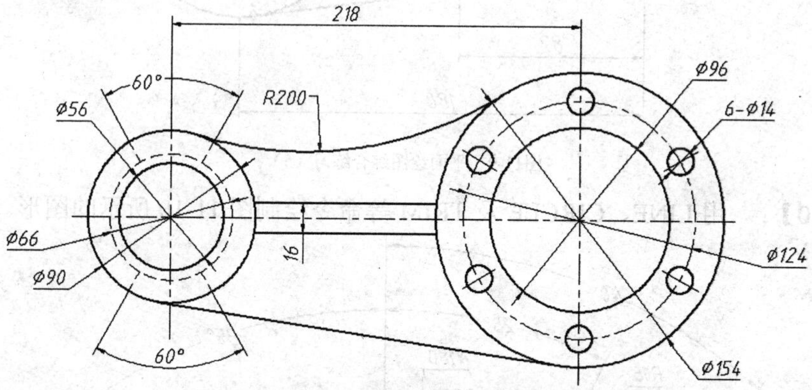

图11-7 平面绘图综合练习（3）

【练习11-8】：用 LINE、CIRCLE 及 COPY 等命令绘制图 11-8 所示的图形。

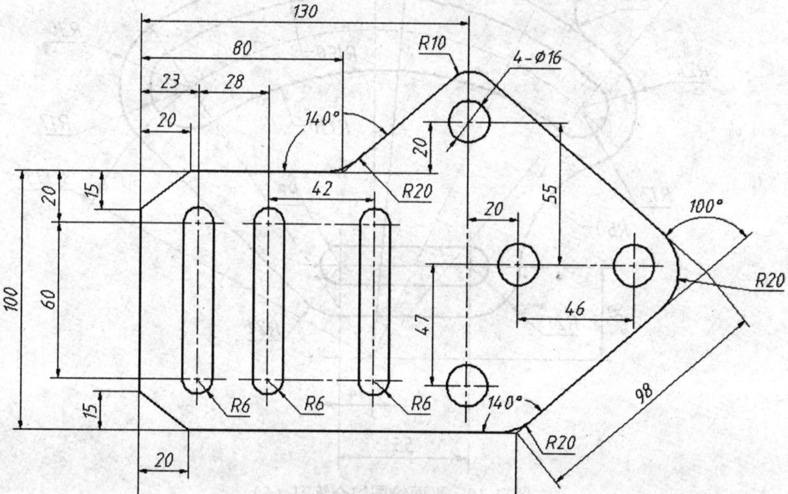

图11-8 平面绘图综合练习（4）

【练习11-9】：用 LINE、CIRCLE 及 TRIM 等命令绘制图 11-9 所示的图形。

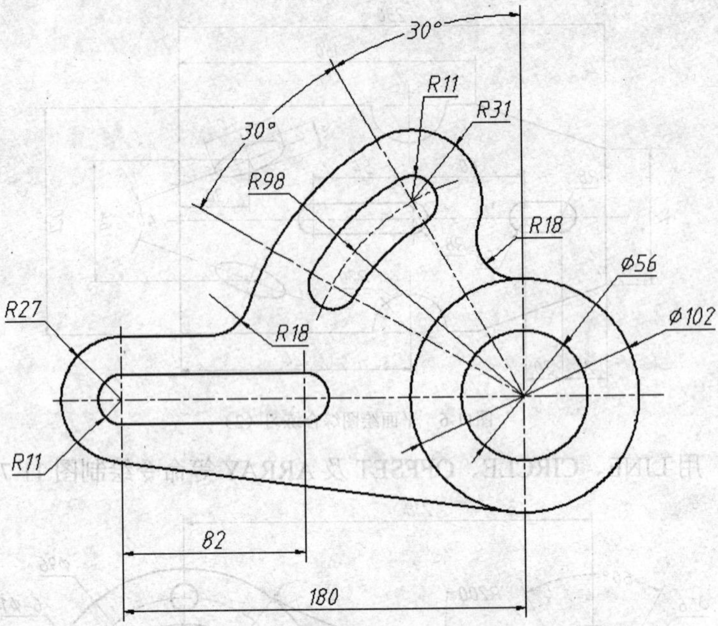

图11-9　平面绘图综合练习（5）

【练习11-10】：用 LINE、CIRCLE 及 TRIM 等命令绘制图 11-10 所示的图形。

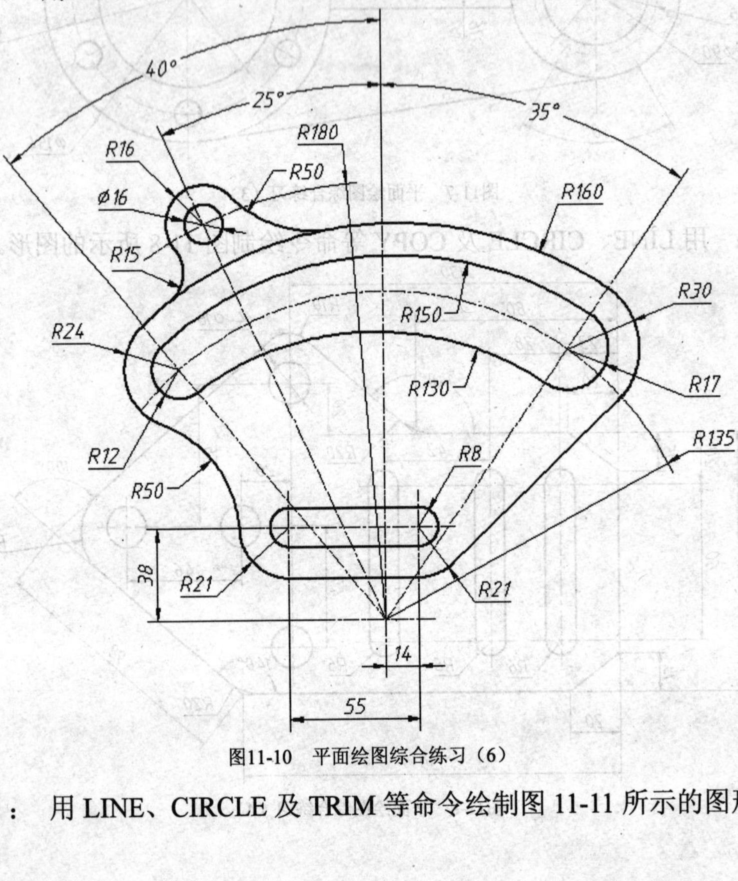

图11-10　平面绘图综合练习（6）

【练习11-11】：用 LINE、CIRCLE 及 TRIM 等命令绘制图 11-11 所示的图形。

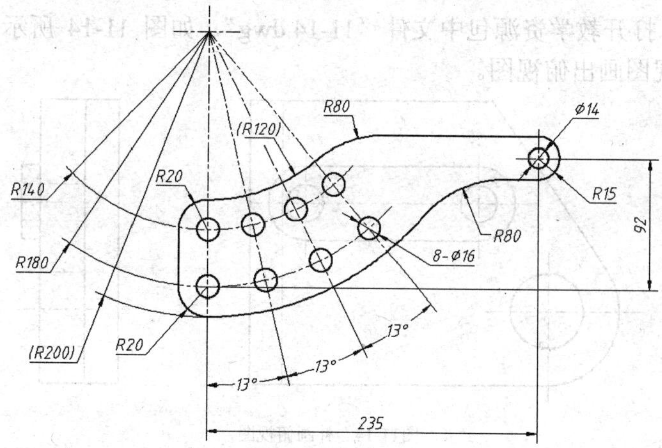

图11-11 平面绘图综合练习（7）

【练习11-12】： 用 LINE、CIRCLE、TRIM 及 ARRAY 等命令绘制图 11-12 所示的图形。

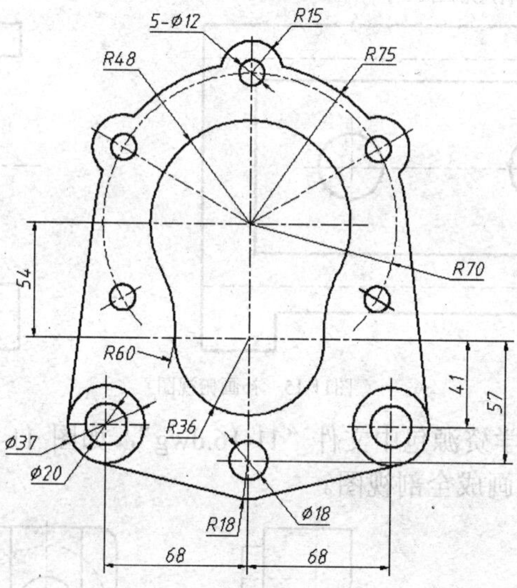

图11-12 平面绘图综合练习（8）

【练习11-13】： 打开教学资源包中文件“11-13.dwg”，如图 11-13 所示，根据主视图、俯视图画出左视图。

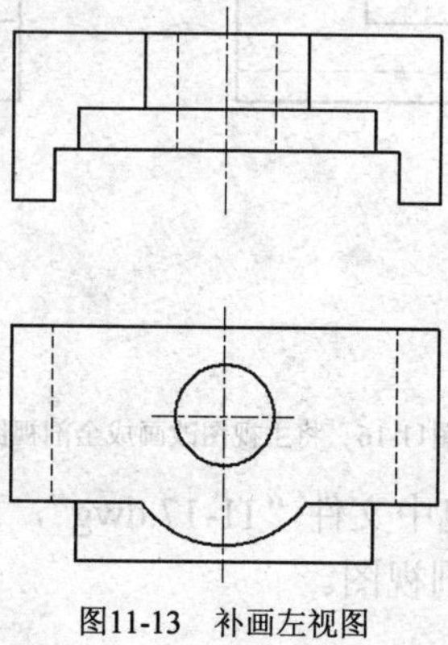

图11-13 补画左视图

【练习11-14】：　打开教学资源包中文件“11-14.dwg”，如图 11-14 所示，根据主视图、左视图画出俯视图。

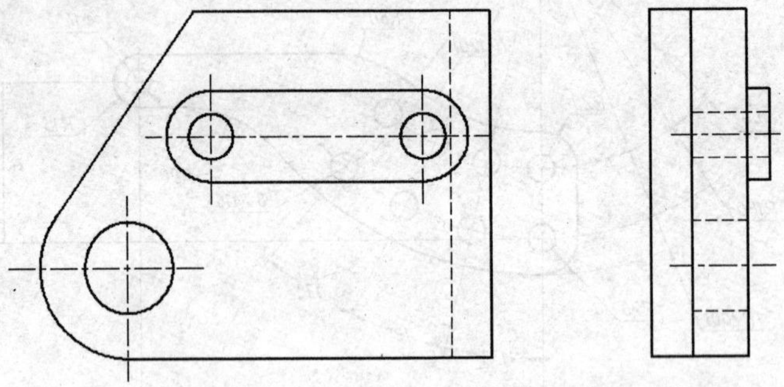

图11-14　补画俯视图

【练习11-15】：　打开教学资源包中文件“11-15.dwg”，如图 11-15 所示，根据主视图、左视图画出俯视图。

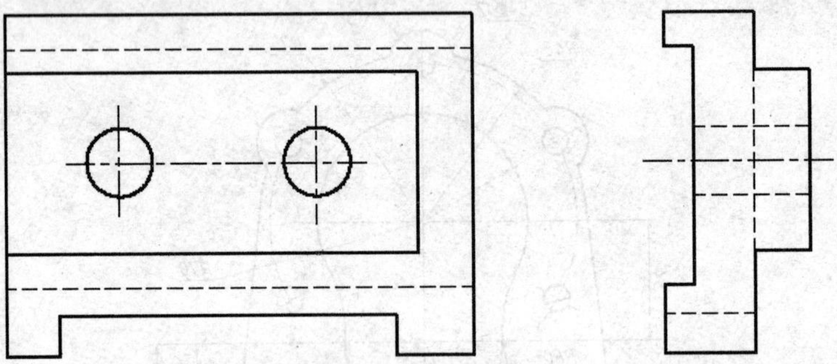

图11-15　补画俯视图

【练习11-16】：　打开教学资源包中文件“11-16.dwg”，如图 11-16 所示，根据已有视图将主视图改画成全剖视图。

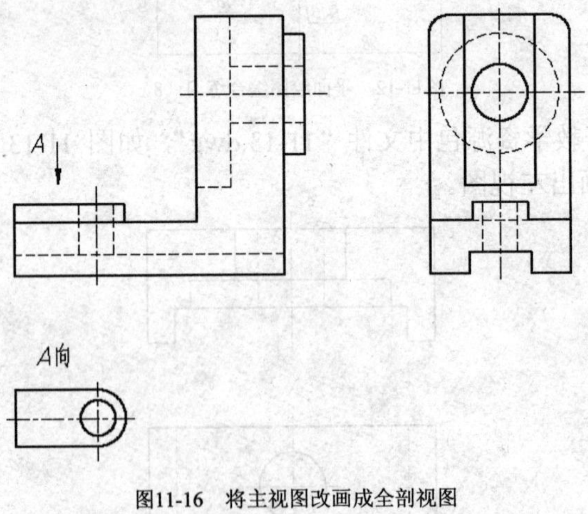

图11-16　将主视图改画成全剖视图

【练习11-17】：　打开教学资源包中文件“11-17.dwg”，如图 11-17 所示，根据已有视图将左视图改画成全剖视图。

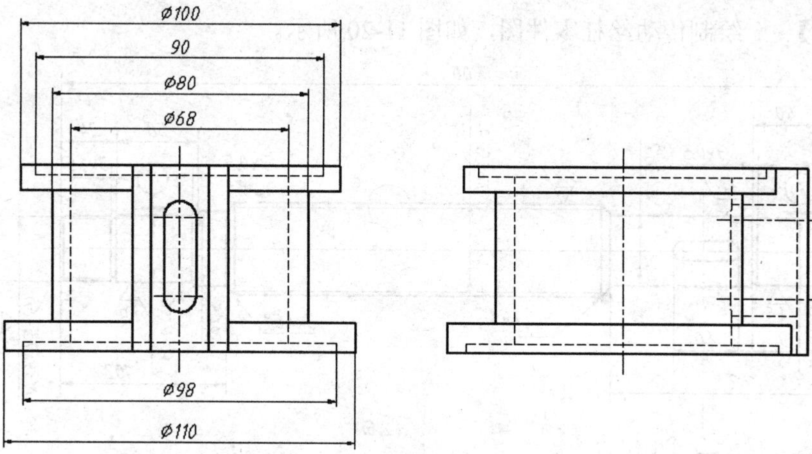

图11-17　将左视图改画成全剖视图

【练习11-18】：　打开教学资源包中文件“11-18.dwg”，如图 11-18 所示，根据已有视图将主视图改画成半剖视图。

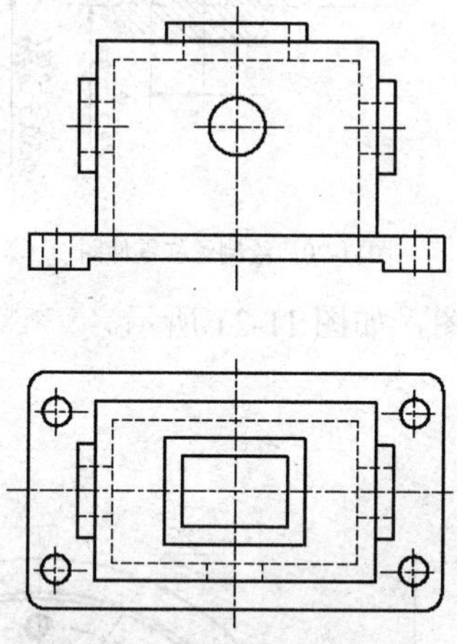

图11-18　将主视图改画成半剖视图

【练习11-19】：　绘制联接轴套零件图，如图 11-19 所示。

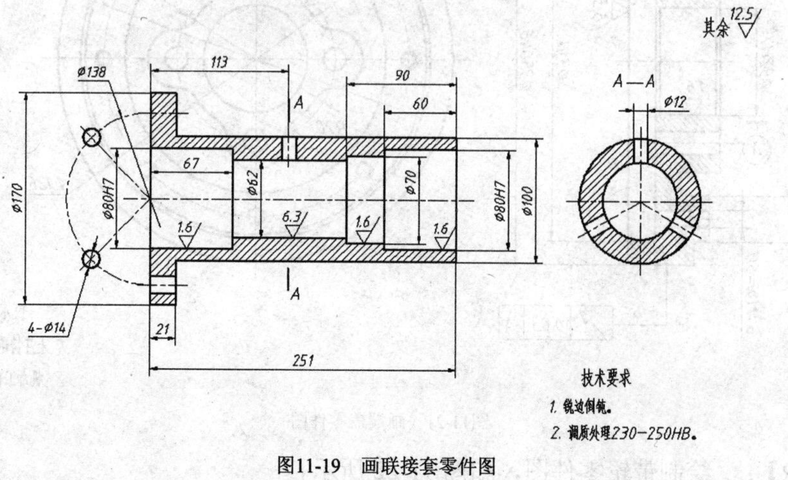

图11-19　画联接套零件图

【练习11-20】： 绘制传动丝杠零件图，如图 11-20 所示。

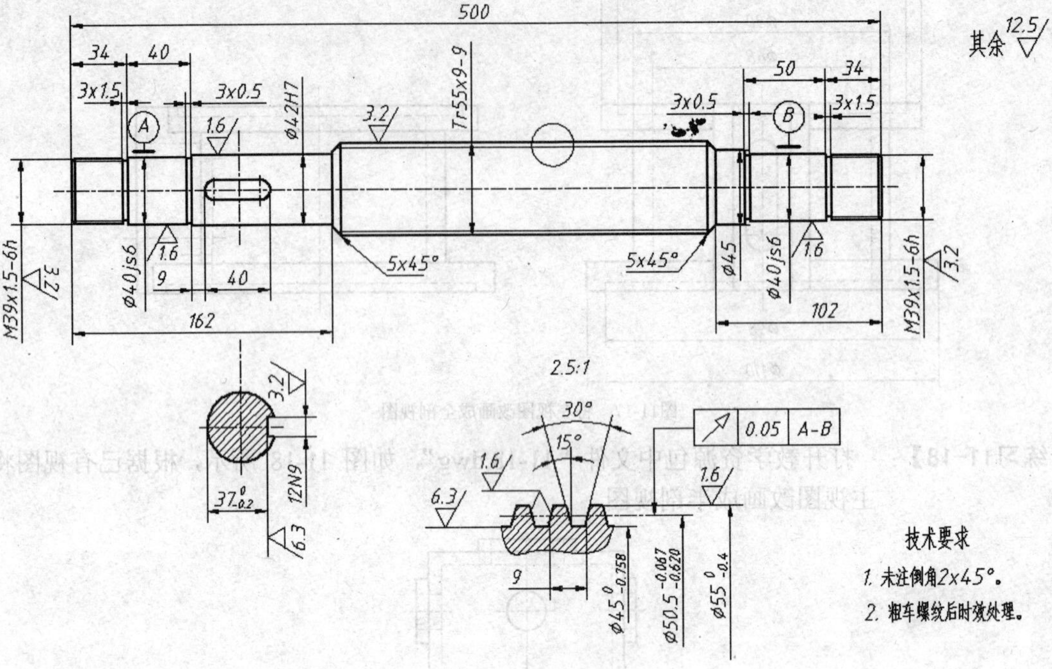

图11-20 绘制丝杠零件图

【练习11-21】： 绘制端盖零件图，如图 11-21 所示。

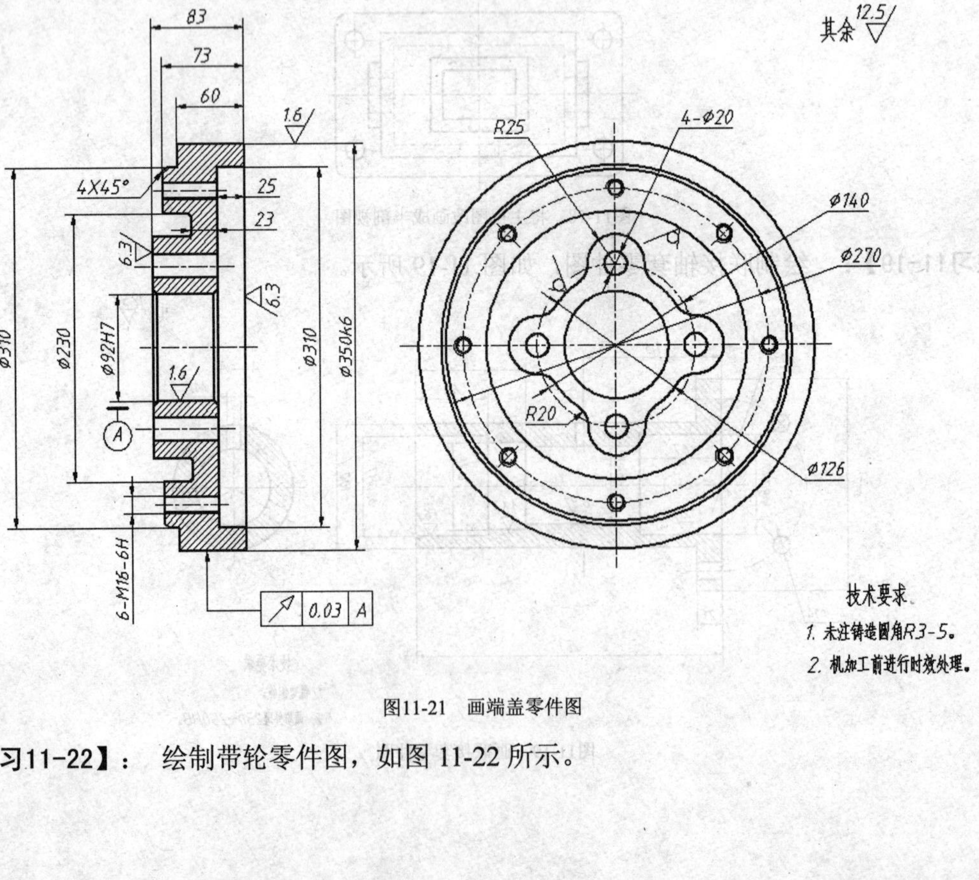

图11-21 画端盖零件图

【练习11-22】： 绘制带轮零件图，如图 11-22 所示。

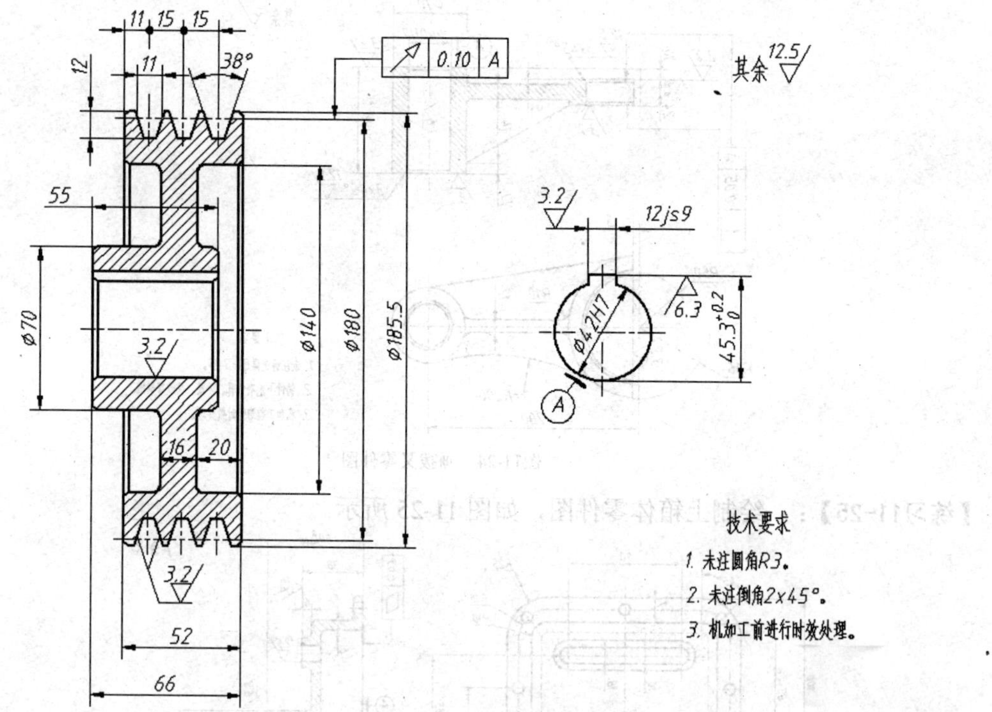

图11-22　画带轮零件图

【练习11-23】：　绘制支承架零件图，如图 11-23 所示。

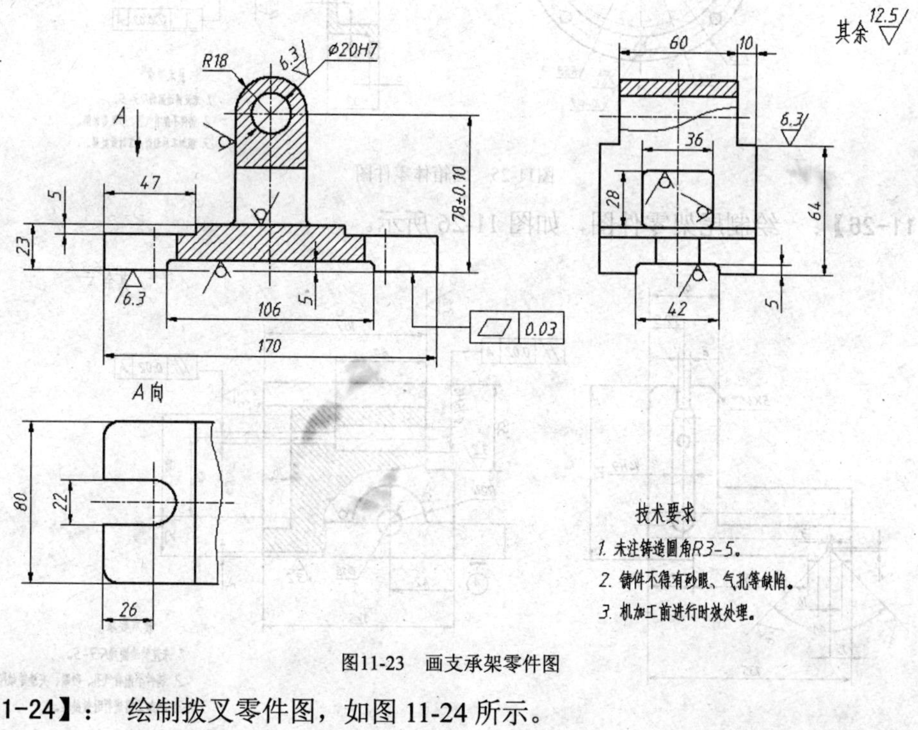

图11-23　画支承架零件图

【练习11-24】：　绘制拨叉零件图，如图 11-24 所示。

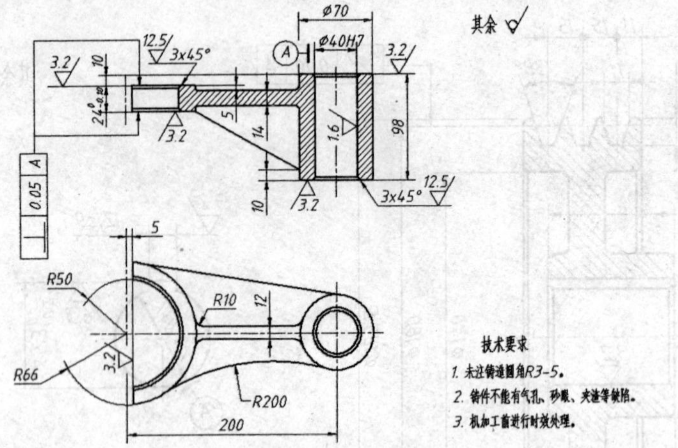

图11-24　画拨叉零件图

【练习11-25】：　绘制上箱体零件图，如图 11-25 所示。

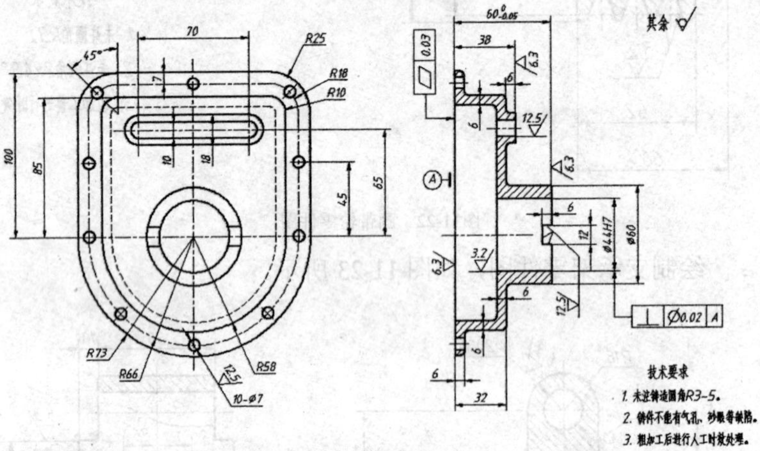

图11-25　画箱体零件图

【练习11-26】：　绘制尾架零件图，如图 11-26 所示。

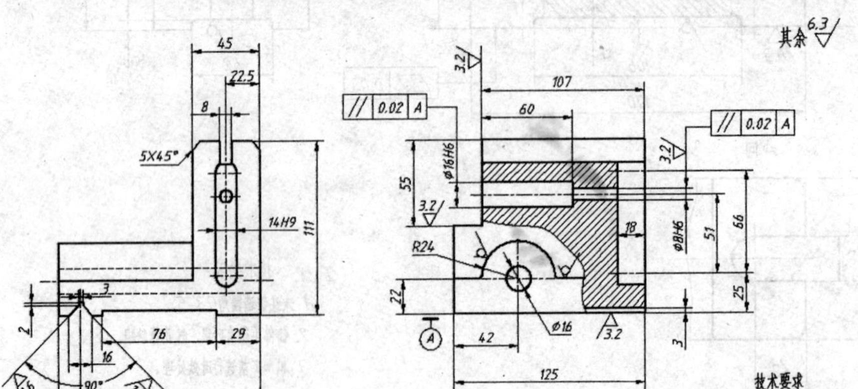

图11-26　画尾架零件图